Strahlenschutzverordnung

Strahlenschutzverordnung

unter Berücksichtigung der Änderungen durch das Gesetz zur Kontrolle hochradioaktiver Strahlenquellen

Textausgabe mit einer erläuternden Einführung
von Hans-Michael Veith
Vizepräsident des Bundesamts für Justiz

7. aktualisierte und durchgesehene Auflage
Stand: 1. März 2007

Bundesanzeiger Verlag

Bibliografische Informationen Der Deutschen Bibliothek
Die Deutsche Bibliothek verzeichnet diese Publikation in der Deutschen Nationalbibliografie; detaillierte bibliografische Daten sind im Internet über <http://dnb.ddb.de> abrufbar.

Ihre Meinung ist uns wichtig!
Sie wollen zu diesem Produkt Anregungen oder Hinweise geben?
Schicken Sie uns Ihre Anregungen über unser Online-Formular unter
www.bundesanzeiger-verlag.de/service.
Als Dankeschön verlosen wir unter allen Teilnehmern monatlich einen Sachpreis.

ISBN 978-3-89817-503-6
© 2007 Bundesanzeiger Verlagsges.mbH., Köln
Alle Rechte vorbehalten. Das Werk einschließlich seiner Teile ist urheberrechtlich geschützt. Jede Verwertung außerhalb der Grenzen des Urheberrechtsgesetzes bedarf der vorherigen Zustimmung des Verlags. Dies gilt auch für die fotomechanische Vervielfältigung (Fotokopie/Mikrokopie) und die Einspeicherung und Verarbeitung in elektronischen Systemen.

Herstellung: Gerhard Treinen
Satz: reemers publishing services gmbh, Krefeld
Druck und buchbinderische Verarbeitung: medienHaus Plump, Rheinbreitbach

Printed in Germany

Inhalt

Einführung 7

Allgemeiner Teil der Begründung zur Strahlenschutzverordnung in der Fassung
des Artikel 1 der Verordnung für die Umsetzung von EURATOM-Richtlinien zum
Strahlenschutz (Auszug) (Bundesrats-Drucksache 207/01 S. 198 ff.) 44

Allgemeiner Teil der Begründung zum Gesetz zur Kontrolle hochradioaktiver
Strahlenquellen (Auszug) (Bundestags-Drucksache 15/5284 S. 47–49) 47

Verordnung über den Schutz vor Schäden durch ionisierende Strahlen
(Strahlenschutzverordnung – StrlSchV) 51

   Inhaltsübersicht 51
   Teil 1:   Allgemeine Vorschriften 59
   Teil 2:   Schutz von Mensch und Umwelt vor radioaktiven Stoffen oder ionisierender
          Strahlung aus der zielgerichteten Nutzung bei Tätigkeiten 67
          Kapitel 1:   Strahlenschutzgrundsätze, Grundpflichten und
                     allgemeine Grenzwerte 67
          Kapitel 2:   Genehmigungen, Zulassungen, Freigabe 68
                     Abschnitt 1:   Umgang mit radioaktiven Stoffen 68
                     Abschnitt 2:   Anlagen zur Erzeugung ionisierender Strahlen ...70
                     Abschnitt 3:   Beschäftigung in fremden Anlagen oder
                                      Einrichtungen 73
                     Abschnitt 4:   Beförderung radioaktiver Stoffe 73
                     Abschnitt 5:   Grenzüberschreitende Verbringung
                                      radioaktiver Stoffe 76
                     Abschnitt 6:   Medizinische Forschung 78
                     Abschnitt 7:   Bauartzulassung 80
                     Abschnitt 8:   Ausnahmen 82
                     Abschnitt 9:   Freigabe 82
          Kapitel 3:   Anforderungen bei der Nutzung radioaktiver Stoffe
                     und ionisierender Strahlung 84
                     Abschnitt 1:   Fachkunde im Strahlenschutz 84
                     Abschnitt 2:   Betriebliche Organisation des Strahlenschutzes ...85
                     Abschnitt 3:   Schutz von Personen in Strahlenschutzbereichen;
                                      physikalische Strahlenschutzkontrolle 89
                     Abschnitt 4:   Schutz von Bevölkerung und Umwelt bei
                                      Strahlenexpositionen aus Tätigkeiten 95
                     Abschnitt 5:   Schutz vor sicherheitstechnisch bedeutsamen
                                      Ereignissen 97
                     Abschnitt 6:   Begrenzung der Strahlenexposition bei der
                                      Berufsausübung 100
                     Abschnitt 7:   Arbeitsmedizinische Vorsorge beruflich
                                      strahlenexponierter Personen 102
                     Abschnitt 8:   Sonstige Anforderungen 105
                     Abschnitt 9:   Radioaktive Abfälle 111
          Kapitel 4:   Besondere Anforderungen bei der medizinischen Anwendung
                     radioaktiver Stoffe und ionisierender Strahlung 114
                     Abschnitt 1:   Heilkunde und Zahnheilkunde 114
                     Abschnitt 2:   Medizinische Forschung 118

Teil 3:	Schutz von Mensch und Umwelt vor natürlichen Strahlungsquellen bei Arbeiten		121
	Kapitel 1:	Grundpflichten	121
	Kapitel 2:	Anforderungen bei terrestrischer Strahlung an Arbeitsplätzen	121
	Kapitel 3:	Schutz der Bevölkerung bei natürlich vorkommenden radioaktiven Stoffen	124
	Kapitel 4:	Kosmische Strahlung	126
	Kapitel 5:	Betriebsorganisation	128
Teil 4:	Schutz des Verbrauchers beim Zusatz radioaktiver Stoffe zu Produkten		128
Teil 5:	Gemeinsame Vorschriften		131
	Kapitel 1:	Berücksichtigung von Strahlenexpositionen	131
	Kapitel 2:	Befugnisse der Behörde	133
	Kapitel 3:	Formvorschriften	133
	Kapitel 4:	Ordnungswidrigkeiten	134
	Kapitel 5:	Schlussvorschriften	138
Anlage I	Genehmigungsfreie Tätigkeiten		145
Anlage II	Erforderliche Unterlagen zur Prüfung von Genehmigungsanträgen		146
Anlage III	Freigrenzen, Freigabewerte für verschiedene Freigabearten, Werte der Oberflächenkontamination, Liste der Radionuklide im radioaktiven Gleichgewicht		147
Anlage IV	Festlegungen zur Freigabe		184
Anlage V	Voraussetzungen für die Bauartzulassung von Vorrichtungen		187
Anlage VI	Dosimetrische Größen, Gewebe- und Strahlungs-Wichtungsfaktoren		188
Anlage VII	Annahmen bei der Ermittlung der Strahlenexposition		192
Anlage VIII	Ärztliche Bescheinigung		207
Anlage IX	Strahlenzeichen		208
Anlage X	Radioaktive Abfälle: Benennung, Buchführung, Transportmeldung		209
Anlage XI	Arbeitsfelder, bei denen erheblich erhöhte Expositionen durch natürliche terrestrische Strahlungsquellen auftreten können		215
Anlage XII	Verwertung und Beseitigung überwachungsbedürftiger Rückstände		216
Anlage XIII	Information der Bevölkerung		219
Anlage XIV	Leitstellen des Bundes für die Emissions- und Immissionsüberwachung		221
Anlage XV	Standarderfassungsblatt für hochradioaktive Strahlenquellen (HRQ)		222

Verordnung für die Umsetzung von EURATOM-Richtlinien zum Strahlenschutz 223

Eichordnung (EO 1988) (Auszug) 226
  Anlage 23: Strahlenschutzmessgeräte. 230

Gesetz über die friedliche Verwendung der Kernenergie und den Schutz gegen ihre Gefahren (Atomgesetz) (Auszug) 239

Einführung

1. Vorbemerkung

Die Strahlenschutzverordnung in der Fassung der Neubekanntmachung vom 30. Juni 1989 (BGBl.1 S. 1321, berichtigt S. 1926) ist 2001 durch eine vollständig neue Strahlenschutzverordnung abgelöst worden. Sie bildet als Artikel 1 der Verordnung für die Umsetzung von EURATOM-Richtlinien zum Strahlenschutz vom 20. Juli 2001 (BGBl. I S. 1714) das Kernstück eines größeren Rechtssetzungspakets, das auch zahlreiche weitere Änderungen von Vorschriften enthält. Diese vollständige Neufassung wurde erforderlich, um dem doch sehr umfassenden Änderungsbedarf durch die neue EURATOM-Grundnormenrichtlinie für den Strahlenschutz 96/29/EURATOM und die Patientenschutzrichtlinie 97/43/EURATOM angemessen Rechnung zu tragen. Insbesondere die Erweiterung auf den Schutz vor natürlichen Strahlenquellen aber auch der Umfang der sonstigen Änderungen war sinnvoll nur noch im Wege einer vollständigen Ablösung der bisherigen Strahlenschutzverordnung möglich. Wichtige Änderungen ergaben sich seither durch die Anpassung der Röntgenverordnung an die o.g. EURATOM-Richtlinien 2002 und das Gesetz zur Kontrolle hochradioaktiver Strahlenquellen 2005 (dazu s. unten).

2. Die beiden Seiten der Radioaktivität

Die Anwendung radioaktiver Stoffe ist aus unserer heutigen Zivilisation nicht mehr hinweg zu denken. Radioaktive Stoffe werden in Industrie, Gewerbe, Krankenhausmedizin und ambulanter Medizin sowie auf den verschiedensten Gebieten der Forschung zu den unterschiedlichsten Zwecken eingesetzt. Sie werden beispielsweise benutzt zur zerstörungsfreien Werkstoffprüfung ebenso wie in bestimmten Arten von Rauchmeldern, für Leuchtzifferblätter, in Teilchenbeschleunigern und zur Erzeugung elektrischer Energie in Kernkraftwerken.

Diese Anwendungen sind durchweg recht neu wie das ganze Wissenschaftsgebiet der Kernphysik noch jung und in einer stürmischen Weiterentwicklung begriffen ist, die ständig zu neuen Erkenntnissen führt, was auch die relative Kurzlebigkeit der damit verbundenen Rechtsvorschriften erklärt. Allerdings waren einige segensreiche wie schädliche Wirkungen der Radioaktivität bereits in früheren Zeiten bekannt, ohne dass man im Einzelnen wusste, was sich dahinter verbarg. So wird die heilsame Wirkung von Bädern in schwach radioaktiven Heilwässern und deren Inhalation seit Jahrhunderten, teilweise seit der Römerzeit, geschätzt. Andererseits war schon in früheren Zeiten der Lungenkrebs als typische Berufskrankheit bei den Bergleuten in Pechblende- (= Uran-)Bergwerken gefürchtet. Jedoch erst in den 90er Jahren des vorigen Jahrhunderts begann die wissenschaftliche Erforschung der Radioaktivität: Im Jahr 1895 entdeckte Röntgen die nach ihm benannten Röntgenstrahlen, 1896 entdeckte der Franzose Bequerel die Radioaktivität als solche, und 1898 fand Madame Curie zusammen mit ihrem Ehemann heraus, dass sich Uran beim Aussenden von Strahlung in andere Elemente umwandelt. Schon nach kurzer Zeit wurde die schädliche Wirkung dieser Strahlung auf lebendes Gewebe im allgemeinen und auf den menschlichen Körper im besonderen entdeckt, und bei den frühen Strahlenforschern gehörten strahlenbedingte Erkrankungen zu den typischen Berufskrankheiten, was verstärkte Forschungsanstrengungen auf diesem Sektor nach sich zog. Diese führten schon bald zu der Notwendigkeit der Schaffung internationaler Gremien zur Erarbeitung einheitlicher Sicherheitsstandards. Bereits im Jahre 1928 wurde deshalb auf dem internationalen Kongress für Radiologie in Stockholm als Teil dieser Kongressvereinigung die Internationale Strahlenschutzkommission International Commission on Radiological Protection (ICRP) gegründet, deren Empfehlungen in der Folgezeit maßgeblich den Strahlenschutz beeinflusst haben und beispielsweise auch Grundlage der EURATOM-Grundnormen-Richtlinien geworden sind, auf denen die Vorschriften unserer Strahlenschutzverordnung weitgehend beruhen.

3. Physikalische Grundlagen des Strahlenschutzes

Für diejenigen unter den Lesern, die mit diesem Buch erst einen Zugang zur Materie des Strahlenschutzes erhalten wollen, hier ein kurzer Abriss der physikalischen Grundlagen:

Bekanntlich bestehen die Atome der einzelnen Elemente aus einem Kern mit positiv geladenen Protonen und einer Hülle von den Kern umkreisenden negativ geladenen Elektronen, die zwar im Verhältnis zu den Protonen nur eine verschwindend geringe Masse haben, aber deren elektrische Ladung genauso stark wie die der Protonen ist, lediglich negativ ausgerichtet. Um eine Abstoßung der gleich geladenen Protonen zu verhindern, befinden sich im Kern neutrale Teilchen, die die gleiche Masse wie Protonen besitzen, die Neutronen. Die Anzahl der Neutronen im Kern kann variieren; man spricht dann von verschiedenen Isotopen ein und desselben Elementes. Gekennzeichnet werden die Isotopen durch die Gesamtzahl der Protonen und Neutronen im Kern (z. B. Uran 238, Uran 235, Uran 233). Die so gekennzeichneten Atome nennt man auch Nuklide. Je nach Anzahl der Neutronen im Kern ist das durch sie im Atomkern ausbalancierte Gleichgewicht mehr oder weniger stabil; es kommt zur Aussendung einzelner Elementarteilchen und damit zur Strahlung: der Radioaktivität. Die ausgesandten Elementarteilchen wiederum können weitere Zerfallserscheinungen und damit Strahlung auslösen, wenn sie auf andere Atome treffen. Die vom Zerfall betroffenen Atome wandeln sich um zu Atomen eines anderen Elements, das wieder mehr oder weniger stabil ist. Es können so ganze Zerfallsketten entstehen, bis es zu einem stabilen Endprodukt kommt. Es liegt auf der Hand, dass die Intensität der Strahlung und die Zeit, innerhalb der eine bestimmte Menge eines Elements zerfällt – sich gewissermaßen verbraucht – miteinander im Zusammenhang stehen. Ein Maßstab für die Intensität der Strahlung, die von einem bestimmten Element ausgeht, ist daher die Zeit, in der die Hälfte einer vorhandenen Menge dieses Elements zerfällt – die sogenannte Halbwertszeit. Diese beträgt z. B. bei Uran 238 4,5 Milliarden Jahre, bei Polonium 210 138,4 Tage und Polonium 214 0,000164 Sekunden. Diesen Effekt macht man sich beispielsweise bei der Alterbestimmung prähistorischer kohlenstoffhaltiger Stoffe, die von lebenden Organismen stammen (z. B. Holz, Samen, Leder), zunutze, indem man den Anteil des in diesen Stoffen enthaltenen Kohlenstoffisotops C 14 bestimmt, das eine Halbwertszeit von 5760 Jahren besitzt. Die Anzahl der Zerfälle pro Zeiteinheit wird als Aktivität bezeichnet und in der Einheit Bequerel (Kurzzeichen: Bq) angegeben. Ein Bequerel entspricht einem Zerfall pro Sekunde.

Die in der Praxis wichtigsten Arten von Strahlung sind:

- α-Strahlung, bestehend aus Alpha-Teilchen, das sind Kerne von Helium-Atomen, also Gebilde, die aus zwei Protonen und zwei Neutronen bestehen und daher positiv elektrisch geladen sind.
- β-Strahlung – sie besteht aus Beta-Teilchen, das sind Elektronen, also elektrisch negativ geladene Teilchen sehr geringer Masse.
- γ-Strahlung – eine elektromagnetische Wellenstrahlung, die sich mit Lichtgeschwindigkeit ausbreitet.

Es liegt auf der Hand, dass die verschiedenen Strahlenarten unterschiedliche Charakteristika aufweisen und dass die einzelnen Radionuklide eine jeweils für sie charakteristische Mischung der Strahlenarten aussenden. Letzterer Effekt hat zur Folge, dass für jedes Radionuklid ein gesonderter Grenzwert ermittelt werden muss. Es muss dabei zwischen äußerer und innerer Bestrahlung unterschieden werden. Unter äußerer Bestrahlung versteht man dabei jede Einwirkung von Strahlung auf den Körper von außen. Bei der inneren Bestrahlung ist zu unterscheiden zwischen der durch Einatmen von Radionukliden mit der Atemluft – Inhalation – und derjenigen Strahlung, die über Nahrungsmittel oder Wasser in den Körper gelangt und diesen von innen bestrahlt – sog. Ingestion. Unter Umständen kann ein Radionuklid aufgrund der von ihm ausgehenden Strahlenarten außen auf dem Körper harmlos sein aber innen im Körper nach Inhalation oder Ingestion verhältnismäßig gefährliche Wirkungen entfalten und umgekehrt.

Die Wirkung der Strahlung entsteht letztlich durch die Energie, die sie auf andere Materie überträgt. Die Menge der vom lebenden Gewebe absorbierten Energie wird als Energiedosis bezeichnet und in der Einheit Gray (Kurzzeichen: Gy) angegeben. Wegen ihrer unterschiedlichen Wirkung auf den Körper werden die verschiedenen Strahlungsarten mit einem Gewichtungsfaktor gewichtet. Diese gewichtete Dosis wird als Äquivalentdosis bezeichnet und in der Einheit Sievert (Kurzzeichen: Sv) angegeben. Bis zur Neuordnung der Messeinheiten vor einigen Jahren wurde statt dessen für die Äquivalentdosis die Messeinheit Rem (Kurzzeichen: rem) verwendet, die man auch heute noch in vielen Publikationen und älteren Vorschriften findet. Ein Sv entspricht 100 rem, ein Millisievert (mSv) entspricht 100 Millirem (mrem).

Eine weitere Differenzierung ist notwendig, um der Tatsache Rechnung zu tragen, dass die einzelnen Organe und Gewebe unterschiedlich strahlenempfindlich sind. Dies hat man früher dadurch berücksichtigt, dass man neben der Ganzkörperdosis bei Bedarf getrennte Teilkörperdosen für die verschiedenen Körperteile ausgewiesen hat. Heute werden die Teilkörperdosen mit Gewichtungsfaktoren gewichtet und in einer einheitlichen effektiven Äquivalentdosis – kurz: effektive Dosis – ausgedrückt, die ebenfalls in Sievert angegeben wird.

4. Natürliche und künstliche Radioaktivität

Je nach dem, ob die Radioaktivität aus natürlichen oder von Menschenhand geschaffenen Quellen stammt, ist zwischen natürlicher und zivilisatorischer Radioaktivität zu unterscheiden.

a) Natürliche Radioaktivität

Natürliche Radioaktivität kommt überall vor; jeder ist ihr ausgesetzt. Teilweise stammt sie aus dem Weltall und erreicht den Erdboden als Rest der kosmischen Strahlung, der nicht durch die Erdatmosphäre absorbiert worden ist; teilweise stammt sie als terrestrische Strahlung aus den Zerfallsvorgängen der im Erdreich vorhandenen Radionuklide. Die natürliche Radioaktivität ist je nach den geologischen und geographischen Gegebenheiten von Ort zu Ort sehr verschieden. Für das Gebiet der Bundesrepublik Deutschland hat man einen Mittelwert von ca. 2,4 mSv pro Jahr herausgefunden, der sich aus einer äußeren Strahlenexposition von im Mittel 0,7 mSv pro Jahr und einer internen Strahlenexposition – vor allem durch Inhalation von Radon in Gebäuden – von durchschnittlich 1,7 mSv jährlich bei ganz erheblichen individuellen Schwankungen zusammensetzt[1]. Weltweit treten an einzelnen Stellen erheblich stärkere Werte der natürlichen terrestrischen Strahlung auf, als sie dem Durchschnitt für das Bundesgebiet entsprechen. Die kosmische Strahlung steigt mit der Höhe an. Sie beträgt auf Meereshöhe im Durchschnitt etwa 0,3 mSv und erreicht auf 2 000 m Höhe den mehr als dreifachen Wert[2]. Aus diesem Grunde ist der Strahlenschutz auch auf Menschen ausgedehnt worden, die sich berufsbedingt häufig in großen Höhen aufhalten, z.B. Bordpersonal von Flugzeugen.

Natürliche Strahlenexposition kann sich schließlich auch aus den zivilisatorischen Betätigungen des Menschen ergeben. So kann innerhalb von Gebäuden durch Konzentrationswirkungen in den verwendeten Baustoffen eine erheblich höhere natürliche Strahlung auftreten als im Freien[3]. Hinzu kommt, dass in Gebäuden das aus dem Erdboden aufsteigende Edelgas Radon 222 und Radon 220 nicht ohne weiteres abfließen kann und insbesondere durch Inhalation Strahlenbelastungen möglich sind, die durch vermindertes Lüften infolge von Energiesparmaßnahmen noch erhöht werden, wobei jedoch in Deutschland in aller Regel der Normbereich nicht überschritten wird[4]. Schließlich spielen für die Strahlenbelastung innerhalb der Häuser spezifische Baumaterialen, insbesondere vulkani-

---

1 Bundestags-Drucksache 14/2358, Bericht der Bundesregierung über Umweltradioaktivität und Strahlenbelastung im Jahr 1998, S. 5 f. und BT-Drs. 14/4104, Bericht der Bundesregierung über Umweltradioaktivität und Strahlenbelastung im Jahr 1999, S. 4 f.
2 Strahlung – Dosis, Wirkungen, Risiken, United Nations Environment Programme (UNEP)-Report 1985, S. 15 und Tabelle 3, 4.
3 UNEP-Report S. 22 f.; vgl. auch BT-Drs. 14/4104 und 14/2358 aaO.
4 Vgl. UNEP-Report S. 25 ff.; BT-Drs. 14/2358 S. 6; der Strahlenschutzbericht 1983/84/85 (BT-Drs. 11/949) geht bei erheblichen Schwankungen innerhalb des Bundesgebiets von einem Mittelwert von 18 mSv im Bronchialepithel aus.

Einführung

schen Ursprungs, eine Rolle sowie Glasuren von Kacheln, zu deren Einfärbung verwendete Materialien eine verhältnismäßig hohe natürliche Strahlung u. U. von sich geben können. Dies hat bereits vor längerer Zeit zu einer Zusammenarbeit des Deutschen Instituts für Bautechnik mit dem Bundesamt für Strahlenschutz geführt, die im Ergebnis mit dazu beiträgt, dass jedenfalls in Deutschland praktisch keine bedenkliche Radioaktivität in Gebäuden mehr festzustellen ist.

Zu den Strahlenbelastungen aus natürlicher Radioaktivität, die sich erst durch die zivilisatorische Betätigung des Menschen spürbar auswirken, gehören auch die aus Verbrennungsvorgängen durch Konzentration von in den Brennstoffen enthaltenen natürlichen Radionukliden in Rauch und Asche. Deshalb konnte in der Umgebung eines Steinkohlekraftwerks – jedenfalls in der Zeit vor Einführung von Staubfiltern und Rauchgaswäsche – die von diesem ausgehende Strahlung um ein Mehrfaches höher liegen als die von einem Kernkraftwerk gleicher Leistung[5]. Schließlich bedarf aus diesem Grunde die Verwendung von Aschen und anderen Verbrennungsrückständen in Baustoffen (z. B. Gips aus Filterstäuben) aus strahlenschutztechnischer Sicht besonderer Prüfung.[6]

b) Künstliche Strahlung

Den weitaus größten Beitrag zur Belastung durch künstliche Strahlung liefert die Medizin und hier wiederum in erster Linie die Röntgendiagnostik. Dagegen fallen -auf die gesamte Bevölkerung bezogen – die Belastungen aus Industrieerzeugnissen und technischen Strahlenquellen sowie kerntechnischen Anlagen kaum ins Gewicht[7]. Die Summierung aller Beiträge von kerntechnischen Anlagen zur Strahlenexposition der Bevölkerung der Bundesrepublik Deutschland insgesamt ist derzeit mit deutlich weniger als 0,01 mSv pro Jahr genetisch signifikanter Dosis anzusetzen. Gleiches gilt für Industrieerzeugnisse, technische Strahlenquellen und Störstrahler[8], so dass diese Strahlenbelastung aus künstlichen Quellen mit Ausnahme der für medizinische Zwecke im Verhältnis zur natürlichen Strahlenbelastung als äußerst gering erscheint.

5. Wirkungen auf den Menschen

Wie oben bereits ausgeführt, ist schon seit längerem bekannt, dass radioaktive Strahlung zu einer akuten Schädigung der davon betroffenen Gewebe im Körper führen kann. Das Ausmaß der akuten Wirkungen hängt davon ab,

- wie hoch die Einzeldosis ist,
- über eine wie lange Zeitdauer Strahlendosen verabreicht werden und
- welches Organ im Körper der Strahlenexposition ausgesetzt wird.

Die meisten Organe vermögen Strahlenschäden bis zu einem gewissen Grade zu beheben und können daher eine Serie von Bestrahlungen mit kleineren Dosen eher tolerieren als die einmalige Exposition mit der Gesamtdosis[9]. Schwierigkeiten bereitet die Einschätzung von Schäden durch radioaktive Strahlung einer Stärke, die unterhalb der Schwelle liegt, ab der akute Schäden im Gewebe verursacht werden, sowie bei der Abschätzung langfristiger Folgeschäden hoher Bestrahlungen, die zu akuten Schäden geführt haben. Es ist allgemein bekannt, dass radioaktive Strahlung Leukämie und Krebs zur Folge haben und Veränderungen des Erbguts hervorrufen kann. Die Gefahr, dass es zu einer Krebserkrankung oder einem Schaden des Erbguts kommt, ist umso größer, je stärker die empfangene Strahlendosis ist und je länger die Bestrahlung gedauert hat bzw. je öfter die Strahlendosis verabreicht worden ist. Für die Frage, wie groß die Gefahr ist, dass nach einer ausgeheilten akuten Strahlenerkrankung aufgrund hoher Strahlendosen Spätfolgen insbesondere in Gestalt von

---

5 Vgl. VG Karlsruhe, Beschluss vom 8. August 1978 – IV 19/78 – Deutsches Verwaltungsblatt (DVBl.) 1978, S. 856 ff.; vgl. auch BT-Drs. 14/2358 aaO.; BT-Drs.14/4104 aaO.
6 Vgl. UNEP-Report S. 23 f.; BT-Drs. 14/2358 aaO.; BT-Drs. 14/4104 aaO.
7 Vgl. BT-Drs. 14/4104 S. 3.
8 AaO.
9 Vgl. UNEP-Report S. 71.

Krebserkrankungen auftreten, gibt es mittlerweile zahlreiche Untersuchungen[10]. So hat man insbesondere Erkenntnisse gewonnen aus der systematischen Beobachtung der Überlebenden der Atombombenabwürfe in Hiroshima und Nagasaki, aber auch aus der Beobachtung beruflich stark strahlenexponierter Personen. Neue Erkenntnisse hat auch die Beobachtung von Personen erbracht, die bei der Katastrophe von Tschernobyl hohen Strahlendosen ausgesetzt waren. Obwohl auch die Ergebnisse dieser Untersuchungen teilweise noch mit Zweifelsfragen behaftet sind, lassen sie jedoch zumindest von der Größenordnung her Rückschlüsse auf die Spätfolgen starker Strahleneinwirkungen zu. Umso schwieriger ist die Abschätzung der Risiken durch kleine und kleinste Strahlendosen, die über längere Zeiträume auf Menschen einwirken. Dies liegt u. a. daran, dass unser gegenwärtiges Wissen über die Mechanismen von Krebsauslösung und -Wachstum noch nicht ausreicht, um etwas Genaueres über die Form der Dosis-Wirkungs-Kurven beim Menschen im Bereich niedriger Dosen auszusagen. Weiter gibt es zurzeit noch keine Methoden, eine durch Strahlung hervorgerufene Leukämie oder Krebserkrankung von einer natürlichen Leukämie oder Krebserkrankung zu unterscheiden. Schließlich ist die Wahrscheinlichkeit, unabhängig von der Einwirkung radioaktiver Strahlen an Krebs zu erkranken, sehr groß im Verhältnis zu der Wahrscheinlichkeit des Auftretens von Krebs oder Leukämie in Folge der Einwirkung niedriger Strahlendosen; rund 20% der Bevölkerung sterben nämlich an Krebs, und selbst die örtlichen und zeitlichen Schwankungen dieses spontanen Auftretens sind groß gegenüber der zu erwartenden Erhöhung bei niedrigen Dosen[11]. Die vermutlich durchaus vorhandenen strahlenbedingten Krebsfälle sind aufgrund dieser Schwankungen bei den natürlichen Krebsfällen nicht auszumachen. Aussagen über die Dosis-Wirkungs-Beziehung zwischen Strahlendosis und Auftreten von Krebsfällen sind im Bereich niedriger und sehr niedriger Dosen deshalb auf Hypothesen angewiesen, was bei der Bewertung der aufgrund dieser Hypothesen aus den Langzeitwirkungen hoher Dosen gewonnenen Annahmen über die Risiken niedriger Strahlendosen und daraus resultierend der Festlegung von Grenzwerten zu berücksichtigen ist. Vor diesem Hintergrund nötigt die unbestrittene Gefährlichkeit radioaktiver Strahlung im Bereich höherer Energiedosen jedenfalls dazu, im Bereich der Hypothesen bei der Beurteilung niedriger Dosen vorsichtige Annahmen zugrunde zu legen. Obwohl in der Wissenschaft auch die Auffassung vertreten wird, der menschliche Körper verfüge über einen Reparaturmechanismus gegenüber den Wirkungen kleiner Strahlendosen, und zwar, sowohl was das Krebsrisiko, als auch, was die Möglichkeit von Schäden am Erbmaterial angehe, und deshalb gebe es einen Schwellenwert, unterhalb dessen Strahlendosen keine Wirkungen hervorriefen[12], ist doch sicherheitshalber von der gegenteiligen Annahme auszugehen, dass es keinen solchen Schwellenwert gibt, die aufgrund von Untersuchungen über die Opfer der ersten Atombombenabwürfe insbesondere auch von dem United Nations Scientific Committee on the Effects of Atomic Radiation (UNSCEAR) vertreten wird[13].

Konsequenz hieraus ist das Strahlenminimierungsgebot, also die von der ICRP bereits frühzeitig erhobene Forderung, die sich international allgemein durchgesetzt hat und als Kern des deutschen Strahlenschutzrechts Eingang in § 28 Abs. l Strahlenschutzverordnung alte Fassung (a.F.) bzw. § 6 Strahlenschutzverordnung neue Fassung (n.F.) gefunden hat, alle unnötigen Strahlendosen zu vermeiden und möglichst unterhalb der festgesetzten Grenzwerte zu bleiben, d. h., die festgelegten Grenzwerte bilden nicht die Obergrenze des Erlaubten, sondern die Untergrenze des nicht mehr Akzeptablen, auch wenn die tatsächlichen Gefahrengrenzen aufgrund der den Grenzwerten zugrundeliegenden Hypothesen in Wirklichkeit möglicherweise viel höher liegen.

---

10 Vgl. UNEP-Report S. 76 sowie die Zitate bei Paretzke, Risiko für somatische Spätschäden durch ionisierende Strahlung, Physikalische Blätter (Phys. Bl.) 1989, S. 16ff. (24).
11 Vgl. Paretzke, Phys. Bl. 1989, S. 16 ff. (17) m.w.N.; Paretzke erwähnt etwa, dass bei den Atombomben-Überlebenden nach einer Energiedosis von etwa 0,24 Gy nur eine um etwa 10 % erhöhte Krebs- und Leukämierate zu beobachten gewesen sei, während z.B. die Krebsmortalität der Männer in den Jahren 1976 bis 1980 in Herne rund 19% über derjenigen in Siegen gelegen habe, ohne dass es für diese örtlichen Unterschiede bislang eine Erklärung gebe. Vgl. auch Levi, Wie solide ist das wissenschaftliche Fundament des Strahlenschutzes, Atomwirtschaft (atw) 1989, S. 28 ff. (32).
12 Vgl. Pellerin, atw. 1975, S. 617; Merz, atw 1989 S. A59; Roth und Feinendegen, atw 1996, S. 401.
13 Vgl. UNEP-Report S. 78; vgl. hierzu auch Rausch, die medizinisch-biologische Rechtfertigung von Dosisgrenzwerten, 4. Deutsches Atomrechts-Symposium, 1975, S. 277.

Einführung

6. Zur Entstehungsgeschichte der Strahlenschutzverordnung

Wie oben bereits ausgeführt, hatte sich bereits in den 20er Jahren wegen der beobachteten Wirkungen radioaktiver Strahlen die Notwendigkeit herausgestellt, Regeln für den Strahlenschutz zu entwickeln, was 1928 zur Gründung der internationalen Strahlenschutzkommission ICRP geführt hatte. Die von dieser ausgearbeiteten Empfehlungen sowie die von verschiedenen Berufs- und Standesvereinigungen aufgestellten Schutz- und Sicherheitsvorschriften blieben für den Strahlenschutz maßgeblich, bis im Jahre 1941 mit der „Verordnung zum Schutze gegen Schädigungen durch Röntgenstrahlungen und radioaktive Stoffe in nicht-medizinischen Betrieben" erstmals verbindliches Strahlenschutzrecht gesetzt wurde. Dieser Verordnung gesellte sich 1950 das „Gesetz Nr. 22 der Alliierten Hohen Kommission für die Überwachung von Stoffen, Einrichtungen und Ausrüstungen auf dem Gebiet der Atomkernenergie" hinzu, das ebenfalls eine gewisse Bedeutung für den Strahlenschutz erlangte. Nach Gründung der Europäischen Atomgemeinschaft EURATOM im Jahre 1957 schuf dann der Bund durch Einfügung von Artikel 74 Nr. 11a Grundgesetz (GG) und den Erlass des Atomgesetzes im Jahre 1959 die Grundlagen für die Normierung des Strahlenschutzrechts im Einzelnen.

Nachdem gleichfalls im Jahre 1959 die EURATOM mit den „Richtlinien zur Festlegung der Grundnormen für den Gesundheitsschutz der Bevölkerung und der Arbeitskräfte gegen die Gefahren ionisierender Strahlungen" die erste Fassung der EURATOM-Grundnormen geschaffen hatte, kam die Bundesrepublik im Jahre 1960 ihrer Verpflichtung aus Artikel 33 Abs. I des EURATOM-Vertrages nach und setzte diese Richtlinien durch die „Erste Strahlenschutzverordnung" in innerdeutsches Recht um. Gleichzeitig versuchte sie, auf diese Weise den erkannten Missständen in der Regelung des Strahlenschutzes zu begegnen und insbesondere erkannte Lücken der bisherigen Regelungen zu schließen. Der „Ersten Strahlenschutzverordnung" folgte 1964 die speziell den Strahlenschutz in Schulen regelnde „Zweite Strahlenschutzverordnung".

Nach Erlass der Röntgenverordnung im Jahre 1973 wurden die Erste und die Zweite Strahlenschutzverordnung in dem Bestreben nach weiterer Konzentrierung und Harmonisierung im Jahre 1976 durch die im Prinzip bis 2001 geltende Strahlenschutzverordnung, die „Verordnung über den Schutz vor Schäden durch ionisierende Strahlen" vom 13. Oktober 1976 (BGBl. I S. 2905, 1977 S. 184, 269), abgelöst. Sie brachte zahlreiche Verbesserungen, insbesondere durch Neuregelung des Umgebungsschutzes, und bezog diejenigen Anlagen zur Erzeugung ionisierender Strahlen (Teilchenbeschleuniger) in ihren Anwendungsbereich neu ein, die nicht der Röntgenverordnung von 1973 unterlagen. Außerdem berücksichtigte sie die zwischenzeitlichen Änderungen der EURATOM-Grundnormen und die OECD-Grundnormen für den Strahlenschutz sowie das Übereinkommen Nr. 115 über den Schutz der Arbeitnehmer vor ionisierenden Strahlen der allgemeinen Konferenz der internationalen Arbeitsorganisation (ILO). Schließlich wurde den praktischen Erfahrungen und dem Fortschritt der wissenschaftlichen Erkenntnis aus den vergangenen 15 Jahren der Anwendungszeit der „Ersten Strahlenschutzverordnung" Rechnung getragen.

Die tief greifendsten Veränderungen erfuhr diese Strahlenschutzverordnung durch die am 1. November 1989 in Kraft getretene Zweite Verordnung zur Änderung der Strahlenschutzverordnung vom 18. Mai 1989 (BGBl. I S. 943), die kaum eine Bestimmung unverändert ließ und deswegen die Neubekanntmachung vom 30 Juni 1989 (BGBl. I S. 1321, berichtigt S. 1926) erforderlich machte. Die Änderungen wurden vor allem deshalb so umfangreich, weil die vollständige Neuregelung der EURATOM-Grundnormen-Richtlinien aus dem Jahre 1980 und deren Änderungen 1984 in innerdeutsches Recht umgesetzt werden musste. Im Übrigen handelte es sich wiederum um Änderungen, deren Notwendigkeit im Laufe der Jahre aus praktischen Erfahrungen oder dem fortgeschrittenen Erkenntnisstand erwuchs. Entsprechend den Bestimmungen der EURATOM-Grundnormen-Richtlinien lag einer der Schwerpunkte bei der Einführung des Konzepts der effektiven Dosis: Bis dahin wurden lediglich Grenzwerte für die Ganzkörperdosis oder für Teilkörperdosen gebildet. Nunmehr wurden durch entsprechende Gewichtungen die Voraussetzungen für die zutreffende Bestimmung einer effektiven Dosis geschaffen. Weiter wurden die Grundzüge des Berechnungsverfahrens in die

Verordnung selbst übernommen, ergänzt durch die Allgemeine Verwaltungsvorschrift zu § 45 Strahlenschutzverordnung: Ermittlung der Strahlenexposition durch die Ableitung radioaktiver Stoffe aus kerntechnischen Anlagen oder Einrichtungen vom 21. Februar 1990 (BAnz. Nr. 64a vom 31. März 1990). Ein ganz wesentlicher Punkt war auch die Einführung eines Grenzwertes in § 49 Abs. 1 Strahlenschutzverordnung für das gesamte Berufsleben einer beruflich strahlenexponierten Person. Die Summe der in allen Kalenderjahren ermittelten effektiven Dosen durfte danach 400 mSv nicht überschreiten. Wird dieser Grenzwert erreicht, darf der betreffende Berufstätige danach nicht mehr beruflich in strahlenbelasteten Bereichen eingesetzt werden. Schließlich wurde die Ablieferungspflicht für radioaktive Abfälle und der Umgang mit diesen weitaus detaillierter geregelt.

Nunmehr sind es erneut die überarbeiteten und neu gefassten EURATOM-Grundnormen-Richtlinien,

- die Richtlinie 96/29/EURATOM des Rates vom 13. Mai 1996 zur Festlegung der grundlegenden Sicherheitsnormen für den Schutz der Gesundheit der Arbeitskräfte und der Bevölkerung gegen die Gefahren durch ionisierende Strahlungen (ABl. EG Nr. L 159 S: 1) und
- die Richtlinie 97/43/EURATOM des Rates vom 30. Juni 1997 über den Gesundheitsschutz von Personen gegen die Gefahren ionisierender Strahlung bei medizinischer Exposition und zur Aufhebung der Richtlinie 84/466/EURATOM (ABl. EG Nr. L 180 S. 22),

die eine so grundlegende Neuordnung der Strahlenschutzverordnung erforderlich machen, dass diesmal eine vollständige Ablösung des bisherigen Regelwerks durch ein komplett neues unumgänglich ist. Dies ist gleichzeitig die Chance, die angesichts der bisherigen insgesamt doch recht zahlreichen Änderungen etwas unübersichtlich gewordene Verordnung insgesamt zu straffen und wieder zu einer Strahlenschutzverordnung aus einem Guss zu gelangen. Die wichtigsten Neuerungen sind:

- Die Erweiterung des Anwendungsbereichs auf den Schutz vor natürlicher Radioaktivität insbesondere im Bereich des Arbeitsschutzes, die erst durch eine Änderung der Ermächtigungsgrundlage für den Erlass der Strahlenschutzverordnung im Atomgesetz möglich wurde,
- daraus folgend die Einbeziehung von Flugpersonal, das während der häufigen Flüge einer erhöhten kosmischen Strahlung ausgesetzt ist,
- im Übrigen in Anpassung an die neuen EURATOM-Grundnormen erneut die Senkung der Dosisgrenzwerte zum Schutz von Arbeitnehmern am Arbeitsplatz sowie der übrigen Bevölkerung; der allgemeine Grenzwert zum Schutz der Bevölkerung aus zielgerichteter Nutzung wird von 1,5 mSv auf 1 mSv im Kalenderjahr abgesenkt; bei natürlichen Strahlenquellen ist dieser Dosiswert als Richtwert ausgestaltet; der Grenzwert zum Schutz der beruflich strahlenexponierten Personen wird – unter Zulassung von Ausnahmemöglichkeiten – von 50 mSv auf 20 mSv herabgesetzt.
- die Verminderung von Strahlenbelastungen bei der medizinischen Anwendung,
- um gemeinschaftsrechtlichen Bedenken Rechnung zu tragen die weitergehende Umsetzung der Richtlinie 89/618/EURATOM über die Unterrichtung der Bevölkerung über die bei einer radiologischen Notstandssituation geltenden Verhaltensmaßregeln und zu ergreifenden Gesundheitsschutzmaßnahmen in der Rechtsverordnung selbst anstatt in daraus abgeleiteten Verwaltungsvorschriften,
- die Ablösung bislang noch fortgeltenden DDR-Strahlenschutzrechts, das nur noch für die Sanierung der Hinterlassenschaften früherer Tätigkeiten, insbesondere des Uranbergbaus in Kraft bleibt und
- unabhängig von weitergeltenden Freigrenzen ein System der Entlassung wenig radioaktiven Materials aus der Überwachung durch eine behördliche Freigabe, durch die eine Befreiung von unnötigen bürokratischen Hindernissen erreicht und insbesondere auch der Abbruch und die Beseitigung vorhandener kerntechnischer Anlagen erleichtert werden soll.

7. Die Strahlenschutzverordnung im Gefüge des Rechtssystems

a) Verfassungsrechtliche Aspekte

Die grundlegende Entscheidung für die friedliche Nutzung der Kernenergie traf der Verfassungsgesetzgeber im Jahre 1959 durch die Einfügung von Nummer 11a in den Kompetenzkatalog des Artikels 74 Abs.1 GG, durch die dem Bund die konkurrierende Gesetzgebung auf den dort genannten Gebieten übertragen wird. Durch diese Bestimmung hat der Bund das Recht der konkurrierenden Gesetzgebung erhalten für

- die Erzeugung und Nutzung der Kernenergie zu friedlichen Zwecken,
- die Errichtung und den Betrieb von Anlagen, die diesen Zwecken dienen,
- den Schutz gegen Gefahren,
  - die bei Freiwerden von Kernenergie oder
  - durch ionisierende Strahlen generell

  entstehen, und
- die Beseitigung radioaktiver Stoffe.

Von dieser Kompetenzzuweisung hat der Bundesgesetzgeber durch den Erlass des Gesetzes über die friedliche Verwendung von Kernenergie und den Schutz gegen ihre Gefahren (Atomgesetz) vom 23. Dezember 1959 (BGBl.1 S. 814) – jetzt anzuwenden in der Fassung der Bekanntmachung vom 15. Juli 1985 (BGBl. I S. 1565)[14] – Gebrauch gemacht. Dementsprechend ist es nach seinem § l die Zweckbestimmung des Atomgesetzes,

- die Nutzung der Kernenergie zur gewerblichen Erzeugung von Elektrizität geordnet zu beenden und bis zum Zeitpunkt der Beendigung den geordneten Betrieb sicherzustellen,
- Leben, Gesundheit und Sachgüter vor den Gefahren der Kernenergie und der schädlichen Wirkung ionisierender Strahlen zu schützen und durch Kernenergie oder ionisierende Strahlen verursachte Schäden auszugleichen,
- zu verhindern, dass durch Anwendung oder Freiwerden der Kernenergie oder ionisierender Strahlen die innere oder äußere Sicherheit der Bundesrepublik Deutschland gefährdet wird,
- die Erfüllung internationaler Verpflichtungen der Bundesrepublik Deutschland auf dem Gebiet der Kernenergie und des Strahlenschutzes zu gewährleisten.

Diese Zweckbestimmungen sind bei der Auslegung der auf dem Atomgesetz beruhenden Rechtsverordnungen – zu denen auch die Strahlenschutzverordnung gehört – zu berücksichtigen.

Bis zum Erlass des Gesetzes zur geordneten Beendigung der Kernenergienutzung zur gewerblichen Erzeugung von Elektrizität vom 22. April 2002 (BGBl. I S. 1351) war es nach Nr. 1 des § 1 AtG noch Zweck des Gesetzes, die Erforschung, die Entwicklung und die Nutzung der Kernenergie zu friedlichen Zwecken zu fördern. Das Atomgesetz enthielt damit die umfassende gesetzgeberische Entscheidung für die friedliche Nutzung der Kernenergie, die wegen ihrer weitreichenden Auswirkungen auf die Bürger, insbesondere auf ihren Freiheits- und Gleichheitsbereich, auf die allgemeinen Lebensverhältnisse und wegen der notwendigerweise damit verbundenen Art und Intensität der Regelung eine grundlegende und so wesentliche Entscheidung war, dass sie wegen des aus dem Rechtsstaatsgebot sich ergebenden Grundsatzes vom Vorbehalt des Gesetzes allein vom Gesetzgeber getroffen werden konnte[15]. Die seinerzeitige Entscheidung des Gesetzgebers war so umfassend ausgefallen, dass sie auch die Verwendung von Plutonium als Kernbrennstoff (§ 2 Abs. 1

---

[14] Zuletzt geändert durch Art. 1 des Gesetzes zur Kontrolle hochradioaktiver Strahlenquellen vom 12. August 2005 (BGBl. I S. 2365) und Art. 161 der Neunten Zuständigkeitsanpassungsverordnung vom 31. Oktober 2006 (BGBl. I S. 2407).
[15] Vgl. Bundesverfassungsgericht (BVerfG), Beschluss vom 8. August 1978-2 BvL 8/77 – Entscheidungen des Bundesverfassungsgerichts (BVerfGE) Bd. 49, S. 89 ff. (127).

Nr. 1 Atomgesetz) umfasste und damit auch den Einsatz schneller Brutreaktoren grundsätzlich abdeckte[16]. Erst wenn die seinerzeitige Entscheidung des Gesetzgebers durch neue im Zeitpunkt des Gesetzeserlasses noch nicht abzusehende Entwicklungen entscheidend in Frage gestellt worden wären, hätte er von Verfassungs wegen gehalten sein können zu überprüfen, ob die ursprüngliche Entscheidung auch unter den veränderten Umständen aufrechtzuerhalten sein würde[17] Solche neueren Entwicklungen waren seither aber wohl nicht zu verzeichnen. Dass zwischenzeitlich politisch ein Ausstieg aus der Kernenergie gewollt ist, was seinen Niederschlag in der neuen Zielsetzung nach Nr. 1 des § 1 Atomgesetzes findet, der nun ausdrücklich die Beendigung der gewerblichen Kernenergienutzung als Ziel des Gesetzes nennt, ändert nichts an dieser verfassungsrechtlichen Beurteilung sondern wirkt sich lediglich auf der einfachrechtlichen Ebene aus.

In verfassungsrechtlicher Hinsicht wird gelegentlich bezweifelt ob der Staat das Recht hat, seinen Staatsbürgern die friedliche Nutzung der Kernenergie zuzumuten. Wie oben bereits dargelegt, muss – jedenfalls bis zum Vorliegen gesicherter Anhaltspunkte für das Gegenteil – davon ausgegangen werden, dass jede, auch die kleinste zusätzliche Strahlendosis geeignet ist, Krebs oder Schäden am Erbgut zu verursachen. Hieraus könnte der Schluss gezogen werden. dass die friedliche Nutzung der Kernenergie und der Radioaktivität, die ohne ein gewisses, wenn auch geringes Maß an zusätzlicher Strahlenbelastung nicht möglich ist, einen Eingriff darstellt, der gegen das Recht auf Leben und körperliche Unversehrtheit und damit gegen Artikel 2 Abs. 2 GG verstößt[18]. Dem ist das Bundesverfassungsgericht in dem bereits zitierten „Kalkar-Beschluss"[19] mit der Begründung entgegengetreten, der Gesetzgeber habe durch die in § 1 Nr. 2 und in § 7 Abs. 2 Atomgesetz niedergelegten Grundsätze der bestmöglichen Gefahrenabwehr und Risikovorsorge – insbesondere das Anknüpfen an den Stand von Wissenschaft und Technik – einen Maßstab aufgerichtet, der Genehmigungen nur dann zulasse, wenn es nach dem Stand von Wissenschaft und Technik praktisch ausgeschlossen erscheine, dass Schadensereignisse eintreten werden. Ungewissheiten jenseits dieser Schwelle praktischer Vernunft hätten ihre Ursachen in den Grenzen des menschlichen Erkenntnisvermögens; sie seien unentrinnbar und insofern als sozial-adäquate Lasten von allen Bürgern zu tragen. Vom Gesetzgeber im Hinblick auf seine Schutzpflicht eine Regelung zu fordern, die mit absoluter Sicherheit Grundrechtsgefährdungen ausschließe, die aus der Zulassung technischer Anlagen und ihrem Betrieb möglicherweise entstehen könnten, hieße die Grenze menschlichen Erkenntnisvermögens verkennen und würde weithin jede staatliche Zulassung der Nutzung von Technik verbannen[20].

Nach Artikel 87c GG i.V.m. § 24 Abs. 1 Atomgesetz wird letzteres nicht von den Ländern nach dem Grundsatz des Artikel 83 GG als eigene Angelegenheit ausgeführt sondern im Wege der Auftragsverwaltung nach Artikel 85 GG. Das hat erweiterte Aufsichtsbefugnisse gegenüber den Ländern zur Folge bis hin zur Möglichkeit von Einzelweisungen des Bundes in Gestalt der zuständigen obersten Bundesbehörde, des Bundesministeriums für Umwelt, Naturschutz und Reaktorsicherheit (BMU), an die jeweils zuständigen obersten Landesbehörden nach Artikel 85 Abs. 3 GG.

b) Friedliche Nutzung der Kernenergie

Artikel 74 Nummer 11a GG und dem folgend § 1 Atomgesetz und dementsprechend auch die Bestimmungen der Strahlenschutzverordnung beziehen sich nur auf die friedliche, nicht dagegen auf die militärische Nutzung von Kernenergie und radioaktiven Stoffen[21]. Das hat beispielsweise folgende Konsequenz: Uran zeichnet sich neben seinen kernphysikalischen Eigenschaften durch eine besonders große Dichte aus. Macht man sich dies zunutze und verwendet abgereichertes Uran 238, aus dem also die als Kernbrennstoffe geeigneten Isotopen 235 und 233 entfernt sind, das zwar nur

---

16 BVerfG aaO., S. 128 f.
17 BVerfG aaO., S. 130 ff.
18 Vgl. Hinz, Zur Verfassungsmäßigkeit der Dosisgrenzwerte. 4 Deutsches Atomrechts-Symposium 1975, S. 165 ff.
19 BVerfGE 49,89 ff.
20 BVerfG aaO. S. 143; vgl. hierzu .auch BVerfG, Beschluss vom 20 Dezember 1979 – 1 BvR 385/77 – BVerfGE 53, S. 31 ff. (58 f.) und Bundesverwaltungsgericht (BVerwG), Urteil vom 19. Dezember 1985 – 7C65 82 – Entscheidungen des Bundesverwaltungsgerichts (BVerwGE) Bd. 72 S. 300 ff. (314 ff.).
21 Fischerhof, Deutsches Atomgesetz und Strahlenschutzrecht, 2. Aufl., Bad. 1, Einf. Rz. 44.

schwach, aber immerhin so bemerkbar strahlt, dass es als sonstiger radioaktiver Stoff gilt, zur Herstellung besonders kompakter Ausgleichsgewichte in Verkehrsflugzeugen, so sind hierauf die Vorschriften der Strahlenschutzverordnung anwendbar. Konkret wird diese Verwendung durch § 8 Abs. 1 Strahlenschutzverordnung n.F., der insoweit § 4 Abs. 2 in Verbindung mit Anlage III, Teil A, Nr. 8 Strahlenschutzverordnung a.F. entspricht, ohne die spezielle Anwendung noch konkret zu benennen, von der Genehmigungs- und Anzeigepflicht ausgenommen. Eine gleichartige Nutzung von Uran in Kriegswaffen unterfällt dagegen nicht den Vorschriften des Atomgesetzes oder der Strahlenschutzverordnung, weil es sich um militärischen Umgang mit radioaktivem Material handelt; insoweit sind vielmehr die Bestimmungen des Ausführungsgesetzes zu Artikel 26 Abs. 2 des Grundgesetzes (Gesetz über die Kontrolle von Kriegswaffen – Kriegswaffenkontrollgesetz) in der Fassung der Bekanntmachung vom 22. November 1990 (BGBl. I S. 2506), zuletzt geändert durch Artikel 24 der Neunten Zuständigkeitsanpassungsverordnung v. 31. Oktober 2006 (BGBl. I S. 2407), maßgeblich.

c) Atomgesetz und Strahlenschutzvorsorgegesetz

Atomgesetz und daraus folgend auch die Strahlenschutzverordnung beziehen sich nur auf die Radioaktivität, die aus Anlass der Nutzung der Kernenergie entsteht und den Schutz vor natürlicher Radioaktivität, soweit er in diese Regelwerke einbezogen worden ist. Sie beziehen sich insbesondere nicht auf den Schutz der Bevölkerung vor Radioaktivität in der Umwelt, wie sie sich z.B. aus dem Fallout nach Kernwaffenversuchen oder aufgrund solcher Ereignisse, wie dem Reaktorunfall von Tschernobyl ergibt. Für die Überwachung der Umweltradioaktivität und Maßnahmen nach Ereignissen wie dem Unfall von Tschernobyl sind die Bestimmungen des Strahlenschutzvorsorgegesetzes vom 19. Dezember 1986 (BGBl. I S. 2610), zuletzt geändert durch Artikel 64 der Neunten Zuständigkeitsanpassungsverordnung v. 31. Oktober 2006 (BGBl. I S. 2407), maßgebend.

d) Atomgesetz und Strahlenschutzverordnung

In seinem § 2 Abs. 1 definiert das Atomgesetz die radioaktiven Stoffe im Sinne dieses Gesetzes und unterscheidet zwischen Kernbrennstoffen und sonstigen radioaktiven Stoffen. Kernbrennstoffe sind danach besondere spaltbare Stoffe in Form von Plutonium 239, Plutonium 241, Uran 233, mit den Isotopen 235 oder 233 angereichertes Uran sowie jeder Stoff, der einen der genannten Stoffe enthält und außerdem alle Stoffe, mit deren Hilfe in einer geeigneten Anlage eine sich selbst tragende Kettenreaktion aufrechterhalten werden kann und die in einer Rechtsverordnung bestimmt werden. Alle übrigen Stoffe, die ionisierende Strahlen spontan aussenden, sind „sonstige radioaktive Stoffe", wobei nach § 2 Abs. 2 Atomgesetz zur Vereinfachung für die Anwendung der Genehmigungsvorschriften nach dem Atomgesetz oder einer darauf beruhenden Rechtsverordnung – also auch der Strahlenschutzverordnung – Stoffe mit einem nur geringen Anteil an als Kernbrennstoffen genutzten Uran- und Plutoniumisotopen im Wesentlichen den „sonstigen radioaktiven Stoffen" zugerechnet werden.

Der Umgang mit Kernbrennstoffen wird weitgehend im Atomgesetz unmittelbar geregelt:

Es finden sich dort Vorschriften über die Ein- und Ausfuhr, die Beförderung, die Verwahrung, den Besitz, die Genehmigung von Anlagen zur Erzeugung, zur Bearbeitung, Verarbeitung oder zur Spaltung von Kernbrennstoffen oder zur Aufarbeitung bestrahlter Kernbrennstoffe sowie zur Behandlung kernbrennstoffhaltiger Abfälle. Die Strahlenschutzverordnung als eine Verordnung zur Ausführung des Atomgesetzes kann dementsprechend für Kernbrennstoffe nur ergänzende Regelungen enthalten, soweit das Atomgesetz selbst keine Regelungen enthält. Im Übrigen gelten die Bestimmungen der Strahlenschutzverordnung für die im Atomgesetz selbst nicht näher geregelten sonstigen radioaktiven Stoffe, was bei den einzelnen Normen der Strahlenschutzverordnung in der Regel auch im Text zum Ausdruck gebracht wird. So bezieht sich § 7 Abs. 1 Strahlenschutzverordnung, der den Umgang mit radioaktiven Stoffen generell genehmigungspflichtig macht, bereits seinem Wortlaut nach mit Rücksicht auf die diesbezüglichen Regelungen in den §§ 3 ff. Atomgesetz nicht auf Kernbrennstoffe; dagegen finden beispielsweise die Vorschriften der Strahlenschutzverordnung über Strahlenschutzbereiche (§§ 36 ff. Strahlenschutzverordnung), Dosisgrenzwerte für beruflich strahlenexponierte Personen (§§ 54 ff. Strahlenschutzverordnung) und Grenzwerte für nach außen dringende Strahlung (§§ 47, 48 Strahlenschutzverordnung) auch auf Kernkraftwerke Anwendung, da das Atomgesetz insoweit keine Regelungen enthält, sondern § 7 Atomgesetz lediglich generelle Erfordernisse für die Genehmigung aufstellt. Anlagen nach § 7 Abs. 1 Atomgesetz, also Anlagen zur Erzeugung, Bearbeitung, Verarbeitung oder Spaltung von Kernbrennstoffen oder zur Aufarbeitung bestrahlter Kernbrennstoffe, unterliegen zusätzlich der Verordnung über den kerntechnischen Sicherheitsbeauftragten und über die Meldung von Störfällen und sonstigen Ereignissen (Atomrechtliche Sicherheitsbeauftragten- und Meldeverordnung vom 14. Oktober 1992 (BGBl. I S. 1766), zuletzt geändert durch Art. 5 der Verordnung vom 18. Juni 2002 (BGBl. I S. 1869)).

e) Strahlenschutzverordnung und Röntgenverordnung

Im Übrigen gilt die Strahlenschutzverordnung nach ihrem § 2 Abs. 2 Nr. 3 nicht für die Errichtung und den Betrieb von Röntgeneinrichtungen und Störstrahlern, die der Röntgenverordnung unterliegen. Nach § 1 Abs. 1 der Verordnung über den Schutz vor Schäden durch Röntgenstrahlen (Röntgenverordnung) vom 8. Januar 1987 (BGBl. I S. 114) in der Fassung der Bekanntmachung vom 30. April 2003 (BGBl. I S. 604) gilt diese für Röntgeneinrichtungen und Störstrahler, bei denen Röntgenstrahlen durch Beschleunigung von Elektronen auf eine Grenzenergie von mindestens 5 Kiloelektronvolt und höchstens 1 Megaelektronvolt erzeugt werden. Störstrahler, die dazu bestimmt sind, andere Teilchen als Elektronen in dem genannten Energiebereich zu beschleunigen, unterliegen nicht der Röntgenverordnung, sondern der Strahlenschutzverordnung (§ 1 Abs. 2 Röntgenverordnung, § 2 Abs. 1 Nr. 1 Buchstabe d Strahlenschutzverordnung).

f) Weitere den Strahlenschutz betreffende Vorschriften

Daneben finden sich materiell den Strahlenschutz betreffende Vorschriften in einer ganzen Reihe weiterer Gesetze und Verordnungen, beispielsweise:

- Nach § 7 Abs. 2 des Gesetzes über den Verkehr mit Arzneimitteln (Arzneimittelgesetz) vom 24. August 1976 (BGBl. I S. 2445, 2448) i.d.F.d. Bekanntmachung vom 11. Dezember 1998 (BGBl. I S. 3586), zuletzt geändert durch Art. 2 des Gesetzes über die Durchsetzung der Verbraucherschutzgesetze bei innergemeinschaftlichen Verstößen vom 21. Dezember 2006 (BGBl. I S. 3367) ist es verboten, radioaktive Arzneimittel oder Arzneimittel, bei deren Herstellung ionisierende Strahlen verwendet worden sind, in den Verkehr zu bringen, wenn dies nicht durch Rechtsverordnung zugelassen ist. Dementsprechend enthält die Verordnung über radioaktive oder mit ionisierenden Strahlen behandelte Arzneimittel (AMRadV) vom 28. Januar 1987 (BGBl. I S. 502) in der Fassung der Bekanntmachung vom 19. Januar 2007 (BGBl. I S. 48), Bestimmungen darüber, unter welchen Voraussetzungen derartige Arzneimittel in den Verkehr gebracht werden dürfen. Die Vorschriften in den §§ 106 ff. StrlSchV über den Zusatz von radioaktiven Stoffen und die Aktivierung, beziehen sich auf die Herstellung und lassen die speziellen arzneimittelrechtlichen Vorschriften über das Inverkehrbringen unberührt.

- In ähnlicher Weise bestimmt § 8 des Lebensmittel- und Futtermittelgesetzbuchs (LFGB) vom 1. September 2005 (BGBl. I S. 2618), dass es grundsätzlich verboten ist, bei Lebensmitteln gewerbsmäßig ionisierende Strahlen anzuwenden oder derartige Lebensmittel in den Verkehr zu bringen, wenn dies nicht durch Rechtsverordnung zugelassen ist. Die entsprechende Rechtsverordnung ist die noch auf § 13 des Gesetzes über den Verkehr mit Lebensmitteln, Tabakerzeugnissen, kosmetischen Mitteln und sonstigen Bedarfsgegenständen (Lebensmittel- und Bedarfsgegenständegesetz – LMBG) in der Fassung der Bekanntmachung vom 9. September 1997 (BGBl. I S. 2296), zuletzt geändert durch Artikel 2 § 15 des Gesetzes vom 20. Juli 2000 (BGBl. I S. 1045) beruhende Verordnung über die Behandlung von Lebensmitteln mit Elektronen-, Gamma- und Röntgenstrahlen, Neutronen oder ultravioletten Strahlen (Lebensmittelbe-

Einführung

strahlungsverordnung – LMBestrV) v. 14. Dezember 2000 (BGBl. I S. 1730), zuletzt geändert durch Art. 359 der Neunten Zuständigkeitsanpassungsverordnung vom 31. Oktober 2006 (BGBl. I S. 2407), die den Einsatz von ionisierenden Strahlen nur in sehr engen Grenzen und nur bei sehr wenigen Lebensmitteln zulässt. Für kosmetische Mittel untersagt § 1 i.V.m. Anlage 1 Teil A Nr. 293 der Kosmetikverordnung in der Fassung der Bekanntmachung vom 7. Oktober 1997 (BGBl. I S. 2410), zuletzt geändert durch Artikel 357 der Neunten Zuständigkeitsanpassungsverordnung vom 31. Oktober 2006 (BGBl. I S. 2407), den Zusatz radioaktiver Stoffe. Im Übrigen verbietet § 105 StrlSchV für Lebensmittel und Bedarfsgegenstände den Zusatz von radioaktiven Stoffen und die Aktivierung.

- Nach § 7 i.V.m. Anlage 3 Nr. 20 der Verordnung über die Qualität von Wasser für den menschlichen Gebrauch (Trinkwasserverordnung – TrinkwV 2001) vom 21. Mai 2001 (BGBl. I S. 959), zuletzt geändert durch Art. 363 der Neunten Zuständigkeitsanpassungsverordnung vom 31.10.2006 (BGBl. I S. 2407) darf die durch Trinkwasser verursachte Strahlenbelastung 0,1 mSv/Jahr, nach Nr. 19 der Anlage 3 die von Tritium im Trinkwasser ausgehende Strahlung 100 Bq/l nicht überschreiten.

- Die verschiedenen Gefahrgutverordnungen enthalten für die Beförderung gefährlicher Güter auf der Straße, mit der Eisenbahn, in See- oder Binnenschiffen jeweils besondere Vorschriften für die Beförderung radioaktiver Güter, auf die im Zusammenhang mit den Beförderungsvorschriften einzugehen sein wird.

8. Die materiellen Grundlagen für die Strahlenschutzvorschriften

Wie wir oben bereits andeutungsweise gesehen haben, haben eine Fülle von staatlichen und privaten Organisationen und Vereinigungen durch Untersuchungen, Empfehlungen und Richtlinien zur Entwicklung der Strahlenschutzregelungen und der Festlegung von Grenzwerten beigetragen. Zu nennen wären hier:

- Die bereits erwähnte UNSCEAR hat die Aufgabe, Informationen über die Wirkungen von ionisierenden Strahlen zu sammeln und darüber zu berichten.

- Die internationale Arbeitsorganisation ILO hat ein Übereinkommen über den Schutz der Arbeitnehmer vor ionisierenden Strahlen verabschiedet, das von der Bundesrepublik Deutschland ratifiziert und deshalb auch in der Strahlenschutzverordnung berücksichtigt worden ist.

- Die Weltgesundheitsorganisation WHO hat – teilweise zusammen mit anderen Organisationen – Strahlenschutzstandards ausgearbeitet und technische Berichte veröffentlicht.

- Die Internationale Atomenergie-Organisation (IAEO) hat – teilweise im Zusammenwirken mit den Spezialorganisationen der Vereinten Nationen wie ILO, WHO, FAO – Sicherheitsnormen erarbeitet und veröffentlicht. Ihrer Arbeit ist insbesondere die Vereinheitlichung der Vorschriften über den Transport radioaktiver Stoffe zu verdanken.

- Die Organisation für wirtschaftliche Zusammenarbeit und Entwicklung OECD hat im wesentlichen mit den EURATOM-Grundnormen übereinstimmende Strahlenschutzbestimmungen beschlossen, denen die Bundesrepublik Deutschland beigetreten ist. Die OECD hat weiter Strahlenschutznormen für Leuchtzifferblätter und andere Lichtquellen mit radioaktivem Material sowie für Radionuklidquellen zum Antrieb von Herzschrittmachern erarbeitet.

- Die bereits erwähnte Internationale Strahlenschutzkommission ICRP wird allgemein mit ihren Empfehlungen zum Strahlenschutz als die maßgebliche Quelle zur Schaffung von Strahlenschutzvorschriften angesehen.

- Die Europäische Atomgemeinschaft EURATOM hat mit ihren Grundnormen-Richtlinien zum Strahlenschutz verbindliches europäisches Recht gesetzt, das die Bundesrepublik Deutschland in innerdeutsches Recht umsetzen muss.

Es liegt auf der Hand, dass sich die Aktivitäten der verschiedenen Organisationen wechselseitig beeinflussen, so dass die Arbeit der übrigen Organisationen auch ihren Niederschlag in den Empfehlungen der ICRP gefunden hat. Diese bildeten zusammen mit den die EG-Staaten bindenden internationalen Abkommen die Grundlage für die EURATOM-Grundnormen-Richtlinien. Derzeit maßgeblich sind die Richtlinie 96/29/EURATOM des Rates vom 13. Mai 1996 zur Festlegung der grundlegenden Sicherheitsnormen für den Schutz der Gesundheit der Arbeitskräfte und der Bevölkerung gegen die Gefahren durch ionisierende Strahlungen (ABl. EG Nr. L 159 S. 1) und die Richtlinie 97/43/EURATOM des Rates vom 30. Juni 1997 über den Gesundheitsschutz von Personen gegen die Gefahren ionisierender Strahlung bei medizinischer Exposition und zur Aufhebung der Richtlinie 84/466/EURATOM (ABl. EG Nr. L 180 S. 22), die zum 13. Mai 2000 im Hinblick auf neue wissenschaftliche Erkenntnisse, wie sie insbesondere in neuen Empfehlungen der ICRP zum Ausdruck gekommen sind, die Richtlinien 80/836/EURATOM und 84/466/EURATOM abgelöst haben und die im wesentlichen durch die Strahlenschutzverordnung vom 20. Juli 2001 (BGBl. I S. 1714) in deutsches Recht umgesetzt worden sind. Die Richtlinie 2003/122/EURATOM vom 22. Dezember 2003 zur Kontrolle hoch radioaktiver umschlossener Strahlenquellen und herrenloser Strahlenquellen (ABl. EU Nr. L 346 S. 57), die – auch zur Verhinderung des Missbrauchs von Strahlenquellen für terroristische Zwecke – deren Abhandenkommen verhindern will, ist durch das Gesetz zur Kontrolle hochradioaktiver Strahlenquellen vom 12. August 2005 (BGBl. I S. 2365) in deutsches Recht umgesetzt worden und hat durch Einfügung des § 12d in das Atomgesetz zur Schaffung eines Registers für hochradioaktive Strahlenquellen und zu bedeutenderen Änderungen und Ergänzungen in der Strahlenschutzverordnung geführt. Weitere ergänzende EURATOM-Vorschriften wurden – soweit erforderlich – im Rahmen des Strahlenschutzvorsorgegesetzes und im Transportrecht umgesetzt.

9. Die Grundzüge der Strahlenschutzverordnung

Die Strahlenschutzverordnung soll das gesamte Strahlenschutzrecht neben den Vorschriften des Atomgesetzes, der Röntgenverordnung und den oben genannten spezial-rechtlichen Regelungen im Lebensmittel-, Arzneimittel- und Beförderungsrecht möglichst lückenlos regeln. Bei ihrer Schaffung wurde es nicht für zweckmäßig gehalten, Vorschriften für die einzelnen Anwendungs- und Betriebszwecke etwa nach medizinischen, industriellen, technischen und wissenschaftlichen Zwecken getrennt in verschiedenen Rechtsverordnungen nebeneinander zu regeln. Es erschien vielmehr sinnvoller, sowohl im Interesse der Betreiber von Atomanlagen, von Teilchenbeschleunigern und von sonstigen Anlagen, die ionisierende Strahlen erzeugen, wie von Verwendern von radioaktiven Stoffen als auch im Interesse der Wirksamkeit des Strahlenschutzes und seiner behördlichen und betrieblichen Überwachung, die gesamte Rechtsmaterie neben dem Atomgesetz und neben den unvermeidlichen Spezialnormen aufgrund der Ermächtigungen des Atomgesetzes in einer einzigen Rechtsverordnung zu regeln[22].

Die Strahlenschutzverordnung gliedert sich in fünf Teile:

- Einen ersten Teil (§§ 1 bis 3) mit einleitenden Vorschriften über Geltungsbereich und Begriffsbestimmungen.

- Einen „Schutz von Mensch und Umwelt vor radioaktiven Stoffen oder ionisierender Strahlung aus der zielgerichteten Nutzung bei Tätigkeiten" genannten Zweiten Teil (§§ 4 bis 92); nach Strahlenschutzgrundsätzen und Grundpflichten finden sich dort unter Zugrundelegung der neuen Grenzwerte materiell im wesentlichen die Regelungen der bisherigen Strahlenschutzverordnung, die dem Schutz des Menschen und der Umwelt bei der zielgerichteten Nutzung radioaktiver Stoffe oder ionisierender Strahlung dienen, d.h. bei derjenigen Nutzung der Stoffe, die speziell zur Ausnutzung ihrer Radioaktivität, als Kernbrennstoff oder zur Erzeugung von Kernbrennstoff vorgenommen wird. Hier finden sich etwa die Parallelregelungen für sonstige radioaktive Stoffe und die erforderlichen Ergänzungen zu den Bestimmungen des Atomgesetzes

---

22 Vgl. Bundesrats-Drucksache 375/76, Begründung S. 6.

über Umgang mit radioaktiven Stoffen, Beförderung, Einfuhr und Ausfuhr radioaktiver Stoffe sowie die Genehmigungsvoraussetzungen für die Errichtung von Anlagen zur Erzeugung ionisierender Stoffe, die eigentlichen den Strahlenschutz regelnden Vorschriften z.B. über die für den Strahlenschutz verantwortlichen Personen, die Grenzwerte für Bevölkerung, beruflich der Strahlung ausgesetzte Personen und Umwelt, Vorsorgemaßnahmen gegen Schäden, ärztliche Überwachung, Strahlenschutzbereiche, die Behandlung radioaktiver Abfälle, die Anwendung radioaktiver Stoffe und ionisierender Strahlung in der Heilkunde und der medizinischen Forschung u. ä.

- Der dritte Teil „Schutz von Mensch und Umwelt vor natürlichen Strahlungsquellen bei Arbeiten" (§§ 93 bis 104) enthält die aufgrund des Titels VII der Richtlinie 96/29/EURATOM neu geschaffenen Regelungen für Expositionen durch natürliche Strahlungsquellen, die nicht zielgerichtet wegen ihrer Radioaktivität genutzt werden, sondern sich durch ihr schlichtes Vorhandensein auf die Arbeitsbedingungen auswirken.

- Der vierte Teil „Schutz des Verbrauchers beim Zusatz radioaktiver Stoffe zu Produkten" (§§ 105 bis 110) setzt die Artikel 4 und 6 der Richtlinie 96/29/EURATOM um. Er enthält zum Schutze des Verbrauchers ein grundsätzliches Verbot der Verwendung radioaktiver oder aktivierter Stoffe in Konsumgütern, insbesondere in Lebensmitteln und der ihrer Herstellung dienenden landwirtschaftlichen Produkten aber auch in anderen Konsumgütern, und sieht nur sehr eingeschränkte Erlaubnismöglichkeiten vor.

- Der fünfte Teil schließlich enthält gemeinsame Vorschriften wie die Berechnungsvorschriften für die Strahlenexposition, die Bestimmungen über das Strahlenschutzregister, Vorschriften über die Befugnisse der Behörden, Bußgeldvorschriften und die notwendigen Übergangs- und Schlussvorschriften.

Es folgt ein umfangreicher Apparat an Anlagen, in denen zur Entlastung des Verordnungstextes die Ausnahmen von der Genehmigungspflicht, die Festlegungen zur Freigabe, die Unterlagen zur Prüfung von Genehmigungsanträgen und die Voraussetzungen für die Bauartzulassung aufgelistet sowie verschiedene Formulare und Tabellen zusammengefasst sind.

a) Teil 1: Allgemeine Vorschriften

Die Zweckbestimmung, die besonders für Auslegungsfragen von Bedeutung ist, hebt in § 1 StrlSchV den Schutz des Menschen und der Umwelt vor den schädlichen Wirkungen ionisierender Strahlung hervor und greift damit die allgemeine Zweckbestimmung in § 1 Nr. 2 des Atomgesetzes, auf dessen Grundlage die Verordnung erlassen ist, auf, wonach Zweck des Atomgesetzes der Schutz von Leben, Gesundheit und Sachgütern ist.

Der Begriff der Umwelt ist bislang noch nicht abschließend gesetzlich definiert worden, so dass in Einzelheiten unterschiedliche Auslegungen möglich sind. Der Verordnungsgeber legte den Begriff der Umwelt aus dem Entwurf eines Ersten Buches eines Umweltgesetzbuchs[23] zu Grunde[24]. Danach ist Umwelt der Naturhaushalt, die Landschaft, Kulturgüter und sonstige Sachgüter (Umweltgüter) sowie das Wirkungsgefüge zwischen den Umweltgütern. Der Begriff des Naturhaushalts umfasst Boden, Wasser, Luft, Klima, Tiere und Pflanzen und andere lebende Organismen (Naturgüter) sowie das Wirkungsgefüge zwischen den Naturgütern[25] Damit bleibt für die Zukunft Raum für spezifische Schutzvorschriften und die Festlegung spezifischer Grenzwerte für bestimmte Umweltgüter, wenn später einmal entsprechende Ergebnisse wissenschaftlicher Forschung vorliegen[26].

---

23 Bundesministerium für Umwelt, Naturschutz und Reaktorsicherheit (Hrsg.), Umweltgesetzbuch: (UGB-KomE), Entwurf der Unabhängigen Sachverständigenkommission zum Umweltgesetzbuch beim Bundesministerium für Umwelt, Naturschutz und Reaktorsicherheit, Duncker & Humblot, 1998.
24 Vgl. BRats-Drs. 207/01, S. 204
25 AaO.
26 AaO.

Es wird nunmehr in § 1 StrlSchV ausdrücklich geregelt, dass Zweck der Verordnung nicht mehr nur der Schutz vor den schädlichen Wirkungen ionisierender Strahlung durch künstliche Radioaktivität und die aktive Ausnutzung natürlicher Radioaktivität ist, sondern darüber hinaus auch der Schutz vor den schädlichen Wirkungen natürlicher Radioaktivität.

Der Anwendungsbereich, der in § 2 StrlSchV geregelt ist, wurde oben bereits ausführlich erörtert[27]. Es wird dabei – den EURATOM-Vorschriften folgend unterschieden zwischen zwei Arten menschlicher Handlungsweisen: Den Tätigkeiten und den Arbeiten. Tätigkeiten sind nach § 3 Abs. 1 Nr. 1 StrlSchV Handlungen, die auf die Erzeugung und Nutzung künstlicher Radioaktivität sowie die Nutzung natürlicher Radioaktivität zielgerichtet sind. Dies sind die Handlungen, die auch bisher schon in der oben dargestellten Weise der Strahlenschutzverordnung unterfielen. Arbeiten sind nach § 3 Abs. 1 Nr. 2 StrlSchV Handlungen, bei denen eine Gefährdung durch ionisierende Strahlen eintritt, ohne dass diese Handlungen auf Strahlung zielgerichtet wären, typischerweise also die Strahlenbelastung durch natürliche Strahlenquellen bei einer irgendwie gearteten Berufstätigkeit, beispielsweise im Bergbau durch terrestrische oder in der Luftfahrt durch kosmische Strahlung. Nach § 2 Abs. 1 Nr. 2 StrlSchV ist die Strahlenschutzverordnung anzuwenden auf Arbeiten, durch die Personen natürlichen Strahlungsquellen so ausgesetzt werden können, dass die Strahlenexpositionen aus der Sicht des Strahlenschutzes nicht außer Acht gelassen werden dürfen.

§ 2 Abs. 2 StrlSchV nennt die Ausnahmen vom Anwendungsbereich. Es sind dies

- die Sanierung von Hinterlassenschaften früherer Tätigkeiten und Arbeiten einschließlich der Stilllegung und Sanierung der Betriebsanlagen und Betriebsstätten des Uranerzbergbaus, soweit nicht die Übergangsvorschrift des § 118 StrlSchV greift, d.h. auf diese „Altlasten" finden vorerst bis zu einer in Arbeit befindlichen Neuordnung überwiegend nach wie vor, wie im Einigungsvertrag festgelegt, die alten DDR-Vorschriften Anwendung,

- Röntgeneinrichtungen, die der Röntgenverordnung unterliegen[28],

- der Richtlinie 96/29/EURATOM folgend die Strahlenexposition durch Radon in Wohnungen einschließlich der dazugehörigen Wohnungen, da insoweit derzeit gesonderte Prüfungen erfolgen,

- gleichfalls der Richtlinie 96/29/EURATOM folgend die Strahlenexposition durch im menschlichen Körper natürlicherweise enthaltene Radionuklide, durch kosmische Strahlung in Bodennähe und durch Radionuklide, die in der nicht durch Eingriffe beeinträchtigten Erdrinde vorhanden sind.

b) Teil 2: Schutz von Mensch und Umwelt vor radioaktiven Stoffen oder ionisierender Strahlung aus der zielgerichteten Nutzung bei Tätigkeiten

Wie oben bereits dargelegt deckt der zweite Teil im Wesentlichen den Bereich der alten Strahlenschutzverordnung ab, enthält also ergänzend zu den Bestimmungen des Atomgesetzes die Regelungen für die gezielte Nutzung künstlicher ebenso wie natürlicher Radioaktivität.

aa) Kapitel 1: Strahlenschutzgrundsätze, Grundpflichten und allgemeine Grenzwerte

Um die grundsätzliche Bedeutung dieser Vorschriften, in denen die Zweckbestimmungen des Atomgesetzes, Leben, Gesundheit und Sachgüter vor den Gefahren der Kernenergie und der schädlichen Wirkung ionisierender Strahlung zu schützen, konkretisiert und die grundlegenden Anforderungen an das Verhalten von denjenigen festgelegt werden, die Radioaktivität nutzen, hervorzuheben, wurden die §§ 4 bis 6 StrlSchV über Grundpflichten und Grundsätze in Anlehnung an neuere Gesetzgebung im Umweltrecht, insbesondere den bereits erwähnten Entwurf eines Umweltgesetzbuchs[29], gewissermaßen programmatisch vorangestellt. Dabei werden unter Grundpflichten Pflichten des Nutzers, unter Grundsätzen Regeln für die mit der Materie befassten Behörden verstanden. Gleichzeitig werden hier die international geltenden Grundregeln des Strahlenschutzes „Rechtfertigung,

---

27 S.o. S. 11–13.
28 Im Einzelnen s.o. S. 12.
29 S.o. Fn. 23.

Optimierung und Begrenzung", wie sie sich insbesondere auch in Artikel 6 Abs. 1 der Richtlinie 96/29/EURATOM finden, widergespiegelt[30]. Die §§ 4 bis 6 StrlSchV enthalten damit das Kernstück des Strahlenschutzrechts:

- Alle neuen Arten von Tätigkeiten zur Nutzung der Radioaktivität, mit denen Strahlenexposition oder Kontaminationen von Mensch oder Umwelt verbunden sein können, bedürfen nach § 4 StrlSchV einer Rechtfertigung, d. h. es muss eine Abwägung des erhofften Nutzens gegen zu befürchtende Nachteile stattfinden. Für bereits vorhandene Arten von Tätigkeiten gibt es eine Besitzstandswahrung, denn deren Rechtfertigung soll erst überprüft werden, wenn neue wesentliche Erkenntnisse über den Nutzen oder die Auswirkungen der Tätigkeiten vorliegen. Für medizinische Strahlenexpositionen muss im Rahmen einer Gesamtabwägung insgesamt ein hinreichender Nutzen festgestellt werden. Bei einer Anwendung am Patienten ist die Schaden-/Nutzenabwägung insbesondere an den Folgen für den Patienten auszurichten. Im Hinblick auf den damit verbundenen Eingriff in die Berufsfreiheit, falls eine Art von Tätigkeit nicht gerechtfertigt ist und deshalb untersagt oder nicht genehmigt wird, schreibt § 4 Abs. 3 StrlSchV vor, dass in besonderen Rechtsverordnungen, für deren Erlass eine spezielle Ermächtigungsgrundlage in § 12 Abs. 1 Nr. 1 Atomgesetz geschaffen wurde, bestimmt wird, welche Arten von Tätigkeiten nicht gerechtfertigt sind.

- Für Tätigkeiten zur zielgerichteten Nutzung der Radioaktivität wird in § 5 StrlSchV bereits an dieser frühen aber hervorgehobenen Stelle in der Strahlenschutzverordnung die Grundpflicht statuiert, die weiter hinten (§§ 46, 47, 55, 56 und 58) im einzelnen festgelegten Dosisgrenzwerte einzuhalten.

- Im Rahmen der zielgerichteten Nutzung der Radioaktivität ist nach § 6 StrlSchV jede unnötige Strahlenexposition oder Kontamination von Personen, Sachgütern oder der Umwelt zu vermeiden, und jede Strahlenexposition oder Kontamination von Personen, Sachgütern oder der Umwelt muss unter Beachtung des Standes von Wissenschaft und Technik so gering wie möglich gehalten werden, und zwar auch dann, wenn die festgesetzten Grenzwerte noch nicht erreicht sind.

Diese Grundsätze und Grundpflichten ergeben sich daraus, dass – wie oben bereits dargestellt[31] – sicherheitshalber davon ausgegangen werden muss, dass es keinen unteren Schwellenwert für schädliche Wirkungen radioaktiver Strahlen gibt. Ist dem so, verlangt der Schutz der körperlichen Unversehrtheit die Minimierung der Strahlenbelastung durch Vermeidung, wo nach Abwägung unvermeidbar nicht nur strikte Einhaltung der Grenzwerte sondern wenn möglich auch deren Unterschreitung. Parallel zur Regelung des § 7 Abs. 2 Nr. 3 Atomgesetz über die Vorsorge gegen Schäden durch die Errichtung und den Betrieb kerntechnischer Anlagen wird auch hier beim Strahlenminimierungsgebot gefordert, dass sich die Pflicht, die Strahlenbelastung so gering wie möglich zu halten, am Stand von Wissenschaft und Technik zu orientieren hat.

Dieser Begriff des „Standes von Wissenschaft und Technik" bedarf der Erläuterung. Er ist in dem zur Gefahrenabwehr im Gewerberecht entwickelten begrifflichen Dreiklang von „Allgemein anerkannte Regeln der Technik" – „Stand der Technik" – „Stand von Wissenschaft und Technik" zu sehen. Was unter Stand der Technik zu verstehen ist, lässt sich § 3 Abs. 6 des Bundes-Immissionsschutzgesetzes (BImSchG) entnehmen, dessen Definition sich auch auf andere Rechtsgebiete übertragen lässt: Danach ist Stand der Technik der Entwicklungsstand fortschrittlicher Verfahren, Einrichtungen oder Betriebsweisen, der die praktische Eignung einer Maßnahme zu dem angestrebten Zweck als gesichert erscheinen lässt. Bei der Bestimmung des Standes der Technik sind insbesondere vergleichbare Verfahren, Einrichtungen oder Betriebsweisen heranzuziehen, die mit Erfolg im Betrieb erprobt worden sind. Dies geht über den Stand der „allgemein anerkannten Regeln der Technik" hinaus und verlagert den rechtlichen Maßstab für das Erlaubte oder Gebotene an die Front der technischen Entwick-

---

30 BR-Drs. 207/01 S. 210.
31 S.o. S. 7.

lung; hierdurch wird vermieden, das die Rechtsordnung hinter einer weiterstrebenden technischen Entwicklung herhinkt[32]. Unter „Stand der Wissenschaft" ist die Gesamtheit der wissenschaftlichen Erkenntnisse zu verstehen[33]. Es sind deshalb die Maßnahmen notwendig, die nach den neuesten wissenschaftlichen Erkenntnissen für erforderlich gehalten werden. Im Hinblick auf das Strahlenminimierungsgebot erlauben es diese Anforderungen aber nicht, eine Verringerung der Radioaktivitätsabgaben mittels Schutzvorkehrungen zu verlangen, für die noch gar keine wissenschaftlichen und technischen Entwicklungsarbeiten durchgeführt worden sind, solange die Dosisgrenzwerte eingehalten werden[34].

Das Gebot, die Strahlenbelastung nach dem Stand von Wissenschaft und Technik auch unterhalb der festgelegten Dosisgrenzwerte so niedrig wie möglich zu halten, wird begrenzt durch den Grundsatz der Verhältnismäßigkeit, wonach der geforderte Aufwand nicht erkennbar außer Verhältnis zu dem beabsichtigten Erfolg stehen darf, wie sich bereits aus dem in der Verordnung selbst enthaltenen Abwägungsgebot erkennen lässt. Diese Relation hat sich an den vorgeschriebenen Dosisgrenzwerten zu orientieren: Je mehr die in der Strahlenschutzverordnung zugelassenen Höchstwerte unterschritten werden, desto unverhältnismäßiger erscheinen etwa hohe Aufwendungen, mit denen Strahlenbelastungen nur geringfügig weiter vermindert werden könnten[35]. Um zu verhindern, dass die Vorschriften über höchstzulässige Dosen und Konzentrationen radioaktiver Stoffe jeglicher orientierenden Bedeutung für das Verständnis des Strahlenschutzgrundprinzips beraubt werden, muss eine zu fordernde theoretisch erreichbare Verminderung der Strahlenbelastung in einem vernünftigen Verhältnis zu den in der Strahlenschutzverordnung festgesetzten Grenzwerten stehen[36]. Daraus folgt beispielsweise, dass die Forderung der sogenannten Nullabgabe radioaktiver Emissionen beim Betrieb kerntechnischer Anlagen, die zur Zeit praktisch wohl nicht zu erreichen ist, zumindest eines derzeit noch nicht abzusehenden Aufwandes bedarf und daher im geltenden Recht keine Stütze findet[37].

Praktische Konsequenzen aus den Strahlenschutzgrundsätzen und -grundpflichten ergeben sich etwa dort, wo Gegenstände, die radioaktive Stoffe enthalten, weite Verbreitung in der Bevölkerung finden. Es ist dann eine Abwägung zwischen dem Nutzen des Gegenstandes und seinen Risiken in bezug auf den Strahlenschutz erforderlich, um eine Entscheidung darüber zu gewinnen, ob die durch die Verbreitung des Gegenstandes hervorgerufene Strahlenexposition „unnötig" im Sinne der Strahlenschutzgrundsätze ist. So wurde beispielsweise die Strahlenexposition von Personen durch uranhaltige Emailfarben, die in Bastlergeschäften angeboten wurden, als Folge der Ausübung eines Hobbys als in diesem Sinne „unnötig" angesehen[38]. In Zukunft werden solche Fälle wegen mangelnder Rechtfertigung des Einsatzes der Radioaktivität nach § 4 Abs. 3 StrlSchV im Wege einer gesonderten Rechtsverordnung auf der Grundlage des § 12 Abs. 1 Nr. 1 Atomgesetz gelöst. In der Strahlenschutzverordnung selbst ist dies bereits für eine Reihe von Produkten in Teil 4 zum Schutz des Verbrauchers geschehen, indem in § 105 StrlSchV der Zusatz von radioaktiven Stoffen und die Aktivierung für Spielwaren, Schmuck, Lebensmittel einschließlich Trinkwasser, Zusatzstoffe, Tabakerzeugnisse und Futtermittel mangels Rechtfertigung[39] grundsätzlich untersagt wird

bb) Kapitel 2: Genehmigungen, Zulassungen, Freigabe

aaa) Umgangsgenehmigung

Wie oben bereits dargelegt[40], enthält das Atomgesetz selbst Regelungen für Kernbrennstoffe und radioaktive Abfälle, so dass sich die diesbezüglichen Vorschriften der Strahlenschutzverordnung lediglich auf sonstige radioaktive Stoffe beziehen, für die das Atomgesetz keine Regelungen enthält,

---

32 Vgl. BVerfGE 49, S9 ff. (135).
33 BVerwG. Urteil vom 16. März 1972— IC 49.70 — DVB1. 1972, S. 678 ff. (680).
34 Vgl. Basse, Die Bedeutung der Strahlenschutzgrundsätze, 4. Deutsches Atomrechts-Symposium 1975, S. 87 ff. (92).
35 Vgl. Basse aaO., S. 93.
36 Vgl. Basse aaO.
37 Vgl. Basse aaO. , S. 94.
38 Vgl. Basse aaO., S. 96.
39 Vgl. BR-Drs. 207/01 S. 298.
40 S.o. S. 12.

sowie auf Stoffe, die nur in geringfügigem Umfang Kernbrennstoffe enthalten und deshalb wie sonstige radioaktive Stoffe behandelt werden. Es wird hier also parallel zu den Bestimmungen des Atomgesetzes ein lückenloses System der Genehmigungspflichten für alle Arten von Umgang mit sonstigen radioaktiven Stoffen geschaffen.

Entsprechend der Ermächtigung in § 10 Atomgesetz enthält dieser Abschnitt in § 8 in Verbindung mit Anlage I aber auch die Vorschriften über die Ausnahmen von der Genehmigungspflicht für alle Arten von radioaktiven Stoffen, deren Strahlung für nicht so gefährlich gehalten wird, dass es der sonst durchgängig als notwendig angesehenen Genehmigung bedürfte.

Auf die Umgangsgenehmigung nach § 7 Abs. 1 StrlSchV besteht nach § 9 Abs. 1 StrlSchV ein Anspruch, wenn die dort aufgeführten Voraussetzungen erfüllt sind. Hierzu gehören neben Fachkunde und Zuverlässigkeit, ausreichendem Personal und der nach dem Stand von Wissenschaft und Technik erforderlichen Vorsorge gegen Schädigung Dritter u.a. auch, dass überwiegende öffentliche Interessen, insbesondere im Hinblick auf die Reinhaltung der Luft, des Wassers und des Bodens, dem beantragten Umgang mit radioaktiven Stoffen nicht entgegenstehen (§ 9 Abs. 1 Satz 1 Nr. 9 StrlSchV).

bbb) Genehmigungen für Anlagen zur Erzeugung ionisierender Strahlen

Nach § 11 StrlSchV ist die Errichtung (Absatz 1) der Betrieb und die wesentliche Veränderung (Absatz 2) von Beschleuniger- und Plasmaanlagen ab einer bestimmten Leistung wegen der von ihnen ausgehenden Strahlung genehmigungspflichtig. Für Anlagen minderer Leistung sieht § 12 StrlSchV lediglich eine Pflicht zur Anzeige der Inbetriebnahme und wesentlichen Änderung und für die zuständigen Überwachungsbehörden die Möglichkeit der Untersagung zur Gefahrenabwehr vor. Auch auf diese Anlagengenehmigungen besteht ein Rechtsanspruch, falls die in §§ 13 und 14 StrlSchV genannten Voraussetzungen vorliegen.

Weiterhin ist nach § 20 StrlSchV die Tätigkeit des Personals von Fremdfirmen in kerntechnischen Anlagen genehmigungspflichtig, um zu verhindern, dass dieses Personal durch Wechsel des Einsatzortes der gesundheitlichen Überwachung entgehen könnte. Dass die Arbeitnehmer oder anderweitig unter Aufsicht stehenden selbst keiner Genehmigung für ihre Tätigkeit bedürfen, ist eigentlich selbstverständlich, aber in § 28 StrlSchV ausdrücklich klargestellt. Ausgenommen sind lediglich Heimarbeiter und Hausgewerbetreibende, da hier eine zur Gewährleistung des Strahlenschutzes hinreichende Kontrolle durch die eigentlich Verantwortlichen nicht gesichert ist.

ccc) Beförderung radioaktiver Stoffe

In § 16 StrlSchV wird der Grundsatz aufgestellt, dass die Beförderung sonstiger radioaktiver Stoffe einschließlich der nach § 2 Abs. 3 Atomgesetz als solche geltenden Kernbrennstoffe der Genehmigung bedarf. Die in § 18 Strahlenschutzverordnung geregelten Genehmigungsvoraussetzungen folgen dem Beispiel der Umgangsgenehmigung nach § 9 und der Anlagengenehmigungen nach §§ 13 und 14 StrlSchV. In § 17 werden die in Anlage I Teil B genannten Stoffe, die bereits von der Pflicht zur Umgangsgenehmigung befreit sind sowie sonstige radioaktive Stoffe mit Ausnahme von Großquellen i.S.d. § 23 Atomgesetz, die nach den Vorschriften der Gefahrgutverordnung See oder mit Luftfahrzeugen und der hierfür erforderlichen Erlaubnis nach § 27 Luftverkehrsgesetz transportiert werden, von der Genehmigungspflicht befreit. Im Übrigen werden die Vorschriften über Gefahrguttransporte ausdrücklich unberührt gelassen. Dort finden sich die technischen Vorschriften für den Transport radioaktiver Stoffe jeweils abgestimmt auf die besonderen Verhältnisse des jeweiligen Verkehrsmittels.

Auf der Grundlage des Gesetzes über die Beförderung gefährlicher Güter – GGBefG – vom 6. August 1975 (BGBl. I S. 2121) in der Fassung der Bekanntmachung. vom 29. September 1998 (BGBl. I S. 3114), zuletzt geändert durch Artikel 45 des Gesetzes v. 21. Juni 2005 (BGBl. I S. 1818) wurden Gefahrgutverordnungen für die einzelnen Transportarten erlassen, nämlich

- Verordnung über die innerstaatliche und grenzüberschreitende Beförderung gefährlicher Güter auf der Straße und mit Eisenbahnen (Gefahrgutverordnung Straße und Eisenbahn – GGVSE) vom: 11. Dezember 2001 (BGBl I S. 3529) in der Fassung der Bekanntmachung vom 24. November 2006 (BGBl. I S. 2683),
- die Verordnung über die Beförderung gefährlicher Güter mit Seeschiffen (Gefahrgutverordnung See – GGVSee) vom 4. November 2003 (BGBl. I S. 2286) in der Fassung der Bekanntmachung vom 6. Januar 2006 (BGBl. I S. 138), geändert durch Artikel 518 der Neunten Zuständigkeitsanpassungsverordnung vom 31. Oktober 2006 (BGBl. I S. 2407) und
- die Verordnung über die Beförderung gefährlicher Güter auf Binnengewässern (Gefahrgutverordnung Binnenschifffahrt – GGVBinSch) 31. Januar 2004 (BGBl. I S. 136), zuletzt geändert durch Artikel 506 der Neunten Zuständigkeitsanpassungsverordnung vom 31. Oktober 2006 (BGBl. I S. 2407).

Für den Luftverkehr gibt es noch keine Gefahrgutverordnung, obwohl auch für den Luftverkehr grundsätzlich die Regelungen des Gesetzes über die Beförderung gefährlicher Güter gelten. Inhaltlich maßgebend sind im Luftverkehr die Gefahrgutvorschriften der International Civil Aviation Organization (ICAO-Technical Instructions for the Safe Transport of Dangerous Goods by Air), die inhaltsgleich auch in den (privatrechtlichen) IATA-Dangerous Goods Regulations enthalten sind. Letztlich scheitert die Übernahme dieser sehr umfangreichen und alle zwei Jahre neu herausgegebenen Regelungen in eine deutsche Gefahrgutverordnung am Problem der für eine Übernahme in formelles deutsches Recht erforderlichen Übersetzung in die deutsche Sprache[41]. Die vorhandenen Regelungen des Luftfahrtrechts können demnach nur Behördenzuständigkeiten regeln und einen allgemeinen Rahmen setzen, der inhaltlich durch die allgemein anerkannten Grundsätze, wie sie sich in den internationalen Regelwerken der ICAO und der IATA finden, ausgefüllt wird. Grundlegende Vorschrift des deutschen Luftfahrtrechts ist § 27 Abs. 4 in Verbindung mit Absatz 1 Satz 3 und Absatz 3 Luftverkehrsgesetz (LuftVG) in der Fassung der Bekanntmachung vom 27. März.1999 (BG-Bl. I S. 550), zuletzt geändert durch Artikel 45 des Gesetzes zur Beschleunigung von Planungsverfahren für Infrastrukturvorhaben vom 9. Dezember 2006 (BGBl. I S. 2833). Danach bedarf die Beförderung von Kernbrennstoffen oder anderen radioaktiven Stoffen mit Luftfahrzeugen der Erlaubnis, die allgemein oder im Einzelfall erteilt und mit Nebenbestimmungen verbunden werden kann. Eine Erlaubnis zur Beförderung von Kernbrennstoffen im Handgepäck darf nach § 27 Abs. 2 Satz 2 LuftVG nicht erteilt werden. Im übrigen wird nach § 78 Luftverkehrs-Zulassungs-Ordnung (LuftVZO) in der Fassung der Bekanntmachung vom 27. März1999 (BGBl. I S. 610), zuletzt geändert durch Artikel 1 der Elften Verordnung zur Änderung der Luftverkehrs-Zulassungs-Ordnung vom 19. Februar 2007 (BGBl. I S. 158), die Erlaubnis vom Luftfahrt-Bundesamt allgemein oder im Einzelfall erteilt, wenn die Voraussetzungen der Regelungen über den Transport gefährlicher Güter in den europäisch harmonisierten Regelungen über den Betrieb der Flugzeuge (JAR-OPS 1) und Hubschrauber (JAR OPS 3) deutsch, Abschnitt R, erfüllt sind. Verpackungen radioaktiver Stoffe – gefährliche Güter der Klasse 7 – bedürfen nach § 78 Abs. 3 Satz 2 LuftVZO grundsätzlich der Zulassung und der Beförderungsgenehmigung durch das Bundesamt für Strahlenschutz

Die Beförderung radioaktiver Stoffe durch die Post war bis zum Außerkrafttreten der Postordnung am 1. Juli 1991 nach § 13 Abs. 2 der Postordnung vom 16. Mai 1963 (BGBl. I S. 341), zuletzt geändert durch Verordnung vom 23. Juni 1989 (BGBl. I S. 1158), verboten. Materiell hat sich durch die nunmehr zivilrechtlich geregelte Postbeförderung nichts geändert.

Die Einzelregelungen der Gefahrgutverordnungen ebenso wie die IATA- und die ICAO-Regeln beruhen – soweit sie sich auf die Beförderung radioaktiver Stoffe beziehen – auf von der Internationalen Atomenergie-Organisation IAEO ausgearbeiteten Empfehlungen und stimmen daher weitgehend miteinander überein, soweit es die Eigenarten der einzelnen Beförderungsmittel zulassen. Diese Einzelregelungen sind den Gefahrgutverordnungen zusammen mit den übrigen Einzelregelungen als Anlagen beigefügt.

---

41 Vgl. BRats-Drs. 235/01 S. 9.

Die „Regulations for the Safe Transport of Radioactive Materials" der IAEO werden in regelmäßigen Abständen überarbeitet und haben zunächst Eingang in die verschiedenen internationalen Abkommen über den grenzüberschreitenden Verkehr mit den verschiedenen Verkehrsträgern gefunden, als da zurzeit sind:

- das Europäische Übereinkommen vom 30. September 1957 über die internationale Beförderung gefährlicher Güter auf der Straße (ADR-Übereinkommen) (BGBl. 1969 II S. 1489). ADR steht für „Accord européen relatif au transport international des marchandises dangereuses par route".

- Für die Eisenbahn die Ordnung für die internationale Eisenbahnbeförderung gefährlicher Güter (RID-Regeln) – Anlage 1 zu Anhang B des Übereinkommens über den internationalen Eisenbahnverkehr vom 9. Mai 1980 (COTIF-Übereinkommen) (BGBl. 1985 II S. 132). RID steht für „Règlement international concernant le transport des marchandises dangereuses".

- Für die Seeschifffahrt der „International Maritime Dangerous Goods-Code (IMDG-Code)", dessen amtliche deutsche Übersetzung vom Bundesminister für Verkehr im Bundesanzeiger bekannt gemacht wird.

- Für die Binnenschifffahrt die von der Zentralkommission für die Rheinschifffahrt beschlossene Verordnung über die Beförderung gefährlicher Güter auf dem Rhein (ADNR). ADNR bedeutet „Accord europeen relatif au transport international des marchandises Dangereuses par voie du Navigation interieure"; das „R" steht für Rhein bzw. Rhin.

Diese internationalen Regelwerke werden in regelmäßigen Abständen aktualisiert und die aktualisierten Fassungen durch Rechtsverordnung in deutsches Recht umgesetzt. Sie sind maßgeblich für den grenzüberschreitenden Verkehr. Für den Verkehr innerhalb der Bundesrepublik Deutschland enthalten die Gefahrgutverordnungen ergänzende Regelungen. In den nationalen wie den internationalen Regelwerken bilden Radioaktive Stoffe jeweils die Gefahrgutklasse 7. Die Gefahrgutverordnungen wie die internationalen Regelwerke enthalten jeweils ins einzelne gehende Bestimmungen darüber, welche radioaktiven Stoffe überhaupt mit dem betreffenden Verkehrsträger transportiert werden dürfen, und wenn ja — in Abhängigkeit vom Gefährdungsgrad, der von dem Stoff ausgeht — auf welche Weise, wie die Verpackung beschaffen sein muss, welche höchstzulässige Dosisleistung von den Versandstücken ausgehen darf, wie Versandstücke zusammengepackt werden dürfen, welche Kontamination auf der Außenseite der Versandstücke noch hingenommen werden kann, wie die Versandstücke gekennzeichnet und mit Aufklebern und Warnhinweisen versehen werden müssen, welche Vermerke in den Beförderungspapieren vorgenommen werden müssen und wie die Verladung und Stauung der Versandstücke in Fahrzeugen und Containern zu erfolgen hat.

ddd) Grenzüberschreitende Verbringung radioaktiver Stoffe

Ebenso wie § 3 Atomgesetz für Kernbrennstoffe und radioaktive Abfälle sieht § 19 StrlSchV eine Genehmigungspflicht für die Verbringung sonstiger radioaktiver Stoffe einschließlich der als solche geltenden Kernbrennstoffe nach § 2 Abs.3 Atomgesetz in oder aus Nicht-EU-Staaten vor. Die Verbringung radioaktiver Stoffe in oder aus anderen EU-Mitgliedstaaten ist dagegen gemeinschaftsrechtlich geregelt, so dass für eigenständige nationale Regelungen in der Strahlenschutzverordnung kein Raum mehr ist. Maßgebend ist insoweit die Verordnung (EURATOM) des Rates Nr. 1493/93 (ABl. Nr. L 148 vom 19. Juni 1993 S. 1) über die Verbringung radioaktiver Stoffe zwischen den Mitgliedstaaten (EURATOM-Verbringungsverordnung) Dies wird in § 19 Abs. 5 StrlSchV ebenso klargestellt wie der Vorrang der Atomrechtlichen Abfallverbringungsverordnung – AtAV – vom 27. Juli 1998 (BGBl. I S. 1918), zuletzt geändert durch Artikel 4 des Gesetzes zur Kontrolle hochradioaktiver Strahlenquellen vom 12. August 2005 (BGBl. I S. 2365), die die speziellen Regelungen für die Verbringung radioaktiver Abfälle enthält.

Entsprechend den Bestimmungen über die Umgangsgenehmigung sind auch hier je nach der Art der radioaktiven Stoffe Ausnahmen von der Genehmigungspflicht vorgesehen, für Fälle, in denen eine ausreichende Überwachung anderweitig sichergestellt ist, etwa wenn Vorsorge getroffen ist, dass der Empfänger die radioaktiven Stoffe im Rahmen einer ihm erteilten atomrechtlichen Genehmigung erhält, lediglich eine Anzeigepflicht. Auch die Genehmigungsvoraussetzungen sind in § 22 StrlSchV ähnlich wie bei der Umgangsgenehmigung geregelt; es muss jedoch zusätzlich gewährleistet sein, dass auszuführende radioaktive Stoffe nicht in einer die innere oder äußere Sicherheit der Bundesrepublik Deutschland oder ihre internationalen Verpflichtungen auf dem Gebiet der Kernenergie gefährdenden Weise verwendet werden (§ 22 Abs. 2 Nr. 2 StrlSchV). Handelspolitische Gesichtspunkte sind im Übrigen nach den Vorschriften des Außenwirtschaftsrechts zu berücksichtigen, dessen Vorschriften nach § 19 Abs. 4 Strahlenschutzverordnung (entsprechend § 3 Abs. 4 Atomgesetz) unberührt bleiben. Zu beachten sind demnach auf Grund des EU-Binnenmarkts die harmonisierten Ein- und Ausfuhrvorschriften der EU, nämlich vor allem

- die Verordnung (EWG) Nr. 2913/92 des Rates vom 12. Oktober 1992 zur Festlegung des Zollkodex der Gemeinschaften (ABl. EG Nr. L 302 S.1) und die dazu ergangenen Durchführungsvorschriften der Verordnung (EWG) Nr. 2454/93 der Kommission vom 2.Juli 1993 (ABl. EG Nr. L 253 S. 1) jeweils mit fortlaufenden Aktualisierungen und

- die Verordnung (EG) Nr. 1334/2000 des Rates vom 22. Juni 2000 über eine Gemeinschaftsregelung für die Kontrolle der Ausfuhr von Gütern und Technologien mit doppeltem Verwendungszweck (ABl. EG Nr. L 159 S. 1), zuletzt geändert durch die Verordnung (EG) Nr. 1504/2004 des Rates vom 19. Juli 2004 zur Änderung und Aktualisierung der Verordnung (EG) Nr. 1334/2000 (ABl. EG Nr. L 281 S. 1).

Es handelt sich jeweils um EU-Verordnungen, also unmittelbar geltendes Europarecht, das keiner Umsetzung, sondern nur der notwendigen ergänzenden nationalen Durchführungsvorschriften, z.B. über Verwaltungszuständigkeiten und -verfahren sowie über die Straf- und Bußgeldbewehrung, bedarf. Diese Durchführungsvorschriften finden sich mit nationalen Ein- und Ausfuhrvorschriften zur Ausfüllung verbleibender, im genannten Europarecht eingeräumter Spielräume im Außenwirtschaftsgesetz (AWG) vom 28. April 1961 (BGBl. I S. 481), in der Fassung der Bekanntmachung vom 26. Juni 2006 (BGBl. I S. 1386) und der auf seiner Grundlage erlassenen Außenwirtschaftsverordnung (AWV) in der Fassung der Bekanntmachung vom 22. November 1993 (BGBl. I S. 1934, berichtigt S. 2493), zuletzt geändert durch Artikel 1 der Verordnung vom 1. Februar 2007 (BAnz. Nr. 24, S. 1225). Anlage AL zu § 5 AWV ist die Ausfuhrliste, neugefasst durch Verordnung vom 10. Juli 2006 (BAnz. Nr. 132 S. 5093), die die Waren enthält, deren Ausfuhr genehmigungspflichtig ist. In diese ist die gemeinsame Warenliste der Europäischen Union für Güter mit doppeltem Verwendungszweck aus der oben bereits erwähnten Verordnung (EG) Nr. 1334/2000 integriert, die einen Abschnitt über kerntechnische Materialien, Anlagen und Ausrüstungen enthält. Soll also einer der dort genannten radioaktiven Gegenstände ausgeführt werden, dürften bei der Erteilung der Genehmigung nach § 19 StrlSchV nur die in § 14 StrlSchV genannten strahlenschutzrechtlichen Gesichtspunkte bis hin zur Frage der internationalen Verpflichtungen der Bundesrepublik Deutschland auf dem Gebiet der Kernenergie geprüft werden, während außenhandelspolitische Gesichtspunkte im Zusammenhang mit der Ausfuhrgenehmigung nach § 5 AWV bzw. dem insoweit maßgeblichen Europarecht geprüft werden müssen. Gegenstück zur Ausfuhrliste für die Einfuhr ist die Einfuhrliste, die Anlage zum AWG ist, aber durch Rechtsverordnung geändert werden kann. Sie wurde durch Verordnung vom 18. Dezember 2006 (BAnz. Nr. 245 S. 7462) zuletzt neugefasst.

eee) Medizinische Forschung

Der sechste Abschnitt des Kapitels 2 des Teils 2 mit den §§ 23 und 24 StrlSchV bezieht sich der Kapitelüberschrift entsprechend ausschließlich auf die speziell für die Anwendung radioaktiver Stoffe oder ionisierender Strahlung am Menschen in der medizinischen Forschung erforderlichen Genehmigungen. Die übrigen insoweit maßgeblichen Vorschriften – insbesondere diejenigen zum Schutz der Probanden – finden sich ebenso wie die Vorschriften über die Anwendung radioaktiver Stoffe oder ionisierender Strahlung unmittelbar zum Zwecke der Behandlung von Patienten dagegen in Kapitel 4 (§§ 80 bis 92 StrlSchV). Die Genehmigungsbedürftigkeit entfällt nicht bereits dann, wenn das Forschungsvorhaben gleichzeitig der Heilbehandlung des Probanden dient, denn dann steht immer noch die Gewinnung wissenschaftlicher Erkenntnis im Vordergrund. Lediglich der Heilversuch, bei dem in einem individuellen Anwendungsfall mangels anderer zur Verfügung stehender Behandlungsmöglichkeiten noch nicht ausreichend erprobte Methoden zur Behandlung des Patienten eingesetzt werden, ist als Heilbehandlung und damit nicht mehr als genehmigungsbedürftiges Forschungsvorhaben anzusehen[42].

Bereits die Vorschriften über die Genehmigung werden von dem Grundsatz der Strahlenminimierung beherrscht. In einem sog. Studienplan ist darzulegen, dass für das beantragte Forschungsvorhaben ein zwingendes Bedürfnis besteht, weil die bisherigen Forschungsergebnisse und die medizinischen Erkenntnisse nicht ausreichen, dass die Anwendung von Radioaktivität unvermeidlich ist und bei einer Abwägung von strahlungsbedingten Risiken gegen den Erkenntnisgewinn die Strahlenexposition des Probanden gerechtfertigt ist und so gering wie möglich gehalten wird (§ 24 Abs. 1 Nr. 1 StrlSchV). Zu diesem Studienplan muss eine Ethikkommission, die in § 92 StrlSchV näher geregelt ist, eine Stellungnahme abgeben, die der Genehmigungsbehörde vorzulegen ist. Es muss im Übrigen im Antrag dargelegt werden, welche Maßnahmen ergriffen werden sollen, um die Strahlenexposition der Probanden sowie die Anzahl der Probanden so weit wie möglich einzuschränken und bei gesunden Probanden bestimmte Grenzwerte nicht zu überschreiten. Ausnahmen sind nur unter strengen Voraussetzungen möglich, insbesondere dann, wenn gleichzeitig mit der Forschung eine ärztliche Behandlung des Probanden oder seine Untersuchung verbunden ist. Im Übrigen ist zu beachten, dass die klinische Prüfung von Arzneimitteln in § 40, 41 Arzneimittelgesetz geregelt ist.

Zuständig für die Genehmigung derartiger Forschungsvorhaben ist das Bundesamt für Strahlenschutz, da solche Forschungsvorhaben oft einen länderübegreifenden Umfang haben und sich die Praxis der Genehmigung durch die jeweils zuständigen Landesbehörden als unzweckmäßig herausgestellt hat[43]. Die zur Durchführung des Forschungsprojekts benötigten Umgangs-, Anlagen- und sonstigen erforderlichen strahlenschutzrechtlichen Genehmigungen werden weiterhin von den zuständigen Landesbehörden erteilt und sind deshalb als notwendige Voraussetzung für die Erteilung der Forschungsgenehmigung dem Antrag an das Bundesamt für Strahlenschutz beizufügen (§ 24 Abs. 1 Nr. 6 StrlSchV).

fff) Bauartzulassung

Nach § 25 Strahlenschutzverordnung kann die Bauart von Anlagen, Geräten oder sonstigen Vorrichtungen, die radioaktive Stoffe enthalten oder ionisierende Strahlen erzeugen, auf Antrag zugelassen werden. Die technischen Voraussetzungen hierfür sind in Anlage V genannt. Neben den üblichen Genehmigungsvoraussetzungen muss der Inhaber einer solchen Bauartzulassung eine Qualitätskontrolle vornehmen und sicherstellen, dass die weiteren Exemplare der zugelassenen Vorrichtung ebenfalls den Bestimmungen entsprechen. Die Bauartzulassung bewirkt, dass Vorrichtungen, die radioaktive Stoffe enthalten oder die Anlagen zur Erzeugung ionisierender Strahlen sind, genehmigungs- und anzeigefrei verwendet werden können, wenn der Strahlenschutz durch Konstruktion, Beschaffenheit und Funktion gewährleistet wird.[44] In der Praxis kommen hierfür vor allem Messvorrichtungen mit radioaktiven Quellen geringer Aktivität in Betracht. Durch diese Bauartzulassung wird insbesondere die Serienfertigung derartiger Anlagen oder Geräte wesentlich erleichtert und verbilligt. Um zu verhindern, dass auf diese Weise in großem Umfang radioaktive Haushaltsgegenstände in den Verkehr gebracht werden und im Endeffekt allein ihrer Menge wegen Probleme bereiten, wurde die Vorschrift so ausgestaltet, dass kein Anspruch auf Bauartzulassung besteht, sondern die Frage, ob eine Bauartzulassung erteilt werden soll, lediglich im Ermessen der zuständigen Behörde steht[45]. Dies findet seinen Ausdruck nicht nur im Wort „kann" in § 25 Abs. 1 StrlSchV sondern zusätzlich in § 25 Abs. 3 StrlSchV, wo in Nummer 1 bestimmt wird, dass die Bauartzulassung zu versa-

---

42 BRats-Drs. 207/01 S. 225.
43 AaO.
44 Vgl. BRats-Drs. 207/01 S. 227.
45 Vgl. Pfaffelhuber, 4. Deutsches Atomrechts-Symposium 1975, S. 79.

gen ist, wenn Gründe vorliegen, die gegen einen genehmigungsfreien Umgang sprechen und in Nummer 4 auf den Rechtfertigungsgrundsatz aus § 4 StrlSchV besonders Bezug genommen wird.

Zur Abgrenzung vom Medizinproduktegesetz wird in § 25 Abs. 6 StrlSchV klargestellt, dass Medizinprodukte oder deren Zubehör keine Bauartzulassung nach § 25 Abs. 1 Satz 1 StrlSchV erhalten können, für sie also ausschließlich die Bauartzulassung nach den Vorschriften des Medizinproduktegesetzes in Betracht kommt.

Zuständig ist nach § 25 Abs. 7 StrlSchV für die Erteilung der Bauartzulassung das Bundesamt für Strahlenschutz, das nach § 25 Abs. 2 StrlSchV vor seiner Entscheidung auf Kosten des Antragstellers eine Bauartprüfung durch die Physikalisch-Technische Bundesanstalt unter Beteiligung der Bundesanstalt für Materialforschung und -prüfung zu Fragen der Dichtheit, der Werkstoffauswahl und der Konstruktion der Umhüllung des radioaktiven Stoffes sowie der Qualitätssicherung zu veranlassen hat.

ggg) Freigabe

Nach der Begriffsbestimmung des § 3 Abs. 2 Nr. 15 StrlSchV ist die Freigabe ein Verwaltungsakt, der die Entlassung radioaktiver Stoffe sowie beweglicher Gegenstände, von Gebäuden, Bodenflächen, Anlagen oder Anlagenteilen, die aktiviert oder mit radioaktiven Stoffen kontaminiert sind und die aus Tätigkeiten zur zielgerichteten Nutzung radioaktiver Stoffe oder ionisierender Strahlung stammen, aus dem Regelungsbereich des Atomrechts bewirkt und zur Folge hat, dass die freigegebenen Stoffe und Gegenstände nicht mehr als radioaktive Stoffe gelten. Da es sich vielfach um Abfälle – auch und gerade auch solche aus der Stilllegung von Atomanlagen – handeln wird, die als radioaktive Stoffe dem Abfallrecht nicht unterliegen, bewirkt die Freigabe, dass sie nunmehr wieder den Vorschriften des Kreislaufwirtschafts- und Abfallgesetzes unterliegen und aus dem Überwachungssystem des Atomrechts in das des Kreislaufwirtschafts- und Abfallrechts überführt werden. Dementsprechend enthält § 29 Abs. 5 StrlSchV Bestimmungen, durch die Friktionen mit dem Abfallrecht vermieden werden sollen.

Voraussetzung für die Freigabe ist nach § 29 Abs. 2 StrlSchV, dass durch die Freigabe für Einzelpersonen der Bevölkerung keine höhere zusätzliche effektive Dosis als 10 Mikrosievert pro Jahr auftreten kann. Davon ist in der Regel auszugehen, wenn die Freigabewerte der Anlage III und die Randbedingungen dazu nach Anlage IV eingehalten werden. Sollten sich im Einzelfall Anhaltspunkte dafür ergeben, dass sich etwa auf Grund mehrerer gleichzeitig beantragter Freigaben an einem bestimmten Ort, z.B. einer Entsorgungsanlage für Einzelpersonen der Bevölkerung eine Überschreitung des Grenzwerts ergeben könnte, ist es Aufgabe der zuständigen Behörde, durch geeignete Maßnahmen, z.B. spezielle Nebenbestimmungen (Auflagen, Bedingungen) im Freigabebescheid für die Einhaltung der Grenzwerte zu sorgen. Um sicherzustellen, dass auch die konkrete Einzelmenge Stoff, die auf Grund des Freigabebescheides als nicht radioaktiver Stoff behandelt werden soll, den Anforderungen des Freigabebescheides genügt, sind nach § 29 Abs. 3 StrlSchV an jeder solchen Masse oder Teilmasse die notwendigen Messungen vorzunehmen und deren Ergebnisse zu dokumentieren.

Nach § 29 Abs. 6 StrlSchV können auf Antrag durch feststellenden Verwaltungsakt vorab Einzelfragen der Freigabe verbindlich geklärt werden. Solche Feststellungen können bereits in der grundlegenden atomrechtlichen oder strahlenschutzrechtlichen Genehmigung getroffen werden. § 29 Abs. 6 Satz 4 StrlSchV stellt klar, dass eine Freigabe keine Genehmigung zur Stilllegung nach § 7 Abs. 3 Atomgesetz ersetzen kann. Für den Fall, dass kein Genehmigungsinhaber (mehr) vorhanden ist, beispielsweise wenn eine Anlage nach längerer Zeit des Stillliegens abgebrochen werden soll, bestimmt § 29 Abs. 7 StrlSchV, dass die Freigabe auch von Amts wegen erteilt werden kann.

cc) Kapitel 3: Anforderungen bei der Nutzung radioaktiver Stoffe und ionisierender Strahlung

Das dritte Kapitel des Teils 2 der Strahlenschutzverordnung enthält weitgehend die eigentlichen Vorschriften über den Schutz der Bevölkerung, der Umwelt und der beruflich strahlenexponierten Personen vor radioaktiven Strahlen. In diesem Abschnitt sind sowohl die Rechte und Pflichten der

Strahlenschutzverantwortlichen und Strahlenschutzbeauftragten als auch die Festlegung von Strahlenschutzbereichen und Dosisgrenzwerten, die Strahlenschutzkontrolle und die ärztliche Überwachung sowie die Vorsorge vor Unglücksfällen geregelt. Die Vorschriften dieses Dritten Teils der Strahlenschutzverordnung gelten in gleicher Weise für die nach dem Atomgesetz genehmigungsbedürftigen Tätigkeiten – also den Umgang mit Kernbrennstoffen und radioaktiven Abfällen sowie Errichtung und Betrieb von Anlagen hierzu und zur Spaltung von Kernbrennstoffen – als auch für den lediglich nach den Vorschriften der Strahlenschutzverordnung genehmigungsbedürftigen Umgang mit sonstigen radioaktiven Stoffen.

aaa) Fachkunde im Strahlenschutz

Der in den einzelnen Genehmigungsvorschriften jeweils als Genehmigungsvoraussetzung geforderte Fachkundenachweis ist nach § 30 StrlSchV in der Regel nach einer für den jeweiligen Anwendungsbereich geeigneten Ausbildung, praktischer Erfahrung und der erfolgreiche Teilnahme an von der zuständigen Stelle anerkannten Kursen durch eine Prüfung zu erbringen; für Medizinisch-technische Radiologieassistenten genügt die Berufsausbildung. Der Fachkundenachweis ist spätestens nach fünf Jahren durch die erfolgreiche Teilnahme an einem behördlich anerkannten Kurs oder auf andere geeignete Weise zu aktualisieren. Die Ausbildungsinhalte werden wie bisher durch Richtlinien bestimmt.

bbb) Betriebliche Organisation des Strahlenschutzes

Nach § 31 Abs. 1 StrlSchV ist Strahlenschutzverantwortlicher der Genehmigungsinhaber bzw. Anzeigepflichtige, also derjenige, der mit radioaktiven Stoffen umgeht oder eine kerntechnische Anlage betreibt. Überwiegend dürfte es sich wohl um juristische Personen des öffentlichen oder des privaten Rechts handeln. Es liegt auf der Hand, dass der Vorstand einer Aktiengesellschaft, der Geschäftsführer einer GmbH oder der Leiter einer öffentlichen Einrichtung weder die Kenntnisse noch die Möglichkeiten hat, sich um die Einzelheiten des Strahlenschutzes zu kümmern. Ungeachtet seiner weiterbestehenden Verantwortlichkeit muss er deshalb im notwendigen Umfang Strahlenschutzbeauftragte bestellen, die an seiner Stelle dafür sorgen, dass die Strahlenschutzvorschriften eingehalten werden. Damit die Bestellung eines Strahlenschutzbeauftragten nicht zu einer bloßen Alibifunktion degradiert werden kann, dürfen ihm nur solche Aufgaben übertragen werden, die er in Folge seiner Stellung im Betrieb und der ihm übertragenen Befugnisse auch erfüllen kann (§ 32 Abs. 1 Satz 1 StrlSchV). Die Bestellung des Strahlenschutzbeauftragten muss schriftlich erfolgen; dabei ist sein innerbetrieblicher Entscheidungsbereich schriftlich festzulegen (§ 31 Abs. 2 Satz 1 und 2 StrlSchV). Er muss über die notwendige Zuverlässigkeit verfügen und – im Gegensatz zum Strahlenschutzverantwortlichen, von dem man dies kaum erwarten kann – die erforderliche Fachkunde besitzen (§ 31 Abs. 3 StrlSchV). Die Bestellung des Strahlenschutzbeauftragten mit Angabe des innerbetrieblichen Entscheidungsbereichs sowie alle relevanten Änderungen sind der zuständigen Überwachungsbehörde anzuzeigen, wobei gleichzeitig ein Nachweis über die Fachkunde des Strahlenschutzbeauftragten zu erbringen ist (§ 31 Abs. 4 StrlSchV). Hat die Behörde Zweifel an der notwendigen Zuverlässigkeit oder Fachkunde des Strahlenschutzbeauftragten, ist dies bei der Erteilung einer beantragten Genehmigung bzw. im Falle von Veränderungen der Verhältnisse bei der Entscheidung über den Widerruf zu berücksichtigen. Ist der innerbetriebliche Entscheidungsbereich des Strahlenschutzbeauftragten nach Auffassung der Aufsichtsbehörde insbesondere für sofortige Maßnahmen der Gefahrenabwehr unzureichend, so kann sie feststellen, dass die zum Strahlenschutzbeauftragten bestellte Person nicht als Strahlenschutzbeauftragter im Sinne dieser Verordnung anzusehen ist (§ 32 Abs. 1 Satz 2 StrlSchV) mit der Folge, dass der Strahlenschutzverantwortliche seiner Verpflichtung, die für eine sichere Ausführung seiner genehmigungs- oder anzeigebedürftigen Tätigkeiten notwendige Anzahl von Strahlenschutzbeauftragten zu bestellen, nicht nachgekommen ist, womit er seine Genehmigung gefährden würde. Die Stellung des Strahlenschutzbeauftragten gegenüber dem Strahlenschutzverantwortlichen ähnelt der von Betriebs- oder Personalratsmitgliedern: Nach § 32 Abs. 5 StrlSchV darf der Strahlenschutzbeauftragte bei der Erfüllung seiner Pflicht nicht behindert und wegen seiner Tätigkeit nicht benachteiligt werden. Der Strahlenschutzbeauftragte hat dem

Strahlenschutzverantwortlichen unverzüglich alle Mängel mitzuteilen, die den Strahlenschutz beeinträchtigen, und Abhilfemaßnahmen vorzuschlagen. Können sich Strahlenschutzbeauftragter und Strahlenschutzverantwortlicher über den Abhilfe-Vorschlag nicht einigen, so hat der Strahlenschutzverantwortliche dem Strahlenschutzbeauftragten die Ablehnung des Vorschlages schriftlich mitzuteilen und zu begründen und

- dem Betriebsrat oder dem Personalrat und
- der zuständigen Behörde

je eine Abschrift zu übersenden (§ 32 Abs. 2 StrlSchV). Auf diese Weise wird sowohl der deutschen Unternehmensverfassung als auch dem Bedürfnis Rechnung getragen, dass die Aufsichtsbehörden von allen strahlenschutzrelevanten Vorgängen Kenntnis erlangen, um gegebenenfalls Maßnahmen treffen zu können.

Nach § 34 StrlSchV ist eine Strahlenschutzanweisung zu erlassen, in der die im Interesse des Strahlenschutzes zu beachtenden innerbetrieblichen Regeln festgeschrieben werden. Schließlich schreibt § 40 StrlSchV in Anlehnung an arbeitsschutzrechtliche Bestimmungen vor, dass die Strahlenschutzverordnung in Betrieben zur Einsicht auszulegen ist.

ccc) Schutz von Personen in Strahlenschutzbereichen; physikalische Strahlenschutzkontrolle

Je nach den auftretenden Ortsdosisleistungen sind zu unterscheiden:

- Sperrbereiche (§ 36 Abs. 1 Nr. 3 StrlSchV)

  Dort kann die Ortsdosisleistung höher als 3 mSv pro Stunde sein. Der Aufenthalt darin ist grundsätzlich verboten und nur ausnahmsweise für notwendige Betriebsvorgänge oder aus zwingenden dienstlichen Gründen oder als Patient oder Proband unter besonderen Vorsichtsmaßnahmen erlaubt (§ 37 Abs. 1 Nr. 3 StrlSchV). Mit Rücksicht auf Artikel 18 Abs. 2 bis 4 und die Begriffsbestimmungen in Artikel 1 der EURATOM-Grundnormen-Richtlinie 96/29/EURATOM, die lediglich die Unterteilung in Kontrollbereich und Überwachungsbereich vorsehen, wird der Sperrbereich als Teil des Kontrollbereichs definiert.

- Kontrollbereiche (§ 36 Abs. 1 Nr. 2 StrlSchV)

  Sich dort aufhaltende Personen können höhere effektive Dosen als 6 mSv pro Jahr erhalten. Der Zutritt ist nur erlaubt zur Durchführung oder Aufrechterhaltung der vorgesehenen Betriebsvorgänge oder zu Ausbildungszwecken sowie unter besonderen zusätzlichen Maßnahmen als Patient oder Proband (§ 37 Abs. 1 Nr. 2 StrlSchV).

- Überwachungsbereiche (§ 36 Abs. 1 Nr. 1 StrlSchV)

  Überwachungsbereiche sind nicht zum Kontrollbereich gehörende betriebliche Bereiche, bei denen sich dort aufhaltende Personen Körperdosen von mehr als 1 mSv pro Jahr erhalten können. Sie dürfen von Personen, die darin eine dem Betrieb dienende Aufgabe wahrnehmen, betreten werden sowie von Auszubildenden, soweit dies zur Erreichung ihres Ausbildungszieles erforderlich ist, von Patienten, Probanden oder helfenden Personen, wenn ihr Aufenthalt in diesem Bereich erforderlich ist und mit behördlicher Genehmigung von Besuchern (§ 37 Abs. 1 Nr. 1 StrlSchV).

- Umgebung

  Außerhalb der Strahlenschutzbereiche in der unbeteiligten Umgebung einer Anlage oder Einrichtung, von der radioaktive Strahlung ausgeht, dürfen sich dort aufhaltende Personen aufgrund des Betriebs dieser Einrichtung oder Anlage keiner höheren effektiven Dosis als ein Millisievert pro Jahr ausgesetzt sein (§ 46 Abs. 1 StrlSchV).

In § 37 Abs. 2, § 43 Abs. 2 und § 45 StrlSchV sind Aufenthaltsverbote, Tätigkeitsverbote und Tätigkeitsbeschränkungen für schwangere und stillende Frauen sowie für Personen unter 18 Jahren und

Schüler festgelegt, die ihren Grund in der besonderen Empfindlichkeit dieser Personenkreise gegenüber radioaktiver Bestrahlung haben und auf die Euratom-Grund-Normen-Richtlinien zurückgehen. Allen, denen der Zutritt zu Strahlenschutzbereichen gestattet wird, ist nach § 38 StrlSchV eine Unterweisung zu erteilen.

Nach dem bisher Gesagten ist es offensichtlich, dass überall dort, wo mit radioaktiven Stoffen umgegangen wird, sowie in der Umgebung entsprechender Anlagen die von diesen ausgehende Radioaktivität ebenso gemessen werden muss wie die Dosis, die im Strahlungsbereich sich aufhaltende Personen erhalten. § 39 StrlSchV regelt deshalb, dass in Sperrbereichen, Kontrollbereichen und Überwachungsbereichen in dem für die Ermittlung der Strahlenexposition erforderlichen Umfang die Ortsdosis oder die Ortsdosisleistung oder die Konzentration radioaktiver Stoffe in der Luft oder die Kontamination des Arbeitsplatzes zu messen ist. Um die tatsächliche Strahlenbelastung bei Personen, die sich im Kontrollbereich aufhalten, festzustellen und um die Einhaltung der Grenzwerte zu kontrollieren, sind die Körperdosen zu ermitteln, die sie erhalten haben (§ 40 Abs. 1 StrlSchV). Dies gilt ohne besondere Erwähnung in der Verordnung auch für Personen, die sich im Sperrbereich aufhalten, weil der Sperrbereich nach seiner Definition in § 3 Abs. 2 Nr. 33, § 36 Abs. 1 Nr. 3 StrlSchV ein Unterfall des Kontrollbereichs ist. Lediglich wenn sichergestellt ist, dass bei dem Aufenthalt im Kontrollbereich keine höhere effektive Dosis als 1 mSv pro Jahr oder eine höhere Organdosis als ein Zehntel des Grenzwerts des § 55 Abs. 2 StrlSchV für beruflich strahlenexponierte Personen, erreicht werden können, kann die zuständige Behörde nach § 40 Abs. 1 Satz 2 StrlSchV Ausnahmen von der Pflicht zur Ermittlung der Körperdosen zulassen. Um ein Unterlaufen der Bestimmungen über die Grenzwerte zu verhindern, müssen nach § 40 Abs. 2 und 3 Strahlenschutzverordnung beruflich strahlenexponierte Personen im Sinne des § 15 StrlSchV – das sind solche, die in fremden Anlagen tätig werden – einen Strahlenpass haben, der bei der zuständigen Behörde registriert wird und in den die maßgeblichen Messdaten eingetragen werden.

Je nach den Arbeitsbedingungen kann die zuständige Behörde das Messverfahren bestimmen. Trifft sie keine solche Bestimmung, ist nach § 41 Abs. 1 Satz 1 StrlSchV zur Ermittlung der Körperdosen die Personendosis zu messen. Je nach den Expositionsbedingungen kann sie bestimmen, dass zur Ermittlung der Körperdosen zusätzlich oder an Stelle der Personendosis

- die Ortsdosis oder die Ortsdosisleistung
- die Konzentration radioaktiver Stoffe in der Luft
- die Kontamination des Arbeitsplatzes
- die Körperaktivität oder die Aktivität der Ausscheidungen
- sonstige Eigenschaften der Strahlenquelle oder des Strahlenfeldes

herangezogen werden. Hierdurch ist es möglich, die spezifischen Eigenarten der verschiedenen Strahlungsquellen und der von ihnen ausgehenden Strahlungsarten (α- oder β-Strahler u.ä.) angemessen zu berücksichtigen. Die auch jetzt noch gewissermaßen als Normalfall vorgesehene Feststellung der Personendosis mit Dosimetern ist im Übrigen in § 41 Abs. 3 bis 5 StrlSchV im Einzelnen geregelt, in § 42 die Aufzeichnung und Aufbewahrungspflicht für die Ergebnisse der Messungen. § 43 Abs. 1 StrlSchV stellt klar, dass der Schutz beruflich strahlenexponierter Personen vor äußerer und innerer Strahlenexposition vorrangig durch bauliche und technische Vorrichtungen oder durch geeignete Arbeitsverfahren sicherzustellen ist, was Konsequenzen für das Genehmigungsverfahren hat. Da insbesondere beim Umgang mit offenen radioaktiven Stoffen Verunreinigungen, also Kontaminationen, zu befürchten sind, finden sich in §§ 43 Abs. 3 und § 44 StrlSchV besondere Vorschriften für diesen Fall.

ddd) Schutz von Bevölkerung und Umwelt bei der Strahlenexposition aus Tätigkeiten

Wie oben schon kurz im Zusammenhang mit den Strahlenschutzbereichen angerissen, beträgt für Einzelpersonen der Bevölkerung außerhalb des Betriebsgeländes von Unternehmen, die zielgerichtet

Radioaktivität nutzen, nach § 46 Abs. 1 und 3 StrlSchV der Grenzwert der effektiven Dosis durch Strahlenexpositionen ein Millisievert im Kalenderjahr und entspricht damit Artikel 13 der EURATOM-Grundnormen-Richtlinie 96/29/EURATOM. Bei diesem Grenzwert handelt es sich um die Summe der Strahlenexposition aus Direktstrahlung und Ableitungen (§ 46 Abs. 3 Satz 1 StrlSchV). Für die Ableitung radioaktiver Stoffe mit Luft oder Wasser aus diesen Anlagen gilt nach § 47 Abs. 1 StrlSchV dagegen eine effektive Dosis von 0,3 mSv im Kalenderjahr, und zwar für Planung, Errichtung, den Betrieb, die Stilllegung, den sicheren Einschluss und den Abbau dieser Anlagen, d.h. in jeder Phase ihrer Existenz ist dafür Vorsorge oder Sorge zu tragen, dass dieser Grenzwert eingehalten wird.

Das 0,3 mSv-Konzept für die Belastung unbeteiligter Personen außerhalb kerntechnischer Anlagen beruht auf der anfangs bereits erwähnten Feststellung, dass die natürliche Radioaktivität innerhalb des Gebietes der Bundesrepublik Deutschland um etwa diesen Betrag schwankt. Dementsprechend erschien es ohne Risiko zumutbar, die Höchstgrenze der Strahlenbelastung durch kerntechnische Anlagen daran festzumachen. Droht die Gefahr, z.B. wegen des Zusammentreffens mit Ableitungen aus anderen Anlagen, dass an einer Stelle außerhalb der Strahlenschutzbereiche der Wert von 0,3 mSv aus § 47 StrlSchV überschritten wird, müssen die Ableitungen entsprechend vermindert werden, auch wenn die Grenzwerte aus § 47 StrlSchV bei der einzelnen Anlage nicht erreicht werden[46] (§ 47 Abs. 5 StrlSchV). Lediglich für Störfälle mutet 49 Abs. 1 StrlSchV unbeteiligten Personen in der Umgebung der Anlage höhere Dosisgrenzwerte zu: Bei der Planung ist die Anlage so auszulegen, dass auch im ungünstigsten Störfall höchstens der für beruflich strahlenexponierte Personen ausnahmsweise zulässige Wert von 50 mSv pro Jahr erreicht wird. Alle genannten Grenzwerte stehen im Übrigen unter dem bereits zuvor erörterten Vorbehalt des Strahlenminimierungsgebots aus § 6 StrlSchV[47].

Weitere Regeln für die Berechnung der Strahlenbelastung anhand der örtlichen Gegebenheiten und der Überwachung der Ableitungen enthalten § 47 Abs. 2 bis 4 i.V.m. Anlagen VI und VII StrlSchV sowie § 48 StrlSchV. Die in Anlage VI Teil B Nr. 3, VII Teil C Nr. 1 und XII Teil D in Bezug genommene Zusammenstellung der Dosiskoeffizienten bei äußerer und innerer Strahlenexposition für die einzelnen Radionuklide und Einwirkungspfade wurde wegen ihres Umfangs gesondert im Bundesanzeiger Nr. 160a und b vom 28. August 2001 öffentlich bekannt gemacht.

eee) Schutz vor sicherheitstechnisch bedeutsamen Ereignissen

Der fünfte Abschnitt des dritten Kapitels enthält in den §§ 49 bis 53 Vorschriften für Stör- und Schadensfälle. So wird – wie oben bereits erwähnt – in § 49 Abs. 1 StrlSchV festgelegt, dass Kernkraftwerke so ausgelegt und geplant werden müssen, dass auch im ungünstigsten Fall der Grenzwert der effektiven Dosis für die Strahlenbelastung auf Grund von Störfällen von 50 mSv nicht überschritten wird. Im Übrigen sind für sonstige Anlagen nach § 50 StrlSchV bereits bei der Planung Störfälle zu berücksichtigen und dafür Sorge zu tragen, dass die Belastungen aus solchen sich so gering wie möglich halten. § 50 Abs. 4 StrlSchV sieht vor, dass die Bundesregierung mit Zustimmung des Bundesrats Allgemeine Verwaltungsvorschriften erlässt, in denen unter Berücksichtigung der Eintrittswahrscheinlichkeit und des Schadensausmaßes Schutzziele zur Störfallvorsorge festgelegt werden. Im übrigen findet sich im Zusammenhang mit Stör- und Notfällen in §§ 51 ff. Strahlenschutzverordnung neben einer Meldepflicht der nach dem bisher gesagten an sich bereits selbstverständlichen Grundsatz, dass bei Unfällen und Störfällen unverzüglich alle notwendigen Maßnahmen einzuleiten sind, damit die Gefahren für Leben, Gesundheit und Sachgüter auf ein Mindestmaß beschränkt werden. § 52 StrlSchV betrifft die Vorbereitung der Brandbekämpfung und die Zusammenarbeit mit der örtlichen Feuerwehr; § 53 StrlSchV befasst sich mit Vorbereitungen zur Schadensbekämpfung bei Unfällen oder Störfällen.

---

46 Vgl. Pfaffelhuber, Der Entwurf einer neuen Strahlenschutzverordnung, 4. Deutsches Atomrechts-Symposium 1975, S. 17 ff. (21).
47 Vgl. zur gesamten Problematik auch Schattke, Rechtsfragen im Zusammenhang mit der Konkretisierung der Strahlenschutzgrundsätze, 6. Deutsches Atomrechts-Symposium 1979, S. 101 ff. m. w.N.

fff) *Begrenzung der Strahlenexposition bei der Berufsausübung*

Nach der Definition der beruflichen Strahlenexposition in § 3 Abs. 2 Nr. 31 StrlSchV handelt es sich dabei um diejenige Strahlenexposition, der eine Person ausgesetzt wird, die eine Tätigkeit i. S. d. § 2 Abs. 1 Nr. 1 StrlSchV ausführt, das heißt bei der zielgerichteten Nutzung der Radioaktivität, oder die mit einer Arbeit nach § 2 Abs. 1 Nr. 1 StrlSchV befasst ist, also einer beruflichen Beschäftigung, bei der die Person natürlichen Strahlungsquellen so ausgesetzt werden kann, dass die Strahlenexposition aus der Sicht des Strahlenschutzes nicht außer Acht gelassen werden darf, wobei es nicht darauf ankommt, ob die Tätigkeit oder Arbeit selbständig oder in einem abhängigen oder einem Ausbildungsverhältnis oder in fremden oder eigenen Anlagen oder im Rahmen der staatlichen Aufsicht oder als Sachverständiger stattfindet. Lediglich eine nicht mit der Berufstätigkeit zusammenhängende Strahlenexposition bleibt unberücksichtigt.

Die in § 55 StrlSchV für beruflich strahlenexponierte Personen festgelegten Grenzwerte ausgehend von einer effektiven Dosis von grundsätzlich 20 mSv bzw. ausnahmsweise 50 mSv entsprechen den Festlegungen in Artikel 9 der Grundnormen-Richtlinie 96/29/EURATOM. Wie bereits zuvor ausgeführt, beruhen diese Festlegungen auf Empfehlungen der Internationalen Strahlenschutzkommission ICRP, die ihren Ursprung wiederum in Forschungsergebnissen haben, aus denen die Schlussfolgerung gezogen wurde, dass Strahlendosen dieses Umfangs mit einem im Sinne des Arbeitsschutzes tolerierbaren Risiko verkraftet werden können. Die Übergangsvorschrift des § 117 Abs. 19 StrlSchV gestattet unter bestimmten Voraussetzungen für eine Übergangsfrist von 5 Jahren den bisher geltenden Regel-Dosisgrenzwert von 50 mSv pro Jahr. Bei allen Grenzwerten sind alternativ zu der effektiven Dosis für den ganzen Körper Dosen für bestimmte Körperteile genannt, die gleichfalls nicht überschritten werden dürfen. Für Jugendliche unter 18 Jahre, gebärfähige Frauen und ungeborene Kinder enthält § 55 Abs. 3 und 4 StrlSchV wegen deren besonderer Schutzbedürftigkeit vor Strahlenexpositionen Sonderregelungen.

Im Übrigen ergibt sich die Klassifizierung der beruflich strahlenexponierten Personen Artikel 21 der Richtlinie 96/29/EURATOM folgend aus § 54 StrlSchV. Beruflich strahlenexponierte Personen der Kategorie B sind solche, die einer effektiven Dosis von mehr als 1 mSv pro Jahr ausgesetzt sein können, und beruflich strahlenexponierte Personen der Kategorie A sind solche, die mehr als 6 mSv pro Jahr bis zum Grenzwert von grundsätzlich maximal 20 mSv pro Jahr an effektiver Dosis erhalten können.

Für das gesamte Berufsleben einer beruflich strahlenexponierten Person wird in § 57 StrlSchV ein Grenzwert festgelegt. Die Summe der in allen Kalenderjahren ermittelten effektiven Dosen darf 400 mSv nicht überschreiten. Wird dieser Grenzwert erreicht, dürfte der betreffende Berufstätige danach nicht mehr beruflich in strahlenbelasteten Bereichen eingesetzt werden. Um Härten, z. B. Entlassungen, zu vermeiden, kann die zuständige Behörde nach § 56 Satz 2 StrlSchV im Benehmen mit einem Arzt und mit schriftlicher Einwilligung des Betroffenen eine weitere Strahlenexposition zulassen, die aber nicht mehr als 10 mSv pro Jahr betragen darf. Ähnliche Überlegungen liegen § 57 zugrunde, der die Folgen sonstiger Grenzwertüberschreitungen regelt. So können Grenzwertüberschreitungen in einem Jahr in den folgenden vier Jahren ausgeglichen werden. Ist die Überschreitung des Grenzwertes so hoch, dass eine weitere Beschäftigung nicht mehr möglich ist, kann die zuständige Behörde im Benehmen mit einem zur arbeitsmedizinischen Vorsorge in strahlenschutzrechtlicher Hinsicht nach § 64 StrlSchV ermächtigten Arzt Ausnahmen zulassen.

Die §§ 58 und 59 StrlSchV enthalten Ausnahmevorschriften für außergewöhnliche Situationen. § 58 StrlSchV regelt den Fall der geplanten Grenzwertüberschreitung, weil im Einzelfall eine solche zur Durchführung notwendiger spezifischer Arbeitsvorgänge zwingend erforderlich ist. In einem solchen Fall kann die zuständige Behörde eine effektive Dosis von 100 mSv einmal im Berufsleben zulassen. § 59 betrifft dagegen die Gefahrenabwehr und die Rettung von Menschen in Situationen, die nicht vorhersehbar und nicht planbar sind. Für einen solchen Fall kann man keine zwingenden Grenzwerte vorschreiben sondern nur praxisbezogene Richtwerte nennen, die nach Möglichkeit bei etwaigen Hilfs- und Rettungsarbeiten berücksichtigt werden sollten. In diesem Sinne wird in § 59 Abs. 1

StrlSchV ein Dosisrichtwert für eine effektive Dosis von einmal im Kalenderjahr 100 mSv und im Leben insgesamt von 250 mSv genannt.

ggg) Arbeitsmedizinische Vorsorge beruflich strahlenexponierter Personen

Ergänzt werden die Kontrollmaßnahmen durch regelmäßige ärztliche Überwachung beruflich strahlenexponierter Personen. Zwingend sind die regelmäßigen jährlichen Untersuchungen nur für die beruflich strahlenexponierten Personen der Kategorie A (§ 60 Abs. 1 und 2 StrlSchV). Für Personen der Kategorie B kann die zuständige Behörde Anordnungen über die ärztlichen Untersuchungen abgestimmt auf den jeweiligen Einzelfall treffen (§ 60 Abs. 4 StrlSchV). Daneben können kürzere Untersuchungsintervalle und Untersuchungen in besonderen Fällen angeordnet werden. Eine Duldungspflicht für die von den ärztlichen Untersuchungen betroffenen Personen ist in § 111 Abs. 4 StrlSchV ausdrücklich festgelegt. Die ärztliche Überwachung darf nur von hierzu besonders behördlich ermächtigten Ärzten vorgenommen werden, die ihre besondere Fachkunde nachgewiesen haben (§ 64 StrlSchV). Neben den regelmäßigen Untersuchungen beruflich strahlenexponierter Personen haben sie Maßnahmen vorzuschlagen, die bei erhöhter Strahlenexposition zur Vorbeugung vor gesundheitlichen Schäden und zu ihrer Abwehr erforderlich sind (§ 64 Abs. 2 StrlSchV), und sind verpflichtet, für alle von ihnen überwachten Personen eine Gesundheitsakte zu führen, in die sie alle für die Strahlenbelastung maßgeblichen Feststellungen aufzunehmen haben. Bei einem Wechsel der Arbeitsstelle der beruflich strahlenexponierten Personen hat der dort zuständige ermächtigte Arzt die Gesundheitsakte des früher zuständigen ermächtigten Arztes anzufordern (§ 61 Abs. 1 Satz 1 StrlSchV). Auf Verlangen der Überwachungsbehörde hat er sie einer von der Behörde benannten ärztlichen Dienststelle zur Einsicht vorzulegen (§ 64 Abs. 4 StrlSchV). Um den Rechtsweg gegen Feststellungen des ermächtigten Arztes zu eröffnen, kann der Betroffene die Entscheidung der zuständigen Behörde beantragen, gegen die ihm Rechtsmittel zustehen (§ 62 Abs. 1 StrlSchV).

hhh) Sonstige Anforderungen

In diesem achten Abschnitt werden weitere Anforderungen, die beim Umgang mit radioaktiven Stoffen oder ionisierender Strahlung zu beachten sind, zusammengefasst. So enthält § 65 StrlSchV Regelungen über die Lagerung radioaktiver Stoffe; sie müssen geschützt gelagert und gegen unbefugten Zugriff gesichert werden und bei Kernbrennstoffen ist darauf zu achten, dass kein kritischer Zustand entstehen kann. Die Verpflichtung zur regelmäßigen Wartung, Überprüfung und Dichtheitsprüfung und deren Modalitäten sind in § 66 geregelt. § 67 StrlSchV enthält Vorschriften über Messgeräte, insbesondere über die Anforderungen an nicht-eichfähige Strahlungsmessgeräte und darüber, wie besonders wichtige Strahlungsmessgeräte für den Fall ihres Ausfalls beschaffen sein müssen. Schließlich enthält § 68 die Vorschrift, das allgemein bekannte und in Anlage IX zur Strahlenschutzverordnung bildlich dargestellte Strahlenzeichen überall dort anzubringen, wo Gefahr von radioaktiven Stoffen ausgehen kann. § 69 StrlSchV knüpft die Genehmigungsfreiheit der Abgabe radioaktiver Stoffe daran, dass sowohl Abgebender wie Empfänger die erforderliche Genehmigung für den Umgang mit diesen Stoffen besitzen. Schließlich finden sich im 8. Abschnitt eine Reihe von Vorschriften über die Buchführung über den Umgang mit radioaktiven Stoffen und Mitteilungs- und Anzeigepflichten bei genehmigungsfreien Vorgängen (§ 70 StrlSchV) sowie das Abhandenkommen, den Fund und die sonstige Erlangung der tatsächlichen Gewalt an radioaktiven Stoffen (§ 71 StrlSchV).

iii) Radioaktive Abfälle

Der neunte Abschnitt über radioaktive Abfälle enthält in Ergänzung der Vorschriften des Atomgesetzes Einzelregelungen darüber, dass bereits bei der Planung von Atomanlagen im Rahmen der Genehmigungsverfahren Vorsorge für die spätere Beseitigung radioaktiver Abfälle zu treffen und zu diesem Zweck Angaben zum jährlichen Anfall und Verbleib während der Betriebszeit zu machen sind, die dann während der Betriebszeit laufend zu aktualisieren und bezüglich ihrer tatsächlichen Erfüllung zu belegen sind (§ 72 StrlSchV). Die anfallenden radioaktiven Abfälle sind zu erfassen und es ist ein Buchführungssystem einzurichten, mit dessen Hilfe sie sich verfolgen lassen und ein Abhandenkommen radioaktiver Abfälle verhindert wird (§ 73 i.V.m. Anlage X StrlSchV). §§ 74 und 75 StrlSchV enthalten Vorschriften über die Behandlung und Verpackung radioaktiver Abfälle, die den Aufsichtsbehörden zahlreiche Befugnisse einräumen, und über die Pflichten bei der Abgabe radioaktiver Stoffe, bei der insbesondere die lückenlose Verfolgbarkeit sichergestellt werden muss. Die §§ 76 bis 78 StrlSchV regeln die Ablieferungspflicht für radioaktive Abfälle und § 79 StrlSchV verbietet die Umgehung durch Verdünnung auf ein den Freigabewerten entsprechendes Aktivitätsniveau.

dd) *Anwendung radioaktiver Stoffe in der Medizin*

Im vierten Kapitel des zweiten Teils der Strahlenschutzverordnung sind die beiden unterschiedlich zu beurteilenden, aber gleichwohl nicht immer sauber voneinander zu trennenden Anwendungsbereiche radioaktiver Stoffe in der Medizin geregelt, nämlich

- einmal die Anwendung radioaktiver Stoffe unmittelbar zum Zwecke der Behandlung von Patienten (Abschnitt 1)
- zum anderen, die Anwendung radioaktiver Stoffe in der medizinischen Forschung (Abschnitt 2),

und zwar in Bezug auf die zum Schutz der Patienten oder Probanden erforderlichen Bestimmungen; die Genehmigungsvorschriften befinden sich vorne bei den übrigen Genehmigungsvorschriften in Kapitel 2 Abschnitt 6 in §§ 23 und 24 StrlSchV.

aaa) Heilkunde und Zahnheilkunde

Beide Bereiche – Behandlung von Patienten zum Zwecke der Therapie oder Diagnose wie medizinische Forschung – werden von dem Grundsatz der Strahlenminimierung beherrscht. In Ausübung der Heilkunde oder Zahnheilkunde dürfen radioaktive Stoffe oder ionisierende Strahlen unmittelbar am Menschen nur angewandt werden, wenn dies aus ärztlicher Indikation geboten ist; und ein im Strahlenschutz speziell ausgebildeter Arzt die Rechtfertigung der Strahlenexposition nach Abwägung von Nutzen und Gefahren die ärztliche Indikation gestellt hat (§ 80 Abs. 1 StrlSchV). Dieser Arzt hat sich – soweit vorhanden – zuvor bei dem behandelnden Arzt über den Patienten zu informieren (§ 80 Abs. 2 StrlSchV) und wird einer Pflicht zur eingehenden Befragung des Patienten in Bezug auf bestimmte Risiken (z.B. Schwangerschaft) unterworfen (§ 80 Abs. 3 StrlSchV). Die Strahlenexposition ist so weit wie möglich einzuschränken (§ 81 StrlSchV). Allerdings werden für diesen Fall keine Grenzwerte festgelegt, da das Ausmaß der Anwendung radioaktiver Stoffe sich an dem orientieren muss, was ärztlich zur Behandlung oder zur Diagnose geboten ist, auch wenn dieses Ausmaß möglichst gering gehalten werden soll. Bei der Diagnose sind nach § 81 Abs.2 StrlSchV allerdings entsprechend Artikel 4 Abs. 2 Buchstabe a der Richtlinie 97/43/EURATOM vom Bundesamt für Strahlenschutz nach dem Stand der Heilkunde, dem Stand der Technik und unter Heranziehung anerkannter wissenschaftlicher Erkenntnisse erstellte Referenzwerte i.S.d. § 3 Abs. 2 Nr. 26 StrlSchV zugrunde zu legen. Die für die Untersuchung Verantwortlichen sollen diese Werte, die eine gute Praxis bei der Untersuchung widerspiegeln, beachten. Hierdurch wird auch eine Vergleichsmöglichkeit für Dosis- und Aktivitätswerte geschaffen, die eine bessere Qualitätskontrolle bei der Diagnostik unter Verwendung radioaktiver Stoffe und ionisierender Strahlung ermöglicht[48]. Vor der Anwendung radioaktiver Stoffe oder ionisierender Stoffe am Menschen ist ein Behandlungsplan zu erstellen (§ 81 Abs. 3 StrlSchV) und dem Patienten sind nach der Behandlung geeignete schriftliche Verhaltenshinweise zu geben (§ 81 Abs.6 StrlSchV). Auf etwa notwendige helfende Personen ist in besonderem Maße Rücksicht zu nehmen (§ 81 Abs. 5 StrlSchV). In Umsetzung von Artikel 8 Abs. 1 der Richtlinie 97/43 EURATOM ist nach § 82 Abs. 7 StrlSchV dafür zu sorgen, dass medizinisch-radiologische und nuklearmedizinische Geräte nur in dem Umfange vorhanden sind, wie sie für die ordnungsgemäße Durchführung medizinischer Anwendungen erforderlich sind, um einer unnötigen Vermehrung solcher Ausrüstungen entgegenzuwirken und Überkapazitäten zu verhindern, die zur Folge haben könnten, dass bei der Entscheidung, ob ein Patient einer Strahlenexposition ausgesetzt wird, die

---

48 Vgl. BRats-Drs. 207/01 S. 274.

wirtschaftliche Amortisation eines kapitalintensiven Gerätes eine Rolle spielt[49]. In § 82 Abs. 1 und 2 StrlSchV werden die Anforderungen an medizinisches Fachpersonal geregelt und in § 82 Abs. 3 StrlSchV bestimmt, dass für Standardbehandlungen und –Untersuchungen schriftliche Arbeitsanweisungen zu erstellen sind. Zur Optimierung der ärztlichen Behandlungen mit radioaktiven Stoffen und ionisierenden Strahlen ist nach § 83 Abs. 4 StrlSchV ein Medizinphysik-Experte hinzuzuziehen. Die Anforderungen an die Qualitätssicherung bei der medizinischen Strahlenanwendung, an Bestrahlungsräume und die Aufzeichnungspflichten sind in den §§ 83 bis 85 StrlSchV geregelt. Nach § 85 Abs. 5 StrlSchV hat das Bundesamt für Strahlenschutz die Aufgabe, regelmäßig die medizinische Strahlenexposition der Bevölkerung und ausgewählter Berufsgruppen zu ermitteln. Die Ergebnisse fließen in den jährlich veröffentlichten Strahlenschutzbericht der Bundesregierung ein.

Die Regelungen der §§ 80 bis 85 StrlSchV gelten nach § 86 StrlSchV entsprechend für Anwendungen radioaktiver Stoffe oder ionisierender Strahlung am Menschen, die nicht der Heilbehandlung dienen, sondern durch andere gesetzliche Regelungen vorgesehen oder zugelassen sind. Damit soll verdeutlicht werden, dass auch dann, wenn die Anwendung radioaktiver Stoffe oder ionisierender Strahlung aufgrund anderer gesetzlicher Vorschriften, z.B. des Sozialrechts, arbeitsmedizinischer Vorschriften oder des Prozessrechts zur Beweisaufnahme erfolgt, die für den Strahlenschutz unerlässlichen Vorschriften anzuwenden sind. Entsprechende Anwendung bedeutet zum Beispiel, dass im Rahmen der Abwägung nach § 80 Abs. 1 StrlSchV ein gesundheitlicher Nutzen nicht vorliegen muss, sondern der von dem jeweiligen Gesetz erwartete Nutzen zu berücksichtigen ist. Beispielsweise müssen dann Untersuchungen auf der Grundlage der Vorschriften der Strafprozessordnung für die Beweisführung in dem konkreten Strafverfahren so dringend notwendig sein, dass das gesundheitliche Risiko für den einer Straftat Verdächtigen in Kauf genommen werden kann. Das wäre beispielsweise zu verneinen, wenn andere Methoden der Beweisführung mit vergleichbarer Aussagekraft, die ohne Anwendung radioaktiver Stoffe oder ionisierender Strahlen auskommen, zur Verfügung stünden[50].

Für den Bereich der Anwendung radioaktiver Stoffe unmittelbar zum Zwecke der Behandlung von Patienten, hat der Bundesminister für Umwelt, Naturschutz und Reaktorsicherheit zur Ausfüllung der Bestimmungen der Strahlenschutzverordnung und im Interesse ihrer einheitlichen Handhabung die Richtlinie für den Strahlenschutz bei Verwendung radioaktiver Stoffe und beim Betrieb von Anlagen zur Erzeugung ionisierender Strahlen und Bestrahlungseinrichtungen mit radioaktiven Quellen in der Medizin (Richtlinie Strahlenschutz in der Medizin) (RdSchr. d. BMU v. 24. Juni 2002, BAnz. Beilage Nr. 207a vom 7. November 2002) erlassen. Es handelt sich zwar nicht um eine alle unmittelbar bindende Rechtsvorschrift. Ihre Bedeutung liegt darin, dass sie von den Behörden bei ihrer Genehmigungs- und Überwachungstätigkeit zugrunde gelegt wird und über den Gleichbehandlungsgrundsatz des Artikels 3 GG mittelbare Bindungswirkung erzielt. Daneben wirkt sie in Rechtsstreitigkeiten um technische Fragen – ähnlich wie die technischen Anleitungen im Immissionsschutzrecht – wie ein „antizipiertes Sachverständigengutachten".

bbb) Medizinische Forschung

Im Fall medizinischer Forschung, wenn es lediglich darum geht, den Erkenntnisstand der medizinischen Wissenschaft zu verbessern sind zusätzlich zu den Vorschriften für ärztliche Heilbehandlungen die weiteren Vorschriften der §§ 87 bis 92 StrlSchV zu beachten. Für diesen Fall enthalten §§ 87, 88 und 89 StrlSchV eingehende Einwilligungs-, Belehrungs- und Kontrollvorschriften sowie Anwendungsverbote für bestimmte Personengruppen, beispielsweise schwangere und stillende Frauen und Personen, die auf gerichtliche oder behördliche Anordnung verwahrt werden (§ 88 Abs. 1 StrlSchV). § 88 Abs. 2 StrlSchV legt einen Grenzwert von 10 mSv für die effektive Dosis zusätzlicher Anwendungen von Radioaktivität zu Forschungszwecken fest, falls bei dem Probanden in den vergangenen 10 Jahren bereits radioaktive Stoffe oder ionisierende Strahlen zu Forschungs- oder Behandlungszwecken angewendet worden sind. Die Genehmigungsbehörde kann eine Ausnahme zulassen,

---

49 Vgl. aaO. S. 275.
50 AaO. S. 278.

wenn gleichzeitig mit der Anwendung zur Forschung für den Probanden ein diagnostischer oder therapeutischer Nutzen verbunden ist. An Probanden, die das 50. Lebensjahr noch nicht vollendet haben, ist die Anwendung von Radioaktivität zu Forschungszwecken nach § 88 Abs. 3 StrlSchV nur ausnahmsweise zulässig und bedarf der besonderen Rechtfertigung. An geschäftsunfähigen und beschränkt geschäftsfähigen Personen ist die Anwendung von Radioaktivität zu Forschungszwecken nach § 88 Abs. 4 StrlSchV nur ganz ausnahmsweise mit Zustimmung der gesetzlichen Vertreter erlaubt, wenn das Forschungsziel anders nicht erreicht werden kann und die Anwendung gleichzeitig zur Untersuchung oder Behandlung des Probanden angezeigt ist.

c) Teil 3: Schutz von Mensch und Umwelt vor natürlichen Strahlungsquellen bei Arbeiten

In diesem Teil der Strahlenschutzverordnung werden in Umsetzung von Titel VII der Richtlinie 96/29/EURATOM Regelungen für Arbeiten getroffen, bei denen das Vorhandensein natürlicher Strahlungsquellen die Expositionen von Arbeitnehmern oder Einzelpersonen der Bevölkerung so erheblich erhöhen, dass diese aus Gründen des Strahlenschutzes nicht außer Acht gelassen werden dürfen. Die Regelungen umfassen in den Kapiteln 2 bis 4 im Wesentlichen drei Komplexe:

- erhöhte natürliche Expositionen für Arbeitnehmer in bestimmten Arbeitsfeldern,
- erhöhte natürliche Expositionen für Einzelpersonen der Bevölkerung auf Grund von Rückständen aus bestimmten industriellen oder bergbaulichen Prozessen und
- erhöhte Expositionen aus kosmischer Strahlung für fliegendes Personal.

Vorangestellt ist nach dem Vorbild der §§ 4 bis 6 StrlSchV ein erstes Kapitel mit Grundpflichten, nämlich der in § 93 StrlSchV festgelegten Grundpflicht zur Einhaltung der vorgeschriebenen Grenzwerte und der in § 94 StrlSchV vorgeschriebenen Pflicht, durch geeignete Maßnahmen im Rahmen der individuellen Verhältnisse des Einzelfalles und unter Berücksichtigung des Verhältnismäßigkeitsgrundsatzes die Strahlenbelastung auch unterhalb der vorgeschriebenen Grenzwerte so gering wie möglich zu halten. Da es sich um natürliche Radioaktivität handelt, sind die Beeinflussungsmöglichkeiten natürlich geringer als bei Tätigkeiten zur zielgerichteten Nutzung der Radioaktivität, so dass die Schutzvorschriften insgesamt nicht so detailliert sein können wie in Teil 2.

Im Kapitel 2, das überschrieben ist mit „Anforderungen bei terrestrischer Strahlung an Arbeitsplätzen", wird in § 95 StrlSchV für den Inhaber einer Betriebsstätte mit einem der in Anlage XI genannten Arbeitsfelder, die in die Anlage aufgenommen wurden, weil bei diesen Arbeitsfeldern eine gewisse Wahrscheinlichkeit besteht, dass es zu nicht mehr vernachlässigbaren radiologischen Belastungen für die dort Tätigen kommt, die Pflicht begründet, Abschätzungen der Strahlenbelastung vornehmen zu lassen. Gelangt die Abschätzung zu dem Ergebnis, dass eine höhere Strahlenbelastung als 6 mSv im Kalenderjahr möglich sind, ist nach § 95 Abs. 2 StrlSchV bei der nach Landesrecht zuständigen Behörde eine Anzeige zu erstatten und die behördliche Überwachung setzt ein, einschließlich der Pflicht zum Besitz eines Strahlenpasses bei Arbeiten in fremden Betriebsstätten (§ 95 Abs. 3 StrlSchV). Der Grenzwert für Personen, die anzeigebedürftige Arbeiten ausführen beträgt 20 mSv im Kalenderjahr (§ 95 Abs. 5 StrlSchV), die Berufslebensdosis wie in Teil 2 400 mSv. Bei Überschreitungen gelten die gleichen Regeln wie in Teil 2: Bei Überschreitung des Jahresgrenzwerts Möglichkeit der Verteilung der Überschreitung auf die folgenden Jahre, begrenzte Ausnahmemöglichkeiten im Übrigen. (§ 95 Abs. 6). Im Übrigen werden Messungen und jährliche ärztliche Untersuchungen sowie die Dokumentation der Schutzmaßnahmen vorgeschrieben.

Bei den in Anlage XI genannten Arbeitsfeldern handelt es sich einmal um in erster Linie wegen Radon problematische Untertage-Aktivitäten wie Bergbau, Arbeiten in Radon-Heilbädern und Anlagen der Wassergewinnung (Teil A) und zum anderen in Teil B um verschiedene industrielle Arbeiten, bei denen Stoffe mit erhöhter Radioaktivität eingesetzt werden, z. B. Wechselstromschweißen mit thorierten Schweißelektroden oder Handhabung und Lagerung thorierter Gasglühstrümpfe. Der praktische Unterschied zwischen Teil A und Teil B besteht lediglich in den vereinfachten Berechnungsmöglichkeiten bei Teil A.

Treten in anderen als den in Anlage XI Teil B genannten Arbeitsfeldern entsprechende radiologische Belastungen auf, kann die zuständige Behörde nach § 96 Abs. 5 StrlSchV Anordnungen im Einzelfall treffen.

Das Kapitel 3 des Teils 3 befasst sich entsprechend seiner Überschrift mit dem Schutz der Bevölkerung bei natürlich vorkommenden radioaktiven Stoffen, wobei in erster Linie Rückstände im Blickfeld sind. So bestimmt § 97 Abs. 1 StrlSchV, dass derjenige Maßnahmen zum Schutz der Bevölkerung zu ergreifen hat, der in eigener Verantwortung Arbeiten ausübt oder ausüben lässt, bei denen die in Anlage XII Teil A genannten überwachungsbedürftigen Rückstände anfallen. Solche Materialien sind z. B. Schlämme und Ablagerungen aus der Gewinnung von Erdöl und Erdgas, Phosphorgipse und bestimmte Stäube, Schlämme und Schlacken und sonstige Abfälle aus Metallerzbergbau und Metallurgie. Maßstab dafür, ob Maßnahmen ergriffen werden müssen, soll die Einhaltung des Richtwerts von 1 mSv pro Jahr für eine Einzelperson der Bevölkerung sein. Die zuständige Behörde kann nach § 97 Abs. 3 StrlSchV die notwendigen Nachweise verlangen und Festlegungen zu Messverfahren treffen. Die zuständige Behörde entlässt die Rückstände nach § 98 aus der Überwachung, wenn eine bestimmte Verwertung oder Beseitigung geplant ist und nachgewiesen wird, dass der Schutz der Bevölkerung sichergestellt ist. Im Zweifel wird lediglich die strahlenschutzrechtliche Überwachung gegen diejenige nach dem Kreislaufwirtschafts- und Abfallgesetz ausgetauscht. Für die notwendige Kompatibilität zwischen beiden Systemen sollen die Vorschriften in § 98 Abs. 3 StrlSchV sorgen. Betreiber großer Anlagen, in denen pro Jahr mehr als 2000 Tonnen von Rückständen i.S.d. Anlage XII Teil A anfallen werden in § 100 StrlSchV zur Erstellung eines Rückstandskonzepts sowie jährlicher Erstellung einer Rückstandsbilanz verpflichtet. Auch dieses Kapitel enthält in § 102 StrlSchV eine Vorschrift, die den zuständigen Behörden die Möglichkeit zu Maßnahmen im Einzelfall gibt, falls in einem solchen Gefahren von Materialien ausgehen, die nicht in Anlage XII Teil A genannt sind.

Kapitel 4 betrifft den Schutz vor kosmischer Strahlung und befasst sich in erster Linie mit dem Schutz des fliegenden Personals. Erfasst werden alle deutschen Flugzeuge, also solche die in die deutsche Luftfahrzeugrolle nach § 3 LuftVG eingetragen sind, sowie solche ausländischen Flugzeuge, die von einem Unternehmen mit Sitz im Inland und mit Personal betrieben werden, das in einem Beschäftigungsverhältnis nach deutschem Arbeitsrecht steht. Wenn die effektive Dosis durch kosmische Strahlung während der Flugzeit 1 mSv pro Jahr übersteigen kann, ist sie für das fliegende Personal nach § 103 Abs. 1 StrlSchV zu ermitteln, die Ergebnisse aufzuzeichnen und die Aufzeichnungen aufzubewahren (§ 103 Abs. 7 StrlSchV) und an das Luftfahrt-Bundesamt oder eine von diesem bestimmte Stelle zur Weiterleitung an das Strahlenschutzregister zu übermitteln (§ 103 Abs. 8 StrlSchV). Die übrigen Schutzvorschriften zum Schutz des fliegenden Personals gleichen den bereits zuvor behandelten: Der Grenzwert der effektiven Dosis durch kosmische Strahlung wurde in § 103 Abs. 2 StrlSchV auf 20 mSv pro Kalenderjahr festgelegt. § 103 Abs. 2 Satz 2 StrlSchV enthält den Hinweis, dass der Pflicht zur Dosisreduzierung nach § 94 StrlSchV insbesondere bei der Aufstellung der Arbeitspläne und bei der Festlegung der Flugrouten und -Profile Rechnung getragen werden kann. Der Grenzwert für die Lebenszeitdosis beträgt wie in den anderen Fällen 400 mSv (§ 103 Abs. 4 StrlSchV) und die Folgerungen aus Grenzwertüberschreitungen sind ebenfalls wie zuvor erläutert geregelt.

In Kapitel 5 „Betriebsorganisation", das nur aus § 104 StrlSchV besteht, wird ähnlich wie in § 31 StrlSchV für den Strahlenschutzverantwortlichen bei Tätigkeiten zur zielgerichteten Nutzung der Radioaktivität festgelegt, dass beim Schutz vor natürlicher Strahlung im Falle von juristischen Personen oder sonstigen Gemeinschaften ein Verantwortlicher aus dem Leitungsgremium als Verantwortlicher für die Wahrnehmung der Verpflichtungen aus der Strahlenschutzverordnung zu benennen ist, ohne dass das etwas an der Gesamtverantwortung des zur Vertretung berufenen Organs ändert.

d) Teil 4: Schutz des Verbrauchers beim Zusatz radioaktiver Stoffe zu Produkten

Der Zusatz radioaktiver Stoffe wird in § 3 Abs. 2 Nr. 38 StrlSchV definiert als zweckgerichteter Zusatz von Stoffen mit künstlich erzeugten Radionukliden, deren spezifische Aktivität 500 Mikrobecquerel je Gramm überschreitet, oder natürlich vorkommenden Radionukliden, deren spezifische Aktivität ein Fünftel der Freigrenzen der Anlage III Tabelle 1 Spalte 3 überschreitet. Liegt die spezifische Aktivität darunter bedarf es keiner Schutzregelung[51]. Ob der Zusatz wegen der Radioaktivität erfolgt oder wegen anderer Eigenschaften des zuzusetzenden Stoffes ist unerheblich. Für die Anwendung der Schutzvorschriften des Teils 4 kommt es ausschließlich auf die spezifische Aktivität der zuzusetzenden Stoffe an.

§ 105 StrlSchV verbietet grundsätzlich den Zusatz radioaktiver Stoffe bzw. die Aktivierung bei Spielwaren, Schmuck, Lebensmitteln einschließlich Trinkwasser und Tabakerzeugnissen sowie Futtermitteln, weil es insoweit keine ausreichende Rechtfertigung nach § 4 StrlSchV geben kann. Die weitere Erwähnung kosmetischer Mittel an dieser Stelle war entbehrlich geworden, nachdem sich ein entsprechendes Verbot aus § 1 i.V.m. Anlage 1 Teil A Nr. 293 der Kosmetikverordnung in der Fassung der Bekanntmachung vom 7. Oktober 1997 (BGBl. I S. 2410), zuletzt geändert durch Art. 2 der Verordnung v. 13. Juli 2005 (BGBl. I S. 2159) ergibt.

Bei Konsumgütern, Arzneimitteln, Pflanzenschutzmitteln, Schädlingsbekämpfungsmitteln und Düngemitteln im Übrigen ist für den Zusatz radioaktiver Stoffe oder die Aktivierung nach § 106 StrlSchV eine Genehmigung erforderlich, die zu erteilen ist – auf die also ein Anspruch besteht –, wenn die in § 107 StrlSchV im einzelnen genannten Voraussetzungen erfüllt sind, namentlich der Zusatz an radioaktiven Stoffen bzw. die Aktivierung nach dem Stand der Technik so niedrig wie möglich gehalten werden und eine Rechtsverordnung nach § 4 Abs. 3 StrlSchV, die feststellt, dass es für die Verwendung radioaktiver Stoffe insoweit keine hinreichende Rechtfertigung gibt, nicht vorliegt. Für Konsumgüter, bei denen eine Genehmigung zum Zusatz radioaktiver Stoffe bzw. zur Aktivierung erteilt worden ist, begründet § 110 StrlSchV eine Pflicht des Herstellers zur kostenlosen Rücknahme.

e) Teil 5: Gemeinsame Vorschriften

Im ersten Kapitel „Berücksichtigung von Strahlenexpositionen" enthält § 111 Abs. 1 bis 3 StrlSchV zunächst einmal Berechnungsvorschriften für die Berücksichtigung der einzelnen Expositionsmöglichkeiten im Rahmen der Ermittlung der maßgeblichen Exposition. § 111 Abs. 4 StrlSchV begründet die für die Durchführung der materiellen Strahlenschutzvorschriften notwendigen Duldungspflichten Betroffener insbesondere in Bezug auf die erforderlichen Messungen und ärztlichen Untersuchungen.

In § 112 StrlSchV wird auf der Grundlage des § 12c Atomgesetz das Strahlenschutzregister im Einzelnen geregelt. Dort werden eingetragen:

- die im Rahmen der beruflichen Strahlenexposition ermittelten Dosiswerte sowie dazugehörige Feststellungen der zuständigen Behörden,
- Angaben über registrierte Strahlenpässe und
- die jeweiligen Personendaten, Beschäftigungsmerkmale und Expositionsverhältnisse sowie die Anschrift des Strahlenschutzverantwortlichen bzw. Verpflichteten nach § 95.

Das Bundesamt für Strahlenschutz, bei dem das Strahlenschutzregister geführt wird, fasst die ihm in regelmäßigen, im Einzelnen in § 112 Abs. 2 StrlSchV genannten Zeitabständen übermittelten Daten personenbezogen zusammen und wertet sie aus. Wenn es dies für erforderlich hält, unterrichtet es die zuständige Behörde, beispielsweise von Grenzwertüberschreitungen o.ä. (§ 112 Abs. 3 StrlSchV). Auskünfte aus dem Strahlenschutzregister werden nach § 112 Abs. 4 StrlSchV erteilt, soweit dies für die Wahrnehmung der Aufgaben des Empfängers erforderlich ist

- einem Strahlenschutzverantwortlichen über bei ihm tätige Personen,
- einem Träger der gesetzlichen Unfallversicherung über bei ihm versicherte Personen,

---

51 AaO. S. 298.

- einer zuständigen Behörde, einer Messstelle oder einer von der zuständigen Behörde bestimmten Stelle, wobei eine Weitergabe an den Strahlenschutzverantwortlichen oder den ermächtigten Arzt zulässig ist, soweit es zur Wahrnehmung von deren Aufgaben erforderlich ist,
- dem Betroffenen unbeschränkt.

Hochschulen, anderen Einrichtungen, die wissenschaftliche Forschung betreiben, und öffentlichen Stellen dürfen nach § 112 Abs. 5 StrlSchV auf Antrag unter bestimmten Voraussetzungen Auskünfte für die Durchführung von Forschungsvorhaben erteilt werden.

Im zweiten Kapitel „Befugnisse der Behörden" erhalten die zuständigen Behörden in § 113 StrlSchV die notwendigen Ermächtigungsgrundlagen zur Durchsetzung der auf Grund der materiellrechtlichen Vorschriften erforderlichen Maßnahmen. Die Anordnungen sind grundsätzlich an den Strahlenschutzverantwortlichen, in dringenden Fällen auch an den Strahlenschutzbeauftragten zu richten.

§ 114 StrlSchV enthält eine allgemeine Ausnahmeregelung, wonach Ausnahmen von den Schutzvorschriften mit Ausnahme der Dosisgrenzwertfestsetzungen getroffen werden können, wenn die Sicherheit und der Strahlenschutz auf andere Weise gleichwertig gewährleistet werden.

In Kapitel 3 „Formvorschriften" ermöglicht § 115 StrlSchV die Erfüllung von Aufzeichnungs-, Buchführungs- und Mitteilungspflichten in elektronischer Form.

Kapitel 4 schließlich enthält in § 116 StrlSchV die zur Bewehrung der zahlreichen Pflichten erforderlichen Ordnungswidrigkeiten-Tatbestände, deren Verwirklichung in § 46 Abs. 1 Nr. 4, Abs. 2 Atomgesetz mit einer Geldbuße von bis zu 50.000 Euro bedroht ist.

In Kapitel 5 „Schlussvorschriften" finden sich in § 117 StrlSchV zahlreiche Übergangsvorschriften, in denen vor allem mit Rücksicht auf vorhandene Besitzstände die Weitergeltung von nach altem Recht erteilten Genehmigungen oder die Behandlung von bisher nicht der Strahlenschutzverordnung unterliegenden Gegenständen geregelt ist. § 118 StrlSchV enthält die Abgrenzungsregelungen, die insbesondere mit Rücksicht auf die Folgen der Deutschen Einigung in Bezug auf den Uranbergbau und andere Hinterlassenschaften früherer Tätigkeiten und Arbeiten in der ehemaligen DDR erforderlich sind.

Die Verordnung über die Umsetzung von EURATOM-Richtlinien zum Strahlenschutz, deren Artikel 1 die neue Strahlenschutzverordnung ist, enthält in ihren weiteren Artikeln 2 bis 11 Änderungen fast aller strahlenschutzrechtlicher Rechtsverordnungen, wie z.B. der Atomrechtlichen Verfahrensverordnung, der Atomrechtlichen Deckungsvorsorgeverordnung, der Atomrechtlichen Zuverlässigkeitsüberprüfungsverordnung etc. Im Wesentlichen handelt es sich um Folgeänderungen, insbesondere die Anpassung von Verweisungen und Zitaten.

In größerem Umfange musste die Eichordnung an die neuen Messgrößen angepasst werden. Wegen der Bedeutung, die das Messwesen im Strahlenschutz hat, werden nunmehr auch die Strahlenschutzmessgeräte betreffenden Vorschriften der Eichordnung im Anschluss an die Strahlenschutzverordnung wiedergegeben.

Größere materielle Änderungen hat es außerdem bei der Atomrechtlichen Sicherheitsbeauftragten- und Meldeverordnung gegeben, die in Artikel 6 geändert wird. Im Hinblick auf konkrete Vorkommnisse im Zusammenhang mit dem Transport bestrahlter Brennelemente wurden die Vorschriften über Meldungen radiologisch bedeutsamer Ereignisse grundlegend überarbeitet und eine neue Anlage 3 mit Meldekriterien für Kontamination oder Dosisleistung bei zur Beförderung oder Aufbewahrung von bestrahlten Kernbrennstoffen oder verfestigten hochradioaktiven Spaltproduktlösungen bestimmten Behältern angefügt. Von einem Abdruck der Atomrechtlichen Sicherheitsbeauftragten- und Meldeverordnung musste abgesehen werden, da dies den Rahmen dieses Buches sprengen würde.

Die Verordnung ist nach Artikel 12 Abs. 1 der Verordnung für die Umsetzung von EURATOM-Richtlinien zum Strahlenschutz größtenteils am ersten Tage des auf die Verkündung folgenden Kalendermonats, da sie am 20. Juli 2001 im Bundesgesetzblatt Teil I S. 1714 verkündet worden ist, also am 1. August 2001 in Kraft getreten. Gleichzeitig ist die bisherige Strahlenschutzverordnung außer Kraft getreten. Später, nämlich am 1. Januar 2004, treten lediglich außerhalb des früheren DDR-Gebiets – also im alten Bundesgebiet – nach Artikel 12 Abs. 2 der Verordnung für die Umsetzung von EURATOM-Richtlinien Teil 3 Kapitel 2 § 95 Abs. 3 bis 12 – die Detailvorschriften über die Verfahrensweise bei natürlich vorkommenden radioaktiven Stoffen an Arbeitsplätzen –, Kapitel 3 (§§ 97 bis 102) der Strahlenschutzverordnung über den Schutz der Bevölkerung bei natürlich vorkommenden radioaktiven Strahlen und aus den Übergangsvorschriften zur Abgrenzung von Vorschriften über die Sanierung von Hinterlassenschaften in Teil 5 § 118 Abs. 4 und 5 StrlSchV in Kraft. Für das Gebiet der ehemaligen DDR sind diese Vorschriften sofort am 1. August 2001 in Kraft getreten, um die Rechtsgrundlage für die bisherige Praxis bei der Behandlung bestimmter Stoffe (z.B. Monazit) zu perpetuieren.[52]

Änderungen der Strahlenschutzverordnung seit dem 1. August 2001

Seit dem 1. August 2001, dem Datum, zu dem die Vorauflage der vorliegenden Textausgabe abgeschlossen wurde, haben sich folgende Änderungen ergeben:

- Berichtigung der Strahlenschutzverordnung vom 22. April 2002, BGBl. I S. 1459 und
- Änderung der Strahlenschutzverordnung durch
  - Art. 2 der Verordnung zur Änderung der Röntgenverordnung und anderer atomrechtlicher Verordnungen vom 18. Juni 2002 (BGBl. I S. 1869),
  - Art. 2 des Gesetzes zur Kontrolle hochradioaktiver Strahlenquellen vom 12. August 2005 (BGBl. I S. 2365) und
  - § 3 Abs. 31 des Gesetzes über den Übergang auf das neue Lebensmittel- und Futtermittelrecht (Art. 2 des Gesetzes zur Neuordnung des Lebensmittel- und des Futtermittelrechts vom 1. September 2005 – BGBl. I S. 2618).

Während die Berichtigung keine substantiell-inhaltlichen Änderungen enthielt, sondern lediglich einige offenbare Unrichtigkeiten der verkündeten Neufassung der Verordnung korrigierte, war dies bei der Verordnung zur Änderung der Röntgenverordnung anders. Durch sie sollte in erster Linie die Röntgenverordnung an die neuen EURATOM-Grundnormenrichtlinien angepasst werden, was bei der Strahlenschutzverordnung bereits durch die Neufassung ein Jahr zuvor geschehen war. Die grundlegende Überarbeitung der Röntgenverordnung musste in der Strahlenschutzverordnung zwangsläufig Folgeänderungen nach sich ziehen. Zum anderen wurde die Gelegenheit genutzt, eine neugeschaffene Ermächtigungsgrundlage auszufüllen: Durch Art. 5 des Zweiten Gesetzes zur Änderung des Medizinproduktegesetzes wurde § 11 Abs. 1 Nr. 8 AtomG dahingehend geändert, dass jetzt ausdrücklich die Möglichkeit besteht, auch den Zusatz radioaktiver Stoffe bei der Herstellung von Pflanzenschutzmitteln im Sinne des Pflanzenschutzgesetzes, von Schädlingsbekämpfungsmitteln und von Stoffen nach § 1 Nr. 1 bis 5 DüngemittelG (Düngemittel, Wirtschaftsdünger, Sekundärrohstoffdünger, Bodenhilfsstoffe, Kultursubstrate, Pflanzenhilfsmittel) unter eine Genehmigungspflicht nach der Strahlenschutzverordnung zu stellen, was insbesondere durch eine Änderung der §§ 2, 106 bis 108 StrlSchV realisiert wurde. Weitere Änderungen betreffen Anpassungen an berufsrechtliche Vorschriften sowie Korrekturen, Klarstellungen und Präzisierungen, für die sich zwischenzeitlich Bedarf gezeigt hatte.

---

52 Vgl. BR-Drs. 207/01 (Beschluss) Teil A Nr. 90 S. 47.

Durch das Gesetz zur Neuordnung des Lebensmittel- und des Futtermittelrechts werden dem EU-Gemeinschaftsrecht folgend Lebensmittel- und Futtermittelrecht in einem neuen Lebensmittel- und Futtermittelgesetzbuch zusammengeführt. Das als Artikel 2 dieses Gesetzes erlassene Gesetz über den Übergang auf das neue Lebensmittel- und Futtermittelrecht sieht in seinem § 3 Abs. 31 neben einer rein redaktionellen Folgeänderung bei den Begriffsbestimmungen des § 3 Abs. 2 Nr. 18 StrlSchV auch eine kleine materielle Änderung in § 105 StrlSchV vor. Aus dieser Bestimmung wird das Verbot des Zusatzes von radioaktiven Stoffen bei kosmetischen Mitteln gestrichen, weil sich ein solches Verbot bereits aus § 1 i.V.m. Anlage 1 Teil A Nr. 293 der Kosmetikverordnung ergibt.[53]

Das Gesetz zur Kontrolle hochradioaktiver Strahlenquellen setzt die Richtlinie 2003/122/EURATOM vom 22. Dezember 2003 zur Kontrolle hoch radioaktiver umschlossener Strahlenquellen und herrenloser Strahlenquellen (ABl. Nr. L 346 S. 57 v. 31.Dezember 2003) um. Mit diesen Vorschriften soll dem Problem begegnet werden, dass nach einer Studie der EU-Kommission in nicht unerheblichem Umfang in den letzten 50 Jahren Strahlenquellen verlorengegangen oder sonst abhanden und außer Kontrolle gekommen sind.[54] Um insgesamt zu einer intensiveren Kontrolle zu gelangen, wird die Zweckbestimmung in § 1 Nr. 3 des Atomgesetzes um den Schutz vor Gefahren für die innere und äußere Sicherheit durch die Anwendung ionisierender Strahlen erweitert. In das Atomgesetz (§ 12d) und die Strahlenschutzverordnung (§ 70a) werden Vorschriften eingefügt, die die Einrichtung eines zentralen Registers beim Bundesamt für Strahlenschutz ermöglichen, das alle notwendigen Daten zur Identifizierung und Kontrolle des Verbleibs der hochradioaktiven Strahlenquellen enthält. In die Strahlenschutzverordnung werden Regelungen zur Prüfung, zur Rückgabe und zur Genehmigungspflicht für die Einfuhr und die Ausfuhr solcher hochradioaktiver Strahlenquellen aus bzw. in Staaten, die nicht der Europäischen Union angehören, eingefügt, die insbesondere im Hinblick auf die neu eingeführte Identifizierungsnummer als erfolgversprechend angesehen werden.[55] So sind hochradioaktive Strahlenquellen u.a. mit der Identifizierungsnummer zusätzlich besonders zu kennzeichnen (§ 68 Abs. 1a StrlSchV), was dem Bundesamt für Strahlenschutz mitzuteilen ist (§ 68 Abs. 1b StrlSchV). Sie dürfen nur abgegeben werden, wenn sie von einer Dokumentation begleitet sind (§ 69 Abs. 2 Satz 4 StrlSchV). Nicht mehr genutzte Strahlenquellen sollen nicht mehr auf Lager genommen sondern stattdessen an den Hersteller oder Importeur zurückgegeben, einem anderen Berechtigten überlassen oder notfalls als Abfall entsorgt werden, um zu verhindern, dass mit dem Verlust des notwendigen Wissens zum sachgerechten Umgang mit der Strahlenquelle infolge Zeitablaufs und der Fluktuation des Personals beim Genehmigungsinhaber neue Gefahrenpotentiale entstehen (§ 69 Abs. 5 StrlSchV)[56]. Durch § 69a StrlSchV wird die Pflicht des Herstellers und des Importeurs begründet, sicherzustellen, dass „ausgediente" Strahlenquellen wieder zurückgenommen werden. Erwerb, Abgabe und weitere Änderungen sind nach § 70 StrlSchV dem Register beim Bundesamt für Strahlenschutz mit dem EU-Standarderfassungsblatt mitzuteilen, das als Anlage XV Bestandteil der Verordnung geworden ist.[57] Welche Strahlenquellen als hochradioaktiv im Sinne der neuen Bestimmungen anzusehen sind, bestimmt sich nach deren Aktivität (§ 3 Abs. 2 Nr. 29 Buchst. b Doppelbuchst. bb StrlSchV). Zu diesem Zweck wird Anlage III Tabelle 1 eine neue Spalte 3a hinzugefügt, die die maßgeblichen Werte aus der Richtlinie 2003/122/EURATOM enthält.[58]

---

53 Vgl. BT-Drs. 15/3657 S. 71.
54 Vgl. BT-Drs. 15/5284 S. 47.
55 Vgl. BT-Drs. 15/5284 S. 2, 48.
56 Vgl. BT-Drs. 15/5284 S. 54.
57 Vgl. BT-Drs. 15/5284 aaO.
58 Vgl. BT-Drs. 15/5384 S. 51, 56.

Allgemeiner Teil der Begründung zur Strahlenschutzverordnung in der Fassung des Artikel 1 der Verordnung für die Umsetzung von EURATOM-Richtlinien zum Strahlenschutz

(Auszug)

(Bundesrats-Drucksache 207/01 S. 198 ff.)

Mit der neu gefassten Strahlenschutzverordnung werden die Richtlinien 96/29/EURATOM (ABl. L 159 vom 29.06.1996, S. 1 ff.) und 97/43/EURATOM (ABl. L 180 vom 09.07.1997, S. 22 ff.) in deutsches Recht umgesetzt. In die neue Strahlenschutzverordnung werden ergänzend zur Vierten Änderungsverordnung vom 18. August 1997 (BGBl. I S. 2113) weitere Regelungen zur Richtlinie 89/618/EURATOM vom 27.11.1989 (ABl. L 357 vom 7.12.1989) aufgenommen und damit der Auffassung der EU-Kommission Rechnung getragen, die in einem Vertragsverletzungsverfahren die bisher mitgeteilten bundes- und landesrechtlichen Regelungen als nicht vollständige Umsetzung der Richtlinie ansieht. Darüber hinaus werden wesentliche Inhalte der „Richtlinie zur Kontrolle radioaktiver Abfälle mit vernachlässigbarer Wärmeentwicklung, die nicht an eine Landessammelstelle abgeliefert werden" (Abfallkontrollrichtlinie) vom 16.01.1989 (BAnz. 1989 Nr. 63a), zuletzt ergänzt durch Bekanntmachung vom 14.01.1994 (BAnz. 1994 S. 725), in die Verordnung übernommen.

Schon die hierzu notwendigen umfangreichen Ergänzungen hätten es erforderlich gemacht, die Strahlenschutzverordnung in der Fassung der Bekanntmachung vom 30. Juni 1989 (BGBl. I S.1321, ber. S. 1926), zuletzt geändert durch die Vierte Änderungsverordnung vom 18. August 1997 (BGBl. I, S. 2113), in Teilen neu zu strukturieren. Hinzu kam, dass in die Verordnung seit ihrer erstmaligen Veröffentlichung im Jahre 1976 vielfältige Ergänzungen und Weiterentwicklungen eingearbeitet worden sind. Die mit der jetzigen Novellierung vorgenommene Neustrukturierung dient dem Zweck, die Verordnung wieder übersichtlicher und leichter zugänglich zu gestalten.

Die Verordnung ist in fünf Teile gegliedert, wobei Teil 1 allgemeine Vorschriften enthält, die übergreifend gelten. Teil 2 stellt neu formulierte Strahlenschutzgrundsätze und Grundpflichten voran und übernimmt unter Einführung der neuen Grenzwerte im wesentlichen die bisherigen Regelungen der Strahlenschutzverordnung, die dem Schutz des Menschen und der Umwelt bei der zielgerichteten Nutzung radioaktiver Stoffe oder ionisierender Strahlung 1 dienen, wobei als zielgerichtet die Nutzung aufgrund ihrer Radioaktivität, als Kernbrennstoff oder zur Erzeugung von Kernbrennstoff zu verstehen ist. Teil 3 enthält die aufgrund des Titels VII der Richtlinie 96/29/EURATOM neugeschaffenen Regelungen für Expositionen durch natürliche Strahlungsquellen (außerhalb der zielgerichteten Nutzung). Teil 4 enthält die aufgrund von Artikel 4 und Artikel 6 der Richtlinie geschaffenen Regelungen über den Zusatz von radioaktiven Stoffen zu Produkten im verbrauchernahen Bereich oder deren Aktivierung. Teil 5 enthält weitere gemeinsame Vorschriften, die für alle Teile der Verordnung gelten.

Die Novellierung hat folgende Schwerpunkte:

Zum Schutz der Bevölkerung vor Strahlenexpositionen aus zielgerichteter Nutzung wird der Grenzwert auf 1 mSv im Kalenderjahr abgesenkt; bei natürlichen Strahlungsquellen ist dieser Dosiswert als Richtwert ausgestaltet. Der Grenzwert zum Schutz der beruflich strahlenexponierten Personen wird auf 20 mSv im Kalenderjahr abgesenkt. Wie in der bisherigen Strahlenschutzverordnung wird das System der Überwachung beim Umgang mit radioaktiven Stoffen im Grundsatz an das Überschreiten von Freigrenzen geknüpft; die Entlassung radioaktiver Stoffe aus der Überwachung erfordert in der Regel eine Freigabe. Dabei werden erstmals umfassende und detaillierte Regelungen zur Entlassung geringfügig radioaktiver Stoffe aus dem Regelungsbereich des Strahlenschutzrechtes (Freigabe) getroffen.

Für alle Radionuklide werden die in der Richtlinie 96/29/EURATOM neu festgelegten nuklid-spezifischen Freigrenzen der Gesamtaktivität und spezifischen Aktivität übernommen. Daneben werden nach Maßgabe des Anhanges I der Richtlinie 96/29/EURATOM in Anlage III der Verordnung Freigabewerte für verschiedene Freigabeverfahren auf der Basis von Berechnungen der Strahlenschutzkommission (Empfehlungen der SSK vom 12.02.1998, BAnz. vom 15.10.1998, S. 15022) normiert. Die Freigrenzen- und Freigabewerte weichen bei vielen Radionukliden voneinander ab, da erstere für den Umgang mit kleinen Mengen (Chargen/Arbeitsmengen für die Handhabung im Betrieb oder Labor), letztere hingegen für die geordnete Verwertung oder Beseitigung großer Stoffmengen, beispielsweise im Rahmen des Abbaus einer nach § 7 des Atomgesetz genehmigten Anlage, konzipiert sind. Die Freigabewerte sind kleiner oder höchstens gleich den spezifischen Aktivitätswerten der Freigrenzen.

Von Bedeutung ist in diesem Zusammenhang die Neuregelung des § 2 Abs. 1 und 2 des Atomgesetzes. Dort wird nunmehr bestimmt, dass radioaktive Stoffe im Sinne des Atomgesetzes nur diejenigen physikalisch radioaktiven Stoffe sind, für die nach dem Atomgesetz oder einer aufgrund dieses Gesetzes erlassenen Rechtsverordnung besondere Überwachungsmaßnahmen zur Erfüllung der Zwecke des § 1 Nr. 2 und 3 des Atomgesetzes festgelegt wurden. Hieraus folgt, dass Stoffe, deren Aktivität unterhalb der festgelegten Freigrenzen liegt und Stoffe, die freigegeben wurden, keine radioaktiven Stoffe im Sinne des Atomgesetzes sind, sofern diese Stoffe im Rahmen von Tätigkeiten im Sinne des zweiten Teils der Verordnung eingesetzt werden sollen oder aus solchen Tätigkeiten stammen. Stoffe, die natürliche Radionuklide enthalten, sind nur dann radioaktive Stoffe im Sinne des zweiten Teils der Verordnung, wenn sie auf Grund ihrer Radioaktivität, als Kernbrennstoff oder zur Erzeugung von Kernbrennstoff genutzt werden und wenn deren Aktivität oder Konzentration die Freigrenzen überschreitet und sie nicht freigegeben worden sind; andernfalls kommen die Regelungen nach Teil 3 in Betracht.

Für spezielle Anwendungsarten, wie z.B. Herstellung von Konsumgütern oder die Verwendung von radioaktiven Stoffen am Menschen enthält die Verordnung strengere Regelungen, d.h. für diese Anwendungen sind auch Stoffe, deren Aktivität oder Konzentration unterhalb der allgemein festgelegten Freigrenzen liegt, radioaktive Stoffe.

Bei der beruflichen Strahlenexposition beginnt die Überwachung mit der Möglichkeit des Überschreitens eines Wertes der effektiven Dosis von 1 mSv im Kalenderjahr, sofern mit künstlichen Radionukliden bzw. mit natürlichen Radionukliden zielgerichtet, d.h. wegen ihrer radiologischen oder kernphysikalischen Eigenschaften, umgegangen wird. Bei der Exposition durch erhöhte natürliche Strahlung außerhalb der zielgerichteten Nutzung erfolgt die Organisation von Schutz- und Überwachungsmaßnahmen für Arbeitskräfte grundsätzlich ab einem Richtwert von 1 mSv im Kalenderjahr, wobei zunächst die Regelungen zum Arbeitsschutz eingreifen und – soweit Expositionen über 6 mSv im Kalenderjahr auftreten – anschließend das weitere Schutzsystem von Teil 3 der Strahlenschutzverordnung anzuwenden ist. Im Falle der Exposition des fliegenden Personals durch kosmische Strahlung in Flugzeugen ist bei einer möglichen Überschreitung einer Dosis von 1 mSv im Kalenderjahr die Strahlenexposition zu ermitteln.

Der Bereich der Anwendung radioaktiver Stoffe und ionisierender Strahlen in der Heilkunde und in der medizinischen Forschung wird aufgrund der bisherigen Vollzugserfahrungen und aufgrund der Richtlinie 97/43/EURATOM, der so genannten Patientenschutz-Richtlinie, erheblich detaillierter geregelt.

In Teil 3 werden erstmals Regelungen zum Schutz von Mensch und Umwelt bei natürlichen Strahlungsquellen in die Verordnung aufgenommen, die bei „Arbeiten" anwesend sind, ohne dass ihre radiologischen oder kernphysikalischen Eigenschaften genutzt werden. Eine entsprechende Begriffsbestimmung findet sich in § 3 Nr. 6. Die Regelungen des Teils 3 besitzen allerdings wie auch die Richtlinie 96/29/EURATOM nicht die gleiche Regelungsbreite und -tiefe wie die Bestimmungen in den anderen Teilen der Verordnung. So sind vor allem die Einwirkungsmöglichkeiten auf natürlicherweise vorhandene radioaktive Quellen zwangsläufig erheblich geringer als die auf künstliche radioaktive Quellen. Zudem werden Regelungen, z.B. zu Radon, in anderen Regelungsbereichen erarbeitet. Die neuen Vorschriften gelten daher nur für diejenigen Arbeitsfelder und Verwendungen von Materialien, die ausdrücklich im einzelnen in den Vorschriften und den dazugehörenden Anlagen XI und XII genannt sind, wobei sowohl die Art der Arbeitsfelder bzw. Materialien als auch quantitative Kriterien festgelegt werden. Auch die für die Tätigkeiten geltenden Strahlenschutzgrundsätze (Rechtfertigung, Grenzwerte, Reduzierung der Strahlenexposition) werden für den Bereich der natürlichen radioaktiven Stoffe modifiziert. Die Regelungen bedeuten gegenüber der vorherigen Situation eine erhebliche Verbesserung beim Schutz vor natürlicher Strahlung, da bisher Regelungen für Arbeiten, bei denen natürliche radioaktive Stoffe nicht aufgrund ihrer Radioaktivität genutzt werden, weitgehend fehlten.

Trotz dieser Änderungen und Neuregelungen sind zahlreiche Regelungen im Vergleich zur Vorfassung inhaltlich unverändert oder nur teilweise geändert. Wo dies der Fall ist, wird die amtliche Begründung dieser Neuverkündung knapp gehalten; zur weiteren Erläuterung kann die Begründung der Strahlenschutzverordnung in der Fassung vom 13. Oktober 1976 und vom 30. Juni 1989 (BAnz. vom 25.07.1989 Nr. 136 a) herangezogen werden, auf die hiermit zur Vermeidung zahlreicher gleich lautender Einzelverweise hingewiesen wird.

Allgemeiner Teil der Begründung zum Gesetz zur Kontrolle hochradioaktiver Strahlenquellen
(Auszug)
(Bundestags-Drucksache 15/5284 S. 47–49)

Das Gesetz dient der Umsetzung der europäischen Richtlinie 2003/122/EURATOM vom 22. Dezember 2003 (Amtsblatt der Europäischen Union L 346 vom 31. Dezember 2003, S. 57) zur Kontrolle hoch radioaktiver umschlossener Strahlenquellen und herrenloser Strahlenquellen.

Solche hochradioaktiven umschlossenen Strahlenquellen, die z. B. Kobalt-60, Cäsium-137, Strontium-90 oder Iridium-192 enthalten, werden zur Sterilisation, zur Tumorbestrahlung, zur Energiegewinnung oder auch bei der Materialprüfung eingesetzt.

Weiter wird mit dem Gesetz im Bereich der grenzüberschreitenden Verbringung den Empfehlungen des IAEA-Verhaltenskodex zur Sicherheit und Sicherung radioaktiver Strahlenquellen („Code of Conduct on the Safety an Security of Radioactive Sources", IAEA-GOV/2003/49-GC(47)/9) und des zugehörigen IAEA-Leitfadens für den Import und Export radioaktiver Strahlenquellen („Guidance on the Import and Export of Radioactive Sources", IAEA-GOV/2004/ 62-GC(48)/13), die u. a. eine Genehmigungspflicht für die Einfuhr und die Ausfuhr von Strahlenquellen, die eine im Code of Conduct festgelegte Aktivität überschreiten, vorsehen, durch verbindliche Regelungen Rechnung getragen. Auch die G-8-Gipfelerklärung vom Sommer 2003 und die G-8-Aktionsprogramme vom Sommer 2003 und Sommer 2004 sehen eine Berücksichtigung der IAEA-Empfehlungen vor.

Nach einer Studie der Europäischen Kommission sind in der gesamten EU etwa 30.000 der etwa 500.000 seit den 50er Jahren in Verkehr gebrachten Strahlenquellen „verloren gegangen". Hochradioaktive Strahlenquellen, die keiner Kontrolle mehr unterliegen, können ernste Gesundheitsschäden bei den betroffenen Beschäftigten und der Bevölkerung hervorrufen, da diese in der Regel keine oder nur wenig Kenntnis von der Gefährlichkeit der Strahlenquelle haben und nicht über entsprechende Kenntnisse für eine sichere Handhabung verfügen. Wird eine solche Strahlenquelle zerstört, kann dies erhebliche Strahlenbelastungen für die Beschäftigten und auch Kontamination von Materialien und Boden nach sich ziehen. Die gesundheitlichen und wirtschaftlichen Folgen von Unfällen mit Strahlenquellen, die keiner ausreichenden Kontrolle unterliegen, können äußerst schwerwiegend sein. Beispiele sind unter anderem im Bericht von UNSCEAR beschrieben:

- Goiania, Brasilien (1987): Eine Caesium-137-Quelle für die Strahlentherapie wurde aus ihrem Gehäuse entnommen und aufgebrochen. Vierundfünfzig Personen wurden wegen Strahlenschäden im Krankenhaus behandelt, vier verstarben. Es war eine bedeutende Kontamination der Umwelt festzustellen.

- China (1992): Ein Mann nahm eine verloren gegangene Kobalt-60-Quelle an sich. Drei Mitglieder der Familie starben an einer zu hohen Strahlendosis.

- Georgien (1997): Mehrere zurückgelassene radioaktive Strahlenquellen wurden in einer ehemaligen Kaserne der sowjetischen Armee gefunden, nachdem mehrere Grenzwachen erkrankt und bei ihnen Symptome strahlungsinduzierter Krankheiten festgestellt worden waren. Es wurde ein Programm zur Überprüfung der radiologischen Situation erstellt, wobei landesweit an zahlreichen Orten über 70 Strahlenquellen gefunden wurden. Drei der Grenzwachen mit der höchsten Strahlungsdosis wurden mit hochspezialisierten Behandlungsmethoden in Frankreich behandelt, vier weitere in Deutschland.

- Istanbul, Türkei (1998): Zwei Kobalt-60-Quellen wurden in ihren Transportbehältern als Altmetall verkauft. Zehn Personen wurden wegen akuter Strahlenschäden behandelt. Mehrere Monate nach der Entdeckung des Irrtums wurde eine der beiden Strahlenquellen immer noch vermisst.

- Peru (1999): Eine nicht überwachte Iridium-192-Quelle für die zerstörungsfreie Materialprüfung wurde von einem Arbeiter in die Tasche gesteckt, der nicht wusste, worum es sich handelte. Er erlitt durch die Strahlung schwere Verletzungen, die zeitweilig in Frankreich mit hochspezialisierten Methoden behandelt wurden.

- Spanien (1998): In einer spanischen Stahlfabrik wurde versehentlich eine Caesium-137-Quelle eingeschmolzen. Ein Großteil der Radioaktivität gelangte in die Atmosphäre, die übrige Radioaktivität verblieb in den Staubabsaugungsanlagen, wodurch 270 Tonnen Stahl kontaminiert wurden. Etwa 400 Personen wurden im Hinblick auf eine interne Caesium-Kontaminierung überprüft, bei sechs Personen wurde eine solche nachgewiesen. Glücklicherweise waren die Werte radiologisch unbedenklich. Die wirtschaftlichen Folgen des Unfalls, einschließlich der Kosten infolge der Einstellung des Fabrikbetriebs, der Dekontaminierung und der Entsorgung des radioaktiven Abfalls belaufen sich auf schätzungsweise 26 Mio. Euro.

In Deutschland werden ca. 10 000 solcher hochradioaktiver Strahlenquellen zur Sterilisation, zur Tumorbestrahlung, bei der Materialprüfung und in der Forschung verwendet.

Deutschland verfügt über ein umfangreiches und sicheres Aufsichtssystem für radioaktive Strahlenquellen mit hoher Aktivität, ergänzend wird ein zentrales Register eingeführt (Artikel 1 Nr. 2 und Artikel 2 Nr. 16). Der lückenlose Nachweis über den Verbleib entsprechender Strahlenquellen ist damit besser gewährleistet. Vergessene oder verloren gegangene Strahlenquellen (sog. herrenlose Strahlenquellen oder „orphan sources"), stellen eine Gefahr dar. Sie können unter anderem für den Bau einer unkonventionellen Spreng- und Brandvorrichtung (USBV) mit radioaktiver Beiladung („dirty bomb") verwendet werden. Dieses Gefahrenpotential wird durch die im Übrigen zu schaffenden Regelungen und das zentrale Register verringert. Unmittelbar verfügbare, vollständige Informationen über den Aufenthaltsort einer hochradioaktiven Strahlenquelle und deren Eigentümer, über Fund und Verlust derartiger Strahlenquellen und schnelle Verfügbarkeit dieser Informationen ebenso wie ein schneller Informationsaustausch mit anderen Staaten und internationalen Organisationen ist für den Schutz der inneren und äußeren Sicherheit von grundlegender Bedeutung.

Durch die geänderten Regelungen zur Rückgabe (Artikel 2 Nr. 13) wird diese Gefahr, dass solche Strahlenquellen keiner Kontrolle mehr unterliegen, ebenfalls verringert. Die Einführung von Identifizierungsnummern (Artikel 1 Nr. 2, Artikel 2 Nr. 12) erleichtert den lückenlosen Nachweis sowie die Zuordnung im Falle eines Fundes einer hochradioaktiven Strahlenquelle. Auch die Internationale Atomenergieorganisation (IAEA) empfiehlt nationale Register.

Die großen Unternehmen der Stahl- und NE-Metall-Recycling-Wirtschaft führen bereits im Rahmen der Eingangskontrollen Radioaktivitätsmessungen durch. Sollten hierbei radioaktive Stoffe gefunden werden, so werden neben der Mitteilung nach § 71 der Strahlenschutzverordnung bereits erste Maßnahmen zum Schutz von Mensch und Umwelt vor der schädlichen Wirkung ionisierender Strahlung durch diese Unternehmen eingeleitet.

Auf das zentrale Register über hochradioaktive Strahlenquellen (Artikel 1 Nr. 2 und Artikel 2 Nr. 16) finden die Vorschriften des Bundesdatenschutzgesetzes – BDSG vom 14. Januar 2003 (GMBl. I 2003 S. 66) Anwendung.

....

....

Gesetzgebungskompetenz des Bundes

Die Kompetenz zu der mit dem Gesetzentwurf genannten Erweiterung des Atomgesetzes ergibt sich aus der konkurrierenden Gesetzgebungskompetenz des Bundes für die Erzeugung und Nutzung der Kernenergie zu friedlichen Zwecken, die Errichtung und den Betrieb von Anlagen, die diesen Zwecken dienen, den Schutz gegen Gefahren, die beim Freiwerden von Kernenergie oder durch ionisierende Strahlen entstehen, und die Beseitigung radioaktiver Stoffe aus Artikel 74 Abs. 1 Nr. 11a GG.

Die Regelung durch Bundesgesetz ist nach Artikel 72 Abs. 2 GG zur Wahrung der Rechts- und Wirtschaftseinheit im gesamtstaatlichen Interesse auch erforderlich.

Nur durch eine bundesweit geltende Regelung kann sichergestellt werden, dass der Lebensweg einer hochradioaktiven Strahlenquelle innerhalb der Bundesrepublik Deutschland unter gleichen Bedingungen verfolgt werden kann.

In Anbetracht der mit den Eigenschaften einer hochradioaktiven Strahlenquelle verbundenen besonderen Risiken hinsichtlich des Umgangs, aber auch des möglichen Missbrauchs zu terroristischen Zwecken, vermeidet lediglich eine bundeseinheitliche Regelung, die eine Verfolgbarkeit der Quellen auch über Ländergrenzen hinweg sicherstellt, eine Rechtszersplitterung mit problematischen Folgen, die im Interesse sowohl des Bundes als auch der Länder nicht hingenommen werden kann.

Die Notwendigkeit einer länderübergreifenden einheitlichen Regelung ist auch Gegenstand des zum Vorschlag für die Richtlinie ergangenen Bundesratsbeschlusses vom 3. Juni 2003 (Bundesratsdrucksache 85/03), in dem die Bundesregierung unter anderem gebeten wird,

- ... dafür Sorge zu tragen, dass durch umfassende Grenzkontrollen die illegale Verbringung (Einfuhr) von hochradioaktiven Strahlenquellen zuverlässig verhindert wird,
- ... eine Datenbank für die bundesweite Erfassung hochradioaktiver Strahlenquellen zentral vorzusehen, einzurichten und zu pflegen, in die die zuständigen Landesbehörden die erforderlichen Daten der Strahlenquellen eintragen.

Auch aus Sicht des Bundesrates sind länderspezifische Lösungen im vorliegenden Fall nicht sinnvoll. Im o. g. Beschluss wird ausgeführt:

„... Die Verfolgung des Lebensweges hochradioaktiver Quellen innerhalb der Bundesrepublik Deutschland erfordert eine zentrale Datenhaltung und -pflege, da derartige Quellen über die Grenzen der Länder hinweg weitergegeben werden können. Es ist daher nur eine einzige zentrale Datenbank sinnvoll, die mit den Daten aus den Ländern gepflegt werden muss."

Die im Gesetzentwurf vorgesehenen Ergänzungen und Änderungen des Atomgesetzes, der Strahlenschutzverordnung, der Atomrechtlichen Deckungsvorsorge-Verordnung und der Atomrechtlichen Abfallverbringungsverordnung sind auch erforderlich, um die Umsetzung der Richtlinie 2003/122/EURATOM und ein bundeseinheitliches Vorgehen zu gewährleisten.

Ein Teil der Anforderungen der Richtlinie 2003/122/EURATOM wird bereits durch vorhandene bundesrechtliche Regelungen abgedeckt, die vollständige Umsetzung erfordert jedoch die vorgesehenen Erweiterungen und Änderungen. Die bereits geltenden nationalen Regelungen werden dabei weitestgehend herangezogen und nur im erforderlichen Umfang angepasst und ergänzt.

Die Kontrolle einer hochradioaktiven Strahlenquelle ab dem Zeitpunkt der Herstellung, bzw. ihrer Verbringung in den Geltungsbereich des Gesetzes aus Staaten, die nicht Mitglied der Europäischen Gemeinschaft sind, soll verhindern, dass es auf Grund unzureichender Überwachung zu Strahlenexpositionen von Personen und zu Kontaminationen von Sachgütern oder der Umwelt kommt.

Hochradioaktive Strahlenquellen, die keiner Kontrolle mehr unterliegen (also der sachkundige Umgang nicht mehr sichergestellt ist), können ernste Gesundheitsschäden bei den betroffenen Beschäftigten und der Bevölkerung hervorrufen, da diese in der Regel keine oder nur wenig Kenntnis von der Gefährlichkeit der Strahlenquelle haben und nicht über entsprechende Kenntnisse für eine sichere Handhabung verfügen. Wird eine solche Strahlenquelle zerstört, kann dies erhebliche Strahlenbelastungen für die Beschäftigten und auch Kontamination von Materialien und Boden nach sich ziehen. Die gesundheitlichen und wirtschaftlichen Folgen von Unfällen mit Strahlenquellen, die keiner ausreichenden Kontrolle unterliegen, können äußerst schwerwiegend sein.

Darüber hinaus soll die Verfügbarkeit radioaktiver Stoffe, die terroristischen Zwecken dienen können, z.B. als „schmutzige Bombe" mit radioaktiver Beiladung, möglichst eingeschränkt werden.[1]

....
....

---

[1] BMI, 28. Dezember 2004

Verordnung über den Schutz vor Schäden durch ionisierende Strahlen (Strahlenschutzverordnung – StrlSchV)[1)2)]

Inhaltsübersicht

TEIL 1:
Allgemeine Vorschriften

§ 1 Zweckbestimmung
§ 2 Anwendungsbereich
§ 3 Begriffsbestimmungen

---

1 Artikel 1 der Verordnung für die Umsetzung von EURATOM-Richtlinien zum Strahlenschutz vom 20. Juli 2001 (BGBl. I S. 1714), geändert durch Art. 2 der Verordnung zur Änderung der Röntgenverordnung und anderer atomrechtlicher Verordnungen vom 18. Juni 2002 (BGBl. I S. 1869), Art. 2 des Gesetzes zur Kontrolle hochradioaktiver Strahlenquellen vom 12. August 2005 (BGBl. I S. 2365), § 3 Abs. 31 des Gesetzes über den Übergang auf das neue Lebensmittel- und Futtermittelrecht, Art. 2 des Gesetzes zur Neuordnung des Lebensmittel- und des Futtermittelrechts vom 1. September 2005 (BGBl. I S. 2618). Die Einleitungsformel lautet:
Es verordnen
– die Bundesregierung auf Grund des § 2 Abs. 2 Satz 2, des § 7 Abs. 4 Satz 3, des § 9a Abs. 2 Satz 2, des § 10, des § 11 Abs. 1 Nr. 1 bis 3, Nr. 5 bis 8, des § 12 Abs. 1, des § 12b Abs. 6, des § 12c Abs. 4, des § 13 Abs. 2 Nr. 2 und Abs. 3, des § 21 Abs. 3 des Atomgesetzes in der Fassung der Bekanntmachung vom 15. Juli 1985 (BGBl. I S. 1565), von denen § 2 Abs. 2, § 11 und 12 Abs. 1, § 12b Abs. 2, § 23 und § 54 Abs. 1 zuletzt geändert worden sind durch Artikel 1 des Gesetzes vom 3. Mai 2000 (BGBl. S. 636 ber. S. 1350) in Verbindung mit dem 2. Abschnitt des Verwaltungskostengesetzes vom 23. Juni 1970 (BGBl. I S. 821),
des § 23 Abs. 3 und des § 54 Abs. 1 Satz 1 und 2 und Abs. 2 Satz 1 des Atomgesetzes in der Fassung der Bekanntmachung vom 15. Juli 1985 (BGBl. I S. 1565), von denen § 2 Abs. 2, §§ 11 und 12 Abs. 1, § 12b Abs. 2, § 23 und § 54 Abs. 1 zuletzt geändert worden sind durch Artikel 1 des Gesetzes vom 3. Mai 2000 (BGBl. S. 636 ber. S. 1350), und auf Grund des § 2 Abs. 2 und 3, jeweils in Verbindung mit Absatz 5, des Eichgesetzes in der Fassung der Bekanntmachung vom 23. März 1992 (BGBl. I S. 711) nach Anhörung der betroffenen Kreise,
– das Bundesministerium für Umwelt, Naturschutz und Reaktorsicherheit auf Grund der §§ 10 und 54 Abs. 1 Satz 3 und Abs. 2 Satz 1 des Atomgesetzes in der Fassung der Bekanntmachung vom 15. Juli 1985 (BGBl. I S. 1565), von denen § 10 durch Artikel 1 des Gesetzes vom 6. April 1998 (BGBl. I S. 694) geändert wurde,
– das Bundesministerium für Gesundheit auf Grund des § 7 Abs. 2 des Arzneimittelgesetzes in der Fassung der Bekanntmachung vom 11. Dezember 1998 (BGBl. I S. 3586) in Verbindung mit Artikel 56 Abs. 1 des Zuständigkeitsanpassungs-Gesetzes vom 18. März 1975 (BGBl. I S. 705) und dem Organisationserlass vom 27. Oktober 1998 (BGBl. I S. 3288) im Einvernehmen mit dem Bundesministerium für Umwelt, Naturschutz und Reaktorsicherheit, sowie
– das Bundesministerium für Verkehr, Bau- und Wohnungswesen auf Grund des § 36 Abs. 3 des Gesetzes über Ordnungswidrigkeiten vom 19. Februar 1987 (BGBl. I S. 602) und des § 2 Abs. 2 des Gesetzes über das Luftfahrt-Bundesamt vom 30. November 1954 (BGBl. I S. 354), zuletzt geändert durch Artikel 2 des Gesetzes vom 26. August 1998 (BGBl. I S. 2470)
Die Überschrift der Verordnung für die Umsetzung von EURATOM-Richtlinien zum Strahlenschutz trägt folgende Fußnote:
Diese Verordnung dient der Umsetzung der Richtlinie 96/29/EURATOM des Rates vom 13. Mai 1996 zur Festlegung der grundlegenden Sicherheitsnormen für den Schutz der Gesundheit der Arbeitskräfte und der Bevölkerung gegen die Gefahren durch ionisierende Strahlungen (ABl. EG Nr. L 159 S. 1), der Richtlinie 97/43/EURATOM des Rates vom 30. Juni 1997 über den Gesundheitsschutz von Personen gegen die Gefahren ionisierender Strahlung bei medizinischer Exposition und zur Aufhebung der Richtlinie 84/466/EURATOM (ABl. EG Nr. L 180 S. 22) und der Richtlinie 89/618/EURATOM des Rates vom 27. November 1989 über die Unterrichtung der Bevölkerung über die bei einer radiologischen Notstandssituation geltenden Verhaltensmaßregeln und zu ergreifenden Gesundheitsschutzmaßnahmen (ABl. EG Nr L 357 S. 31).
2 Vom Abdruck der im Bundesanzeiger Nr. 160a und b vom 28. August 2001 gesondert bekanntgemachten „Dosiskoeffizienten bei innerer und äußerer Strahlenexposition" wurde mit Rücksicht auf den Umfang abgesehen.

TEIL 2:
Schutz von Mensch und Umwelt vor radioaktiven Stoffen oder ionisierender Strahlung aus der zielgerichteten Nutzung bei Tätigkeiten

KAPITEL 1:
Strahlenschutzgrundsätze, Grundpflichten und allgemeine Grenzwerte

- § 4 Rechtfertigung.
- § 5 Dosisbegrenzung.
- § 6 Vermeidung unnötiger Strahlenexposition und Dosisreduzierung

KAPITEL 2:
Genehmigungen, Zulassungen, Freigabe

Abschnitt 1:
Umgang mit radioaktiven Stoffen

- § 7 Genehmigungsbedürftiger Umgang mit radioaktiven Stoffen
- § 8 Genehmigungsfreier Umgang; genehmigungsfreier Besitz von Kernbrennstoffen
- § 9 Genehmigungsvoraussetzungen für den Umgang mit radioaktiven Stoffen
- § 10 Befreiung von der Pflicht zur Deckungsvorsorge

Abschnitt 2:
Anlagen zur Erzeugung ionisierender Strahlen

- § 11 Genehmigungsbedürftige Errichtung und genehmigungsbedürftiger Betrieb von Anlagen zur Erzeugung ionisierender Strahlen
- § 12 Genehmigungsfreier Betrieb von Anlagen zur Erzeugung ionisierender Strahlen
- § 13 Genehmigungsvoraussetzungen für die Errichtung von Anlagen zur Erzeugung ionisierender Strahlen
- § 14 Genehmigungsvoraussetzungen für den Betrieb von Anlagen zur Erzeugung ionisierender Strahlen.

Abschnitt 3:
Beschäftigung in fremden Anlagen oder Einrichtungen

- § 15 Genehmigungsbedürftige Beschäftigung in fremden Anlagen oder Einrichtungen

Abschnitt 4:
Beförderung radioaktiver Stoffe

- § 16 Genehmigungsbedürftige Beförderung
- § 17 Genehmigungsfreie Beförderung.
- § 18 Genehmigungsvoraussetzungen für die Beförderung

Abschnitt 5:
Grenzüberschreitende Verbringung radioaktiver Stoffe

§ 19 Genehmigungsbedürftige grenzüberschreitende Verbringung
§ 20 Anzeigebedürftige grenzüberschreitende Verbringung
§ 21 Genehmigungs- und anzeigefreie grenzüberschreitende Verbringung
§ 22 Genehmigungsvoraussetzungen für die grenzüberschreitende Verbringung

Abschnitt 6:
Medizinische Forschung

§ 23 Genehmigungsbedürftige Anwendung radioaktiver Stoffe oder ionisierender Strahlung am Menschen in der medizinischen Forschung
§ 24 Genehmigungsvoraussetzungen für die Anwendung radioaktiver Stoffe oder ionisierender Strahlung am Menschen in der medizinischen Forschung

Abschnitt 7:
Bauartzulassung

§ 25 Verfahren der Bauartzulassung
§ 26 Zulassungsschein und Bekanntmachung der Bauart
§ 27 Pflichten des Inhabers einer Bauartzulassung und des Inhabers einer bauartzugelassenen Vorrichtung

Abschnitt 8:
Ausnahmen

§ 28 Ausnahmen von dem Erfordernis der Genehmigung und der Anzeige

Abschnitt 9:
Freigabe

§ 29 Voraussetzungen für die Freigabe

KAPITEL 3:
Anforderungen bei der Nutzung radioaktiver Stoffe und ionisierender Strahlung

Abschnitt 1:
Fachkunde im Strahlenschutz

§ 30 Erforderliche Fachkunde und Kenntnisse[3] im Strahlenschutz

Abschnitt 2:
Betriebliche Organisation des Strahlenschutzes

§ 31 Strahlenschutzverantwortliche und Strahlenschutzbeauftragte
§ 32 Stellung des Strahlenschutzverantwortlichen und des Strahlenschutzbeauftragten
§ 33 Pflichten des Strahlenschutzverantwortlichen und des Strahlenschutzbeauftragten
§ 34 Strahlenschutzanweisung
§ 35 Auslegung oder Aushang der Verordnung

---
3 Die Änderung der Überschrift des § 30 durch Art. 2 Nr. 7 Buchst. A der Verordnung vom 18. Juni 2002 (BGBl. I S. 1869) wurde bislang vom Verordnungsgeber noch nicht im Inhaltsverzeichnis berücksichtigt.

Abschnitt 3:
Schutz von Personen in Strahlenschutzbereichen; physikalische Strahlenschutzkontrolle

- § 36 Strahlenschutzbereiche
- § 37 Zutritt zu Strahlenschutzbereichen
- § 38 Unterweisung
- § 39 Messtechnische Überwachung in Strahlenschutzbereichen
- § 40 Zu überwachende Personen
- § 41 Ermittlung der Körperdosis
- § 42 Aufzeichnungs- und Mitteilungspflicht
- § 43 Schutzvorkehrungen
- § 44 Kontamination und Dekontamination
- § 45 Beschäftigungsverbote und Beschäftigungsbeschränkungen

Abschnitt 4:
Schutz von Bevölkerung und Umwelt bei Strahlenexpositionen aus Tätigkeiten

- § 46 Begrenzung der Strahlenexposition der Bevölkerung
- § 47 Begrenzung der Ableitung radioaktiver Stoffe
- § 48 Emissions- und Immissionsüberwachung

Abschnitt 5:
Schutz vor sicherheitstechnisch bedeutsamen Ereignissen

- § 49 Sicherheitstechnische Auslegung für den Betrieb von Kernkraftwerken, für die standortnahe Aufbewahrung bestrahlter Brennelemente und für Anlagen des Bundes zur Sicherstellung und zur Endlagerung radioaktiver Abfälle
- § 50 Begrenzung der Strahlenexposition als Folge von Störfällen bei sonstigen Anlagen und Einrichtungen und bei Stilllegungen
- § 51 Maßnahmen bei sicherheitstechnisch bedeutsamen Ereignissen
- § 52 Vorbereitung der Brandbekämpfung
- § 53 Vorbereitung der Schadensbekämpfung bei sicherheitstechnisch bedeutsamen Ereignissen

Abschnitt 6:
Begrenzung der Strahlenexposition bei der Berufsausübung

- § 54 Kategorien beruflich strahlenexponierter Personen
- § 55 Schutz bei beruflicher Strahlenexposition
- § 56 Berufslebensdosis
- § 57 Dosisbegrenzung bei Überschreitung
- § 58 Besonders zugelassene Strahlenexpositionen
- § 59 Strahlenexposition bei Personengefährdung und Hilfeleistung

Abschnitt 7:
Arbeitsmedizinische Vorsorge beruflich strahlenexponierter Personen

§ 60 Erfordernis der arbeitsmedizinischen Vorsorge
§ 61 Ärztliche Bescheinigung
§ 62 Behördliche Entscheidung
§ 63 Besondere arbeitsmedizinische Vorsorge
§ 64 Ermächtigte Ärzte

Abschnitt 8:
Sonstige Anforderungen

§ 65   Lagerung und Sicherung radioaktiver Stoffe
§ 66   Wartung, Überprüfung und Dichtheitsprüfung
§ 67   Strahlungsmessgeräte
§ 68   Kennzeichnungspflicht
§ 69   Abgabe radioaktiver Stoffe
§ 69a Rücknahme hochradioaktiver Strahlenquellen
§ 70   Buchführung und Mitteilung
§ 70a Register über hochradioaktive Strahlenquellen
§ 71   Abhandenkommen, Fund, Erlangung der tatsächlichen Gewalt

Abschnitt 9:
Radioaktive Abfälle

§ 72 Planung für Anfall und Verbleib radioaktiver Abfälle
§ 73 Erfassung
§ 74 Behandlung und Verpackung
§ 75 Pflichten bei der Abgabe radioaktiver Abfälle
§ 76 Ablieferung
§ 77 Ausnahmen von der Ablieferungspflicht
§ 78 Zwischenlagerung
§ 79 Umgehungsverbot

KAPITEL 4:
Besondere Anforderungen bei der medizinischen Anwendung radioaktiver Stoffe und ionisierender Strahlung

Abschnitt 1:
Heilkunde und Zahnheilkunde

§ 80 Rechtfertigende Indikation
§ 81 Beschränkung der Strahlenexposition
§ 82 Anwendung radioaktiver Stoffe oder ionisierender Strahlung am Menschen
§ 83 Qualitätssicherung bei der medizinischen Strahlenanwendung

§ 84   Bestrahlungsräume
§ 85   Aufzeichnungspflichten
§ 86   Anwendungen am Menschen außerhalb der Heilkunde oder Zahnheilkunde

Abschnitt 2:
Medizinische Forschung

§ 87   Besondere Schutz- und Aufklärungspflichten
§ 88   Anwendungsverbote und Anwendungsbeschränkungen für einzelne Personengruppen
§ 89   Mitteilungs- und Berichtspflichten
§ 90   Schutzanordnung
§ 91   Deckungsvorsorge im Falle klinischer Prüfungen
§ 92   Ethikkommission

TEIL 3:
Schutz von Mensch und Umwelt vor natürlichen Strahlungsquellen bei Arbeiten

KAPITEL 1:
Grundpflichten

§ 93   Dosisbegrenzung
§ 94   Dosisreduzierung

KAPITEL 2:
Anforderungen bei terrestrischer Strahlung an Arbeitsplätzen

§ 95   Natürlich vorkommende radioaktive Stoffe an Arbeitsplätzen
§ 96   Dokumentation und weitere Schutzmaßnahmen

KAPITEL 3:
Schutz der Bevölkerung bei natürlich vorkommenden radioaktiven Stoffen

§ 97   Überwachungsbedürftige Rückstände
§ 98   Entlassung von Rückständen aus der Überwachung
§ 99   In der Überwachung verbleibende Rückstände
§ 100   Mitteilungspflicht, Rückstandskonzept, Rückstandsbilanz.
§ 101   Entfernung von radioaktiven Verunreinigungen von Grundstücken
§ 102   Überwachung sonstiger Materialien

KAPITEL 4:
Kosmische Strahlung

§ 103 Schutz des fliegenden Personals vor Expositionen durch kosmische Strahlung

KAPITEL 5:
Betriebsorganisation

§ 104 Mitteilungspflichten zur Betriebsorganisation

TEIL 4:
Schutz des Verbrauchers beim Zusatz radioaktiver Stoffe zu Produkten

§ 105 Unzulässiger Zusatz von radioaktiven Stoffen und unzulässige Aktivierung
§ 106 Genehmigungsbedürftiger Zusatz von radioaktiven Stoffen und genehmigungsbedürftige Aktivierung
§ 107 Genehmigungsvoraussetzungen für den Zusatz von radioaktiven Stoffen und die Aktivierung
§ 108 Genehmigungsbedürftige grenzüberschreitende Verbringung von Konsumgütern
§ 109 Genehmigungsvoraussetzungen für die grenzüberschreitende Verbringung von Konsumgütern
§ 110 Rückführung von Konsumgütern

TEIL 5:
Gemeinsame Vorschriften

KAPITEL 1:
Berücksichtigung von Strahlenexpositionen

§ 111 Festlegungen zur Ermittlung der Strahlenexposition; Duldungspflicht
§ 112 Strahlenschutzregister

KAPITEL 2:
Befugnisse der Behörde

§ 113 Anordnung von Maßnahmen
§ 114 Behördliche Ausnahmen von Strahlenschutzvorschriften

KAPITEL 3:
Formvorschriften

§ 115 Schriftform und elektronische Form

KAPITEL 4:
Ordnungswidrigkeiten

§ 116 Ordnungswidrigkeiten

KAPITEL 5:
Schlussvorschriften

§ 117 Übergangsvorschriften
§ 118 Abgrenzung zu anderen Vorschriften, Sanierung von Hinterlassenschaften

ANLAGEN

Anlage I (zu §§ 8, 12, 17, 21)

Genehmigungsfreie Tätigkeiten

Anlage II (zu §§ 9, 14, 107)

Erforderliche Unterlagen zur Prüfung von Genehmigungsanträgen

Anlage III (zu §§ 3, 8, 10, 18, 20, 29, 43, 44, 45, 50, 53, 65, 66, 68, 70, 71, 105, 106, 107, 117)

Freigrenzen, Freigabewerte für verschiedene Freigabearten, Werte der Oberflächen-Kontamination, Liste der Radionuklide im radioaktiven Gleichgewicht

Anlage IV (zu § 29)

Festlegungen zur Freigabe

Anlage V (zu § 25)

Voraussetzungen für die Bauartzulassung von Vorrichtungen

Anlage VI (zu §§ 3, 47, 49, 55, 117)

Dosimetrische Größen, Gewebe- und Strahlungs-Wichtungsfaktoren

Anlage VII (zu §§ 29 und 47)

Annahmen bei der Ermittlung der Strahlenexposition

Anlage VIII (zu den §§ 61, 62, 63)

Ärztliche Bescheinigung

Anlage IX (zu § 68)

Strahlenzeichen

Anlage X (zu §§ 72 bis 79)

Radioaktive Abfälle: Benennung, Buchführung, Transportmeldung

Anlage XI (zu §§ 93, 95, 96)

Arbeitsfelder, bei denen erheblich erhöhte Expositionen durch natürliche terrestrische Strahlungsquellen auftreten können

Anlage XII (zu §§ 97 bis 102)

Verwertung und Beseitigung überwachungsbedürftiger Rückstände

Anlage XIII (zu §§ 51 und 53)

    Information der Bevölkerung

Anlage XIV (zu § 48 Abs. 4)

    Leitstellen des Bundes für die Emissions- und Immissionsüberwachung.

Anlage XV (zu §§ 70, 70a und 71)

    Standarderfassungsblatt für hochradioaktive Strahlenquellen (HRQ)

TEIL 1:
Allgemeine Vorschriften

§ 1
Zweckbestimmung

Zweck dieser Verordnung ist es, zum Schutz des Menschen und der Umwelt vor der schädlichen Wirkung ionisierender Strahlung Grundsätze und Anforderungen für Vorsorge- und Schutzmaßnahmen zu regeln, die bei der Nutzung und Einwirkung radioaktiver Stoffe und ionisierender Strahlung zivilisatorischen und natürlichen Ursprungs Anwendung finden.

§ 2
Anwendungsbereich

(1) Diese Verordnung trifft Regelungen für

1. folgende Tätigkeiten

   a) den Umgang mit

      aa) künstlich erzeugten radioaktiven Stoffen,

      bb) natürlich vorkommenden radioaktiven Stoffen, wenn dieser Umgang aufgrund ihrer Radioaktivität, ihrer Nutzung als Kernbrennstoff oder zur Erzeugung von Kernbrennstoff erfolgt,

   b) den Erwerb der in Buchstabe a genannten radioaktiven Stoffe, deren Abgabe an andere, deren Beförderung sowie deren grenzüberschreitende Verbringung,

   c) die Verwahrung von Kernbrennstoffen nach § 5 des Atomgesetzes, die Aufbewahrung von Kernbrennstoffen nach § 6 des Atomgesetzes, die Errichtung, den Betrieb, die sonstige Innehabung, die Stilllegung, den sicheren Einschluss einer Anlage sowie den Abbau einer Anlage oder von Anlagenteilen nach § 7 des Atomgesetzes, die Bearbeitung, Verarbeitung und sonstige Verwendung von Kernbrennstoffen nach § 9 des Atomgesetzes, die Errichtung und den Betrieb von Anlagen des Bundes zur Sicherstellung und zur Endlagerung radioaktiver Abfälle,

   d) die Errichtung und den Betrieb von Anlagen zur Erzeugung ionisierender Strahlen mit einer Teilchen- oder Photonengrenzenergie von mindestens 5 Kiloelektronvolt und

   e) den Zusatz von radioaktiven Stoffen bei der Herstellung von Konsumgütern, von Arzneimitteln im Sinne des Arzneimittelgesetzes, von Pflanzenschutzmitteln im Sinne des Pflanzenschutzgesetzes, Schädlingsbekämpfungsmitteln und von Stoffen nach § 1 Nr. 1 bis 5 des Düngemittelgesetzes sowie die Aktivierung der vorgenannten Produkte,

2. Arbeiten, durch die Personen natürlichen Strahlungsquellen so ausgesetzt werden können, dass die Strahlenexpositionen aus der Sicht des Strahlenschutzes nicht außer Acht gelassen werden dürfen.

(2) Diese Verordnung trifft keine Regelung für

1. die Sanierung von Hinterlassenschaften früherer Tätigkeiten und Arbeiten, mit Ausnahme der Regelungen in § 118,
2. die Stilllegung und Sanierung der Betriebsanlagen und Betriebsstätten des Uranerzbergbaus, mit Ausnahme der Regelungen in § 118,
3. die Errichtung und den Betrieb von Röntgeneinrichtungen und Störstrahlern nach der Röntgenverordnung,
4. die Strahlenexposition durch Radon in Wohnungen einschließlich der dazugehörenden Gebäudeteile und
5. die Strahlenexposition durch im menschlichen Körper natürlicherweise enthaltene Radionuklide, durch kosmische Strahlung in Bodennähe und durch Radionuklide, die in der nicht durch Eingriffe beeinträchtigten Erdrinde vorhanden sind.

§ 3
Begriffsbestimmungen

(1) Für die Systematik und Anwendung dieser Verordnung wird zwischen Tätigkeiten und Arbeiten unterschieden.

1. Tätigkeiten sind:
   a) der Betrieb von Anlagen zur Erzeugung von ionisierenden Strahlen,
   b) der Zusatz von radioaktiven Stoffen bei der Herstellung bestimmter Produkte oder die Aktivierung dieser Produkte
   c) sonstige Handlungen, die die Strahlenexposition oder Kontamination erhöhen können,
      aa) weil sie mit künstlich erzeugten radioaktiven Stoffen erfolgen oder
      bb) weil sie mit natürlich vorkommenden radioaktiven Stoffen erfolgen, und diese Handlungen aufgrund der Radioaktivität dieser Stoffe oder zur Nutzung dieser Stoffe als Kernbrennstoff oder zur Erzeugung von Kernbrennstoff durchgeführt werden.
2. Arbeiten sind:

Handlungen, die, ohne Tätigkeit zu sein, bei natürlich vorkommender Radioaktivität die Strahlenexposition oder Kontamination erhöhen können

   a) im Zusammenhang mit der Aufsuchung, Gewinnung, Erzeugung, Lagerung, Bearbeitung, Verarbeitung und sonstige Verwendung von Materialien,
   b) soweit sie mit Materialien erfolgen, die bei betrieblichen Abläufen anfallen, soweit diese Handlungen nicht bereits unter Buchstabe a fallen,
   c) im Zusammenhang mit der Verwertung oder Beseitigung von Materialien, die durch Handlungen nach Buchstabe a oder b anfallen,
   d) durch dabei einwirkende natürliche terrestrische Strahlungsquellen, insbesondere von Radon-222 und Radonzerfallsprodukten, soweit diese Handlungen nicht bereits unter Buchstaben a bis c fallen und nicht zu einem unter Buchstabe a genannten Zweck erfolgen, oder
   e) in Zusammenhang mit der Berufsausübung des fliegenden Personals in Flugzeugen.

Nicht als Arbeiten im Sinne dieser Verordnung gelten die landwirtschaftliche, forstwirtschaftliche oder bautechnische Bearbeitung der Erdoberfläche, soweit diese Handlungen nicht zum Zwecke der Entfernung von Verunreinigungen nach § 101 erfolgen.

(2) Im Sinne dieser Verordnung sind im Übrigen:

1. Abfälle:

   a) radioaktive Abfälle:

   Radioaktive Stoffe im Sinne des § 2 Abs. 1 des Atomgesetzes, die nach § 9a des Atomgesetzes geordnet beseitigt werden müssen, ausgenommen Ableitungen im Sinne des § 47;

   b) Behandlung radioaktiver Abfälle:

   Verarbeitung von radioaktiven Abfällen zu Abfallprodukten (z. B. durch Verfestigen, Einbinden, Vergießen oder Trocknen);

   c) Abfallgebinde:

   Einheit aus Abfallprodukt, auch mit Verpackung, und Abfallbehälter;

   d) Abfallprodukt:

   verarbeiteter radioaktiver Abfall ohne Verpackung und Abfallbehälter;

2. Ableitung:

   Abgabe flüssiger, aerosolgebundener oder gasförmiger radioaktiver Stoffe aus Anlagen und Einrichtungen auf hierfür vorgesehenen Wegen;

3. Aktivität, spezifische:

   Verhältnis der Aktivität eines Radionuklids zur Masse des Materials, in dem das Radionuklid verteilt ist. Bei festen radioaktiven Stoffen ist die Bezugsmasse für die Bestimmung der spezifischen Aktivität die Masse des Körpers oder Gegenstandes, mit dem die Radioaktivität bei vorgesehener Anwendung untrennbar verbunden ist. Bei gasförmigen radioaktiven Stoffen ist die Bezugsmasse die Masse des Gases oder Gas-Gemisches;

4. Aktivitätskonzentration:

   Verhältnis der Aktivität eines Radionuklids zum Volumen des Materials, in dem das Radionuklid verteilt ist;

5. Anlagen:

   Anlagen im Sinne dieser Verordnung sind Anlagen im Sinne der §§ 7 und 9a Abs. 3 Satz 1 Halbsatz 2 des Atomgesetzes sowie Anlagen zur Erzeugung ionisierender Strahlen im Sinne des § 11 Abs. 1 Nr. 2 des Atomgesetzes, die geeignet sind, Photonen oder Teilchenstrahlung gewollt oder ungewollt zu erzeugen (insbesondere Elektronenbeschleuniger, Ionenbeschleuniger, Plasmaanlagen);

6. Bestrahlungsvorrichtung:

   Gerät mit Abschirmung, das umschlossene radioaktive Stoffe enthält oder Bestandteil von Anlagen zur Spaltung von Kernbrennstoffen ist und das zeitweise durch Öffnen der Abschirmung oder Ausfahren dieser radioaktiven Stoffe ionisierende Strahlung aussendet,

   a) die im Zusammenhang mit der Anwendung am Menschen oder am Tier in der Tierheilkunde verwendet wird oder

   b) mit der zu anderen Zwecken eine Wirkung in den zu bestrahlenden Objekten hervorgerufen werden soll und bei dem die Aktivität $2 \cdot 10^{13}$ Becquerel überschreitet;

7. Betriebsgelände:

    Grundstück, auf dem sich Anlagen oder Einrichtungen befinden und zu dem der Zugang oder auf dem die Aufenthaltsdauer von Personen durch den Strahlenschutzverantwortlichen beschränkt werden können;

8. Dekontamination:

    Beseitigung oder Verminderung einer Kontamination;

9. Dosis:

    a) Äquivalentdosis:

    Produkt aus der Energiedosis (absorbierte Dosis) im ICRU-Weichteilgewebe und dem Qualitätsfaktor der Veröffentlichung Nr. 51 der International Commission on Radiation Units and Measurements (ICRU report 51, ICRU Publications, 7910 Woodmont Avenue, Suite 800, Bethesda, Maryland 20814, U. S. A.). Beim Vorliegen mehrerer Strahlungsarten und -energien ist die gesamte Äquivalentdosis die Summe ihrer ermittelten Einzelbeiträge;

    b) effektive Dosis:

    Summe der gewichteten Organdosen in den in Anlage VI Teil C angegebenen Geweben oder Organen des Körpers durch äußere oder innere Strahlenexposition;

    c) Körperdosis:

    Sammelbegriff für Organdosis und effektive Dosis. Die Körperdosis für einen Bezugszeitraum (z.B. Kalenderjahr, Monat) ist die Summe aus der durch äußere Strahlenexposition während dieses Bezugszeitraums erhaltenen Dosis und der Folgedosis, die durch eine während dieses Bezugszeitraums stattfindende Aktivitätszufuhr bedingt ist;

    d) Organdosis:

    Produkt aus der mittleren Energiedosis in einem Organ, Gewebe oder Körperteil und dem Strahlungs-Wichtungsfaktor nach Anlage VI Teil C. Beim Vorliegen mehrerer Strahlungsarten und -energien ist die Organdosis die Summe der nach Anlage VI Teil B ermittelten Einzelbeiträge durch äußere oder innere Strahlenexposition;

    e) Ortsdosis:

    Äquivalentdosis, gemessen mit den in Anlage VI Teil A angegebenen Messgrößen an einem bestimmten Ort;

    f) Ortsdosisleistung:

    In einem bestimmten Zeitintervall erzeugte Ortsdosis, dividiert durch die Länge des Zeitintervalls;

    g) Personendosis:

    Äquivalentdosis, gemessen mit den in Anlage VI Teil A angegebenen Messgrößen an einer für die Strahlenexposition repräsentativen Stelle der Körperoberfläche;

10. Einrichtungen:

    Gebäude, Gebäudeteile oder einzelne Räume, in denen nach den §§ 5, 6 oder 9 des Atomgesetzes oder nach § 7 dieser Verordnung mit radioaktiven Stoffen umgegangen oder nach § 11 Abs. 2 eine Anlage zur Erzeugung ionisierender Strahlung betrieben wird;

11. Einwirkungsstelle, ungünstigste:

    Stelle in der Umgebung einer Anlage oder Einrichtung, bei der auf Grund der Verteilung der abgeleiteten radioaktiven Stoffe in der Umwelt unter Berücksichtigung realer Nutzungsmöglichkeiten durch Aufenthalt oder durch Verzehr dort erzeugter Lebensmittel die höchste Strahlenexposition der Referenzperson zu erwarten ist;

12. Einzelpersonen der Bevölkerung:

    Mitglieder der allgemeinen Bevölkerung, die weder beruflich strahlenexponierte Personen sind noch medizinisch oder als helfende Person exponiert sind;

13. Expositionspfad:

    Weg der radioaktiven Stoffe von der Ableitung aus einer Anlage oder Einrichtung über einen Ausbreitungs- oder Transportvorgang bis zu einer Strahlenexposition des Menschen;

14. Forschung, medizinische:

    Anwendung radioaktiver Stoffe oder ionisierender Strahlung am Menschen, soweit sie der Fortentwicklung der Heilkunde oder der medizinischen Wissenschaft und nicht in erster Linie der Untersuchung oder Behandlung des einzelnen Patienten dient;

15. Freigabe:

    Verwaltungsakt, der die Entlassung radioaktiver Stoffe sowie beweglicher Gegenstände, von Gebäuden, Bodenflächen, Anlagen oder Anlagenteilen, die aktiviert oder mit radioaktiven Stoffen kontaminiert sind und die aus Tätigkeiten nach § 2 Abs. 1 Nr. 1 Buchstaben a, c oder d stammen, aus dem Regelungsbereich

    a) des Atomgesetzes und

    b) darauf beruhender Rechtsverordnungen sowie verwaltungsbehördlicher Entscheidungen,

    zur Verwendung, Verwertung, Beseitigung, Innehabung oder zu deren Weitergabe an Dritte als nicht radioaktive Stoffe bewirkt;

16. Freigrenzen:

    Werte der Aktivität und spezifischen Aktivität radioaktiver Stoffe nach Anlage III Tabelle 1 Spalte 2 und 3, bei deren Überschreitung Tätigkeiten mit diesen radioaktiven Stoffen der Überwachung nach dieser Verordnung unterliegen;

17. Indikation, rechtfertigende:

    Entscheidung eines Arztes mit der erforderlichen Fachkunde im Strahlenschutz, dass und in welcher Weise radioaktive Stoffe oder ionisierende Strahlung am Menschen in der Heilkunde oder Zahnheilkunde angewendet werden;

18. Konsumgüter:

    Für den Endverbraucher bestimmte Bedarfsgegenstände im Sinne des Lebensmittel- und Futtermittelgesetzbuches[4] sowie Güter und Gegenstände des täglichen Gebrauchs zur Verwendung im häuslichen und beruflichen Bereich, ausgenommen Baustoffe und bauartzugelassene Vorrichtungen, in die sonstige radioaktive Stoffe nach § 2 Abs. 1 des Atomgesetzes eingefügt sind;

19. Kontamination:

    Verunreinigung mit radioaktiven Stoffen

    a) Oberflächenkontamination:

       Verunreinigung einer Oberfläche mit radioaktiven Stoffen, die die nicht festhaftende, die festhaftende und die über die Oberfläche eingedrungene Aktivität umfasst. Die Einheit der

---

4 Nr. 18 geändert durch § 3 Abs. 31 Nr. 1 des Gesetzes über den Übergang auf das neue Lebensmittel- und Futtermittelrecht (Art. 2 des Gesetzes zur Neuordnung des Lebensmittel- und Futtermittelrechts v. 1. September 2005 – BGBl. I S. 2618).

Messgröße der Oberflächenkontamination ist die flächenbezogene Aktivität in Becquerel pro Quadratzentimeter;

b) Oberflächenkontamination, nicht festhaftende:

Verunreinigung einer Oberfläche mit radioaktiven Stoffen, bei denen eine Weiterverbreitung der radioaktiven Stoffe nicht ausgeschlossen werden kann;

20. Materialien:

Stoffe, die natürlich vorkommende Radionuklide enthalten oder mit solchen Stoffen kontaminiert sind. Dabei bleiben für diese Begriffsbestimmung natürliche und künstliche Radionuklide, die Gegenstand von Tätigkeiten sind oder waren, oder aus Ereignissen nach § 51 Abs. 1 Satz 1 stammen, unberücksichtigt. Ebenso bleiben Kontaminationen in der Umwelt auf Grund von Kernwaffenversuchen und kerntechnischen Unfällen außerhalb des Geltungsbereichs dieser Verordnung unberücksichtigt;

21. Medizinphysik-Experte:

In medizinischer Physik besonders ausgebildeter Diplom-Physiker mit der erforderlichen Fachkunde im Strahlenschutz oder eine inhaltlich gleichwertig ausgebildete sonstige Person mit Hochschul- oder Fachhochschulabschluss und mit der erforderlichen Fachkunde im Strahlenschutz;

22. Notstandssituation, radiologische:

Situation im Sinne des Artikels 2 der Richtlinie 89/ 618/ EURATOM vom 27. November 1989 (Richtlinie des Rates vom 27. November 1989 über die Unterrichtung der Bevölkerung über die bei einer radiologischen Notstandssituation geltenden Verhaltensmaßregeln und zu ergreifenden Gesundheitsschutzmaßnahmen; ABl. EG Nr. L 357, S. 31), die auf den Bevölkerungsgrenzwert von 5 Millisievert im Kalenderjahr der Richtlinie 80/ 836/ EURATOM vom 15. Juli 1980 (Richtlinie des Rates vom 15. Juli 1980 zur Änderung der Richtlinien, mit denen die Grundnormen für den Gesundheitsschutz der Bevölkerung und der Arbeitskräfte gegen die Gefahren ionisierender Strahlungen festgelegt wurden; ABl. EG Nr. L 246, S. 1) verweist;

23. Person, beruflich strahlenexponierte:

Beruflich strahlenexponierte Person im Sinne dieser Verordnung ist

a) im Bereich der Tätigkeiten diejenige der Kategorie A oder B des § 54, und

b) im Bereich der Arbeiten diejenige, für die die Abschätzung nach § 95 Abs. 1 ergeben hat, dass die effektive Dosis im Kalenderjahr 6 Millisievert überschreiten kann, oder für die die Ermittlung nach § 103 Abs. 1 ergeben hat, dass die effektive Dosis im Kalenderjahr 1 Millisievert überschreiten kann;

24. Person, helfende:

Person, die außerhalb ihrer beruflichen Tätigkeit freiwillig oder mit Einwilligung ihres gesetzlichen Vertreters Personen unterstützt oder betreut, an denen in Ausübung der Heilkunde oder Zahnheilkunde oder im Rahmen der medizinischen Forschung radioaktive Stoffe oder ionisierende Strahlung angewandt werden;

25. Referenzperson:

Normperson, von der bei der Ermittlung der Strahlenexposition nach § 47 ausgegangen wird. Die Annahmen zur Ermittlung der Strahlenexposition dieser Normperson (Lebensgewohnheiten und übrige Annahmen für die Dosisberechnung) sind in Anlage VII festgelegt;

26. Referenzwerte, diagnostische:

a) Dosiswerte bei medizinischer Anwendung ionisierender Strahlung oder

b) empfohlene Aktivitätswerte bei medizinischer Anwendung radioaktiver Arzneimittel, für typische Untersuchungen, bezogen auf Standardphantome oder auf Patientengruppen mit Standardmaßen, für einzelne Gerätekategorien;

27. Rückstände:

Materialien, die in den in Anlage XII Teil A genannten industriellen und bergbaulichen Prozessen anfallen und die dort genannten Voraussetzungen erfüllen;

28. Störfall:

Ereignisablauf, bei dessen Eintreten der Betrieb der Anlage oder die Tätigkeit aus sicherheitstechnischen Gründen nicht fortgeführt werden kann und für den die Anlage auszulegen ist oder für den bei der Tätigkeit vorsorglich Schutzvorkehrungen vorzusehen sind. § 7 Abs. 2a des Atomgesetzes bleibt unberührt;

29. Stoffe, offene und umschlossene radioaktive:

   a) Stoffe, offene radioaktive:

   Alle radioaktiven Stoffe mit Ausnahme der umschlossenen radioaktiven Stoffe;

   b)[5] Stoffe, umschlossene radioaktive:

   aa) Radioaktive Stoffe, die ständig von einer allseitig dichten, festen, inaktiven Hülle umschlossen oder in festen inaktiven Stoffen ständig so eingebettet sind, dass bei üblicher betriebsmäßiger Beanspruchung ein Austritt radioaktiver Stoffe mit Sicherheit verhindert wird; eine Abmessung muss mindestens 0,2 cm betragen;

   bb) Strahlenquellen, hochradioaktive:

   Radioaktive Stoffe nach Doppelbuchstabe aa, deren Aktivität den Werten der Anlage III Tabelle 1 Spalte 3a entspricht oder diese überschreitet, ausgenommen Brennelemente und verfestigte hochradioaktive Spaltproduktlösungen aus der Aufarbeitung von Kernbrennstoffen: ständig dichte und feste Transport- oder Lagerbehälter mit radioaktiven Stoffen sind keine hochradioaktiven Strahlenquellen;

30. Strahlenexposition:

Einwirkung ionisierender Strahlung auf den menschlichen Körper. Ganzkörperexposition ist die Einwirkung ionisierender Strahlung auf den ganzen Körper, Teilkörperexposition ist die Einwirkung ionisierender Strahlung auf einzelne Organe, Gewebe oder Körperteile. Äußere Strahlenexposition ist die Einwirkung durch Strahlungsquellen außerhalb des Körpers, innere Strahlenexposition ist die Einwirkung durch Strahlungsquellen innerhalb des Körpers;

31. Strahlenexposition, berufliche:

Die Strahlenexposition einer Person, die

   a) zum Ausübenden einer Tätigkeit nach § 2 Abs. 1 Nr. 1 oder einer Arbeit nach § 2 Abs. 1 Nr. 2 in einem Beschäftigungs- oder Ausbildungsverhältnis steht oder diese Tätigkeit oder Arbeit selbst ausübt,

   b) eine Aufgabe nach §§ 19 oder 20 des Atomgesetzes oder nach § 66 dieser Verordnung wahrnimmt, oder

   c) im Rahmen des § 15 oder § 95 dieser Verordnung in fremden Anlagen, Einrichtungen oder Betriebsstätten beschäftigt ist, dort eine Aufgabe nach § 15 selbst wahrnimmt oder nach § 95 eine Arbeit selbst ausübt.

---

[5] Nr. 29 Buchst. b neugefasst durch Art. 2 Nr. 2 des Gesetzes zur Kontrolle hochradioaktiver Strahlenquellen.

Eine nicht mit der Berufsausübung zusammenhängende Strahlenexposition bleibt dabei unberücksichtigt;

32. Strahlenexposition, medizinische:
    a) Exposition einer Person im Rahmen ihrer Untersuchung oder Behandlung in der Heilkunde oder Zahnheilkunde (Patient),
    b) Exposition einer Person, an der mit ihrer Einwilligung oder mit Einwilligung ihres gesetzlichen Vertreters radioaktive Stoffe oder ionisierende Strahlung in der medizinischen Forschung angewendet werden (Proband);

33. Strahlenschutzbereiche:

    Überwachungsbereich, Kontrollbereich und Sperrbereich als Teil des Kontrollbereichs;

34. Umgang mit radioaktiven Stoffen:

    Gewinnung, Erzeugung, Lagerung, Bearbeitung, Verarbeitung, sonstige Verwendung und Beseitigung von radioaktiven Stoffen im Sinne des § 2 des Atomgesetzes, soweit es sich nicht um Arbeiten handelt, sowie der Betrieb von Bestrahlungsvorrichtungen; als Umgang gilt auch die Aufsuchung, Gewinnung und Aufbereitung von radioaktiven Bodenschätzen im Sinne des Bundesberggesetzes;

35. Unfall:

    Ereignisablauf, der für eine oder mehrere Personen eine effektive Dosis von mehr als 50 Millisievert zur Folge haben kann;

36. Verbringung:
    a) Einfuhr in den Geltungsbereich dieser Verordnung aus einem Staat, der nicht Mitgliedstaat der Europäischen Gemeinschaften ist,
    b) Ausfuhr aus dem Geltungsbereich dieser Verordnung in einen Staat, der nicht Mitgliedstaat der Europäischen Gemeinschaften ist, oder
    c) grenzüberschreitender Warenverkehr aus einem Mitgliedstaat der Europäischen Gemeinschaften in den Geltungsbereich dieser Verordnung oder in einen Mitgliedstaat der Europäischen Gemeinschaften aus dem Geltungsbereich dieser Verordnung;

37. Vorsorge, arbeitsmedizinische:

    Ärztliche Untersuchung, gesundheitliche Beurteilung und Beratung einer beruflich strahlenexponierten Person durch einen Arzt nach § 64 Abs. 1 Satz 1;

38. Zusatz radioaktiver Stoffe:

    Zweckgerichteter Zusatz von Radionukliden zu Stoffen zur Erzeugung besonderer Eigenschaften, wenn
    a) der Zusatz künstlich erzeugter Radionuklide zu Stoffen dazu führt, dass die spezifische Aktivität im Produkt 500 Mikrobecquerel je Gramm überschreitet, oder
    b) der Zusatz natürlich vorkommender Radionuklide, dazu führt, dass deren spezifische Aktivität im Produkt ein Fünftel der Freigrenzen der Anlage III Tabelle 1 Spalte 3 überschreitet.

    Es ist unerheblich, ob der Zusatz aufgrund der Radioaktivität oder aufgrund anderer Eigenschaften erfolgt.

TEIL 2:
Schutz von Mensch und Umwelt vor radioaktiven Stoffen oder ionisierender Strahlung aus der zielgerichteten Nutzung bei Tätigkeiten

KAPITEL 1:
Strahlenschutzgrundsätze, Grundpflichten und allgemeine Grenzwerte

§ 4
Rechtfertigung

(1) Neue Arten von Tätigkeiten, die unter § 2 Abs. 1 Nr. 1 fallen würden, mit denen Strahlenexpositionen oder Kontaminationen von Mensch und Umwelt verbunden sein können, müssen unter Abwägung ihres wirtschaftlichen, sozialen oder sonstigen Nutzens gegenüber der möglicherweise von ihnen ausgehenden gesundheitlichen Beeinträchtigung gerechtfertigt sein. Die Rechtfertigung bestehender Arten von Tätigkeiten kann überprüft werden, sobald wesentliche neue Erkenntnisse über den Nutzen oder die Auswirkungen der Tätigkeit vorliegen.

(2) Medizinische Strahlenexpositionen im Rahmen der Heilkunde, Zahnheilkunde oder der medizinischen Forschung müssen einen hinreichenden Nutzen erbringen, wobei ihr Gesamtpotenzial an diagnostischem oder therapeutischem Nutzen, einschließlich des unmittelbaren gesundheitlichen Nutzens für den Einzelnen und des Nutzens für die Gesellschaft, abzuwägen ist gegenüber der von der Strahlenexposition möglicherweise verursachten Schädigung des Einzelnen.

(3) Welche Arten von Tätigkeiten nach Absatz 1 und 2 nicht gerechtfertigt sind, wird durch gesonderte Rechtsverordnung nach § 12 Abs. 1 Satz 1 Nr. 1 des Atomgesetzes bestimmt.

§ 5
Dosisbegrenzung

Wer eine Tätigkeit nach § 2 Abs. 1 Nr. 1 Buchstaben a bis d plant, ausübt oder ausüben lässt, ist verpflichtet dafür zu sorgen, dass die Dosisgrenzwerte der §§ 46, 47, 55, 56 und 58 nicht überschritten werden. Die Grenzwerte der effektiven Dosis im Kalenderjahr betragen nach § 46 Abs. 1 für den Schutz von Einzelpersonen der Bevölkerung 1 Millisievert und nach § 55 Abs. 1 Satz 1 für den Schutz beruflich strahlenexponierter Personen bei deren Berufsausübung 20 Millisievert.

§ 6
Vermeidung unnötiger Strahlenexposition und Dosisreduzierung

(1) Wer eine Tätigkeit nach § 2 Abs. 1 Nr. 1 plant oder ausübt, ist verpflichtet, jede unnötige Strahlenexposition oder Kontamination von Mensch und Umwelt zu vermeiden.

(2) Wer eine Tätigkeit nach § 2 Abs. 1 Nr. 1 plant oder ausübt, ist verpflichtet, jede Strahlenexposition oder Kontamination von Mensch und Umwelt unter Beachtung des Standes von Wissenschaft und Technik und unter Berücksichtigung aller Umstände des Einzelfalls auch unterhalb der Grenzwerte so gering wie möglich zu halten.

KAPITEL 2:
Genehmigungen, Zulassungen, Freigabe

Abschnitt 1:
Umgang mit radioaktiven Stoffen

§ 7
Genehmigungsbedürftiger Umgang mit radioaktiven Stoffen

(1) Wer mit sonstigen radioaktiven Stoffen nach § 2 Abs. 1 des Atomgesetzes oder mit Kernbrennstoffen nach § 2 Abs. 3 des Atomgesetzes umgeht, bedarf der Genehmigung. Einer Genehmigung bedarf ferner, wer von dem in der Genehmigungsurkunde festgelegten Umgang wesentlich abweicht.

(2) Eine Genehmigung nach den §§ 6, 7 oder 9 des Atomgesetzes oder nach § 11 Abs. 2 dieser Verordnung oder ein Planfeststellungsbeschluss nach § 9b des Atomgesetzes kann sich auch auf einen nach Absatz 1 genehmigungsbedürftigen Umgang erstrecken; soweit eine solche Erstreckung erfolgt, ist eine Genehmigung nach Absatz 1 nicht erforderlich.

(3) Eine Genehmigung nach Absatz 1 ist nicht erforderlich bei dem Aufsuchen, Gewinnen oder Aufbereiten von radioaktiven Bodenschätzen, wenn hierauf die Vorschriften des Bundesberggesetzes Anwendung finden.

§ 8
Genehmigungsfreier Umgang; genehmigungsfreier Besitz von Kernbrennstoffen

(1) Eine Genehmigung nach § 7 Abs. 1 ist in den in Anlage I Teil A und B genannten Fällen nicht erforderlich. Bei der Prüfung der Voraussetzungen nach Anlage I Teil B Nr. 1 oder 2 bleiben die Aktivitäten radioaktiver Stoffe der in Anlage I Teil A oder Teil B Nr. 3 bis 7 genannten Art außer Betracht. Satz 1 gilt nicht für hochradioaktive Strahlenquellen[6].

(2) Bei einem nach § 7 Abs. 1 genehmigten Umgang ist zusätzlich ein genehmigungsfreier Umgang nach Absatz 1 für die radioaktiven Stoffe, die in der Genehmigung aufgeführt sind, auch unterhalb der Freigrenzen der Anlage III Tabelle 1 Spalte 2 und 3 nicht zulässig. Satz 1 gilt nicht, wenn in einem einzelnen Betrieb oder selbständigen Zweigbetrieb, bei Nichtgewerbetreibenden am Ort der Tätigkeit des Genehmigungsinhabers, mit radioaktiven Stoffen in mehreren, räumlich voneinander getrennten Gebäuden, Gebäudeteilen, Anlagen oder Einrichtungen umgegangen wird und ausreichend sichergestellt ist, dass die radioaktiven Stoffe aus den einzelnen Gebäuden, Gebäudeteilen, Anlagen oder Einrichtungen nicht zusammenwirken können.

(3) Auf denjenigen, der

1. mit Kernbrennstoffen

    a) nach Absatz 1 in Verbindung mit Anlage I Teil B Nr. 1 oder 2 ohne Genehmigung oder

    b) auf Grund einer Genehmigung nach § 7 Abs. 1 umgehen darf

    oder

2. Kernbrennstoffe

    a) auf Grund von § 17 ohne Genehmigung oder

    b) auf Grund einer Genehmigung nach § 16 Abs. 1 befördern darf,

sind die Vorschriften des § 5 Abs. 2 bis 4 des Atomgesetzes nicht anzuwenden. Die Herausgabe von Kernbrennstoffen aus der staatlichen Verwahrung nach § 5 Abs. 1 des Atomgesetzes oder aus der

---

6 Satz 3 an § 8 Abs. 1 angefügt durch Art. 2 Nr. 3 des Gesetzes zur Kontrolle hochradioaktiver Strahlenquellen.

genehmigten Aufbewahrung nach § 6 des Atomgesetzes oder § 7 dieser Verordnung ist auch zulässig, wenn der Empfänger nach Satz 1 zum Besitz der Kernbrennstoffe berechtigt ist oder wenn diese Kernbrennstoffe zum Zweck der Ausfuhr befördert werden sollen.

§ 9
Genehmigungsvoraussetzungen für den Umgang mit radioaktiven Stoffen

(1) Die Genehmigung nach § 7 Abs. 1 ist zu erteilen, wenn

1. keine Tatsachen vorliegen, aus denen sich Bedenken gegen die Zuverlässigkeit des Antragstellers, seines gesetzlichen Vertreters oder, bei juristischen Personen oder nicht rechtsfähigen Personenvereinigungen, der nach Gesetz, Satzung oder Gesellschaftsvertrag zur Vertretung oder Geschäftsführung Berechtigten ergeben, und, falls ein Strahlenschutzbeauftragter nicht notwendig ist, der Antragsteller die erforderliche Fachkunde im Strahlenschutz besitzt,
2. keine Tatsachen vorliegen, aus denen sich Bedenken gegen die Zuverlässigkeit der Strahlenschutzbeauftragten ergeben, und sie die erforderliche Fachkunde im Strahlenschutz besitzen,
3. die für eine sichere Ausführung des Umgangs notwendige Anzahl von Strahlenschutzbeauftragten vorhanden ist und ihnen die für die Erfüllung ihrer Aufgaben erforderlichen Befugnisse eingeräumt sind,
4. gewährleistet ist, dass die bei dem Umgang sonst tätigen Personen die notwendigen Kenntnisse über die mögliche Strahlengefährdung und die anzuwendenden Schutzmaßnahmen besitzen,
5. gewährleistet ist, dass bei dem Umgang die Ausrüstungen vorhanden und die Maßnahmen getroffen sind, die nach dem Stand von Wissenschaft und Technik erforderlich sind, damit die Schutzvorschriften eingehalten werden,
6. keine Tatsachen vorliegen, aus denen sich Bedenken ergeben, dass das für eine sichere Ausführung des Umgangs notwendige Personal nicht vorhanden ist,
7. die erforderliche Vorsorge für die Erfüllung gesetzlicher Schadensersatzverpflichtungen getroffen ist,
8. der erforderliche Schutz gegen Störmaßnahmen oder sonstige Einwirkungen Dritter gewährleistet ist,
9. überwiegende öffentliche Interessen, insbesondere im Hinblick auf die Umweltauswirkungen, dem Umgang nicht entgegenstehen und
10. § 4 Abs. 3 dem beabsichtigten Umgang nicht entgegensteht.

(2) Für eine Genehmigung nach § 7 Abs. 1 in Verbindung mit § 77 Satz 1 Halbsatz 2 für die anderweitige Beseitigung oder nach § 7 Abs. 1 in Verbindung mit § 77 Satz 2 Halbsatz 2 für die anderweitige Zwischenlagerung radioaktiver Abfälle gelten die Voraussetzungen nach Absatz 1 entsprechend. Diese Genehmigung darf nur erteilt werden, wenn ein Bedürfnis für die anderweitige Beseitigung oder Zwischenlagerung besteht.

(3) Für eine Genehmigung zum Umgang im Zusammenhang mit der Anwendung am Menschen muss zusätzlich zu den Voraussetzungen nach Absatz 1 der Antragsteller oder der von ihm schriftlich bestellte Strahlenschutzbeauftragte als Arzt oder Zahnarzt approbiert oder ihm die vorübergehende Ausübung des ärztlichen oder zahnärztlichen Berufs erlaubt sein, und

1. für Behandlungen in erforderlicher Anzahl Medizinphysik-Experten als weitere Strahlenschutzbeauftragte bestellt sind oder
2. für nuklearmedizinische Untersuchungen oder Standardbehandlungen gewährleistet sein, dass ein Medizinphysik-Experte, insbesondere zur Optimierung und Qualitätssicherung bei der Anwendung radioaktiver Stoffe, verfügbar ist.

(4) Für eine Genehmigung zum Umgang im Zusammenhang mit der Anwendung am Tier in der Tierheilkunde muss zusätzlich zu den in Absatz 1 genannten Voraussetzungen der Antragsteller oder der von ihm schriftlich bestellte Strahlenschutzbeauftragte zur Ausübung des tierärztlichen oder ärztlichen Berufs berechtigt sein.

(5) Die Anforderungen an die Beschaffenheit von Bestrahlungsvorrichtungen und von radioaktiven Stoffen, die Medizinprodukte oder Zubehör im Sinne des Medizinproduktegesetzes sind, richten sich nach den jeweils geltenden Anforderungen des Medizinproduktegesetzes.

(6) Dem Genehmigungsantrag sind insbesondere die Unterlagen nach Anlage II Teil A beizufügen.

§ 10
Befreiung von der Pflicht zur Deckungsvorsorge

(1) Keiner Deckungsvorsorge nach § 6 Abs. 2 Satz 1 Nr. 3, § 9 Abs. 2 Satz 1 Nr. 4 des Atomgesetzes und § 9 Abs. 1 Nr. 7 dieser Verordnung bedarf es, wenn die Gesamtaktivität der radioaktiven Stoffe, mit denen in dem einzelnen Betrieb oder selbständigen Zweigbetrieb, bei Nichtgewerbetreibenden am Ort der Tätigkeit des Antragstellers, umgegangen wird, das 10^6-fache der Freigrenzen der Anlage III Tabelle 1 Spalte 2 und bei angereichertem Uran die Masse an Uran-235 den Wert von 350 Gramm nicht überschreitet und ausreichend sichergestellt ist, dass die sonstigen radioaktiven Stoffe aus den einzelnen Gebäuden, Gebäudeteilen, Anlagen oder Einrichtungen nicht zusammenwirken können.

(2) Keiner Deckungsvorsorge nach § 9 Abs. 1 Nr. 7 bedarf es ferner, wenn in dem einzelnen Betrieb oder selbständigen Zweigbetrieb, bei Nichtgewerbetreibenden am Ort der Tätigkeit des Antragstellers, mit sonstigen radioaktiven Stoffen in mehreren räumlich voneinander getrennten Gebäuden, Gebäudeteilen, Anlagen oder Einrichtungen umgegangen wird, die Aktivität der sonstigen radioaktiven Stoffe in den einzelnen Gebäuden, Gebäudeteilen, Anlagen oder Einrichtungen das 10^6-fache der Freigrenzen der Anlage III Tabelle 1 Spalte 2 nicht überschreitet und ausreichend sichergestellt ist, dass die sonstigen radioaktiven Stoffe aus den einzelnen Gebäuden, Gebäudeteilen, Anlagen oder Einrichtungen nicht zusammenwirken können.

(3) Bei Anwendung der Absätze 1 oder 2 darf der Anteil an offenen radioaktiven Stoffen das 10^5-fache der Freigrenzen der Anlage III Tabelle 1 Spalte 2 nicht überschreiten.

(4)[7] Die Absätze 1 und 2 gelten nicht für hochradioaktive Strahlenquellen

Abschnitt 2:
Anlagen zur Erzeugung ionisierender Strahlen

§ 11
Genehmigungsbedürftige Errichtung und genehmigungsbedürftiger Betrieb von Anlagen zur Erzeugung ionisierender Strahlen

(1) Wer eine Anlage der folgenden Art errichtet, bedarf der Genehmigung:

1. Beschleuniger- oder Plasmaanlage, in der je Sekunde mehr als 10^{12} Neutronen erzeugt werden können,
2. Elektronenbeschleuniger mit einer Endenergie der Elektronen von mehr als zehn Megaelektronvolt, sofern die mittlere Strahlleistung 1 Kilowatt übersteigen kann,
3. Elektronenbeschleuniger mit einer Endenergie der Elektronen von mehr als 150 Megaelektronvolt,

---

[7] Absatz 4 angefügt durch Art. 2 Nr. 4 des Gesetzes zur Kontrolle hochradioaktiver Strahlenquellen.

4. Ionenbeschleuniger mit einer Endenergie der Ionen von mehr als zehn Megaelektronvolt je Nukleon, sofern die mittlere Strahlleistung 50 Watt übersteigen kann,

5. Ionenbeschleuniger mit einer Endenergie der Ionen von mehr als 150 Megaelektronvolt je Nukleon.

(2) Wer eine Anlage zur Erzeugung ionisierender Strahlen betreibt oder die Anlage oder ihren Betrieb wesentlich verändert, bedarf der Genehmigung.

(3) Einer Genehmigung nach Absatz 2 bedarf auch, wer ionisierende Strahlung aus einer Bestrahlungsvorrichtung, die Bestandteil einer nach § 7 des Atomgesetzes genehmigten Anlage zur Spaltung von Kernbrennstoffen ist, in der Heilkunde, Zahnheilkunde oder Tierheilkunde anwendet.

§ 12
Genehmigungsfreier Betrieb von Anlagen zur Erzeugung ionisierender Strahlen

(1) Einer Genehmigung nach § 11 Abs. 2 bedarf nicht, wer eine Anlage der folgenden Art betreibt oder wesentlich verändert, wenn er die Inbetriebnahme oder Veränderung der zuständigen Behörde vorher anzeigt:

1. Plasmaanlagen, bei der die Ortsdosisleistung im Abstand von 0,1 Meter von den Wandungen des Bereichs, der aus elektrotechnischen Gründen während des Betriebs unzugänglich ist, 10 Mikrosievert durch Stunde nicht überschreitet,

2. Ionenbeschleuniger, bei dem die Ortsdosisleistung im Abstand von 0,1 Meter von der berührbaren Oberfläche 10 Mikrosievert durch Stunde nicht überschreitet.

(2) Die zuständige Behörde kann den Betrieb einer Anlage der in Absatz 1 genannten Art untersagen, wenn

1. der zur Anzeige Verpflichtete oder der von ihm für die Leitung oder Beaufsichtigung des Betriebs bestellte Strahlenschutzbeauftragte nicht die erforderliche Fachkunde im Strahlenschutz besitzt,

2. die für eine sichere Ausführung des Betriebs notwendige Anzahl von Strahlenschutzbeauftragten nicht oder nicht mehr vorhanden ist oder

3. der zur Anzeige Verpflichtete oder der von ihm für die Leitung oder Beaufsichtigung des Betriebs bestellte Strahlenschutzbeauftragte nicht zuverlässig ist.

(3) Wer eine Anlage der in Anlage I Teil C genannten Art betreibt, bedarf keiner Genehmigung nach § 11 Abs. 2 oder Anzeige nach Absatz 1.

§ 13
Genehmigungsvoraussetzungen für die Errichtung von Anlagen zur Erzeugung ionisierender Strahlen

Die Genehmigung nach § 11 Abs. 1 für die Errichtung einer Anlage zur Erzeugung ionisierender Strahlen ist zu erteilen, wenn

1. keine Tatsachen vorliegen, aus denen sich Bedenken gegen die Zuverlässigkeit des Antragstellers, seines gesetzlichen Vertreters oder, bei juristischen Personen oder nicht rechtsfähigen Personenvereinigungen, der nach Gesetz, Satzung oder Gesellschaftsvertrag zur Vertretung oder Geschäftsführung Berechtigten ergeben und, falls ein Strahlenschutzbeauftragter nicht notwendig ist, der Antragsteller die erforderliche Fachkunde im Strahlenschutz besitzt,

2. gewährleistet ist, dass für die Errichtung der Anlage ein Strahlenschutzbeauftragter bestellt wird, der die erforderliche Fachkunde im Strahlenschutz besitzt und der die Anlage entsprechend der Genehmigung errichten oder errichten lassen kann; es dürfen keine Tatsachen vorliegen, aus denen sich Bedenken gegen die Zuverlässigkeit des Strahlenschutzbeauftragten ergeben,

3. gewährleistet ist, dass in den allgemein zugänglichen Bereichen außerhalb des Betriebsgeländes die Strahlenexposition von Personen bei dauerndem Aufenthalt infolge des Betriebs der Anlage die für Einzelpersonen der Bevölkerung zugelassenen Grenzwerte nicht überschreitet, wobei die Ableitung radioaktiver Stoffe mit Luft und Wasser und die austretende und gestreute Strahlung zu berücksichtigen sind,
4. die Vorschriften über den Schutz der Umwelt bei dem beabsichtigten Betrieb der Anlage sowie bei Störfällen eingehalten werden können,
5. der erforderliche Schutz gegen Störmaßnahmen oder sonstige Einwirkungen Dritter gewährleistet ist,
6. überwiegende öffentliche Interessen, insbesondere im Hinblick auf die Umweltauswirkungen, dem beabsichtigten Betrieb der Anlage nicht entgegenstehen und
7. § 4 Abs. 3 der beabsichtigten Errichtung nicht entgegensteht.

§ 14
Genehmigungsvoraussetzungen für den Betrieb von Anlagen zur Erzeugung ionisierender Strahlen

(1) Die Genehmigung nach § 11 Abs. 2 ist zu erteilen, wenn

1. keine Tatsachen vorliegen, aus denen sich Bedenken gegen die Zuverlässigkeit des Antragstellers, seines gesetzlichen Vertreters oder, bei juristischen Personen oder nicht rechtsfähigen Personenvereinigungen, der nach Gesetz, Satzung oder Gesellschaftsvertrag zur Vertretung oder Geschäftsführung Berechtigten ergeben und, falls ein Strahlenschutzbeauftragter nicht notwendig ist, der Antragsteller die erforderliche Fachkunde im Strahlenschutz besitzt,
2. keine Tatsachen vorliegen, aus denen sich Bedenken gegen die Zuverlässigkeit der Strahlenschutzbeauftragten ergeben, und sie die erforderliche Fachkunde im Strahlenschutz besitzen,
3. die für eine sichere Ausführung des Betriebs notwendige Anzahl von Strahlenschutzbeauftragten vorhanden ist und ihnen die für die Erfüllung ihrer Aufgaben erforderlichen Befugnisse eingeräumt sind,
4. gewährleistet ist, dass die bei dem Betrieb sonst tätigen Personen die notwendigen Kenntnisse über die mögliche Strahlengefährdung und die anzuwendenden Schutzmaßnahmen besitzen,
5. gewährleistet ist, dass bei dem Betrieb die Ausrüstungen vorhanden und die Maßnahmen getroffen sind, die nach dem Stand von Wissenschaft und Technik erforderlich sind, damit die Schutzvorschriften eingehalten werden,
6. keine Tatsachen vorliegen, aus denen sich Bedenken ergeben, dass das für eine sichere Ausführung des Betriebes notwendige Personal nicht vorhanden ist,
7. die erforderliche Vorsorge für die Erfüllung gesetzlicher Schadensersatzverpflichtungen getroffen ist,
8. der erforderliche Schutz gegen Störmaßnahmen oder sonstige Einwirkungen Dritter gewährleistet ist, soweit die Errichtung der Anlage der Genehmigung nach § 11 Abs. 1 bedarf,
9. überwiegende öffentliche Interessen, insbesondere im Hinblick auf die Umweltauswirkungen, dem beabsichtigten Betrieb der Anlage nicht entgegenstehen und
10. § 4 Abs. 3 dem beabsichtigten Betrieb nicht entgegensteht.

Es gilt § 9 Abs. 5 entsprechend.

(2) Für eine Genehmigung zum Betrieb einer Anlage zur Erzeugung ionisierender Strahlen im Zusammenhang mit der Anwendung am Menschen müssen zusätzlich zu Absatz 1 folgende Voraussetzungen erfüllt sein:

1. Der Antragsteller oder der von ihm schriftlich bestellte Strahlenschutzbeauftragte ist als Arzt oder Zahnarzt approbiert oder ihm ist die vorübergehende Ausübung des ärztlichen oder zahnärztlichen Berufs erlaubt, und
2. ein Medizinphysik-Experte ist als weiterer Strahlenschutzbeauftragter bestellt.

(3) Für eine Genehmigung zum Betrieb einer Anlage zur Erzeugung ionisierender Strahlen im Zusammenhang mit der Anwendung am Tier in der Tierheilkunde muss zusätzlich zu den in Absatz 1 genannten Voraussetzungen der Antragsteller oder der von ihm schriftlich bestellte Strahlenschutzbeauftragte zur Ausübung des tierärztlichen oder ärztlichen Berufs berechtigt sein.

(4) Dem Genehmigungsantrag sind insbesondere die Unterlagen nach Anlage II Teil B beizufügen.

(5) Lässt sich erst während eines Probebetriebs beurteilen, ob die Voraussetzungen des Absatzes 1 Nr. 5 vorliegen, kann die zuständige Behörde die Genehmigung nach § 11 Abs. 2 befristet erteilen. Der Betreiber hat zu gewährleisten, dass die Vorschriften über die Dosisgrenzwerte, über die Sperrbereiche, Kontrollbereiche sowie zur Begrenzung der Ableitung radioaktiver Stoffe während des Probebetriebs eingehalten werden.

Abschnitt 3:
Beschäftigung in fremden Anlagen oder Einrichtungen

§ 15
Genehmigungsbedürftige Beschäftigung in fremden Anlagen oder Einrichtungen

(1) Wer in fremden Anlagen oder Einrichtungen unter seiner Aufsicht stehende Personen beschäftigt oder Aufgaben selbst wahrnimmt und dies bei diesen Personen oder bei sich selbst im Kalenderjahr zu einer effektiven Dosis von mehr als 1 Millisievert führen kann, bedarf der Genehmigung.

(2) Bei Beschäftigungen nach Absatz 1 in Anlagen oder Einrichtungen, in denen mit radioaktiven Stoffen umgegangen wird, ist § 9 Abs. 1 Nr. 1 bis 5, bei Beschäftigungen nach Absatz 1 im Zusammenhang mit dem Betrieb von Anlagen zur Erzeugung ionisierender Strahlen ist § 14 Abs. 1 Nr. 1 bis 5 entsprechend anzuwenden.

(3) Bei Beschäftigungen nach Absatz 1 ist den Anordnungen des Strahlenschutzverantwortlichen und der Strahlenschutzbeauftragten der Anlage oder Einrichtung, die diese in Erfüllung ihrer Pflichten nach § 33 treffen, Folge zu leisten. Der Inhaber einer Genehmigung nach Absatz 1 hat dafür zu sorgen, dass die unter seiner Aufsicht beschäftigten Personen die Anordnungen der Strahlenschutzverantwortlichen und Strahlenschutzbeauftragten der Anlagen oder Einrichtungen befolgen.

Abschnitt 4:
Beförderung radioaktiver Stoffe

§ 16
Genehmigungsbedürftige Beförderung

(1) Die Beförderung von sonstigen radioaktiven Stoffen nach § 2 Abs. 1 des Atomgesetzes oder von Kernbrennstoffen nach § 2 Abs. 3 des Atomgesetzes auf öffentlichen oder der Öffentlichkeit zugänglichen Verkehrswegen bedarf der Genehmigung. Eine erteilte Genehmigung erstreckt sich auch auf die Teilstrecken eines Beförderungsvorgangs, die nicht auf öffentlichen oder der Öffentlichkeit zugänglichen Verkehrswegen stattfinden, soweit für diese Teilstrecken keine Umgangsgenehmigung vorliegt.

(2) Eine Genehmigung nach § 4 Abs. 1 des Atomgesetzes kann sich auch auf eine genehmigungsbedürftige Beförderung radioaktiver Stoffe nach Absatz 1 erstrecken, soweit es sich um denselben Beförderungsvorgang handelt; soweit eine solche Erstreckung erfolgt, ist eine Genehmigung nach Absatz 1 nicht erforderlich.

(3) Die Genehmigung kann dem Absender, dem Beförderer oder demjenigen erteilt werden, der es übernimmt, die Versendung oder Beförderung zu besorgen. Sie ist für den einzelnen Beförderungsvorgang zu erteilen, kann jedoch einem Antragsteller allgemein auf längstens drei Jahre erteilt werden, soweit die in § 1 Nr. 2 bis 4 des Atomgesetzes bezeichneten Zwecke nicht entgegenstehen.

(4) Bei der Beförderung ist eine Ausfertigung oder eine amtlich beglaubigte Abschrift des Genehmigungsbescheids mitzuführen. Die Ausfertigung oder Abschrift des Genehmigungsbescheids ist der für die Aufsicht zuständigen Behörde oder den von ihr Beauftragten auf Verlangen vorzuzeigen.

(5) Die Bestimmungen des Genehmigungsbescheids sind bei der Ausführung der Beförderung auch vom Beförderer, der nicht selbst Inhaber der Genehmigung ist, zu beachten.

(6) Die für die jeweiligen Verkehrsträger geltenden Rechtsvorschriften über die Beförderung gefährlicher Güter bleiben unberührt.

§ 17
Genehmigungsfreie Beförderung

(1) Die Beförderung von

1. Stoffen der in Anlage I Teil B genannten Art oder von Stoffen, die von der Anwendung von Vorschriften für die Beförderung gefährlicher Güter befreit sind,

2. sonstigen radioaktiven Stoffen nach § 2 Abs. 1 des Atomgesetzes oder Kernbrennstoffen nach § 2 Abs. 3 des Atomgesetzes, soweit diese nicht bereits von Nummer 1 erfasst werden, unter den Voraussetzungen für freigestellte Versandstücke nach den Vorschriften für die Beförderung gefährlicher Güter oder

3. sonstigen radioaktiven Stoffen nach § 2 Abs. 1 des Atomgesetzes oder Kernbrennstoffen nach § 2 Abs. 3 des Atomgesetzes, ausgenommen Großquellen im Sinne des § 23 Abs. 2 des Atomgesetzes,

    a) nach der Gefahrgutverordnung See oder

    b) mit Luftfahrzeugen und der hierfür erforderlichen Erlaubnis nach § 27 des Luftverkehrsgesetzes

bedarf keiner Genehmigung nach § 16 Abs. 1 oder keiner Anzeige nach Absatz 1a.[8] Satz 1 gilt nicht für Großquellen im Sinne des § 23 Abs. 2 des Atomgesetzes.

(1a) Die Beförderung von sonstigen radioaktiven Stoffen nach § 2 Abs. 1 des Atomgesetzes, deren Aktivität je Beförderungs- oder Versandstück das 10^7-fache der Freigrenzen der Anlage III Tabelle 1 Spalte 2 nicht überschreitet, oder von Kernbrennstoffen nach § 2 Abs. 3 des Atomgesetzes, deren Aktivität je Beförderungs- oder Versandstück das 10^5-fache der Anlage III Tabelle 1 Spalte 2 nicht überschreitet, bedarf, soweit die Beförderung nach dem Gefahrgutgesetz und den darauf beruhenden Verordnungen erfolgt, keiner Genehmigung nach § 16 Abs. 1, wenn die Beförderung spätestens zwei Wochen vorher der zuständigen Behörde angezeigt wird. § 16 Abs. 3 gilt entsprechend. Die zuständige Behörde kann die Beförderung der in Satz 1 genannten Art untersagen, wenn

1. der Absender der Beförderer oder die die Versendung und Beförderung besorgende Person, ihr gesetzlicher Vertreter oder bei juristischen Personen oder nicht rechtsfähigen Personenvereini-

---

[8] Satz 1 geändert durch Art. 2 Nr. 5 Buchst. a des Gesetzes zur Kontrolle hochradioaktiver Strahlenquellen.

gungen, der nach Gesetz, Satzung oder Gesellschaftsvertrag zur Vertretung oder Geschäftsführung Berechtigte nicht zuverlässig ist,

2. Personen, die die Beförderung durchführen, nicht die für die beabsichtigte Art der Beförderung notwendigen Kenntnisse über die mögliche Strahlengefährdung und die anzuwendenden Schutzmaßnahmen besitzen,

3. gegen die für den jeweiligen Verkehrsträger geltenden Rechtsvorschriften über die Beförderung gefährlicher Güter verstoßen wurde oder, soweit solche Vorschriften fehlen, die nach dem Stand von Wissenschaft und Technik erforderliche Vorsorge gegen Schäden durch die Beförderung der radioaktiven Stoffe nicht getroffen ist oder

4. der erforderliche Schutz gegen Störmaßnahmen oder sonstige Einwirkung Dritter nicht getroffen ist.

Satz 1 gilt nicht für Großquellen im Sinne des § 23 Abs. 2 des Atomgesetzes.[9]

(2) Die Beförderung radioaktiver Stoffe nach Absatz 1 oder 1 a bedarf keiner Genehmigung nach § 4 Abs. 1 des Atomgesetzes.[10]

(3) Wer radioaktive Erzeugnisse oder Abfälle, die Kernmaterialien im Sinne der Anlage I Abs. 1 Nr. 5 zum Atomgesetz sind, befördert, ohne hierfür der Genehmigung nach § 16 Abs. 1 zu bedürfen, darf, falls er nicht selbst den Nachweis der erforderlichen Vorsorge für die Erfüllung gesetzlicher Schadensersatzverpflichtungen nach § 4b Abs. 1 des Atomgesetzes zu erbringen hat, die Kernmaterialien zur Beförderung oder Weiterbeförderung nur dann übernehmen, wenn ihm gleichzeitig eine Bescheinigung der zuständigen Behörde darüber vorgelegt wird, dass sich die Vorsorge der Person, die ihm die Kernmaterialien übergibt, auch auf die Erfüllung gesetzlicher Schadensersatzverpflichtungen im Zusammenhang mit der Beförderung oder Weiterbeförderung erstreckt.

§ 18
Genehmigungsvoraussetzungen für die Beförderung

(1) Die Genehmigung nach § 16 Abs. 1 ist zu erteilen, wenn

1. keine Tatsachen vorliegen, aus denen sich Bedenken gegen die Zuverlässigkeit des Absenders, des Beförderers und der die Versendung und Beförderung besorgenden Personen, ihrer gesetzlichen Vertreter oder, bei juristischen Personen oder nicht rechtsfähigen Personenvereinigungen, der nach Gesetz, Satzung oder Gesellschaftsvertrag zur Vertretung oder Geschäftsführung Berechtigten ergeben,

2. gewährleistet ist, dass die Beförderung durch Personen ausgeführt wird, die die für die beabsichtigte Art der Beförderung notwendigen Kenntnisse über die mögliche Strahlengefährdung und die anzuwendenden Schutzmaßnahmen besitzen,

3. gewährleistet ist, dass die radioaktiven Stoffe unter Beachtung der für den jeweiligen Verkehrsträger geltenden Rechtsvorschriften über die Beförderung gefährlicher Güter befördert werden oder, soweit solche Vorschriften fehlen, auf andere Weise die nach dem Stand von Wissenschaft und Technik erforderliche Vorsorge gegen Schäden durch die Beförderung der radioaktiven Stoffe getroffen ist,

4. bei der Beförderung von sonstigen radioaktiven Stoffen nach § 2 Abs. 1 des Atomgesetzes, deren Aktivität je Beförderungs- oder Versandstück das 10^9-Fache der Freigrenzen der Anlage III Tabelle 1 Spalte 2 oder 10^{15} Becquerel überschreitet, oder von Kernbrennstoffen nach § 2 Abs. 3 des Atomgesetzes, deren Aktivität je Beförderungs- oder Versandstück das 10^5-Fache der Freigrenzen der Anlage III Tabelle 1 Spalte 2 oder 10^{15} Becquerel überschreitet, die erforderliche Vorsorge für die Erfüllung gesetzlicher Schadensersatzverpflichtungen getroffen ist,

---

9 Absatz 1a eingefügt durch Art. 2 Nr. 5 Buchst. b des Gesetzes zur Kontrolle hochradioaktiver Strahlenquellen.
10 Absatz 2 geändert durch Art. 2 Nr. 5 Buchst. c des Gesetzes zur Kontrolle hochradioaktiver Strahlenquellen.

5. er erforderliche Schutz gegen Störmaßnahmen oder sonstige Einwirkung Dritter gewährleistet ist,
6. gewährleistet ist, dass bei der Beförderung von sonstigen radioaktiven Stoffen nach § 2 Abs. 1 des Atomgesetzes oder von Kernbrennstoffen nach § 2 Abs. 3 des Atomgesetzes mit einer Aktivität von mehr als dem 10^{10}-fachen der Freigrenzen der Anlage III Tabelle 1 Spalte 2 unter entsprechender Anwendung des § 53 mit einer dort genannten Institution die Vereinbarungen geschlossen sind, die die Institution bei Unfällen oder Störfällen zur Schadensbekämpfung verpflichten, und
7. überwiegende öffentliche Interessen der Wahl der Art, der Zeit und des Weges der Beförderung nicht entgegenstehen.

(2) Sofern eine Haftung nach dem Pariser Übereinkommen in Verbindung mit § 25 des Atomgesetzes in Betracht kommt, tritt für Kernmaterialien an Stelle der Regelung des Absatz 1 Nr. 4 die Regelung der Anlage 2 zum Atomgesetz.

Abschnitt 5:
Grenzüberschreitende Verbringung radioaktiver Stoffe

§ 19
Genehmigungsbedürftige grenzüberschreitende Verbringung

(1) Wer sonstige radioaktive Stoffe nach § 2 Abs. 1 des Atomgesetzes oder Kernbrennstoffe nach § 2 Abs. 3 des Atomgesetzes aus dem Geltungsbereich dieser Verordnung in einen Staat, der nicht Mitgliedstaat der Europäischen Gemeinschaften ist, oder aus einem Staat, der nicht Mitgliedstaat der Europäischen Gemeinschaften ist, in den Geltungsbereich dieser Verordnung verbringt, bedarf der Genehmigung. Satz 1 gilt nicht

1. für die Durchfuhr solcher Stoffe,
2. für ihre vorübergehende Verbringung zur eigenen Nutzung im Rahmen des genehmigten Umgangs, sofern es sich nicht um hochradioaktive Strahlenquellen handelt sowie
3. für die in § 108 geregelte Verbringung[11].

(2) Eine Genehmigung nach § 3 Abs. 1 des Atomgesetzes kann sich auch auf eine genehmigungsbedürftige Verbringung nach Absatz 1 erstrecken; soweit eine solche Erstreckung erfolgt, ist eine Genehmigung nach Absatz 1 nicht erforderlich.

(3) Absatz 1 ist auf die Verbringung durch die Bundeswehr nicht anzuwenden.

(4) Andere Vorschriften über die Verbringung bleiben unberührt.

(5) Die Regelungen der Verordnung 1493/ 93/ EURATOM (ABl. L 148 vom 19. Juni 1993, S. 1 ff.) und der Atomrechtlichen Abfallverbringungsverordnung bleiben unberührt.

§ 20
Anzeigebedürftige grenzüberschreitende Verbringung

(1) Keiner Genehmigung nach § 19 Abs. 1 dieser Verordnung bedarf, wer sonstige radioaktive Stoffe nach § 2 Abs. 1 des Atomgesetzes oder Kernbrennstoffe nach § 2 Abs. 3 des Atomgesetzes in den Geltungsbereich dieser Verordnung verbringt, wenn er

1. Vorsorge getroffen hat, dass die zu verbringenden radioaktiven Stoffe nach der Verbringung erstmals nur von Personen erworben werden, die eine nach den §§ 6, 7 oder 9 des Atomgesetzes oder nach § 7 Abs. 1 oder § 11 Abs. 2 dieser Verordnung erforderliche Genehmigung besitzen und

---

11 § 19 Abs. 1 Satz 2 i.d.F.d. Art. 2 Nr. 6 d. Ges. z. Kontrolle hochradioaktiver Strahlenquellen.

2. diese Verbringung der für die Überwachung nach § 22 Abs. 2 des Atomgesetzes zuständigen Behörde oder der von ihr benannten Stelle spätestens im Zusammenhang mit der Zollabfertigung mit einem von ihr bestimmten Formular anzeigt.

Satz 1 gilt für hochradioaktive Strahlenquellen, wenn

1. ihre Aktivität jeweils das 100fache des Wertes der Anlage III Tabelle 1 Spalte 3a nicht überschreitet,
2. sie und ihre Schutzbehälter oder Aufbewahrungsbehältnisse eine Kennzeichnung nach § 68 Abs. 1a aufweisen und
3. die schriftlichen Unterlagen nach § 69 Abs. 2 Satz 4 beigefügt sind.

Satz 1 gilt auch für die vorübergehende Verbringung von hochradioaktiven Strahlenquellen zur eigenen Nutzung im Rahmen des genehmigten Umgangs.[12]

(2) Keiner Genehmigung nach § 19 Abs. 1 dieser Verordnung bedarf, wer sonstige radioaktive Stoffe nach § 2 Abs. 1 des Atomgesetzes aus dem Geltungsbereich dieser Verordnung verbringt, wenn er diese Verbringung der für die Überwachung nach § 22 Abs. 2 des Atomgesetzes zuständigen Behörde oder der von ihr benannten Stelle spätestens im Zusammenhang mit der Zollabfertigung mit einem von ihr bestimmten Formular anzeigt, sofern die Aktivität je Beförderungs- oder Versandstück das 10^8fache der Freigrenzen der Anlage III Tabelle 1 Spalte 2 dieser Verordnung nicht überschreitet. Absatz 1 Satz 2 und 3 gilt entsprechend.[13]

(3) Keiner Genehmigung nach § 3 Abs. 1 des Atomgesetzes bedarf, wer Kernbrennstoffe nach § 2 Abs. 1 Satz 2 des Atomgesetzes in den Geltungsbereich dieser Verordnung verbringt, sofern es sich um

1. bis zu 1 Kilogramm Uran, das auf 10 oder mehr, jedoch weniger als 20 Prozent an Uran-235 angereichert ist, oder
2. weniger als 10 Kilogramm Uran, das auf weniger als 10 Prozent an Uran-235 angereichert ist,

handelt und diese Verbringung unter Erfüllung der Voraussetzungen des Absatzes 1 Nr. 1 oder 2 der für die Überwachung nach § 22 Abs. 2 des Atomgesetzes zuständigen Behörde oder der von ihr benannten Stelle anzeigt.

§ 21
Genehmigungs- und anzeigefreie grenzüberschreitende Verbringung

Eine Genehmigung nach § 3 Abs. 1 des Atomgesetzes oder § 19 dieser Verordnung oder eine Anzeige nach § 20 dieser Verordnung ist nicht erforderlich für die Verbringung der in Anlage I Teil B Nr. 1 bis 6 genannten Stoffe.

§ 22
Genehmigungsvoraussetzungen für die grenzüberschreitende Verbringung

(1) Die Genehmigung nach § 19 Abs. 1 zur Verbringung in den Geltungsbereich dieser Verordnung ist zu erteilen, wenn

1. keine Tatsachen vorliegen, aus denen sich Bedenken gegen die Zuverlässigkeit des Verbringers, seines gesetzlichen Vertreters oder, bei juristischen Personen oder nicht rechtsfähigen Personenvereinigungen, der nach Gesetz, Satzung oder Gesellschaftsvertrag zur Vertretung oder Geschäftsführung Berechtigten ergeben und

---

12 § 20 Abs. 1 Sätze 2 und 3 angefügt durch Art. 2 Nr. 7 Buchst. a des Ges. z. Kontrolle hochradioaktiver Strahlenquellen.
13 § 20 Abs. 2 Satz 2 angefügt durch Art. 2 Nr. 7 Buchst. b des Ges. z. Kontrolle hochradioaktiver Strahlenquellen.

2. der Verbringer Vorsorge getroffen hat, dass die radioaktiven Stoffe nach der Verbringung erstmals nur von Personen erworben werden, die die für den Umgang erforderliche Genehmigung besitzen.

Für hochradioaktive Strahlenquellen darf die Genehmigung nach Satz 1 nur erteilt werden, wenn gewährleistet ist, dass

1. sie und ihr Schutzbehälter oder Aufbewahrungsbehältnis eine Kennzeichnung nach § 68 Abs. 1a aufweisen und

2. die schriftlichen Unterlagen nach § 69 Abs. 2 Satz 4 beigefügt sind.[14]

(2) Die Genehmigung nach § 19 Abs. 1 zur Verbringung aus dem Geltungsbereich dieser Verordnung ist zu erteilen, wenn

1. keine Tatsachen vorliegen, aus denen sich Bedenken gegen die Zuverlässigkeit des Verbringers, seines gesetzlichen Vertreters oder, bei juristischen Personen oder nicht rechtsfähigen Personenvereinigungen, der nach Gesetz, Satzung oder Gesellschaftsvertrag zur Vertretung oder Geschäftsführung Berechtigten ergeben und

2. gewährleistet ist, dass die zu verbringenden radioaktiven Stoffe nicht in einer Weise verwendet werden, die die innere oder äußere Sicherheit der Bundesrepublik Deutschland oder die Erfüllung ihrer internationalen Verpflichtungen auf dem Gebiet der Kernenergie und des Strahlenschutzes[15] gefährden.

Absatz 1 Satz 2 gilt entsprechend.[16]

Abschnitt 6:
Medizinische Forschung

§ 23
Genehmigungsbedürftige Anwendung radioaktiver Stoffe oder ionisierender Strahlung am Menschen in der medizinischen Forschung

(1) Wer zum Zweck der medizinischen Forschung radioaktive Stoffe oder ionisierende Strahlung am Menschen anwendet, bedarf der Genehmigung.

(2) Für die Erteilung der Genehmigung ist das Bundesamt für Strahlenschutz zuständig.

§ 24
Genehmigungsvoraussetzungen für die Anwendung radioaktiver Stoffe oder ionisierender Strahlung am Menschen in der medizinischen Forschung

(1) Die Genehmigung nach § 23 Abs. 1 darf nur erteilt werden, wenn

1. in einem Studienplan dargelegt ist, dass

   a) für das beantragte Forschungsvorhaben ein zwingendes Bedürfnis besteht, weil die bisherigen Forschungsergebnisse und die medizinischen Erkenntnisse nicht ausreichen,

   b) die Anwendung eines radioaktiven Stoffes oder ionisierender Strahlung nicht durch eine Untersuchungs- oder Behandlungsart ersetzt werden kann, die keine Strahlenexposition des Probanden verursacht,

---

14 § 22 Abs. 1 Satz 2 angefügt durch Art. 2 Nr. 8 Buchst. a des Geetzes. zur Kontrolle hochradioaktiver Strahlenquellen.
15 § 22 Abs. 2 Satz 1 Nr. 2 geändert durch Art. 2 Nr. 8 Buchst. b des Gesetzes zur Kontrolle hochradioaktiver Strahlenquellen.
16 § 22 Abs. 2 Satz 2 angefügt durch Art. 2 Nr. 8 Buchst. c des Gesetzes zur Kontrolle hochradioaktiver Strahlenquellen.

- c) die strahlenbedingten Risiken, die mit der Anwendung für den Probanden verbunden sind, gemessen an der voraussichtlichen Bedeutung der Ergebnisse für die Fortentwicklung der Heilkunde oder der medizinischen Wissenschaft ärztlich gerechtfertigt sind,
- d) die für die medizinische Forschung vorgesehenen radioaktiven Stoffe oder Anwendungsarten ionisierender Strahlung dem Zweck der Forschung entsprechen und nicht durch andere radioaktive Stoffe oder Anwendungsarten ionisierender Strahlung ersetzt werden können, die zu einer geringeren Strahlenexposition für den Probanden führen,
- e) die bei der Anwendung radioaktiver Stoffe oder ionisierender Strahlung auftretende Strahlenexposition und die Aktivität der anzuwendenden radioaktiven Stoffe nach dem Stand von Wissenschaft und Technik nicht weiter herabgesetzt werden können, ohne den Zweck des Forschungsvorhabens zu gefährden,
- f) die Körperdosis des Probanden abgeschätzt worden ist und
- g) die Anzahl der Probanden auf das notwendige Maß beschränkt wird,
2. die Stellungnahme einer Ethikkommission nach § 92 zum Studienplan vorliegt,
3. sichergestellt ist, dass die Anwendung von einem Arzt geleitet wird, der eine mindestens zweijährige Erfahrung in der Anwendung radioaktiver Stoffe oder ionisierender Strahlung am Menschen nachweisen kann, die erforderliche Fachkunde im Strahlenschutz besitzt und während der Anwendung ständig erreichbar ist und sichergestellt ist, dass bei der Planung und bei der Anwendung ein Medizinphysik-Experte hinzugezogen wird,
4. die nach dem Stand von Wissenschaft und Technik erforderlichen Mess- und Kalibriervorrichtungen zur Ermittlung der Strahlenexposition des Probanden vorhanden sind und ihre sachgerechte Anwendung sichergestellt ist,
5. die erforderliche Vorsorge für die Erfüllung gesetzlicher Schadensersatzverpflichtungen getroffen ist,
6. eine Genehmigung nach § 7 Abs. 1 in Verbindung mit § 9 Abs. 1 und 3 oder nach § 11 Abs. 2 oder 3 in Verbindung mit § 14 Abs. 1 und 2 vorliegt und
7. bei jeder Anwendung ionisierender Strahlung die ordnungsgemäße Funktion der Anlagen zur Erzeugung ionisierender Strahlen oder Bestrahlungsvorrichtungen und die Einhaltung der dosisbestimmenden Parameter sichergestellt sind.

(2) Sofern die Anwendung radioaktiver Stoffe oder ionisierender Strahlung an dem einzelnen Probanden nicht gleichzeitig seiner Behandlung dient, darf die durch das Forschungsvorhaben bedingte effektive Dosis nicht mehr als 20 Millisievert betragen. Die Genehmigungsbehörde kann eine höhere effektive Dosis als 20 Millisievert zulassen, wenn mit der Anwendung für den Probanden zugleich ein diagnostischer Nutzen verbunden ist und dargelegt ist, dass das Forschungsziel anders nicht erreicht werden kann.

(3) Sieht der Studienplan die Anwendung radioaktiver Stoffe oder ionisierender Strahlung an mehreren Einrichtungen (Multi-Center-Studie) vor, kann die Genehmigungsbehörde auf Antrag die Genehmigung dem Leiter der Studie erteilen, wenn dies für die sachgerechte Durchführung der Studie zweckdienlich ist und die in Absatz 1 Nr. 3 bis 7 genannten Voraussetzungen bei allen beteiligten Einrichtungen erfüllt sind.

Abschnitt 7:
Bauartzulassung

§ 25
Verfahren der Bauartzulassung

(1) Die Bauart von Geräten und anderen Vorrichtungen, in die sonstige radioaktive Stoffe nach § 2 Abs. 1 des Atomgesetzes eingefügt sind, sowie von Anlagen zur Erzeugung ionisierender Strahlen (bauartzugelassene Vorrichtungen) kann auf Antrag des Herstellers oder Verbringers der Vorrichtung zugelassen werden, wenn die Voraussetzungen nach Anlage V erfüllt sind. Die Zulassungsbehörde kann im Einzelfall Abweichungen von den Voraussetzungen der Anlage V Teil A Nr. 1 Buchstabe a, Nr. 3 oder 4 zulassen. Satz 1 findet auf Geräte oder andere Vorrichtungen, in die hochradioaktive Strahlenquellen eingefügt sind, keine Anwendung.[17]

(2) Die Zulassungsbehörde hat vor ihrer Entscheidung auf Kosten des Antragstellers eine Bauartprüfung durch die Physikalisch-Technische Bundesanstalt unter Beteiligung der Bundesanstalt für Materialforschung und -prüfung zu Fragen der Dichtheit, der Werkstoffauswahl und der Konstruktion der Umhüllung des radioaktiven Stoffes sowie der Qualitätssicherung zu veranlassen. Der Antragsteller hat der Physikalisch-Technischen Bundesanstalt und der Bundesanstalt für Materialforschung und -prüfung auf Verlangen die zur Prüfung erforderlichen Baumuster zu überlassen.

(3) Die Bauartzulassung ist zu versagen, wenn

1. Gründe vorliegen, die gegen einen genehmigungsfreien Umgang sprechen,
2. Tatsachen vorliegen, aus denen sich gegen die Zuverlässigkeit des Herstellers oder des für die Leitung der Herstellung Verantwortlichen oder gegen die für die Herstellung erforderliche technische Erfahrung dieses Verantwortlichen oder gegen die Zuverlässigkeit desjenigen, der eine Vorrichtung in den Geltungsbereich dieser Verordnung verbringt, Bedenken ergeben,
3. überwiegende öffentliche Interessen der Bauartzulassung entgegenstehen oder
4. § 4 Abs. 3 der Bauartzulassung entgegensteht.

(4) Die Bauartzulassung ist auf höchstens zehn Jahre zu befristen. Die Frist kann auf Antrag verlängert werden.

(5) Eine bauartzugelassene Vorrichtung, die vor Ablauf der Zulassungsfrist in Verkehr gebracht worden ist, darf nach Maßgabe des § 8 Abs. 1 oder des § 12 Abs. 3 genehmigungs- und anzeigefrei weiter betrieben werden, es sei denn, die Zulassungsbehörde hat nach § 26 Abs. 2 bekannt gemacht, dass ein ausreichender Schutz gegen Strahlenschäden nicht gewährleistet ist und diese Vorrichtung nicht weiter betrieben werden darf.

(6) Absatz 1 Satz 1 gilt nicht für Vorrichtungen, die Medizinprodukte oder Zubehör im Sinne des Medizinproduktegesetzes sind.

(7) Für die Erteilung der Bauartzulassung ist das Bundesamt für Strahlenschutz zuständig.

§ 26
Zulassungsschein und Bekanntmachung der Bauart

(1) Wird die Bauart nach § 25 Abs. 1 zugelassen, so hat die Zulassungsbehörde einen Zulassungsschein zu erteilen. In diesen sind aufzunehmen

1. die für den Strahlenschutz wesentlichen Merkmale der Vorrichtung,
2. der zugelassene Gebrauch der Vorrichtung,
3. inhaltliche Beschränkungen, Auflagen für den Inhaber der Vorrichtung und Befristungen,

---

[17] § 25 Abs. 1 Satz 3 angefügt durch Art. 2 Nr. 9 d. Ges. z. Kontrolle hochradioaktiver Strahlenquellen.

4. das Bauartzeichen und die Angaben, mit denen die Vorrichtung zu versehen ist,

5. ein Hinweis auf die Pflichten des Inhabers der Vorrichtung nach § 27 Abs. 2 bis 6 und

6. bei einer Vorrichtung, die radioaktive Stoffe enthält, Anforderungen an die Rückführung der Vorrichtung an den Zulassungsinhaber oder an die Entsorgung der Vorrichtung.

(2) Den wesentlichen Inhalt der Bauartzulassung, ihre Änderung, ihre Rücknahme, ihr Widerruf, die Verlängerung der Zulassungsfrist und die Erklärung, dass eine bauartzugelassene Vorrichtung nicht weiter betrieben werden darf, hat die Zulassungsbehörde im Bundesanzeiger bekannt zu machen.

§ 27
Pflichten des Inhabers einer Bauartzulassung und des Inhabers einer bauartzugelassenen Vorrichtung

(1) Der Zulassungsinhaber hat

1. vor einer Abgabe der gefertigten bauartzugelassenen Vorrichtungen eine Qualitätskontrolle durchzuführen, um sicherzustellen, dass diese den für den Strahlenschutz wesentlichen Merkmalen der Bauartzulassung entsprechen und mit dem Bauartzeichen und weiteren von der Zulassungsbehörde zu bestimmenden Angaben versehen werden,

2. die Qualitätskontrolle durch einen von der Zulassungsbehörde zu bestimmenden Sachverständigen überwachen zu lassen,

3. dem Erwerber einer bauartzugelassenen Vorrichtung mit dieser einen Abdruck des Zulassungsscheins auszuhändigen, auf dem das Ergebnis und, soweit Dichtheitsprüfungen nach Absatz 6 erforderlich sind, das Datum der Qualitätskontrolle nach Nummer 1 bestätigt ist,

4. dem Erwerber einer bauartzugelassenen Vorrichtung mit dieser eine Betriebsanleitung auszuhändigen, in der insbesondere auf die dem Strahlenschutz dienenden Maßnahmen hingewiesen ist und

5. sicherzustellen, dass eine bauartzugelassene Vorrichtung, die radioaktive Stoffe enthält, nach Beendigung der Nutzung wieder zurückgenommen werden kann.

(2) Der Inhaber einer bauartzugelassenen Vorrichtung hat einen Abdruck des Zulassungsscheins nach Absatz 1 Nr. 3 und die Prüfbefunde nach Absatz 6 Satz 1 bei der Vorrichtung bereitzuhalten. Im Falle der Weitergabe der bauartzugelassenen Vorrichtung gilt Absatz 1 Nr. 3 und 4 entsprechend.

(3) An der bauartzugelassenen Vorrichtung dürfen keine Änderungen vorgenommen werden, die für den Strahlenschutz wesentliche Merkmale betreffen.

(4) Eine bauartzugelassene Vorrichtung, die infolge Abnutzung, Beschädigung oder Zerstörung den Vorschriften dieser Verordnung oder den in dem Zulassungsschein bezeichneten, für den Strahlenschutz wesentlichen Merkmalen nicht mehr entspricht, darf nicht mehr verwendet werden. Der Inhaber der Vorrichtung hat unverzüglich die notwendigen Schutzmaßnahmen zu treffen, um Strahlenschäden zu vermeiden.

(5) Ist die Rücknahme, der Widerruf einer Bauartzulassung oder die Erklärung, dass eine bauartzugelassene Vorrichtung nicht weiter betrieben werden darf, bekannt gemacht, so hat der Inhaber davon betroffene Vorrichtungen unverzüglich stillzulegen und die notwendigen Schutzmaßnahmen zu treffen, um Strahlenschäden zu vermeiden.

(6) Der Inhaber einer bauartzugelassenen Vorrichtung, die radioaktive Stoffe enthält, hat diese alle zehn Jahre durch einen nach § 66 Abs. 1 Satz 1 bestimmten Sachverständigen auf Dichtheit prüfen zu lassen. Stichtag ist der im Abdruck des Zulassungsscheins vermerkte Tag der Qualitätskontrolle. Die Zulassungsbehörde kann im Zulassungsschein von Satz 1 und Satz 2 abweichende Regelungen zur Dichtheitsprüfung treffen.

(7) Der Inhaber einer bauartzugelassenen Vorrichtung, die radioaktive Stoffe enthält, hat diese nach Beendigung der Nutzung unverzüglich an den Zulassungsinhaber zurückzugeben. Ist dies nicht oder nur mit unverhältnismäßig hohem Aufwand möglich, so ist sie an eine Landessammelstelle oder an eine von der zuständigen Behörde bestimmte Stelle abzugeben.

Abschnitt 8:
Ausnahmen

§ 28
Ausnahmen von dem Erfordernis der Genehmigung und der Anzeige

Wer als Arbeitnehmer oder anderweitig unter der Aufsicht stehend im Rahmen einer nach dem Atomgesetz oder dieser Verordnung genehmigungs- oder anzeigebedürftigen Tätigkeit beschäftigt wird, bedarf weder einer Genehmigung nach den §§ 3, 4, 6, 7 oder 9 des Atomgesetzes oder nach den §§ 7, 11, 15, 16, 19, 23 oder 106 dieser Verordnung noch eines Planfeststellungsbeschlusses nach § 9b des Atomgesetzes und ist von der Anzeigepflicht nach den §§ 12 oder 20 dieser Verordnung befreit. Wer als Dritter nach § 9a Abs. 3 Satz 3 des Atomgesetzes tätig wird, bedarf keiner Genehmigung nach § 15 dieser Verordnung. Satz 1 ist nicht auf Heimarbeiter oder auf Hausgewerbetreibende im Sinne des Heimarbeitsgesetzes anzuwenden.

Abschnitt 9:
Freigabe

§ 29
Voraussetzungen für die Freigabe

(1) Der Inhaber einer Genehmigung nach den §§ 6, 7 oder 9 des Atomgesetzes, eines Planfeststellungsbeschlusses nach § 9b des Atomgesetzes oder einer Genehmigung nach den §§ 7 oder 11 Abs. 2 dieser Verordnung darf radioaktive Stoffe sowie bewegliche Gegenstände, Gebäude, Bodenflächen, Anlagen oder Anlagenteile, die aktiviert oder kontaminiert sind und die aus Tätigkeiten nach § 2 Abs. 1 Nr. 1 Buchstaben a, c oder d stammen, als nicht radioaktive Stoffe nur verwenden, verwerten, beseitigen, innehaben oder an einen Dritten weitergeben, wenn die zuständige Behörde die Freigabe nach Absatz 2 erteilt hat und nach Absatz 3 die Übereinstimmung mit den im Freigabebescheid festgelegten Anforderungen festgestellt ist. Die Regelung des § 44 Abs. 3 bleibt unberührt.

(2) Die zuständige Behörde erteilt auf Antrag des Inhabers einer Genehmigung nach den §§ 6, 7 oder 9 des Atomgesetzes, eines Planfeststellungsbeschlusses nach § 9b des Atomgesetzes oder einer Genehmigung nach den §§ 7 oder 11 Abs. 2 dieser Verordnung schriftlich die Freigabe, wenn für Einzelpersonen der Bevölkerung nur eine effektive Dosis im Bereich von 10 Mikrosievert im Kalenderjahr auftreten kann. Die zuständige Behörde kann davon ausgehen, dass dies erfüllt ist, wenn

1. für eine uneingeschränkte Freigabe von

    a) festen Stoffen die Einhaltung der in Anlage III Tabelle 1 Spalte 5 genannten Freigabewerte sowie der in Anlage IV Teil A Nummer 1 genannten Festlegungen und, sofern eine feste Oberfläche vorhanden ist, die Einhaltung der Werte der Oberflächenkontamination der Anlage III Tabelle 1 Spalte 4,

    b) flüssigen Stoffen die Einhaltung der Werte der Anlage III Tabelle 1 Spalte 5 sowie der in Anlage IV Teil A Nr. 1 genannten Festlegungen,

    c) Bauschutt und Bodenaushub mit einer zu erwartenden Masse von mehr als 1000 Tonnen im Kalenderjahr die Einhaltung der in Anlage III Tabelle 1 Spalte 6 genannten Freigabewerte und die Einhaltung der in Anlage IV Teil A Nummer 1 und Teil F genannten Festlegungen,

    d) Bodenflächen die Einhaltung der in Anlage III Tabelle 1 Spalte 7 genannten Freigabewerte und der in Anlage IV Teil A Nr. 1 und Teil E genannten Festlegungen,

e) Gebäuden zur Wieder- und Weiterverwendung die Einhaltung der in Anlage III Tabelle 1 Spalte 8 genannten Freigabewerte sowie die Einhaltung der in Anlage IV Teil A Nummer 1 und Teil D genannten Festlegungen,

2. für eine Freigabe von

   a) festen Stoffen zur Beseitigung die Einhaltung der in Anlage III Tabelle 1 Spalte 9 genannten Freigabewerte sowie der in Anlage IV Teil A Nummer 1 und Teil C genannten Festlegungen und, sofern eine feste Oberfläche vorhanden ist, die Einhaltung der Werte der Oberflächenkontamination der Anlage III Tabelle 1 Spalte 4,

   b) flüssigen Stoffen zur Beseitigung in einer Verbrennungsanlage die Einhaltung der Werte der Anlage III Tabelle 1 Spalte 9 sowie der in Anlage IV Teil A Nr. 1 genannten Festlegungen,

   c) Gebäuden zum Abriss die Einhaltung der in Anlage III Tabelle 1 Spalte 10 genannten Freigabewerte sowie die Einhaltung der in Anlage IV Teil A Nummer 1 und Teil D genannten Festlegungen,

   d) Metallschrott zur Rezyklierung die Einhaltung der in der Anlage III Tabelle 1 Spalte 10a genannten Freigabewerte sowie der in Anlage IV Teil A Punkt 1 und Teil G genannten Festlegungen und, sofern eine feste Oberfläche vorhanden ist, die Einhaltung der Werte der Oberflächenkontamination der Anlage III Tabelle 1 Spalte 4,

nachgewiesen ist, sofern der zuständigen Behörde keine Anhaltspunkte vorliegen, dass in den Fällen der Nummer 2 Buchstabe a und b am Standort der Entsorgungsanlage für Einzelpersonen der Bevölkerung eine effektive Dosis im Bereich von 10 Mikrosievert im Kalenderjahr überschritten wird. Soweit die nach Satz 2 erforderlichen Festlegungen der Anlage IV Teil C bis E im Einzelfall nicht vorliegen oder für einzelne Radionuklide keine Freigabewerte festgelegt sind, kann für Stoffe, die die Freigrenzen der Anlage III Tabelle 1 Spalte 3 nicht überschreiten, der Nachweis, dass für Einzelpersonen der Bevölkerung nur eine effektive Dosis im Bereich von 10 Mikrosievert im Kalenderjahr auftreten kann, unter Berücksichtigung der Festlegungen der Anlage IV Teil A Nummer 2 auch auf andere Weise geführt werden. Die Voraussetzungen für die Freigabe dürfen nicht zielgerichtet durch Vermischen oder Verdünnen herbeigeführt, veranlasst oder ermöglicht werden.

(3) Für jede Masse oder Teilmasse, die aufgrund des Bescheides nach Absatz 2 als nicht radioaktiver Stoff verwendet, verwertet, beseitigt, innegehabt oder an Dritte weitergegeben werden soll, ist zuvor die Übereinstimmung mit den im Bescheid festgelegten Anforderungen festzustellen. Hierzu erforderliche Freimessungen und deren Ergebnisse sind zu dokumentieren.

(4) Die zuständige Behörde kann in einer Genehmigung nach den §§ 6, 7 oder 9 des Atomgesetzes, eines Planfeststellungsbeschlusses nach § 9b des Atomgesetzes oder einer Genehmigung nach den §§ 7 Abs. 1 oder 11 Abs. 2 dieser Verordnung oder in einem gesonderten Bescheid das Verfahren zur Erfüllung der Anforderungen nach Absatz 2 Satz 2 und 3 sowie zur Feststellung nach Absatz 3 festlegen.

(5) In den Fällen des Absatz 2 Satz 2 Nr. 2 Buchstabe a, b und d dürfen ergänzend zu Absatz 2 Satz 2 oder 3 keine Bedenken gegen die abfallrechtliche Zulässigkeit des vorgesehenen Verwertungs- oder Beseitigungsweges und seine Einhaltung bestehen. Der zuständigen Behörde ist vor Erteilung der Freigabe eine Erklärung des Antragstellers über den Verbleib des künftigen Abfalls und eine Annahmeerklärung des Betreibers der Verwertungs- und Beseitigungsanlage vorzulegen. Der Antragsteller hat der für die Verwertungs- und Beseitigungsanlage nach Kreislaufwirtschafts- und Abfallgesetz zuständigen Behörde gleichzeitig eine Kopie der Annahmeerklärung zuzuleiten und dies der zuständigen Behörde nachzuweisen. Die für die Verwertungs- und Beseitigungsanlage nach Kreislaufwirtschafts- und Abfallgesetz zuständige Behörde kann von der zuständigen Behörde innerhalb einer Frist von 30 Kalendertagen nach Zugang der Kopie verlangen, dass Einvernehmen hinsichtlich der Anforderungen an den Verwertungs- oder Beseitigungsweg hergestellt wird. Die Bestimmungen des Kreislaufwirtschafts- und Abfallgesetzes sowie die auf Grund dieses Gesetzes erlassenen Bestimmungen zur Führung von Nachweisen über die ordnungsgemäße Entsorgung von Abfällen bleiben unberührt.

(6) Auf Antrag kann von der zuständigen Behörde zu einzelnen Fragen, von denen die Erteilung der Freigabe abhängig ist, festgestellt werden, ob bestimmte Voraussetzungen des Absatzes 2 vorliegen. Diese Feststellung ist dem Freigabeverfahren zu Grunde zu legen. Die Genehmigung nach den §§ 6, 7 und 9 des Atomgesetzes oder ein Planfeststellungsbeschluss nach § 9b des Atomgesetzes oder die Genehmigung nach den §§ 7 oder 11 Abs. 2 dieser Verordnung kann mit einer Feststellung nach Satz 1 versehen werden. Eine Freigabe ersetzt keine Genehmigung zur Stilllegung nach § 7 Abs. 3 des Atomgesetzes.

(7) Ist kein Genehmigungsinhaber vorhanden, kann eine Freigabe auch von Amts wegen erfolgen, wenn für Einzelpersonen der Bevölkerung nur eine effektive Dosis im Bereich von 10 Mikrosievert im Kalenderjahr auftreten kann. Für Anlagen des Bundes zur Sicherstellung und zur Endlagerung radioaktiver Abfälle nach dem Atomgesetz kann über die Freigabe die nach § 23 Abs. 1 Nr. 2 des Atomgesetzes zuständige Überwachungsbehörde entscheiden.

KAPITEL 3:
Anforderungen bei der Nutzung radioaktiver Stoffe und ionisierender Strahlung

Abschnitt 1:
Fachkunde im Strahlenschutz

§ 30
Erforderliche Fachkunde und Kenntnisse im Strahlenschutz

(1) Die erforderliche Fachkunde im Strahlenschutz nach den §§ 9, 12, 13, 14, 15, 24, 31, 64 oder 82 wird in der Regel durch eine für den jeweiligen Anwendungsbereich geeignete Ausbildung, praktische Erfahrung und die erfolgreiche Teilnahme an von der zuständigen Stelle anerkannten Kursen erworben. Die Ausbildung ist durch Zeugnisse, die praktische Erfahrung durch Nachweise und die erfolgreiche Kursteilnahme durch eine Bescheinigung zu belegen. Der Erwerb der Fachkunde wird von der zuständigen Stelle geprüft und bescheinigt. Die Kursteilnahme darf nicht länger als fünf Jahre zurückliegen. Für Medizinisch-technische Radiologieassistentinnen und Medizinisch-technische Radiologieassistenten gilt der Nachweis nach Satz 1 mit der Erlaubnis nach § 1 Nr. 2 des Gesetzes über technische Assistenten in der Medizin für die vorbehaltenen Tätigkeiten nach § 9 Abs. 1 Nr. 2 dieses Gesetzes als erbracht.

(2) Die Fachkunde im Strahlenschutz muss mindestens alle fünf Jahre durch eine erfolgreiche Teilnahme an einem von der zuständigen Stelle anerkannten Kurs oder anderen von der zuständigen Stelle als geeignet anerkannten Fortbildungsmaßnahmen aktualisiert werden. Abweichend hiervon kann die Fachkunde im Strahlenschutz im Einzelfall auf andere geeignete Weise aktualisiert und die Aktualisierung der zuständigen Behörde nachgewiesen werden. Der Nachweis über die Aktualisierung der Fachkunde nach Satz 1 ist der zuständigen Stelle auf Anforderung vorzulegen. Die zuständige Stelle kann, wenn der Nachweis über Fortbildungsmaßnahmen nicht oder nicht vollständig vorgelegt wird, die Fachkunde entziehen oder die Fortgeltung mit Auflagen versehen. Bestehen begründete Zweifel an der erforderlichen Fachkunde, kann die zuständige Behörde eine Überprüfung der Fachkunde veranlassen.

(3) Kurse nach Absatz 1 Satz 1, Absatz 2 und 4 Satz 2 können von der für die Kursstätte zuständigen Stelle nur anerkannt werden, wenn die Kursinhalte das für den jeweiligen Anwendungsbereich erforderliche Wissen im Strahlenschutz vermitteln und die Qualifikation des Lehrpersonals und die Ausstattung der Kursstätte eine ordnungsgemäße Wissensvermittlung gewährleisten.

(4) Die erforderlichen Kenntnisse im Strahlenschutz werden in der Regel durch eine für das jeweilige Aufgabengebiet geeignete Einweisung und praktische Erfahrung erworben. Für Personen nach § 82 Abs. 1 Nr. 2 und Abs. 2 Nr. 4 gilt Absatz 1 Satz 2 bis 4 und Absatz 2 entsprechend.

Abschnitt 2:
Betriebliche Organisation des Strahlenschutzes

§ 31
Strahlenschutzverantwortliche und Strahlenschutzbeauftragte

(1) Strahlenschutzverantwortlicher ist, wer einer Genehmigung nach den §§ 6, 7 oder 9 des Atomgesetzes oder nach den §§ 7, 11 oder 15 dieser Verordnung oder wer der Planfeststellung nach § 9b des Atomgesetzes bedarf oder wer eine Tätigkeit nach § 5 des Atomgesetzes ausübt oder wer eine Anzeige nach § 12 Abs. 1 Satz 1 dieser Verordnung zu erstatten hat oder wer aufgrund des § 7 Abs. 3 dieser Verordnung keiner Genehmigung nach § 7 Abs. 1 bedarf. Handelt es sich bei dem Strahlenschutzverantwortlichen um eine juristische Person oder um eine teilrechtsfähige Personengesellschaft, werden die Aufgaben des Strahlenschutzverantwortlichen von der durch Gesetz, Satzung oder Vertrag zur Vertretung berechtigten Person wahrgenommen. Besteht das vertretungsberechtigte Organ aus mehreren Mitgliedern oder sind bei nicht rechtsfähigen Personenvereinigungen mehrere vertretungsberechtigte Personen vorhanden, so ist der zuständigen Behörde mitzuteilen, welche dieser Personen die Aufgaben des Strahlenschutzverantwortlichen wahrnimmt. Die Gesamtverantwortung aller Organmitglieder oder Mitglieder der Personenvereinigung bleibt hiervon unberührt.

(2) Soweit dies für die Gewährleistung des Strahlenschutzes bei der Tätigkeit notwendig ist, hat der Strahlenschutzverantwortliche für die Leitung oder Beaufsichtigung dieser Tätigkeiten die erforderliche Anzahl von Strahlenschutzbeauftragten schriftlich zu bestellen. Bei der Bestellung eines Strahlenschutzbeauftragten sind dessen Aufgaben, dessen innerbetrieblicher Entscheidungsbereich, und die zur Wahrnehmung seiner Aufgaben erforderlichen Befugnisse schriftlich festzulegen. Der Strahlenschutzverantwortliche bleibt auch dann für die Einhaltung der Anforderungen der Teile 2 und 5 dieser Verordnung verantwortlich, wenn er Strahlenschutzbeauftragte bestellt hat.

(3) Es dürfen nur Personen zu Strahlenschutzbeauftragten bestellt werden, bei denen keine Tatsachen vorliegen, aus denen sich gegen ihre Zuverlässigkeit Bedenken ergeben, und die die erforderliche Fachkunde im Strahlenschutz besitzen.

(4) Die Bestellung des Strahlenschutzbeauftragten mit Angabe der Aufgaben und Befugnisse, Änderungen der Aufgaben und Befugnisse sowie das Ausscheiden des Strahlenschutzbeauftragten aus seiner Funktion sind der zuständigen Behörde unverzüglich mitzuteilen. Der Mitteilung der Bestellung ist die Bescheinigung über die erforderliche Fachkunde im Strahlenschutz nach § 30 Abs. 1 beizufügen. Dem Strahlenschutzbeauftragten und dem Betriebs- oder Personalrat ist eine Abschrift der Mitteilung zu übermitteln.

(5) Sind für das Aufsuchen, das Gewinnen oder das Aufbereiten radioaktiver Bodenschätze Strahlenschutzbeauftragte zu bestellen, so müssen sie als verantwortliche Personen zur Leitung oder Beaufsichtigung des Betriebes oder eines Betriebsteiles nach § 58 Abs. 1 Nr. 2 des Bundesberggesetzes bestellt sein, wenn auf diese Tätigkeiten die Vorschriften des Bundesberggesetzes Anwendung finden.

§ 32
Stellung des Strahlenschutzverantwortlichen und des Strahlenschutzbeauftragten

(1) Dem Strahlenschutzbeauftragten obliegen die ihm durch diese Verordnung auferlegten Pflichten nur im Rahmen seiner Befugnisse. Ergibt sich, dass der Strahlenschutzbeauftragte infolge unzureichender Befugnisse, unzureichender Fachkunde im Strahlenschutz oder fehlender Zuverlässigkeit oder aus anderen Gründen seine Pflichten nur unzureichend erfüllen kann, kann die zuständige Behörde gegenüber dem Strahlenschutzverantwortlichen die Feststellung treffen, dass dieser Strahlenschutzbeauftragte nicht als Strahlenschutzbeauftragter im Sinne dieser Verordnung anzusehen ist.

(2) Dem Strahlenschutzverantwortlichen sind unverzüglich alle Mängel mitzuteilen, die den Strahlenschutz beeinträchtigen. Kann sich der Strahlenschutzbeauftragte über eine von ihm vorgeschlagene Behebung von aufgetretenen Mängeln mit dem Strahlenschutzverantwortlichen nicht einigen, so hat dieser dem Strahlenschutzbeauftragten die Ablehnung des Vorschlages schriftlich mitzuteilen und zu begründen und dem Betriebsrat oder dem Personalrat und der zuständigen Behörde je eine Abschrift zu übersenden.

(3) Die Strahlenschutzbeauftragten sind über alle Verwaltungsakte und Maßnahmen, die ihre Aufgaben oder Befugnisse betreffen, unverzüglich zu unterrichten.

(4) Der Strahlenschutzverantwortliche und der Strahlenschutzbeauftragte haben bei der Wahrnehmung ihrer Aufgaben mit dem Betriebsrat oder dem Personalrat und den Fachkräften für Arbeitssicherheit zusammenzuarbeiten und sie über wichtige Angelegenheiten des Strahlenschutzes zu unterrichten. Der Strahlenschutzbeauftragte hat den Betriebsrat oder Personalrat auf dessen Verlangen in Angelegenheiten des Strahlenschutzes zu beraten.

(5) Der Strahlenschutzbeauftragte darf bei der Erfüllung seiner Pflichten nicht behindert und wegen deren Erfüllung nicht benachteiligt werden.

§ 33
Pflichten des Strahlenschutzverantwortlichen und des Strahlenschutzbeauftragten

(1) Der Strahlenschutzverantwortliche hat unter Beachtung des Standes von Wissenschaft und Technik zum Schutz des Menschen und der Umwelt vor den schädlichen Wirkungen ionisierender Strahlung durch geeignete Schutzmaßnahmen, insbesondere durch Bereitstellung geeigneter Räume, Ausrüstungen und Geräte, durch geeignete Regelung des Betriebsablaufs und durch Bereitstellung ausreichenden und geeigneten Personals dafür zu sorgen, dass

1. die folgenden Vorschriften eingehalten werden:
   a) Teil 2 Kapitel 2: Genehmigungen, Zulassungen, Freigabe, Abschnitt 9: Freigabe § 29 Abs. 1 Satz 1,
   b) Teil 2 Kapitel 3: Anforderung bei der Nutzung radioaktiver Stoffe und ionisierender Strahlung

   aa) Abschnitt 2: Betriebliche Organisation des Strahlenschutzes

   § 31 Abs. 2 Satz _ 2, Abs. 3 und 4, § 32 Abs. 2 und 3, § 34 Satz 1

   bb) Abschnitt 3: Schutz von Personen in Strahlenschutzbereichen; physikalische Strahlenschutzkontrolle

   § 40 Abs. 2 Satz 2,

   cc) Abschnitt 4: Schutz von Bevölkerung und Umwelt bei Strahlenexpositionen aus Tätigkeiten

   § 47 Abs. 1 Satz 1 in Verbindung mit § 5,

   dd) Abschnitt 5: Schutz vor sicherheitstechnisch bedeutsamen Ereignissen

   § 49 Abs. 1 Satz 1 und Abs. 2, § 50 Abs. 1 Satz 1, Abs. 2 und 3, § 52, § 53 Abs. 1, 4 und 5,

   ee) Abschnitt 6: Begrenzung der Strahlenexposition bei der Berufsausübung

   § 58 Abs. 5,

   ff) Abschnitt 7: Arbeitsmedizinische Vorsorge beruflich strahlenexponierter Personen

   § 61 Abs. 3 Satz 2,

gg) Abschnitt 8: Sonstige Anforderungen

§ 69a[18]

c) Teil 2 Kapitel 4: Besondere Anforderungen bei der medizinischen Anwendung radioaktiver Stoffe und ionisierender Strahlung, Abschnitt 1: Heilkunde und Zahnheilkunde

§ 81 Abs. 7, § 83 Abs. 4 Satz 1,

2. die in den folgenden Teilen, Kapiteln und Abschnitten vorgesehenen Schutzvorschriften eingehalten werden:

a) Teil 2 Kapitel 2: Genehmigungen, Zulassungen, Freigabe, Abschnitt 9: Freigabe

§ 29 Abs. 2 Satz 4,

b) Teil 2 Kapitel 3: Anforderungen bei der Nutzung radioaktiver Stoffe und ionisierender Strahlung

aa) Abschnitt 2: Betriebliche Organisation des Strahlenschutzes

§ 35,

bb) Abschnitt 3: Schutz von Personen in Strahlenschutzbereichen; physikalische Strahlenschutzkontrolle

aaa) § 36 Abs. 1 Satz 1, Abs. 2 Satz 1 und 2 und Abs. 4 Satz 1, § 37 Abs. 1 Satz 1 und Abs. 2, §§ 38, 39, 40 Abs. 1 Satz 1 und 2 und Abs. 2 Satz 1, Abs. 3 und 4, § 41 Abs. 1 Satz 1 und 2, Abs. 2 und Abs. 3 Satz 1 bis 4, Abs. 4 Satz 1, Abs. 5 und 6, § 42 Abs. 1, 2 Satz 2 und Abs. 3, § 43, § 44 Abs. 1 Satz 1, 2 und 3 und Abs. 2 bis 5, § 45 Abs. 1 und 3,

bbb) § 42 Abs. 2 Satz 1

cc) Abschnitt 4: Schutz von Bevölkerung und Umwelt bei Strahlenexpositionen aus Tätigkeiten

aaa) § 46 Abs. 1 bis 3, § 47 Abs. 1 Satz 1 jeweils in Verbindung mit § 5,

bbb) § 47 Abs. 1 Satz 2, § 48 Abs. 1 Nr. 1,

ccc) § 48 Abs. 1 Nr. 2,

dd) Abschnitt 5: Schutz vor sicherheitstechnisch bedeutsamen Ereignissen

§ 51 Abs. 1 Satz 1 und 2, 53 Abs. 2,

ee) Abschnitt 6: Begrenzung der Strahlenexposition bei der Berufsausübung

aaa) §§ 55, 56 Satz 1, § 58 Abs. 1 Satz 2 jeweils in Verbindung mit § 5,

bbb) § 57 Satz 1, § 58 Abs. 4, § 59 Abs. 2 und 3 Satz 1 und 3,

ff) Abschnitt 7: Arbeitsmedizinische Vorsorge beruflich strahlenexponierter Personen

§ 60 Abs. 1 und 2, § 63 Abs. 1, § 64 Abs. 1, 3 bis 5,

gg) Abschnitt 8: Sonstige Anforderungen

aaa) §§ 65, 66 Abs. 2 Satz 1, Abs. 5 und 6 Satz 1 und 2, §§ 67, 68 Abs. 1, 1a Satz 1 und 3, Abs. 3 bis 6, § 69 Abs. 1 bis 3 und 5, § 70 Abs. 1 Satz 1 Nr. 2, Abs. 2 bis 4 und 6,[19]

---

18 § 33 Satz 1 Nr. 1 Buchst. b Doppelbuchst. gg angefügt durch Art. 2 Nr. 10 Buchst. a d. Ges. z. Kontrolle hochradioaktiver Strahlenquellen.
19 § 33 Satz 1 Nr. 2 Buchst. b Doppelbuchst. gg Dreifachbuchst. aaa i.d.F. d. Art. 2 Nr. 10 Buchst. b d. Ges. z. Kontrolle hochradioaktiver Strahlenquellen.

bbb) § 66 Abs. 6 Satz 3, § 70 Abs. 1 Satz 1 Nr. 1 und 3 und Satz 3, § 71 Abs. 1 Satz 2 und 5,[20]

hh) Abschnitt 9: Radioaktive Abfälle

§ 72 Satz 1 und 3, § 73 Abs. 1, 2 Satz 1, Abs. 3 und 4, § 74 Abs. 2 und 3, § 75 Abs. 1 bis 3, § 76 Abs. 1 bis 5, § 78 Satz 1, § 79 Satz 1,

c) Teil 2 Kapitel 4: Medizinische Strahlenanwendungen

aa) Abschnitt 1: Besondere Anforderungen bei der medizinischen Anwendung radioaktiver Stoffe und ionisierender Strahlung

§ 80 Abs. 1 Satz 1, Abs. 2 und 3, § 81 Abs. 1 Satz 1 und 2, Abs. 2 Satz 1 und 2, Abs. 3, Abs. 5 Satz 1 und 2 und Abs. 6 Satz 1, §§ 82, 83 Abs. 4 Satz 2 bis 4 und Abs. 5, §§ 84, 85 Abs. 1 bis 3 Satz 1, Abs. 4 Satz 1 und Abs. 6 Satz 1 und 3, § 86

bb) Abschnitt 2: Medizinische Forschung

§ 87 Abs. 1 Satz 2 und Abs. 3 bis 7, § 88 Abs. 1, 2 Satz 1 und Abs. 3 und 4, § 89,

d) Teil 5 Kapitel 1: Berücksichtigung von Strahlenexpositionen

§ 111 und

3. die erforderlichen Maßnahmen gegen ein unbeabsichtigtes Kritischwerden von Kernbrennstoffen getroffen werden.

(2) Der Strahlenschutzbeauftragte hat

1. dafür zu sorgen, dass

a) im Rahmen seiner Aufgaben und Befugnisse die in Absatz 1 Nr. 2 aufgeführten Schutzvorschriften und,

b) soweit ihm deren Durchführung und Erfüllung nach § 31 Abs. 2 übertragen worden sind, die Bestimmungen des Bescheides über die Genehmigung oder allgemeine Zulassung und die von der zuständigen Behörde erlassenen Anordnungen und Auflagen

eingehalten werden und

2. der Strahlenschutzverantwortliche nach § 32 Abs. 2 Satz 1 oder § 113 Abs. 2 Satz 3 unterrichtet wird.

(3) Der Strahlenschutzverantwortliche und der Strahlenschutzbeauftragte haben dafür zu sorgen, dass bei Gefahr für Mensch und Umwelt unverzüglich geeignete Maßnahmen zur Abwendung dieser Gefahr getroffen werden.

§ 34
Strahlenschutzanweisung

Es ist eine Strahlenschutzanweisung zu erlassen, in der die in dem Betrieb zu beachtenden Strahlenschutzmaßnahmen aufzuführen sind. Zu diesen Maßnahmen gehören in der Regel

1. die Aufstellung eines Planes für die Organisation des Strahlenschutzes, erforderlichenfalls mit der Bestimmung, dass ein oder mehrere Strahlenschutzbeauftragte bei der genehmigten Tätigkeit ständig anwesend oder sofort erreichbar sein müssen,

2. die Regelung des für den Strahlenschutz wesentlichen Betriebsablaufs,

---

[20] § 33 Satz 1 Nr. 2 Buchst. b Doppelbuchst. gg Dreifachbuchst. bbb i. d. F. d. Art. 2 Nr. 10 Buchst. c d. Ges. z. Kontrolle hochradioaktiver Strahlenquellen.

3. die für die Ermittlung der Körperdosis vorgesehenen Messungen und Maßnahmen entsprechend den Expositionsbedingungen,
4. die Führung eines Betriebsbuchs, in das die für den Strahlenschutz wesentlichen Betriebsvorgänge einzutragen sind,
5. die regelmäßige Funktionsprüfung und Wartung von Bestrahlungsvorrichtungen, Anlagen zur Erzeugung ionisierender Strahlen, Ausrüstung und Geräten, die für den Strahlenschutz wesentlich sind, sowie die Führung von Aufzeichnungen über die Funktionsprüfungen und über die Wartungen,
6. die Aufstellung eines Planes für regelmäßige Alarmübungen sowie für den Einsatz bei Unfällen und Störfällen, erforderlichenfalls mit Regelungen für den Brandschutz und die Vorbereitung der Schadensbekämpfung nach § 53, und
7. die Regelung des Schutzes gegen Störmaßnahmen oder sonstige Einwirkungen Dritter, gegen das Abhandenkommen von radioaktiven Stoffen oder gegen das unerlaubte Inbetriebsetzen einer Bestrahlungsvorrichtung oder einer Anlage zur Erzeugung ionisierender Strahlen.

Die Strahlenschutzanweisung kann Bestandteil sonstiger erforderlicher Betriebsanweisungen nach arbeitsschutz-, immissionsschutz- oder gefahrstoffrechtlichen Vorschriften sein.

§ 35
Auslegung oder Aushang der Verordnung

Ein Abdruck dieser Verordnung ist in Betrieben oder selbständigen Zweigbetrieben, bei Nichtgewerbetreibenden an dem Ort der Tätigkeit, zur Einsicht ständig verfügbar zu halten, wenn regelmäßig mindestens eine Person beschäftigt oder unter der Aufsicht eines anderen tätig ist.

Abschnitt 3:
Schutz von Personen in Strahlenschutzbereichen;
physikalische Strahlenschutzkontrolle

§ 36
Strahlenschutzbereiche

(1) Bei genehmigungs- und anzeigebedürftigen Tätigkeiten nach § 2 Abs. 1 Nr. 1 Buchstaben a, c oder d sind Strahlenschutzbereiche nach Maßgabe des Satzes 2 einzurichten. Je nach Höhe der Strahlenexposition wird zwischen Überwachungsbereichen, Kontrollbereichen und Sperrbereichen, letztere als Teile der Kontrollbereiche, unterschieden; dabei sind äußere und innere Strahlenexposition zu berücksichtigen:

1. Überwachungsbereiche sind nicht zum Kontrollbereich gehörende betriebliche Bereiche, in denen Personen im Kalenderjahr eine effektive Dosis von mehr als 1 Millisievert oder höhere Organdosen als 15 Millisievert für die Augenlinse oder 50 Millisievert für die Haut, die Hände, die Unterarme, die Füße und Knöchel erhalten können,
2. Kontrollbereiche sind Bereiche, in denen Personen im Kalenderjahr eine effektive Dosis von mehr als 6 Millisievert oder höhere Organdosen als 45 Millisievert für die Augenlinse oder 150 Millisievert für die Haut, die Hände, die Unterarme, die Füße und Knöchel erhalten können,
3. Sperrbereiche sind Bereiche des Kontrollbereiches, in denen die Ortsdosisleistung höher als 3 Millisievert durch Stunde sein kann.

Maßgebend bei der Festlegung der Grenze von Kontrollbereich oder Überwachungsbereich ist eine Aufenthaltszeit von 40 Stunden je Woche und 50 Wochen im Kalenderjahr, soweit keine anderen begründeten Angaben über die Aufenthaltszeit vorliegen.

(2) Kontrollbereiche und Sperrbereiche sind abzugrenzen und deutlich sichtbar und dauerhaft zusätzlich zur Kennzeichnung nach § 68 Abs. 1 Nr. 3 mit dem Zusatz „KONTROLLBEREICH" oder „SPERRBEREICH – KEIN ZUTRITT –" zu kennzeichnen. Sperrbereiche sind darüber hinaus so abzusichern, dass Personen, auch mit einzelnen Körperteilen, nicht unkontrolliert hineingelangen können. Die Behörde kann Ausnahmen von Satz 1 und 2 gestatten, wenn dadurch Einzelne oder die Allgemeinheit nicht gefährdet werden.

(3) Die zuständige Behörde kann bestimmen, dass weitere Bereiche als Strahlenschutzbereiche zu behandeln sind, wenn dies zum Schutz Einzelner oder der Allgemeinheit erforderlich ist. Beim Betrieb von Anlagen zur Erzeugung ionisierender Strahlung oder Bestrahlungsvorrichtungen kann die zuständige Behörde zulassen, dass Bereiche nur während der Einschaltzeit dieser Anlagen oder Vorrichtungen als Kontrollbereiche oder Sperrbereiche gelten.

(4) Bei ortsveränderlichem Umgang mit radioaktiven Stoffen und beim Betrieb von ortsveränderlichen Anlagen zur Erzeugung ionisierender Strahlen oder Bestrahlungsvorrichtungen ist ein nach Absatz 1 Nr. 2 einzurichtender Kontrollbereich so abzugrenzen und zu kennzeichnen, dass unbeteiligte Personen diesen nicht unbeabsichtigt betreten können. Kann ausgeschlossen werden, dass unbeteiligte Personen den Kontrollbereich unbeabsichtigt betreten können, ist die Abgrenzung nicht erforderlich.

§ 37
Zutritt zu Strahlenschutzbereichen

(1) Personen darf der Zutritt

1. zu Überwachungsbereichen nur erlaubt werden, wenn

    a) sie darin eine dem Betrieb dienende Aufgabe wahrnehmen,

    b) ihr Aufenthalt in diesem Bereich als Patient, Proband oder helfende Person erforderlich ist,

    c) bei Auszubildenden oder Studierenden dies zur Erreichung ihres Ausbildungszieles erforderlich ist oder

    d) sie Besucher sind,

2. zu Kontrollbereichen nur erlaubt werden, wenn

    a) sie zur Durchführung oder Aufrechterhaltung der darin vorgesehenen Betriebsvorgänge tätig werden müssen,

    b) ihr Aufenthalt in diesem Bereich als Patient, Proband oder helfende Person erforderlich ist und eine zur Ausübung des ärztlichen oder zahnärztlichen Berufs berechtigte Person, die die erforderliche Fachkunde im Strahlenschutz besitzt, zugestimmt hat oder

    c) bei Auszubildenden oder Studierenden dies zur Erreichung ihres Ausbildungszieles erforderlich ist,

    d) bei schwangeren Frauen der fachkundige Strahlenschutzverantwortliche oder Strahlenschutzbeauftragte dies gestattet und durch geeignete Überwachungsmaßnahmen sicherstellt, dass der besondere Dosisgrenzwert nach § 55 Abs. 4 Satz 2 eingehalten und dies dokumentiert wird.

3. zu Sperrbereichen nur erlaubt werden, wenn

    a) sie zur Durchführung der im Sperrbereich vorgesehenen Betriebsvorgänge oder aus zwingenden Gründen tätig werden müssen und sie unter der Kontrolle eines Strahlenschutzbeauftragten oder einer von ihm beauftragten Person, die die erforderliche Fachkunde im Strahlenschutz besitzt, stehen oder

b) ihr Aufenthalt in diesem Bereich als Patient, Proband oder helfende Person erforderlich ist und eine zur Ausübung des ärztlichen oder zahnärztlichen Berufs berechtigte Person, die die erforderliche Fachkunde im Strahlenschutz besitzt, schriftlich zugestimmt hat.

Die zuständige Behörde kann gestatten, dass der fachkundige Strahlenschutzverantwortliche oder der zuständige Strahlenschutzbeauftragte auch anderen Personen den Zutritt zu Strahlenschutzbereichen erlaubt. Betretungsrechte aufgrund anderer gesetzlicher Regelungen bleiben unberührt.

(2) Schwangeren Frauen darf der Zutritt

1. zu Sperrbereichen nicht gestattet werden, sofern nicht ihr Aufenthalt als Patientin erforderlich ist,
2. zu Kontrollbereichen als helfende Person abweichend von Absatz 1 Satz1 Nr. 2 Buchstabe b nur gestattet werden, wenn zwingende Gründe dies erfordern.

§ 38
Unterweisung

(1) Personen, denen nach § 37 Abs. 1 Nr. 2 Buchstaben a und c oder Nr. 3 Buchstabe a der Zutritt zu Kontrollbereichen gestattet wird, sind vor dem erstmaligen Zutritt über die Arbeitsmethoden, die möglichen Gefahren, die anzuwendenden Sicherheits- und Schutzmaßnahmen und den für ihre Beschäftigung oder ihre Anwesenheit wesentlichen Inhalt dieser Verordnung, der Genehmigung, der Strahlenschutzanweisung und über die zum Zweck der Überwachung von Dosisgrenzwerten und der Beachtung der Strahlenschutzgrundsätze erfolgende Verarbeitung und Nutzung personenbezogener Daten zu unterweisen. Satz 1 gilt auch für Personen, die außerhalb des Kontrollbereiches mit radioaktiven Stoffen umgehen oder ionisierende Strahlung anwenden, soweit diese Tätigkeit der Genehmigung bedarf. Die Unterweisung ist mindestens einmal im Jahr durchzuführen. Diese Unterweisung kann Bestandteil sonstiger erforderlicher Unterweisungen nach immissionsschutz- oder arbeitsschutzrechtlichen Vorschriften sein.

(2) Andere Personen, denen der Zutritt zu Kontrollbereichen gestattet wird, sind vorher über die möglichen Gefahren und ihre Vermeidung zu unterweisen.

(3) Frauen sind im Rahmen der Unterweisungen nach Absatz 1 oder 2 darauf hinzuweisen, dass eine Schwangerschaft im Hinblick auf die Risiken einer Strahlenexposition für das ungeborene Kind so früh wie möglich mitzuteilen ist. Für den Fall einer Kontamination der Mutter ist darauf hinzuweisen, dass der Säugling beim Stillen radioaktive Stoffe inkorporieren könnte.

(4) Über den Inhalt und den Zeitpunkt der Unterweisungen nach Absatz 1 oder 2 sind Aufzeichnungen zu führen, die von der unterwiesenen Person zu unterzeichnen sind. Die Aufzeichnungen sind in den Fällen des Absatzes 1 fünf Jahre, in denen des Absatzes 2 ein Jahr lang nach der Unterweisung aufzubewahren und der zuständigen Behörde auf Verlangen vorzulegen.

§ 39
Messtechnische Überwachung in Strahlenschutzbereichen

In Strahlenschutzbereichen ist in dem für die Ermittlung der Strahlenexposition erforderlichen Umfang jeweils einzeln oder in Kombination

1. die Ortsdosis oder die Ortsdosisleistung oder
2. die Konzentration radioaktiver Stoffe in der Luft oder
3. die Kontamination des Arbeitsplatzes

zu messen.

§ 40
Zu überwachende Personen

(1) An Personen, die sich im Kontrollbereich aufhalten, ist die Körperdosis zu ermitteln. Die Ermittlungsergebnisse müssen spätestens neun Monate nach Aufenthalt im Kontrollbereich vorliegen. Ist beim Aufenthalt im Kontrollbereich sichergestellt, dass im Kalenderjahr eine effektive Dosis von 1 Millisievert oder höhere Organdosen als ein Zehntel der Organdosisgrenzwerte des § 55 Abs. 2 nicht erreicht werden können, so kann die zuständige Behörde Ausnahmen von Satz 1 zulassen.

(2) Wer einer Genehmigung nach § 15 Abs. 1 bedarf, hat dafür zu sorgen, dass die unter seiner Aufsicht stehenden Personen in Kontrollbereichen nur beschäftigt werden, wenn jede einzelne beruflich strahlenexponierte Person im Besitz eines vollständig geführten, bei der zuständigen Behörde registrierten Strahlenpasses ist. Wenn er selbst in Kontrollbereichen tätig wird, gilt Satz 1 entsprechend. Die zuständige Behörde kann Aufzeichnungen über die Strahlenexposition, die außerhalb des Geltungsbereiches dieser Verordnung ausgestellt worden sind, als ausreichend im Sinne von Satz 1 anerkennen, wenn diese dem Strahlenpass entsprechen. Die Bundesregierung erlässt mit Zustimmung des Bundesrates allgemeine Verwaltungsvorschriften über Inhalt, Form, Führung und Registrierung des Strahlenpasses.

(3) Beruflich strahlenexponierten Personen nach Absatz 2 Satz 1 darf eine Beschäftigung im Kontrollbereich nur erlaubt werden, wenn diese den Strahlenpass nach Absatz 2 Satz 1 vorlegen und ein Dosimeter nach § 41 Abs. 3 Satz 1 tragen.

(4) Wer einer Genehmigung nach den §§ 6, 7 oder 9 des Atomgesetzes oder nach §§ 7 oder 11 Abs. 2 dieser Verordnung oder eines Planfeststellungsbeschlusses nach § 9b des Atomgesetzes bedarf, hat jeder unter seiner Aufsicht stehenden beruflich strahlenexponierten Person auf deren Verlangen die im Beschäftigungsverhältnis erhaltene berufliche Strahlenexposition schriftlich mitzuteilen, sofern nicht bereits auf Grund einer Genehmigung nach § 15 Abs. 1 dieser Verordnung ein Strahlenpass nach Absatz 2 Satz 1 geführt wird.

(5) Die zuständige Behörde kann anordnen, dass nicht beruflich strahlenexponierte Personen, die sich in Bereichen aufhalten oder aufgehalten haben, in denen Tätigkeiten nach § 2 Abs. 1 Nr. 1 dieser Verordnung ausgeübt werden, durch geeignete Messungen feststellen lassen, ob sie radioaktive Stoffe inkorporiert haben.

§ 41
Ermittlung der Körperdosis

(1) Zur Ermittlung der Körperdosis wird die Personendosis gemessen. Die zuständige Behörde kann auf Grund der Expositionsbedingungen bestimmen, dass zur Ermittlung der Körperdosis zusätzlich oder – abweichend von Satz 1 – allein

1. die Ortsdosis, die Ortsdosisleistung, die Konzentration radioaktiver Stoffe in der Luft oder die Kontamination des Arbeitsplatzes gemessen wird,
2. die Körperaktivität oder die Aktivität der Ausscheidungen gemessen wird oder
3. weitere Eigenschaften der Strahlungsquelle oder des Strahlungsfeldes festgestellt werden.

Die zuständige Behörde kann bei unterbliebener oder fehlerhafter Messung eine Ersatzdosis festlegen. Die zuständige Behörde bestimmt Messstellen für Messungen nach Satz 1 und für Messungen nach Satz 2 Nr. 2.

(2) Wenn auf Grund der Feststellungen nach Absatz 1 der Verdacht besteht, dass die Dosisgrenzwerte des § 55 überschritten werden, so ist die Körperdosis unter Berücksichtigung der Expositionsbedingungen zu ermitteln.

(3) Die Personendosis ist mit Dosimetern zu messen, die bei einer nach Absatz 1 Satz 4 bestimmten Messstelle anzufordern sind. Die Dosimeter sind an einer für die Strahlenexposition als repräsentativ geltenden Stelle der Körperoberfläche, in der Regel an der Vorderseite des Rumpfes, zu tragen. Die Anzeige dieses Dosimeters ist als Maß für die effektive Dosis zu werten, sofern die Körperdosis für einzelne Körperteile, Organe oder Gewebe nicht genauer ermittelt worden ist. Ist vorauszusehen, dass im Kalenderjahr die Organdosis für die Hände, die Unterarme, die Füße und Knöchel oder die Haut größer ist als 150 Millisievert oder die Organdosis der Augenlinse größer ist als 45 Millisievert, so ist die Personendosis durch weitere Dosimeter auch an diesen Körperteilen festzustellen. Die zuständige Behörde kann anordnen, dass die Personendosis nach einem anderen geeigneten oder nach zwei voneinander unabhängigen Verfahren gemessen wird.

(4) Die Dosimeter nach Absatz 3 Satz 1 und 4 sind der Messstelle jeweils nach Ablauf eines Monats unverzüglich einzureichen; hierbei sind die jeweiligen Personendaten (Familienname, Vornamen, Geburtsdatum und -ort, Geschlecht), bei Strahlenpassinhabern nach § 40 Abs. 2 Satz 1 und 2 die Registriernummer des Strahlenpasses sowie die Beschäftigungsmerkmale und die Expositionsverhältnisse mitzuteilen. Die zuständige Behörde kann gestatten, dass Dosimeter in Zeitabständen bis zu sechs Monaten der Messstelle einzureichen sind.

(5) Der zu überwachenden Person ist auf ihr Verlangen ein Dosimeter zur Verfügung zu stellen, mit dem die Personendosis jederzeit festgestellt werden kann. Sobald eine Frau ihren Arbeitgeber darüber informiert hat, dass sie schwanger ist, ist ihre berufliche Strahlenexposition arbeitswöchentlich zu ermitteln und ihr mitzuteilen.

(6) Die Messung der Körperaktivität oder der Aktivität der Ausscheidungen ist bei einer nach Absatz 1 Satz 4 bestimmten Messstelle durchzuführen. Der Messstelle sind die jeweiligen Personendaten (Familienname, Vornamen, Geburtsdatum und -ort, Geschlecht), bei Strahlenpassinhabern nach § 40 Abs. 2 Satz 1 und 2 die Registriernummer des Strahlenpasses sowie die Beschäftigungsmerkmale und die Inkorporationsverhältnisse mitzuteilen.

(7) Die Messstelle nach Absatz 3 Satz 1 hat Personendosimeter bereitzustellen, die Personendosis festzustellen, die Ergebnisse aufzuzeichnen und demjenigen, der die Messung veranlasst hat, schriftlich mitzuteilen. Die Messstelle nach Absatz 6 Satz 1 hat die Körperaktivität oder die Aktivität der Ausscheidungen und die jeweilige Körperdosis festzustellen, die Ergebnisse aufzuzeichnen und demjenigen, der die Messung veranlasst hat, schriftlich mitzuteilen. Die Messstellen haben ihre Aufzeichnungen 30 Jahre lang nach der jeweiligen Feststellung aufzubewahren. Sie haben auf Anforderung die Ergebnisse ihrer Feststellungen einschließlich der Angaben nach Absatz 4 Satz 1 oder Absatz 6 Satz 2 der zuständigen Behörde mitzuteilen.

(8) Die Messstellen nach Absatz 3 Satz 1 und Absatz 6 Satz 1 nehmen an Maßnahmen zur Qualitätssicherung teil, die für Messungen nach Absatz 3 Satz 1 und Satz 4 von der Physikalisch-Technischen Bundesanstalt und für Messungen nach Absatz 6 Satz 1 von dem Bundesamt für Strahlenschutz durchgeführt werden.

§ 42
Aufzeichnungs- und Mitteilungspflicht

(1) Die Ergebnisse der Messungen und Ermittlungen nach den §§ 40 und 41 sind unverzüglich aufzuzeichnen. Die Aufzeichnungen sind solange aufzubewahren, bis die überwachte Person das 75. Lebensjahr vollendet hat oder vollendet hätte, mindestens jedoch 30 Jahre nach Beendigung der jeweiligen Beschäftigung. Sie sind spätestens 95 Jahre nach der Geburt der betroffenen Person zu löschen. Sie sind auf Verlangen der zuständigen Behörde vorzulegen oder bei einer von dieser zu bestimmenden Stelle zu hinterlegen. Bei einem Wechsel des Beschäftigungsverhältnisses sind die Ermittlungsergebnisse dem neuen Arbeitgeber auf Verlangen mitzuteilen, falls weiterhin eine Beschäftigung als beruflich strahlenexponierte Person ausgeübt wird. Aufzeichnungen, die infolge Beendigung der Beschäftigung als beruflich strahlenexponierte Person nicht mehr benötigt werden, sind der nach Landesrecht zuständigen Stelle zu übergeben. § 85 Abs. 1 Satz 4 gilt entsprechend.

(2) Überschreitungen der Grenzwerte der Körperdosis nach § 55 Abs. 1 Satz 1, Abs. 2 und 3 Satz 1, Abs. 4 und Strahlenexpositionen nach § 58 Abs. 1 Satz 2 sind der zuständigen Behörde unter Angabe der Gründe, der betroffenen Personen und der ermittelten Körperdosen unverzüglich mitzuteilen. Den betroffenen Personen ist unverzüglich die Körperdosis mitzuteilen.

(3) Bei Überschreitungen der Werte der Oberflächenkontamination nach § 44 Abs. 2 Nr. 3 gelten Absatz 1 und Absatz 2 entsprechend.

§ 43
Schutzvorkehrungen

(1) Der Schutz beruflich strahlenexponierter Personen vor äußerer und innerer Strahlenexposition ist vorrangig durch bauliche und technische Vorrichtungen oder durch geeignete Arbeitsverfahren sicherzustellen.

(2) Sobald eine Frau ihren Arbeitgeber darüber informiert hat, dass sie schwanger ist oder stillt, sind ihre Arbeitsbedingungen so zu gestalten, dass eine innere berufliche Strahlenexposition ausgeschlossen ist.

(3) Bei Personen, die mit offenen radioaktiven Stoffen umgehen, deren Aktivität die Freigrenzen der Anlage III Tabelle 1 Spalte 2 und 3 überschreitet, ist sicherzustellen, dass sie die erforderliche Schutzkleidung tragen und die erforderlichen Schutzausrüstungen verwenden. Ihnen ist ein Verhalten zu untersagen, bei dem sie oder andere Personen von dem Umgang herrührende radioaktive Stoffe in den Körper aufnehmen können, insbesondere durch Essen, Trinken, Rauchen, durch die Verwendung von Gesundheitspflegemitteln oder kosmetischen Mitteln. Dies gilt auch für Personen, die sich in Bereichen aufhalten, in denen mit offenen radioaktiven Stoffen umgegangen wird, deren Aktivität die Freigrenzen der Anlage III Tabelle 1 Spalte 2 und 3 überschreitet. Offene radioaktive Stoffe dürfen an Arbeitsplätzen nur so lange und in solchen Aktivitäten vorhanden sein, wie das Arbeitsverfahren es erfordert.

§ 44
Kontamination und Dekontamination

(1) Beim Vorhandensein offener radioaktiver Stoffe ist in Strahlenschutzbereichen, soweit es zum Schutz der sich darin aufhaltenden Personen oder der dort befindlichen Sachgüter erforderlich ist, festzustellen, ob Kontaminationen durch diese Stoffe vorliegen. An Personen, die Kontrollbereiche verlassen, in denen offene radioaktive Stoffe vorhanden sind, ist zu prüfen, ob diese kontaminiert sind. Wird hierbei eine Kontamination festgestellt, so sind unverzüglich Maßnahmen zu treffen, die geeignet sind, weitere Strahlenexpositionen und eine Weiterverbreitung radioaktiver Stoffe zu verhindern. Die zuständige Behörde kann festlegen, dass eine Prüfung nach Satz 2 auch beim Verlassen des Überwachungsbereiches durchzuführen ist.

(2) Zur Verhinderung der Weiterverbreitung radioaktiver Stoffe oder ihrer Aufnahme in den Körper sind unverzüglich Maßnahmen zu treffen, wenn

1. auf Verkehrsflächen, an Arbeitsplätzen oder an der Kleidung in Kontrollbereichen festgestellt wird, dass die nicht festhaftende Oberflächenkontamination das 100fache der Werte der Anlage III Tabelle 1 Spalte 4 überschreitet oder

2. auf Verkehrsflächen, an Arbeitsplätzen oder an der Kleidung in Überwachungsbereichen festgestellt wird, dass die nicht festhaftende Oberflächenkontamination das Zehnfache der Werte der Anlage III Tabelle 1 Spalte 4 überschreitet oder

3. außerhalb eines Strahlenschutzbereiches auf dem Betriebsgelände die Oberflächenkontamination von Bodenflächen, Gebäuden und beweglichen Gegenständen, insbesondere Kleidung, die Werte der Anlage III Tabelle 1 Spalte 4 überschreitet.

Satz 1 gilt nicht für die Gegenstände, die als gefährliche Güter nach § 2 des Gefahrgutbeförderungsgesetzes befördert oder nach § 69 dieser Verordnung abgegeben werden.

(3) Sollen bewegliche Gegenstände, insbesondere Werkzeuge, Messgeräte, Messvorrichtungen, sonstige Apparate, Anlagenteile oder Kleidung, aus Kontrollbereichen, in denen offene radioaktive Stoffe vorhanden sind, zum Zweck der Handhabung, Nutzung oder sonstigen Verwendung mit dem Ziel einer Wiederverwendung oder Reparatur außerhalb von Strahlenschutzbereichen herausgebracht werden, ist zu prüfen, ob diese kontaminiert sind. Wenn die Werte der Anlage III Tabelle 1 Spalte 4 oder 5 überschritten sind, dürfen die in Satz 1 genannten Gegenstände nicht zu den dort genannten Zwecken aus dem Kontrollbereich entfernt werden. Die zuständige Behörde kann festlegen, dass Satz 1 und 2 auch auf Überwachungsbereiche anzuwenden ist. Satz 1 und 2 gelten nicht für die Gegenstände, die als gefährliche Güter nach § 2 des Gefahrgutbeförderungsgesetzes befördert oder nach § 69 dieser Verordnung abgegeben werden. § 29 findet keine Anwendung.

(4) Mit einer Dekontamination dürfen nur Personen betraut werden, die die dafür erforderlichen Kenntnisse besitzen.

(5) Können die in Absatz 2 Satz 1 Nr. 1 oder Nr. 2 genannten Werte der Oberflächenkontamination nicht eingehalten werden, so sind die in solchen Arbeitsbereichen beschäftigten Personen durch besondere Maßnahmen zu schützen.

§ 45
Beschäftigungsverbote und Beschäftigungsbeschränkungen

(1) Es ist dafür zu sorgen, dass Personen unter 18 Jahren nicht mit offenen radioaktiven Stoffen oberhalb der Freigrenzen der Anlage III Tabelle 1 Spalte 2 und 3 umgehen.

(2) Die zuständige Behörde kann Ausnahmen von Absatz 1 für Auszubildende und Studierende im Alter zwischen 16 und 18 Jahren gestatten, soweit dies zur Erreichung ihrer Ausbildungsziele erforderlich ist und eine ständige Aufsicht und Anleitung durch eine Person, die die erforderliche Fachkunde im Strahlenschutz besitzt, gewährleistet wird.

(3) Es ist dafür zur sorgen, dass Schüler beim genehmigungsbedürftigen Umgang mit radioaktiven Stoffen nur in Anwesenheit und unter der Aufsicht des zuständigen Strahlenschutzbeauftragten mitwirken.

Abschnitt 4:
Schutz von Bevölkerung und Umwelt bei Strahlenexpositionen aus Tätigkeiten

§ 46
Begrenzung der Strahlenexposition der Bevölkerung

(1) Für Einzelpersonen der Bevölkerung beträgt der Grenzwert der effektiven Dosis durch Strahlenexpositionen aus Tätigkeiten nach § 2 Abs. 1 Nr. 1 ein Millisievert im Kalenderjahr.

(2) Unbeschadet des Absatzes 1 beträgt der Grenzwert der Organdosis für die Augenlinse 15 Millisievert im Kalenderjahr und der Grenzwert der Organdosis für die Haut 50 Millisievert im Kalenderjahr.

(3) Bei Anlagen oder Einrichtungen gilt außerhalb des Betriebsgeländes der Grenzwert für die effektive Dosis nach Absatz 1 für die Summe der Strahlenexposition aus Direktstrahlung und der Strahlenexposition aus Ableitungen. Die für die Strahlenexposition aus Direktstrahlung maßgebenden Aufenthaltszeiten richten sich nach den räumlichen Gegebenheiten der Anlage oder Einrichtung oder des Standortes; liegen keine begründeten Angaben für die Aufenthaltszeiten vor, ist Daueraufenthalt anzunehmen.

§ 47
Begrenzung der Ableitung radioaktiver Stoffe

(1) Für die Planung, die Errichtung, den Betrieb, die Stilllegung, den sicheren Einschluss und den Abbau von Anlagen oder Einrichtungen gelten folgende Grenzwerte der durch Ableitungen radioaktiver Stoffe mit Luft oder Wasser aus diesen Anlagen oder Einrichtungen jeweils bedingten Strahlenexposition von Einzelpersonen der Bevölkerung im Kalenderjahr:

1. Effektive Dosis	0,3 Millisievert
2. Organdosis für Keimdrüsen, Gebärmutter, Knochenmark (rot)	0,3 Millisievert
3. Organdosis für Dickdarm, Lunge, Magen, Blase, Brust, Leber, Speiseröhre, Schilddrüse, andere Organe oder Gewebe gemäß Anlage VI Teil C Nr. 2 Fußnote 1, soweit nicht unter Nr. 2 genannt	0,9 Millisievert
4. Organdosis für Knochenoberfläche, Haut	1,8 Millisievert

Es ist dafür zu sorgen, dass radioaktive Stoffe nicht unkontrolliert in die Umwelt abgeleitet werden.

(2) Bei der Planung von Anlagen oder Einrichtungen ist die Strahlenexposition nach Absatz 1 für eine Referenzperson an den ungünstigsten Einwirkungsstellen unter Berücksichtigung der in Anlage VII Teil A bis C genannten Expositionspfade, Lebensgewohnheiten der Referenzperson und übrigen Annahmen zu ermitteln; dabei sind die mittleren Verzehrsraten der Anlage VII Teil B Tabelle 1 multipliziert mit den Faktoren der Spalte 8 zu verwenden. Die Bundesregierung erlässt mit Zustimmung des Bundesrates allgemeine Verwaltungsvorschriften über die zu treffenden weiteren Annahmen. Die zuständige Behörde kann davon ausgehen, dass die Grenzwerte des Absatzes 1 eingehalten sind, wenn dies unter Zugrundelegung der Allgemeinen Verwaltungsvorschriften nachgewiesen wird.

(3) Für den Betrieb, die Stilllegung, den sicheren Einschluss und den Abbau von Anlagen oder Einrichtungen legt die zuständige Behörde die zulässigen Ableitungen radioaktiver Stoffe mit Luft und Wasser durch Begrenzung der Aktivitätskonzentrationen oder Aktivitätsmengen fest. Der Nachweis der Einhaltung der Grenzwerte des Absatzes 1 gilt als erbracht, wenn diese Begrenzungen nicht überschritten werden.

(4) Bei Anlagen oder Einrichtungen, die keiner Genehmigung nach §§ 6, 7 oder 9 des Atomgesetzes und keines Planfeststellungsbeschlusses nach § 9b des Atomgesetzes bedürfen, kann die zuständige Behörde von der Festlegung von Aktivitätsmengen und Aktivitätskonzentrationen absehen und den Nachweis nach Absatz 2 zur Einhaltung der in Absatz 1 genannten Grenzwerte als erbracht ansehen, sofern die nach Anlage VII Teil D zulässigen Aktivitätskonzentrationen für Ableitungen radioaktiver Stoffe mit Luft oder Wasser aus Strahlenschutzbereichen im Jahresdurchschnitt nicht überschritten werden. Soweit die zuständige Behörde nichts anderes festlegt, sind die zulässigen Aktivitätskonzentrationen an der Grenze eines Strahlenschutzbereiches einzuhalten. Satz 1 findet keine Anwendung, wenn der zuständigen Behörde Anhaltspunkte vorliegen, dass die in Absatz 1 genannten Grenzwerte an einem Standort durch Ableitungen aus Anlagen oder Einrichtungen oder früheren Tätigkeiten überschritten werden können.

(5) Sofern Ableitungen aus dem Betrieb anderer Anlagen oder Einrichtungen oder früheren Tätigkeiten im Geltungsbereich dieser Verordnung an diesen oder anderen Standorten zur Strahlenexposition an den in Absatz 2 Satz 1 bezeichneten Einwirkungsstellen beitragen, hat die zuständige Behörde darauf hinzuwirken, dass die in Absatz 1 genannten Werte insgesamt nicht überschritten werden. Die für die Berücksichtigung anderer Anlagen und Einrichtungen zu treffenden Annahmen werden in die allgemeinen Verwaltungsvorschriften nach Absatz 2 aufgenommen.

§ 48
Emissions- und Immissionsüberwachung

(1) Es ist dafür zu sorgen, dass Ableitungen aus Anlagen oder Einrichtungen

1. überwacht und
2. nach Art und Aktivität spezifiziert der zuständigen Behörde mindestens jährlich mitgeteilt werden. Die zuständige Behörde kann im Einzelfall von der Mitteilungspflicht ganz oder teilweise befreien, wenn sie sonst hinreichend abschätzen kann, dass die Grenzwerte des § 47 Abs. 1 Satz 1 durch die Ableitung nicht überschritten werden.

(2) Die zuständige Behörde kann anordnen, dass bei dem Betrieb von Anlagen oder Einrichtungen die Aktivität von Proben aus der Umgebung sowie die Ortsdosen nach einem festzulegenden Plan durch Messung bestimmt werden und dass die Messergebnisse aufzuzeichnen, der zuständigen Behörde auf Verlangen vorzulegen und der Öffentlichkeit zugänglich zu machen sind. Die zuständige Behörde kann die Stelle bestimmen, die die Messungen vorzunehmen hat.

(3) Die zuständige Behörde kann anordnen, dass bei Anlagen oder Einrichtungen, die einer Genehmigung nach §§ 6, 7 oder 9 des Atomgesetzes oder eines Planfeststellungsbeschlusses nach § 9b des Atomgesetzes bedürfen, für die Ermittlung der Strahlenexposition durch Ableitungen, ergänzend zu den Angaben nach Absatz 1, die für die meteorologischen und hydrologischen Ausbreitungsverhältnisse erforderlichen Daten zu ermitteln und der zuständigen Behörde mindestens jährlich mitzuteilen sind.

(4) Zur Sicherstellung eines bundeseinheitlichen Qualitätsstandards bei der Emissions- und Immissionsüberwachung führen die in Anlage XIV genannten Verwaltungsbehörden des Bundes als Leitstellen Vergleichsmessungen und Vergleichsanalysen durch. Die Leitstellen haben ferner die Aufgabe, Probenahme-, Analyse- und Messverfahren zu entwickeln und festzulegen sowie die Daten der Emissions- und Immissionsüberwachung zusammenzufassen, aufzubereiten und zu dokumentieren. Die Physikalisch-Technische Bundesanstalt stellt Radioaktivitätsstandards für Vergleichsmessungen bereit.

Abschnitt 5:
Schutz vor sicherheitstechnisch bedeutsamen Ereignissen

§ 49
Sicherheitstechnische Auslegung für den Betrieb von Kernkraftwerken,
für die standortnahe Aufbewahrung bestrahlter Brennelemente und
für Anlagen des Bundes zur Sicherstellung und zur Endlagerung radioaktiver Abfälle

(1) Bei der Planung baulicher oder sonstiger technischer Schutzmaßnahmen gegen Störfälle in oder an einem Kernkraftwerk, das der Erzeugung von Elektrizität dient, darf bis zur Stilllegung nach § 7 Abs. 3 des Atomgesetzes unbeschadet der Forderungen des § 6 in der Umgebung der Anlage im ungünstigsten Störfall durch Freisetzung radioaktiver Stoffe in die Umgebung höchstens

1. eine effektive Dosis von 50 Millisievert,
2. eine Organdosis der Schilddrüse und der Augenlinse von jeweils 150 Millisievert,
3. eine Organdosis der Haut, der Hände, der Unterarme, der Füße und Knöchel von jeweils 500 Millisievert,

4. eine Organdosis der Keimdrüsen, der Gebärmutter und des Knochenmark (rot) von jeweils 50 Millisievert,

5. eine Organdosis der Knochenoberfläche von 300 Millisievert,

6. eine Organdosis des Dickdarms, der Lunge, des Magen, der Blase, der Brust, der Leber, der Speiseröhre, der anderen Organe oder Gewebe gemäß Anlage VI Teil C Nr. 2 Fußnote 1, soweit nicht unter Nummer 4 genannt, von jeweils 150 Millisievert

zugrunde gelegt werden. Maßgebend für eine ausreichende Vorsorge gegen Störfälle nach Satz 1 ist der Stand von Wissenschaft und Technik. Die Genehmigungsbehörde kann diese Vorsorge insbesondere dann als getroffen ansehen, wenn der Antragsteller bei der Auslegung der Anlage die Störfälle zugrunde gelegt hat, die nach den veröffentlichten Sicherheitskriterien und Leitlinien für Kernkraftwerke die Auslegung eines Kernkraftwerkes bestimmen müssen.

(2) Absatz 1 Satz 1 und 2 gilt auch für die Aufbewahrung bestrahlter Kernbrennstoffe nach § 6 des Atomgesetzes an den jeweiligen Standorten der nach § 7 des Atomgesetzes genehmigten Kernkraftwerke sowie für Anlagen des Bundes zur Sicherstellung und zur Endlagerung radioaktiver Abfälle.

(3) Die Absätze 1 und 2 gelten nicht für Güter, die als gefährliche Güter nach § 2 des Gefahrgutbeförderungsgesetzes befördert werden.

§ 50
Begrenzung der Strahlenexposition als Folge von Störfällen bei sonstigen Anlagen und Einrichtungen und bei Stilllegungen

(1) Bei der Planung von anderen als in § 49 genannten Anlagen nach § 7 Abs. 1 des Atomgesetzes sind bauliche oder technische Schutzmaßnahmen unter Berücksichtigung des potenziellen Schadensausmaßes zu treffen, um die Strahlenexposition bei Störfällen durch die Freisetzung radioaktiver Stoffe in die Umgebung zu begrenzen. Die Genehmigungsbehörde legt Art und Umfang der Schutzmaßnahmen unter Berücksichtigung des Einzelfalls, insbesondere des Gefährdungspotenzials der Anlage und der Wahrscheinlichkeit des Eintritts eines Störfalls, fest.

(2) Absatz 1 gilt auch für die Stilllegung, den sicheren Einschluss der endgültig stillgelegten Anlagen und den Abbau der Anlagen oder von Anlagenteilen nach § 7 Abs. 3 Satz 1 des Atomgesetzes.

(3) Für die übrigen Tätigkeiten nach § 6 Abs. 1 und § 9 Abs. 1 des Atomgesetzes gilt Absatz 1 entsprechend. Satz 1 gilt auch für Abbau- und Stilllegungsmaßnahmen im Rahmen von Tätigkeiten nach § 6 Abs. 1 und § 9 Abs. 1 des Atomgesetzes. Satz 1 gilt ferner für Tätigkeiten nach § 7 dieser Verordnung, bei denen mit mehr als dem 10^7-fachen der Freigrenzen der Anlage III Tabelle 1 Spalte 2 als offener radioaktiver Stoff oder mit mehr als dem 10^{10}-fachen der Freigrenzen der Anlage III Tabelle 1 Spalte 2 als umschlossener radioaktiver Stoff umgegangen wird, sofern nicht einem einzelnen Betrieb oder selbstständigen Zweigbetrieb, bei Nichtgewerbetreibenden am Ort der Tätigkeit des Genehmigungsinhabers, mit diesen radioaktiven Stoffen in mehreren, räumlich voneinander getrennten Gebäuden, Gebäudeteilen, Anlagen oder Einrichtungen umgegangen wird und ausreichend sichergestellt ist, dass die radioaktiven Stoffe aus den einzelnen Gebäuden, Gebäudeteilen, Anlagen oder Einrichtungen nicht zusammenwirken können.

(4) Die Bundesregierung erlässt mit Zustimmung des Bundesrates allgemeine Verwaltungsvorschriften, in denen unter Berücksichtigung der Eintrittswahrscheinlichkeit, des Schadensausmaßes und des Vielfachen der Freigrenzen für offene und umschlossene radioaktive Stoffe bei Tätigkeiten nach § 7 Abs. 1 dieser Verordnung Schutzziele zur Störfallvorsorge nach den Absätzen 1 bis 3 festgelegt werden.

(5) Die Absätze 1 bis 3 gelten nicht für Güter, die als gefährliche Güter nach § 2 des Gefahrgutbeförderungsgesetzes befördert werden.

§ 51
Maßnahmen bei sicherheitstechnisch bedeutsamen Ereignissen

(1) Bei radiologischen Notstandssituationen, Unfällen und Störfällen sind unverzüglich alle notwendigen Maßnahmen einzuleiten, damit die Gefahren für Mensch und Umwelt auf ein Mindestmaß beschränkt werden. Der Eintritt einer radiologischen Notstandssituation, eines Unfalls, eines Störfalls oder eines sonstigen sicherheitstechnisch bedeutsamen Ereignisses ist der atomrechtlichen Aufsichtsbehörde und, falls dies erforderlich ist, auch der für die öffentliche Sicherheit oder Ordnung zuständigen Behörde sowie den für den Katastrophenschutz zuständigen Behörden unverzüglich mitzuteilen.

(2) Die zuständigen Behörden unterrichten in radiologischen Notstandssituationen unverzüglich die möglicherweise betroffene Bevölkerung und geben Hinweise über Verhaltensmaßnahmen, einschließlich genauer Hinweise für zu ergreifende Gesundheitsschutzmaßnahmen. Die Information an die Bevölkerung enthält die in Anlage XIII Teil A aufgeführten Angaben.

§ 52
Vorbereitung der Brandbekämpfung

Zur Vorbereitung der Brandbekämpfung sind mit den nach Landesrecht zuständigen Behörden die erforderlichen Maßnahmen zu planen. Hierbei ist insbesondere festzulegen, an welchen Orten die Feuerwehr (in untertägigen Betrieben: Grubenwehr) im Einsatzfall

1. ohne besonderen Schutz vor den Gefahren radioaktiver Stoffe tätig werden kann (Gefahrengruppe I),
2. nur unter Verwendung einer Sonderausrüstung tätig werden kann (Gefahrengruppe II) und
3. nur mit einer Sonderausrüstung und unter Hinzuziehung eines Sachverständigen, der die während des Einsatzes entstehende Strahlengefährdung und die anzuwendenden Schutzmaßnahmen beurteilen kann, tätig werden kann (Gefahrengruppe III).

Die betroffenen Bereiche sind jeweils am Zugang deutlich sichtbar und dauerhaft mit dem Zeichen „Gefahrengruppe I", „Gefahrengruppe II" oder „Gefahrengruppe III" zu kennzeichnen.

§ 53
Vorbereitung der Schadensbekämpfung bei sicherheitstechnisch bedeutsamen Ereignissen

(1) Zur Eindämmung und Beseitigung der durch Unfälle oder Störfälle auf dem Betriebsgelände entstandenen Gefahren sind das hierzu erforderliche, geschulte Personal und die erforderlichen Hilfsmittel vorzuhalten. Deren Einsatzfähigkeit ist der zuständigen Behörde nachzuweisen. Dies kann auch dadurch geschehen, dass ein Anspruch auf Einsatz einer für die Erfüllung dieser Aufgaben geeigneten Institution nachgewiesen wird.

(2) Den für die öffentliche Sicherheit oder Ordnung sowie den für den Katastrophenschutz zuständigen Behörden, den Feuerwehren sowie den öffentlichen und privaten Hilfsorganisationen sind die für die Beseitigung einer radiologischen Notstandssituation, eines Unfalls oder Störfalls notwendigen Informationen und die erforderliche Beratung zu geben. Das gleiche gilt für die Planung der Beseitigung der Folgen einer radiologischen Notstandssituation, eines Unfalls oder eines Störfalls. Darüber hinaus ist den zuständigen Behörden, den Feuerwehren und den Hilfsorganisationen jede Information und Beratung zu geben, die für die Aus- und Fortbildung von Einsatzkräften sowie die Unterrichtung im Einsatz hinsichtlich der auftretenden Gesundheitsrisiken und der erforderlichen Schutzmaßnahmen notwendig sind.

(3) Die zuständigen Behörden, Feuerwehren und Hilfsorganisationen unterrichten die Personen, die im Falle einer radiologischen Notstandssituation bei Rettungsmaßnahmen eingesetzt werden kön-

nen, über die gesundheitlichen Risiken eines solchen Einsatzes und relevante Vorsichtsmaßnahmen. Die entsprechenden Informationen tragen den verschiedenen Arten von radiologischen Notstandssituationen Rechnung und werden regelmäßig auf den neuesten Stand gebracht. Die Informationen werden, sobald eine Notstandssituation eintritt, den Umständen der konkreten Situation entsprechend, ergänzt.

(4) Die Absätze 1 und 2 sind nicht auf den Umgang mit radioaktiven Stoffen anzuwenden, deren Aktivitäten die Freigrenzen der Anlage III Tabelle 1 Spalte 2 um nicht mehr überschreiten als das

1. 10^7-Fache, wenn es sich um offene radioaktive Stoffe handelt,

2. 10^{10}-Fache, wenn es sich um umschlossene radioaktive Stoffe handelt.

Das Gleiche gilt für Anlagen zur Erzeugung ionisierender Strahlen, falls deren Errichtung keiner Genehmigung nach § 11 Abs. 1 bedarf. Die Sätze 1 und 2 sind auch anzuwenden, wenn in dem einzelnen Betrieb oder selbständigen Zweigbetrieb, bei Nichtgewerbetreibenden am Ort der Tätigkeit des Antragstellers mit radioaktiven Stoffen in mehreren räumlich voneinander getrennten Gebäuden, Gebäudeteilen, Anlagen oder Einrichtungen umgegangen wird, die Aktivität der radioaktiven Stoffe in den einzelnen Gebäuden, Gebäudeteilen, Anlagen oder Einrichtungen die Werte des Satzes 1 nicht überschreitet und ausreichend sichergestellt ist, dass die radioaktiven Stoffe aus den einzelnen Gebäuden, Gebäudeteilen, Anlagen oder Einrichtungen nicht zusammenwirken können.

(5) Soweit die für die öffentliche Sicherheit oder Ordnung bzw. die für den Katastrophenschutz zuständigen Behörden besondere Schutzpläne für den Fall einer radiologischen Notstandssituation aufgestellt haben, ist die Bevölkerung, die bei einer radiologischen Notstandssituation betroffen sein könnte, in geeigneter Weise und unaufgefordert mindestens alle fünf Jahre über die Sicherheitsmaßnahmen und das richtige Verhalten bei solchen Ereignissen zu informieren. Entsprechende Informationen sind jedermann zugänglich zu machen. Die Informationen müssen die in Anlage XIII Teil B aufgeführten Angaben enthalten und bei Veränderungen, die Auswirkungen auf die Sicherheit oder den Schutz der Bevölkerung haben, auf den neuesten Stand gebracht werden. Soweit die Informationen zum Schutze der Öffentlichkeit bestimmt sind, sind sie mit den für die öffentliche Sicherheit oder Ordnung zuständigen Behörden sowie den für den Katastrophenschutz zuständigen Behörden abzustimmen. Die Art und Weise, in der die Informationen zu geben, zu wiederholen und auf den neuesten Stand zu bringen sind, ist mit den für den Katastrophenschutz zuständigen Behörden abzustimmen.

Abschnitt 6:
Begrenzung der Strahlenexposition bei der Berufsausübung

§ 54
Kategorien beruflich strahlenexponierter Personen

Personen, die einer beruflichen Strahlenexposition durch Tätigkeiten nach § 2 Abs. 1 Nr. 1 ausgesetzt sind, sind zum Zwecke der Kontrolle und arbeitsmedizinischen Vorsorge folgenden Kategorien zugeordnet:

1. Beruflich strahlenexponierte Personen der Kategorie A:

    Personen, die einer beruflichen Strahlenexposition ausgesetzt sind, die im Kalenderjahr zu einer effektiven Dosis von mehr als 6 Millisievert oder einer höheren Organdosis als 45 Millisievert für die Augenlinse oder einer höheren Organdosis als 150 Millisievert für die Haut, die Hände, die Unterarme, die Füße oder Knöchel führen kann.

2. Beruflich strahlenexponierte Personen der Kategorie B:

    Personen, die einer beruflichen Strahlenexposition ausgesetzt sind, die im Kalenderjahr zu einer effektiven Dosis von mehr als 1 Millisievert oder einer höheren Organdosis als 15 Millisievert für die Augenlinse oder einer höheren Organdosis als 50 Millisievert für die Haut, die Hände, die Unterarme, die Füße oder Knöchel führen kann, ohne in die Kategorie A zu fallen.

§ 55
Schutz bei beruflicher Strahlenexposition

(1) Für beruflich strahlenexponierte Personen beträgt der Grenzwert der effektiven Dosis 20 Millisievert im Kalenderjahr. § 58 bleibt unberührt. Die zuständige Behörde kann im Einzelfall für ein Jahr eine effektive Dosis von 50 Millisievert zulassen, wobei für fünf aufeinanderfolgende Jahre 100 Millisievert nicht überschritten werden dürfen.

(2) Der Grenzwert der Organdosis beträgt für beruflich strahlenexponierte Personen:

1. für die Augenlinse: 150 Millisievert,
2. für die Haut, die Hände, die Unterarme, die Füße und Knöchel: jeweils 500 Millisievert,
3. für die Keimdrüsen, die Gebärmutter und das Knochenmark (rot): jeweils 50 Millisievert,
4. für die Schilddrüse und die Knochenoberfläche: jeweils 300 Millisievert,
5. für den Dickdarm, die Lunge, den Magen, die Blase, die Brust, die Leber, die Speiseröhre, andere Organe oder Gewebe gemäß Anlage VI Teil C Nummer 2 Fußnote 1, soweit nicht unter Nummer 3 genannt: jeweils 150 Millisievert

im Kalenderjahr.

(3) Für Personen unter 18 Jahren beträgt der Grenzwert der effektiven Dosis 1 Millisievert im Kalenderjahr. Der Grenzwert der Organdosis beträgt für die Augenlinse 15 Millisievert, für die Haut, die Hände, die Unterarme, die Füße und Knöchel jeweils 50 Millisievert im Kalenderjahr. Abweichend von Satz 1 und Satz 2 kann die zuständige Behörde für Auszubildende und Studierende im Alter zwischen 16 und 18 Jahren einen Grenzwert von 6 Millisievert für die effektive Dosis, 45 Millisievert für die Organdosis der Augenlinse und jeweils 150 Millisievert für die Organdosis der Haut, der Hände, der Unterarme, der Füße und Knöchel im Kalenderjahr festlegen, wenn dies zur Erreichung des Ausbildungszieles notwendig ist.

(4) Bei gebärfähigen Frauen beträgt der Grenzwert für die über einen Monat kumulierte Dosis an der Gebärmutter 2 Millisievert. Für ein ungeborenes Kind, das aufgrund der Beschäftigung der Mutter einer Strahlenexposition ausgesetzt ist, beträgt der Grenzwert der Dosis aus äußerer und innerer Strahlenexposition vom Zeitpunkt der Mitteilung über die Schwangerschaft bis zu deren Ende 1 Millisievert.

§ 56
Berufslebensdosis

Der Grenzwert für die Summe der in allen Kalenderjahren ermittelten effektiven Dosen beruflich strahlenexponierter Personen beträgt 400 Millisievert. Die zuständige Behörde kann im Benehmen mit einem Arzt nach § 64 Abs. 1 Satz 1 eine weitere berufliche Strahlenexposition zulassen, wenn diese nicht mehr als 10 Millisievert effektive Dosis im Kalenderjahr beträgt und die beruflich strahlenexponierte Person einwilligt. Die Einwilligung ist schriftlich zu erteilen.

§ 57
Dosisbegrenzung bei Überschreitung

Wurde unter Verstoß gegen § 55 Abs. 1 oder 2 ein Grenzwert im Kalenderjahr überschritten, so ist eine Weiterbeschäftigung als beruflich strahlenexponierte Person nur zulässig, wenn die Expositionen in den folgenden vier Kalenderjahren unter Berücksichtigung der erfolgten Grenzwertüberschreitung so begrenzt werden, dass die Summe der Dosen das Fünffache des jeweiligen Grenzwertes nicht überschreitet. Ist die Überschreitung eines Grenzwertes so hoch, dass bei Anwendung von Satz 1 die bisherige Beschäftigung nicht fortgesetzt werden kann, kann die zuständige Behörde im Benehmen mit einem Arzt nach § 64 Abs. 1 Satz 1 Ausnahmen von Satz 1 zulassen.

§ 58
Besonders zugelassene Strahlenexpositionen

(1) Unter außergewöhnlichen, im Einzelfall zu beurteilenden Umständen kann die zuständige Behörde zur Durchführung notwendiger spezifischer Arbeitsvorgänge Strahlenexpositionen abweichend von § 55 Abs. 1, 2 und Abs. 4 Satz 1 zulassen. Für diese besonders zugelassene Strahlenexposition beträgt der Grenzwert der effektiven Dosis 100 Millisievert, der Grenzwert der Organdosis für die Augenlinse 300 Millisievert, der Grenzwert der Organdosis für die Haut, die Hände, die Unterarme, die Füße und Knöchel jeweils 1 Sievert für eine Person im Berufsleben.

(2) Einer Strahlenexposition nach Absatz 1 dürfen nur Freiwillige, die beruflich strahlenexponierte Personen der Kategorie A sind, ausgesetzt werden, ausgenommen schwangere Frauen und, wenn die Möglichkeit einer Kontamination nicht ausgeschlossen werden kann, stillende Frauen.

(3) Eine Strahlenexposition nach Absatz 1 ist im voraus zu rechtfertigen. Die Personen nach Absatz 2 sind über das mit der Strahlenexposition verbundene Strahlenrisiko aufzuklären. Der Betriebsrat oder der Personalrat, die Fachkräfte für Arbeitssicherheit, der Arzt nach § 64 Abs. 1 Satz 1 oder die Betriebsärzte, soweit sie nicht Ärzte nach § 64 Abs. 1 Satz 1 sind, sind zu beteiligen.

(4) Die Körperdosis durch eine Strahlenexposition nach Absatz 1 ist unter Berücksichtigung der Expositionsbedingungen zu ermitteln. Sie ist in den Aufzeichnungen nach §§ 42 und 64 Abs. 3 getrennt von den übrigen Ergebnissen der Messungen und Ermittlungen der Körperdosis einzutragen. Die Strahlenexposition nach Absatz 1 ist bei der Summe der in allen Kalenderjahren ermittelten effektiven Dosen nach § 56 zu berücksichtigen.

(5) Wurden bei einer Strahlenexposition nach Absatz 1 die Grenzwerte des § 55 Abs. 1 oder 2 überschritten, so ist diese Überschreitung allein kein Grund, die Person ohne ihr Einverständnis von ihrer bisherigen Beschäftigung auszuschließen.

§ 59
Strahlenexposition bei Personengefährdung und Hilfeleistung

(1) Bei Maßnahmen zur Abwehr von Gefahren für Personen ist anzustreben, dass eine effektive Dosis von mehr als 100 Millisievert nur einmal im Kalenderjahr und eine effektive Dosis von mehr als 250 Millisievert nur einmal im Leben auftritt.

(2) Die Rettungsmaßnahmen dürfen nur von Freiwilligen über 18 Jahren ausgeführt werden, die zuvor über die Gefahren dieser Maßnahmen unterrichtet worden sind.

(3) Die Körperdosis einer bei Rettungsmaßnahmen eingesetzten Person durch eine Strahlenexposition bei den Rettungsmaßnahmen ist unter Berücksichtigung der Expositionsbedingungen zu ermitteln. Die Rettungsmaßnahme und die ermittelte Körperdosis der bei der Rettungsmaßnahme eingesetzten Personen sind der zuständigen Behörde unverzüglich mitzuteilen. Die Strahlenexposition nach Satz 1 ist bei der Summe der in allen Kalenderjahren ermittelten effektiven Dosen nach § 56 zu berücksichtigen. § 58 Abs. 4 Satz 2 und Abs. 5 gilt entsprechend.

Abschnitt 7:
Arbeitsmedizinische Vorsorge beruflich strahlenexponierter Personen

§ 60
Erfordernis der arbeitsmedizinischen Vorsorge

(1) Eine beruflich strahlenexponierte Person der Kategorie A darf im Kontrollbereich Aufgaben nur wahrnehmen, wenn sie innerhalb eines Jahres vor Beginn der Aufgabenwahrnehmung von einem Arzt nach § 64 Abs. 1 Satz 1 untersucht worden ist und dem Strahlenschutzverantwortlichen eine von diesem Arzt ausgestellte Bescheinigung vorliegt, nach der der Aufgabenwahrnehmung keine gesundheitlichen Bedenken entgegenstehen.

(2) Eine beruflich strahlenexponierte Person der Kategorie A darf in der in Absatz 1 bezeichneten Weise nach Ablauf eines Jahres seit der letzten Beurteilung oder Untersuchung nur Aufgaben weiter wahrnehmen, wenn sie von einem Arzt nach § 64 Abs. 1 Satz 1 erneut beurteilt oder untersucht worden ist und dem Strahlenschutzverantwortlichen eine von diesem Arzt ausgestellte Bescheinigung vorliegt, dass gegen die Aufgabenwahrnehmung keine gesundheitlichen Bedenken bestehen.

(3) Die zuständige Behörde kann auf Vorschlag des Arztes nach § 64 Abs. 1 Satz 1 die in Absatz 2 genannte Frist abkürzen, wenn die Arbeitsbedingungen oder der Gesundheitszustand der beruflich strahlenexponierten Person dies erfordern.

(4) Die zuständige Behörde kann in entsprechender Anwendung der Absätze 1 und 2 für eine beruflich strahlenexponierte Person der Kategorie B Maßnahmen der arbeitsmedizinischen Vorsorge anordnen.

§ 61
Ärztliche Bescheinigung

(1) Der Arzt nach § 64 Abs. 1 Satz 1 muss zur Erteilung der ärztlichen Bescheinigung die bei der arbeitsmedizinischen Vorsorge von anderen Ärzten nach § 64 Abs. 1 Satz 1 angelegten Gesundheitsakten anfordern, soweit diese für die Beurteilung erforderlich sind, sowie die bisher erteilten ärztlichen Bescheinigungen, die behördlichen Entscheidungen nach § 62 und die diesen zugrunde liegenden Gutachten. Die angeforderten Unterlagen sind dem Arzt nach § 64 Abs. 1 Satz 1 unverzüglich zu übergeben. Die ärztliche Bescheinigung ist auf dem Formblatt nach Anlage VIII zu erteilen.

(2) Der Arzt nach § 64 Abs. 1 Satz 1 kann die Erteilung der ärztlichen Bescheinigung davon abhängig machen, dass ihm

1. die Art der Aufgaben der beruflich strahlenexponierten Person und die mit diesen Aufgaben verbundenen Arbeitsbedingungen,
2. jeder Wechsel der Art der Aufgaben und der mit diesen verbundenen Arbeitsbedingungen,
3. die Ergebnisse der physikalischen Strahlenschutzkontrolle nach § 42 und
4. der Inhalt der letzten ärztlichen Bescheinigung

schriftlich mitgeteilt werden. Die Person, die der arbeitsmedizinischen Vorsorge unterliegt, kann eine Abschrift dieser Mitteilungen verlangen.

(3) Der Arzt nach § 64 Abs. 1 Satz 1 hat die ärztliche Bescheinigung dem Strahlenschutzverantwortlichen, der beruflich strahlenexponierten Person und, soweit gesundheitliche Bedenken bestehen, auch der zuständigen Behörde unverzüglich zu übersenden. Während der Dauer der Wahrnehmung von Aufgaben als beruflich strahlenexponierte Person ist die ärztliche Bescheinigung aufzubewahren und auf Verlangen der zuständigen Behörde vorzulegen. Die Übersendung an die beruflich strahlenexponierte Person kann durch Eintragung des Inhalts der Bescheinigung in den Strahlenpass ersetzt werden.

(4) Die ärztliche Bescheinigung kann durch die Entscheidung der zuständigen Behörde nach § 62 ersetzt werden.

§ 62
Behördliche Entscheidung

(1) Hält der Strahlenschutzverantwortliche oder die beruflich strahlenexponierte Person die vom Arzt nach § 64 Abs. 1 Satz 1 in der Bescheinigung nach § 61 getroffene Beurteilung für unzutreffend, so kann die Entscheidung der zuständigen Behörde beantragt werden.

(2) Die zuständige Behörde kann vor ihrer Entscheidung das Gutachten eines im Strahlenschutz fachkundigen Arztes einholen. Die Kosten des ärztlichen Gutachtens sind vom Strahlenschutzverantwortlichen zu tragen.

§ 63
Besondere arbeitsmedizinische Vorsorge

(1) Hat eine Person durch eine Strahlenexposition nach den §§ 58 oder 59 oder auf Grund anderer außergewöhnlicher Umstände Strahlenexpositionen erhalten, die im Kalenderjahr die effektive Dosis von 50 Millisievert oder die Organdosis von 150 Millisievert für die Augenlinse oder von 500 Millisievert für die Haut, die Hände, die Unterarme, die Füße oder Knöchel überschreiten, ist dafür zu sorgen, dass sie unverzüglich einem Arzt nach § 64 Abs. 1 Satz 1 vorgestellt wird.

(2) Ist nach dem Ergebnis der besonderen arbeitsmedizinischen Vorsorge nach Absatz 1 zu besorgen, dass diese Person an ihrer Gesundheit gefährdet wird, wenn sie erneut eine Aufgabe als beruflich strahlenexponierte Person wahrnimmt oder fortsetzt, so kann die zuständige Behörde anordnen, dass sie diese Aufgabe nicht oder nur unter Beschränkungen ausüben darf.

(3) Nach Beendigung der Aufgabenwahrnehmung nach Absatz 2 ist dafür zu sorgen, dass die besondere arbeitsmedizinische Vorsorge so lange fortgesetzt wird, wie es der Arzt nach § 64 Abs. 1 Satz 1 zum Schutze der Gesundheit der beruflich strahlenexponierten Person für erforderlich erachtet.

(4) Für die Ergebnisse der besonderen arbeitsmedizinischen Vorsorge nach Absatz 3 gilt § 62 entsprechend.

§ 64
Ermächtigte Ärzte

(1) Die zuständige Behörde ermächtigt Ärzte zur Durchführung arbeitsmedizinischer Vorsorgemaßnahmen nach den §§ 60, 61 und 63. Die Ermächtigung darf nur einem Arzt erteilt werden, der die für die arbeitsmedizinische Vorsorge beruflich strahlenexponierter Personen erforderliche Fachkunde im Strahlenschutz nachweist.

(2) Der Arzt nach Absatz 1 Satz 1 hat die Aufgabe, die Erstuntersuchungen, die erneuten Beurteilungen oder Untersuchungen und die besondere arbeitsmedizinische Vorsorge nach § 63 durchzuführen sowie die Maßnahmen vorzuschlagen, die bei erhöhter Strahlenexposition zur Vorbeugung vor gesundheitlichen Schäden und zu ihrer Abwehr erforderlich sind.

(3) Der Arzt nach Absatz 1 Satz 1 ist verpflichtet, für jede beruflich strahlenexponierte Person, die der arbeitsmedizinischen Vorsorge unterliegt, eine Gesundheitsakte nach Maßgabe des Satzes 2 zu führen. Diese Gesundheitsakte hat Angaben über die Arbeitsbedingungen, die Ergebnisse der arbeitsmedizinische Vorsorge nach § 60 Abs. 1 oder 2, die ärztliche Bescheinigung nach § 61 Abs. 1 Satz 3, die Ergebnisse der besonderen arbeitsmedizinischen Vorsorge nach § 63 Abs. 2 und Maßnahmen nach § 60 Abs. 3 oder § 62 Abs. 1 Halbsatz 2 oder Gutachten nach § 62 Abs. 2 Satz 1 sowie die durch die Wahrnehmung von Aufgaben als beruflich strahlenexponierte Person erhaltene Körperdosis zu enthalten. Die Gesundheitsakte ist solange aufzubewahren, bis die Person das 75. Lebensjahr vollendet hat oder vollendet hätte, mindestens jedoch 30 Jahre nach Beendigung der Wahrnehmung von Aufgaben als beruflich strahlenexponierte Person. Sie ist spätestens 95 Jahre nach der Geburt der überwachten Person zu vernichten.

(4) Der Arzt nach Absatz 1 Satz 1 ist verpflichtet, die Gesundheitsakte auf Verlangen der zuständigen Behörde einer von dieser benannten Stelle zur Einsicht vorzulegen und bei Beendigung der Ermächtigung zu übergeben. Dabei ist die ärztliche Schweigepflicht zu wahren.

(5) Der Arzt nach Absatz 1 Satz 1 hat der untersuchten Person auf ihr Verlangen Einsicht in ihre Gesundheitsakte zu gewähren.

Abschnitt 8:
Sonstige Anforderungen

§ 65
Lagerung und Sicherung radioaktiver Stoffe

(1) Radioaktive Stoffe, deren Aktivität die Freigrenzen der Anlage III Tabelle 1 Spalte 2 und 3 überschreitet, sind,

1. solange sie nicht bearbeitet, verarbeitet oder sonst verwendet werden, in geschützten Räumen oder Schutzbehältern zu lagern und

2. gegen Abhandenkommen und den Zugriff durch unbefugte Personen zu sichern.

(2) Kernbrennstoffe müssen so gelagert werden, dass während der Lagerung kein kritischer Zustand entstehen kann.

(3) Radioaktive Stoffe, die Sicherheitsmaßnahmen auf Grund internationaler Verpflichtungen unterliegen, sind so zu lagern, dass die Durchführung der Sicherheitsmaßnahmen nicht beeinträchtigt wird.

§ 66
Wartung, Überprüfung und Dichtheitsprüfung

(1) Die zuständige Behörde bestimmt Sachverständige für Aufgaben nach Absatz 2 Satz 1, für Aufgaben nach Absatz 4 und für Aufgaben nach Absatz 5. Die zuständige Behörde kann Anforderungen an einen Sachverständigen nach Satz 1 hinsichtlich seiner Ausbildung, Berufserfahrung, Eignung, Einweisung in die Sachverständigentätigkeit, seines Umfangs an Prüftätigkeit und seiner sonstigen Voraussetzungen und Pflichten, insbesondere seiner messtechnischen Ausstattung, sowie seiner Zuverlässigkeit und Unparteilichkeit festlegen.

(2) Anlagen zur Erzeugung ionisierender Strahlen und Bestrahlungsvorrichtungen sowie Geräte für die Gammaradiographie sind jährlich mindestens einmal zu warten und zwischen den Wartungen durch einen nach Absatz 1 bestimmten Sachverständigen auf sicherheitstechnische Funktion, Sicherheit und Strahlenschutz zu überprüfen. Satz 1 gilt nicht für die in § 12 Abs. 1 und 3 genannten Anlagen.

(3) Die zuständige Behörde kann bei

1. Bestrahlungsvorrichtungen, die bei der Ausübung der Heilkunde oder Zahnheilkunde am Menschen verwendet werden und deren Aktivität 10^{14} Becquerel nicht überschreitet,

2. Bestrahlungsvorrichtungen, die zur Blut- oder zur Produktbestrahlung verwendet werden und deren Aktivität 10^{14} Becquerel nicht überschreitet, und

3. Geräten für die Gammaradiographie

die Frist für die Überprüfung nach Absatz 2 Satz 1 bis auf drei Jahre verlängern.

(4) Die zuständige Behörde kann bestimmen, dass die Unversehrtheit und Dichtheit der Umhüllung bei umschlossenen radioaktiven Stoffen, deren Aktivität die Freigrenzen der Anlage III Tabelle 1 Spalte 2 überschreitet, in geeigneter Weise zu prüfen und die Prüfung in bestimmten Zeitabständen zu wiederholen ist. Bei hochradioaktiven Strahlenquellen hat die Prüfung mindestens einmal jährlich zu erfolgen, sofern die zuständige Behörde nicht einen anderen Zeitraum bestimmt. Sie kann festlegen, dass die Prüfung durch einen nach Absatz 1 bestimmten Sachverständigen durchzuführen ist. Die Sätze 1 und 2 finden keine Anwendung auf umschlossene radioaktive Stoffe, die als radioaktive Abfälle angeliefert wurden.[21]

---

[21] § 66 Abs. 4 i.d.F.d. Art. 2 Nr. 11 Buchst. a d. Ges. z. Kontrolle hochradioaktiver Strahlenquellen.

(5) Wenn die Umhüllung umschlossener radioaktiver Stoffe oder die Vorrichtung, in die sie eingefügt sind, mechanisch beschädigt oder korrodiert ist, ist vor der Weiterverwendung zu veranlassen, dass die Umhüllung des umschlossenen radioaktiven Stoffes durch einen nach Absatz 1 bestimmten Sachverständigen auf Dichtheit geprüft wird.

(6) Die Prüfbefunde nach Absatz 2 sind der zuständigen Behörde vorzulegen. Die Prüfbefunde nach Absatz 4 oder 5 sind der zuständigen Behörde auf Verlangen vorzulegen. Festgestellte Undichtheiten und Mängel an der Unversehrtheit sind der zuständigen Behörde unverzüglich mitzuteilen.[22]

§ 67
Strahlungsmessgeräte

(1) Zur Messung der Personendosis, der Ortsdosis, der Ortsdosisleistung, der Oberflächenkontamination, der Aktivität von Luft und Wasser und bei einer Freimessung nach § 29 Abs. 3 auf Grund der Vorschriften dieser Verordnung sind, sofern geeichte Strahlungsmessgeräte nicht vorgeschrieben sind, andere geeignete Strahlungsmessgeräte zu verwenden. Es ist dafür zu sorgen, dass die Strahlungsmessgeräte

1. den Anforderungen des Messzwecks genügen,
2. in ausreichender Zahl vorhanden sind und
3. regelmäßig auf ihre Funktionstüchtigkeit geprüft und gewartet werden.

(2) Der Zeitpunkt und das Ergebnis der Funktionsprüfung und Wartung nach Absatz 1 Satz 2 Nr. 3 sind aufzuzeichnen. Die Aufzeichnungen sind zehn Jahre ab dem Zeitpunkt der Funktionsprüfung oder Wartung aufzubewahren und auf Verlangen der zuständigen Behörde vorzulegen oder bei einer von ihr zu bestimmenden Stelle zu hinterlegen.

(3) Strahlungsmessgeräte, die dazu bestimmt sind, fortlaufend zu messen, um bei Unfällen oder Störfällen vor Gefahren für Mensch und Umwelt zu warnen, müssen so beschaffen sein, dass ihr Versagen durch ein deutlich wahrnehmbares Signal angezeigt wird, sofern nicht zwei oder mehrere voneinander unabhängige Messvorrichtungen dem gleichen Messzweck dienen.

(4) Die Anzeige der Geräte zur Überwachung der Ortsdosis oder Ortsdosisleistung in Sperrbereichen muss auch außerhalb dieser Bereiche wahrnehmbar sein.

§ 68
Kennzeichnungspflicht

(1) Mit Strahlenzeichen nach Anlage IX in ausreichender Anzahl sind deutlich sichtbar und dauerhaft zu kennzeichnen:

1. Räume, Geräte, Vorrichtungen, Schutzbehälter, Aufbewahrungsbehältnisse und Umhüllungen für radioaktive Stoffe, mit denen nur auf Grund einer Genehmigung nach den §§ 6, 7 oder 9 des Atomgesetzes oder der Planfeststellung nach § 9b des Atomgesetzes oder einer Genehmigung nach § 7 Abs. 1 dieser Verordnung umgegangen werden darf,
2. Anlagen zur Erzeugung ionisierender Strahlen,
3. Kontrollbereiche und Sperrbereiche
4. Bereiche, in denen die Kontamination die in § 44 Abs. 2 genannten Werte überschreitet,
5. bauartzugelassene Vorrichtungen nach § 25 Abs. 1.

Die Kennzeichnung muss die Worte „VORSICHT – STRAHLUNG", „RADIOAKTIV", „KERNBRENNSTOFFE" oder „KONTAMINATION" enthalten, soweit dies nach Größe und Beschaffenheit des zu kennzeichnenden Gegenstandes möglich ist.

---

[22] § 66 Abs. 6 Satz 2 geändert d. Art. 2 Nr. 11 Buchst. b des Ges. z. Kontrolle hochradioaktiver Strahlenquellen.

(1a) Zusätzlich zu der Kennzeichnung nach Absatz 1 Satz 1 sind

1. hochradioaktive Strahlenquellen bei der Herstellung, soweit technisch möglich, und
2. deren Schutzbehälter oder Aufbewahrungsbehältnisse

mit einer unverwechselbaren Identifizierungsnummer sichtbar und dauerhaft zu kennzeichnen. Ist die zusätzliche Kennzeichnung der Strahlenquelle nach Satz 1 Nr. 1 nicht möglich oder werden wiederverwendbare Schutzbehälter oder Aufbewahrungsbehältnisse verwendet, so sind diese neben der Kennzeichnung nach Absatz 1 Satz 1 zusätzlich mit der Angabe „hochradioaktive Strahlenquelle" zu versehen.[23]

(1b) Aufgebrachte Identifizierungsnummern nach Absatz 1a sind dem Bundesamt für Strahlenschutz binnen Monatsfrist mitzuteilen.

(2) Absatz 1 gilt nicht für Behältnisse oder Geräte, die innerhalb eines Kontrollbereiches in abgesonderten Bereichen verwendet werden, solange die mit dieser Verwendung betraute Person in dem abgesonderten Bereich anwesend ist oder solche Bereiche gegen unbeabsichtigten Zutritt gesichert sind. Satz 1 gilt nicht für Behältnisse oder Geräte, die hochradioaktive Strahlenquellen enthalten.[24]

(3) Schutzbehälter und Aufbewahrungsbehältnisse, die gemäß Absatz 1 gekennzeichnet sind, dürfen nur zur Aufbewahrung von radioaktiven Stoffen verwendet werden.

(4) Kennzeichnungen nach Absatz 1 sind nach einer Freigabe gemäß § 29 oder nach einem Herausbringen aus Strahlenschutzbereichen gemäß § 44 Abs. 3 zu entfernen.

(5) Alle Vorratsbehälter, die radioaktive Stoffe in offener Form von mehr als dem 10^4-fachen der Werte der Anlage III Tabelle 1 Spalte 2 enthalten, müssen so gekennzeichnet sein, dass folgende Einzelheiten feststellbar sind:

1. Radionuklid,
2. chemische Verbindung,
3. Tag der Abfüllung,
4. Aktivität am Tag der Abfüllung oder an einem daneben besonders zu bezeichnenden Stichtag und
5. Strahlenschutzverantwortlicher zum Zeitpunkt der Abfüllung.

Kennnummern, Zeichen und sonstige Abkürzungen dürfen dabei nur verwendet werden, wenn diese allgemein bekannt oder ohne weiteres aus der Buchführung nach § 70 Abs. 1 Satz 1 Nr. 2 zu entnehmen sind. Die Sätze 1 und 2 sind auch auf Vorrichtungen anzuwenden, die radioaktive Stoffe in umschlossener oder festhaftend in offener Form von mehr als dem 10^5-fachen der Werte der Anlage III Tabelle 1 Spalte 2 enthalten.

(6) Bauartzugelassene Vorrichtungen, in die sonstige radioaktive Stoffe nach § 2 Abs. 1 des Atomgesetzes eingefügt sind, sind neben der Kennzeichnung nach Absatz 1 Nr. 5 so zu kennzeichnen, dass die enthaltenen Radionuklide und deren Aktivität zum Zeitpunkt der Herstellung ersichtlich sind, soweit dies nach Größe und Beschaffenheit der Vorrichtung möglich ist.

§ 69
Abgabe radioaktiver Stoffe

(1) Stoffe, mit denen nur auf Grund einer Genehmigung nach den §§ 6, 7 oder 9 des Atomgesetzes oder nach § 7 Abs. 1 oder § 11 Abs. 2 dieser Verordnung umgegangen werden darf, dürfen im Geltungsbereich des Atomgesetzes nur an Personen abgegeben werden, die die erforderliche Genehmigung besitzen.

---

[23] § 68 Abs. 1a und 1b eingefügt d. Art. 2 Nr. 12 Buchst. a des Ges. z. Kontrolle hochradioaktiver Strahlenquellen.
[24] § 68 Abs. 2 Satz 2 angefügt durch Art. 2 Nr. 12 Buchst. b des Ges. z. Kontrolle hochradioaktiver Strahlenquellen.

(2) Wer umschlossene radioaktive Stoffe an einen anderen zur weiteren Verwendung abgibt, hat dem Erwerber zu bescheinigen, dass die Umhüllung dicht und kontaminationsfrei ist. Die Bescheinigung muss die die Prüfung ausführende Stelle sowie Datum, Art und Ergebnis der Prüfung enthalten. Satz 1 findet keine Anwendung, wenn der abzugebende radioaktive Stoff nicht weiter als umschlossener radioaktiver Stoff verwendet werden soll. Hochradioaktive Strahlenquellen dürfen nur abgegeben werden, wenn ihnen eine Dokumentation des Hersteller beigefügt ist, die

1. die Identifizierungsnummer,
2. Angaben über die Art und die Aktivität der Strahlenquelle und
3. Fotografien oder technische Zeichnungen
   a) des Typs der Strahlenquelle,
   b) eines typischen Schutzbehälters oder Aufbewahrungsbehältnisses und
   c) eines typischen Transportbehälters enthält.[25]

(3) Wer radioaktive Stoffe zur Beförderung oder Weiterbeförderung auf öffentlichen oder der Öffentlichkeit zugänglichen Verkehrswegen abgibt, hat unbeschadet des § 75 dafür zu sorgen, dass sie durch Personen befördert werden, die nach § 4 des Atomgesetzes oder nach den §§ 16 oder 17 dieser Verordnung berechtigt sind, die Stoffe zu befördern. Wer die Stoffe zur Beförderung abgibt, hat ferner dafür zu sorgen, dass sie bei der Übergabe unter Beachtung der für die jeweilige Beförderungsart geltenden Rechtsvorschriften verpackt sind. Fehlen solche Rechtsvorschriften, sind die Stoffe gemäß den Anforderungen, die sich nach dem Stand von Wissenschaft und Technik für die beabsichtigte Art der Beförderung ergeben, zu verpacken. Zur Weiterbeförderung dürfen die Stoffe nur abgegeben werden, wenn die Verpackung unversehrt ist.

(4) Wer radioaktive Stoffe befördert, hat dafür zu sorgen, dass diese Stoffe nur an den Empfänger oder an eine von diesem zum Empfang berechtigte Person übergeben werden. Bis zu der Übergabe hat er für den erforderlichen Schutz gegen Abhandenkommen, Störmaßnahmen oder sonstige Einwirkung Dritter zu sorgen.

(5) Hochradioaktive Strahlenquellen, mit denen nicht mehr umgegangen wird oder umgegangen werden soll, sind nach Beendigung des Gebrauchs an den Hersteller, den Verbringer oder einen anderen Genehmigungsinhaber abzugeben oder als radioaktiver Abfall abzuliefern oder zwischenzulagern.[26]

§ 69a[27]
Rücknahme hochradioaktiver Strahlenquellen

Wer hochradioaktive Strahlenquellen hergestellt oder nach § 3 Abs. 2 Nr. 36 verbracht hat, hat diese zurückzunehmen oder sicherzustellen, dass sie von Dritten zurückgenommen werden können.

§ 70
Buchführung und Mitteilung

(1) Wer mit radioaktiven Stoffen umgeht, hat

1. der zuständigen Behörde Gewinnung, Erzeugung, Erwerb, Abgabe und den sonstigen Verbleib von radioaktiven Stoffen innerhalb eines Monats unter Angabe von Art und Aktivität mitzuteilen,
2. über Gewinnung, Erzeugung, Erwerb, Abgabe und den sonstigen Verbleib von radioaktiven Stoffen unter Angabe von Art und Aktivität Buch zu führen und
3. der zuständigen Behörde den Bestand an radioaktiven Stoffen mit Halbwertszeiten von mehr als 100 Tagen am Ende jedes Kalenderjahres innerhalb eines Monats mitzuteilen.

---
25 § 69 Abs. 2 Satz 4 angefügt durch Art. 2 Nr. 13 Buchst. a des Ges. z. Kontrolle hochradioaktiver Strahlenquellen.
26 § 69 Abs. 5 angefügt durch Art. 2 Nr. 13 Buchst. b des Ges. z. Kontrolle hochradioaktiver Strahlenquellen.
27 § 69a eingefügt durch Art. 2 Nr. 14 d. Ges. z. Kontrolle hochradioaktiver Strahlenquellen.

Satz 1 gilt nicht für Tätigkeiten, die nach § 8 Abs. 1 keiner Genehmigung bedürfen. Für hochradioaktive Strahlenquellen sind abweichend von Satz 1 dem Register über hochradioaktive Strahlenquellen beim Bundesamt für Strahlenschutz in gesicherter elektronischer Form

1. mit dem vollständig ausgefüllten Standarderfassungsblatt nach Anlage XV Erwerb und Abgabe sowie Änderungen der nach dieser Anlage erfassten Angaben unverzüglich und
2. mit einem aktualisierten Standarderfassungsblatt nach Anlage XV unter der dortigen Nummer 6 das Datum der Prüfung nach § 66 Abs. 4 Satz 2 binnen Monatsfrist

mitzuteilen. Die zuständige Behörde ist über die Mitteilung nach Satz 3 unverzüglich zu informieren.[28]

(2) Die Masse der Stoffe, für die eine wirksame Feststellung nach § 29 Abs. 3 Satz 1 getroffen wurde, ist unter Angabe der jeweiligen Freigabeart gemäß § 29 Abs. 2 Satz 2 Nr. 1 oder 2 oder Satz 3 und im Fall des § 29 Abs. 2 Satz 2 Nr. 2 unter Angabe des tatsächlichen Verbleibs der zuständigen Behörde jährlich mitzuteilen.

(3) Über die Stoffe, für die eine wirksame Feststellung nach § 29 Abs. 3 Satz 1 getroffen wurde, ist Buch zu führen. Dabei sind die getroffenen Festlegungen nach Anlage III und IV anzugeben, insbesondere die spezifische Aktivität, die Masse, die Radionuklide, das Freimessverfahren, die Mittelungsmasse, die Mittelungsfläche und der Zeitpunkt der Feststellung.

(4) Der Mitteilung nach Absatz 1 Satz 1 Nr. 1 über den Erwerb umschlossener radioaktiver Stoffe ist die Bescheinigung nach § 69 Abs. 2 beizufügen.

(5) Die zuständige Behörde kann im Einzelfall von der Buchführungs- und Mitteilungspflicht ganz oder teilweise befreien, wenn dadurch eine Gefährdung von Mensch und Umwelt nicht eintreten kann und es sich nicht um Mitteilungs- oder Buchführungspflichten nach Absatz 1 Satz 3 oder Absatz 2 oder Absatz 3 handelt.[29]

(5a) Die zuständige Behörde prüft binnen Monatsfrist die nach Absatz 1 Satz 3 übermittelten Daten auf Vollständigkeit und Übereinstimmung mit der erteilten Genehmigung nach § 9 des Atomgesetzes oder § 7 dieser Verordnung und kennzeichnet sie bei positiver Feststellung als geprüft und richtig.[30]

(6) Die Unterlagen nach Absatz 1 Satz 1 Nr. 2 und Absatz 3 Satz 1 sind 30 Jahre ab dem Zeitpunkt der Gewinnung, der Erzeugung, des Erwerbs, der Abgabe, des sonstigen Verbleibs oder der Feststellung aufzubewahren und auf Verlangen der zuständigen Behörde bei dieser zu hinterlegen. Im Falle einer Beendigung der Tätigkeit vor Ablauf der Aufbewahrungsfrist nach Satz 1 sind die Unterlagen unverzüglich einer von der zuständigen Behörde bestimmten Stelle zu übergeben.

§ 70a[31]
Register über hochradioaktive Strahlenquellen

(1) Die Angaben nach § 12d Abs. 2 des Atomgesetzes werden mittels des Standarderfassungsblatts der Anlage XV in gesicherter elektronischer Form an das Register gemeldet.

(2) Dem Register nach § 12d des Atomgesetzes übermittelt das Bundesamt für Wirtschaft und Ausfuhrkontrolle unverzüglich die Angaben über erteilte Genehmigungen nach § 3 Abs. 1 des Atomgesetzes oder § 19 Abs. 1 Satz 1 dieser Verordnung für die grenzüberschreitende Verbringung einer hochradioaktiven Strahlenquelle aus einem Staat, der nicht Mitgliedstaat der Europäischen Gemeinschaften ist, in den Geltungsbereich der Strahlenschutzverordnung, insbesondere die Angaben der

---

28 § 70 Abs.1 Satz 3 u. 4 angefügt durch Art. 2 Nr. 15 Buchst. a des Ges. z. Kontrolle hochradioaktiver Strahlenquellen.
29 § 70 Abs. 5 geändert durch Art. 2 Nr. 15 Buchst. b des Ges. z. Kontrolle hochradioaktiver Strahlenquellen.
30 § 70 Abs. 5a eingefügt durch Art. 2 Nr. 15 Buchst. c des Ges. z. Kontrolle hochradioaktiver Strahlenquellen.
31 § 70a eingefügt durch Art. 2 Nr. 16 d. Ges. z. Kontrolle hochradioaktiver Strahlenquellen.

Nummern 1, 2, 5 und 7 des Standarderfassungsblatts der Anlage XV. Dem Register nach § 12d des Atomgesetzes werden die Angaben nach

1. § 70 Abs. 1 Satz 3 oder § 71 Abs. 1 Satz 2 und 5 durch den Strahlenschutzverantwortlichen oder den Strahlenschutzbeauftragten und

2. die Angaben nach § 71 Abs. 1 Satz 4 und Abs. 2 Satz 3 durch die zuständige Behörde

übermittelt. Die zuständige Behörde ist über die Mitteilung nach Satz 1 unverzüglich zu informieren. Sie kann von ihr angeforderte Aufzeichnungen des Strahlenschutzverantwortlichen oder des Strahlenschutzbeauftragten über hochradioaktive Strahlenquellen an das Register weiterleiten.

(3) Auf Antrag unterrichtet das Bundesamt für Strahlenschutz den Strahlenschutzverantwortlichen nach Absatz 2 Satz 2 Nr. 1 über die sie betreffenden Daten.

(4) Das Bundesamt für Strahlenschutz fasst die übermittelten Daten im Register zusammen. Das Bundesamt für Strahlenschutz unterrichtet unverzüglich

1. das für die kerntechnische Sicherheit und den Strahlenschutz zuständige Bundesministerium und das Bundeskriminalamt über den Eingang einer Mitteilung über Fund, Verlust oder Diebstahl einer hochradioaktiven Strahlenquelle,

2. die zuständige Behörde, wenn Daten nicht vollständig sind oder eine hochradioaktive Strahlenquelle gefunden wurde.

(5) Das Bundesamt für Strahlenschutz bestimmt das Datenformat und das Verfahren zur Übermittlung.

§ 71
Abhandenkommen, Fund, Erlangung der tatsächlichen Gewalt

(1) Der bisherige Inhaber der tatsächlichen Gewalt über radioaktive Stoffe, deren Aktivität die Freigrenzen der Anlage III Tabelle 1 Spalte 2 und 3 überschreitet, hat der atomrechtlichen Aufsichtsbehörde oder der für die öffentliche Sicherheit oder Ordnung zuständigen Behörde das Abhandenkommen dieser Stoffe unverzüglich mitzuteilen. Zusätzlich zur Mitteilung nach Satz 1 ist das Abhandenkommen einer hochradioaktiven Strahlenquelle unverzüglich dem Register über hochradioaktive Strahlenquellen beim Bundesamt für Strahlenschutz in elektronischer Form mit dem Standarderfassungsblatt der Anlage XV unter Nummer 10 mitzuteilen. Die zuständige Behörde ist über die Mitteilung nach Satz 2 unverzüglich zu informieren. Ist beim Abhandenkommen einer hochradioaktiven Strahlenquelle der bisherige Inhaber der tatsächlichen Gewalt nicht der Inhaber der Genehmigung für den Umgang mit der hochradioaktiven Strahlenquelle, so hat die zuständige Behörde das Abhandenkommen mit dem Standarderfassungsblatt der Anlage XV unverzüglich nach Mitteilung dem Register über hochradioaktive Strahlenquellen beim Bundesamt für Strahlenschutz in elektronischer Form unter Nummer 10 mitzuteilen. Satz 2 gilt auch bei Wiederauffinden einer hochradioaktiven Strahlenquelle.[32]

(2) Wer

1. radioaktive Stoffe findet oder

2. ohne seinen Willen die tatsächliche Gewalt über radioaktive Stoffe erlangt oder

3. die tatsächliche Gewalt über radioaktive Stoffe erlangt hat, ohne zu wissen, dass diese Stoffe radioaktiv sind,

hat dies der atomrechtlichen Aufsichtsbehörde oder der für die öffentliche Sicherheit oder Ordnung zuständigen Behörde unverzüglich mitzuteilen, sobald er von der Radioaktivität dieser Stoffe Kenntnis erlangt. Satz 1 gilt nicht, wenn die Aktivität der radioaktiven Stoffe die Werte der Anlage III Tabelle 1

---

[32] § 71 Abs. 1 Satz 2 bis 5 angefügt durch Art. 2 Nr. 17 Buchst. a des Ges. z. Kontrolle hochradioaktiver Strahlenquellen.

Spalte 2 oder 3 nicht überschreitet. Die zuständige Behörde teilt den Fund einer hochradioaktiven Strahlenquelle unter Bezugnahme der Nummer 10 des Standarderfassungsblatts der Anlage XV dem Register über hochradioaktive Strahlenquellen beim Bundesamt für Strahlenschutz in elektronischer Form unverzüglich, spätestens an dem auf die Kenntnisnahme folgenden zweiten Werktag mit.[33]

(3) Absatz 2 gilt auch für den, der als Inhaber einer Wasserversorgungsanlage oder einer Abwasseranlage die tatsächliche Gewalt über Wasser erlangt, das radioaktive Stoffe enthält, wenn die Aktivitätskonzentration radioaktiver Stoffe im Kubikmeter Wasser von

1. Wasserversorgungsanlagen das Dreifache oder
2. Abwasseranlagen das 60fache

der Werte der Anlage VII Teil D Nr. 2 übersteigt.

(4) Einer Genehmigung nach den §§ 4, 6 oder 9 des Atomgesetzes oder nach § 7 Abs. 1 oder § 16 Abs. 1 dieser Verordnung bedarf nicht, wer in den Fällen des Absatzes 2 oder 3 nach unverzüglicher Mitteilung die radioaktiven Stoffe bis zur Entscheidung der zuständigen Behörde oder auf deren Anordnung lagert oder aus zwingenden Gründen zum Schutz von Leben und Gesundheit befördert oder handhabt.

Abschnitt 9:
Radioaktive Abfälle

§ 72
Planung für Anfall und Verbleib radioaktiver Abfälle

Wer eine Tätigkeit nach § 2 Abs. 1 Nr. 1 Buchstaben a, c oder d plant oder ausübt, hat

1. den erwarteten jährlichen Anfall von radioaktiven Abfällen für die Dauer der Betriebszeit abzuschätzen und der Behörde unter Angabe des geplanten Verbleibs der radioaktiven Abfälle mitzuteilen und
2. den Verbleib radioaktiver Abfälle nachzuweisen und hierzu
   a) den erwarteten Anfall an radioaktiven Abfällen für das nächste Jahr erstmals ab Betriebsbeginn, danach ab Stichtag abzuschätzen und dabei Angaben über den Verbleib zu machen und
   b) den Anfall radioaktiver Abfälle seit dem letzten Stichtag und den Bestand zum Stichtag anzugeben.

Die Angaben nach Satz 1 Nr. 2 sind jeweils zum Stichtag 31. Dezember fortzuschreiben und bis zum darauffolgenden 31. März der zuständigen Behörde vorzulegen. Sie sind unverzüglich fortzuschreiben und der zuständigen Behörde vorzulegen, falls sich wesentliche Änderungen ergeben. Die Sätze 1 bis 3 gelten nicht für bestrahlte Brennelemente und für radioaktive Abfälle, die nach § 76 Abs. 4 an Landessammelstellen abzuliefern sind, soweit sie unbehandelt sind. Abweichend von Satz 4 gelten die Sätze 1 bis 3 entsprechend für denjenigen, der radioaktive Abfälle im Sinne des Satzes 4 von Abfallverursachern übernimmt und hierdurch selbst ablieferungspflichtig wird.

§ 73
Erfassung

(1) Wer eine Tätigkeit nach § 2 Abs. 1 Nr. 1 Buchstaben a, c oder d ausübt, hat die radioaktiven Abfälle nach Anlage X Teil A und B zu erfassen und bei Änderungen die Erfassung zu aktualisieren. Besitzt ein anderer als der nach § 9a Abs. 1 des Atomgesetzes Verpflichtete die Abfälle, so hat der Besitzer bei Änderungen der erfassten Angaben diese Änderungen nach Anlage X Teil A und B zu erfassen und die erfassten Angaben dem Abfallverursacher bereitzustellen.

---

33 § 71 Abs. 2 Satz 3 angefügt durch Art. 2 Nr. 17 Buchst. b des Ges. z. Kontrolle hochradioaktiver Strahlenquellen.

(2) Die erfassten Angaben sind in einem von dem nach § 9a Abs. 1 des Atomgesetzes Verpflichteten einzurichtenden elektronischen Buchführungssystem so aufzuzeichnen, dass auf Anfrage der zuständigen Behörde die erfassten Angaben unverzüglich bereitgestellt werden können. Das Buchführungssystem bedarf der Zustimmung der zuständigen Behörde.

(3) Die Angaben im Buchführungssystem nach Absatz 2 sind zu aktualisieren und nach Ablieferung der jeweiligen radioaktiven Abfälle an die Landessammelstelle oder an eine Anlage des Bundes zur Sicherstellung und zur Endlagerung radioaktiver Abfälle für mindestens ein Jahr bereitzuhalten.

(4) § 72 Satz 4 und 5 gelten entsprechend.

§ 74
Behandlung und Verpackung

(1) Die zuständige Behörde oder eine von ihr bestimmte Stelle kann die Art der Behandlung und Verpackung radioaktiver Abfälle vor deren Ablieferung anordnen und einen Nachweis über die Einhaltung dieser Anordnung verlangen. Die nach dem Atomgesetz für die Sicherstellung und Endlagerung radioaktiver Abfälle zuständige Behörde legt alle sicherheitstechnischen Anforderungen an Abfallgebinde, die für die Endlagerung bestimmt sind, sowie die Vorgaben für die Behandlung der darin enthaltenen Abfälle fest und stellt die Endlagerfähigkeit der nach diesen Anforderungen und Vorgaben hergestellten Abfallgebinde fest.

(2) Bei der Behandlung und Verpackung radioaktiver Abfälle zur Herstellung endlagerfähiger Abfallgebinde sind Verfahren anzuwenden, deren Anwendung das Bundesamt für Strahlenschutz zugestimmt hat. Sofern nach § 76 Abs. 4 an Landessammelstellen abgelieferte radioaktive Abfälle nach Absatz 1 Satz 2 behandelt und verpackt wurden, trägt der Bund die Kosten, die sich aus einer nachträglichen Änderung der Vorgaben ergeben. § 72 Satz 4 und 5 gelten entsprechend.

(3) Abfallbehälter oder sonstige Einheiten sind mit einer Kennzeichnung nach Anlage X Teil B zu versehen. § 72 Satz 4 und 5 gelten entsprechend.

(4) Anforderungen auf der Grundlage des Gefahrgutbeförderungsgesetzes bleiben unberührt.

§ 75
Pflichten bei der Abgabe radioaktiver Abfälle

(1) Wer radioaktive Abfälle abgibt, hat vorher eine schriftliche Erklärung des Empfängers über dessen Annahmebereitschaft einzuholen. Er hat dem Empfänger dabei die Angaben nach § 73 Abs. 1 zu überlassen.

(2) Wer radioaktive Abfälle zur Beförderung abgibt, hat dies der für ihn zuständigen Behörde mindestens fünf Arbeitstage vor Beginn der Beförderung mitzuteilen. In die Mitteilung sind die Angaben nach Anlage X Teil C aufzunehmen. Ein Abdruck der Mitteilung ist gleichzeitig dem Empfänger zuzusenden. Kann der Beförderungstermin in der Meldung nicht verbindlich genannt werden, ist dieser mindestens zwei Arbeitstage vor dem Beginn der Beförderung entsprechend Satz 1 und 2 nachzumelden. Satz 1 und 2 gelten entsprechend auch für den Empfänger, falls die für ihn zuständige Behörde mit der für den Abgebenden zuständigen Behörde nicht identisch ist.

(3) Der Empfänger hat

1. unverzüglich den nach Absatz 2 erhaltenen Abdruck der Mitteilung nach Anlage X Teil C auf Unstimmigkeiten zwischen den Angaben und dem beförderten Gut zu prüfen und Unstimmigkeiten der für ihn zuständigen Behörde mitzuteilen,

2. den Abgebenden unverzüglich schriftlich über die Annahme der radioaktiven Abfälle zu unterrichten und

3. die Angaben nach § 75 Abs. 1 in sein Buchführungssystem zu übernehmen.

(4) Mitteilungen nach Absatz 2 sind bei einer Verbringung nach § 5 Abs. 2 der Atomrechtlichen Abfallverbringungsverordnung nicht erforderlich.

(5) § 72 Satz 4 und 5 gelten entsprechend.

§ 76
Ablieferung

(1) Radioaktive Abfälle sind an eine Anlage des Bundes zur Sicherstellung und zur Endlagerung radioaktiver Abfälle abzuliefern, wenn sie

1. bei der staatlichen Verwahrung von Kernbrennstoffen nach § 5 des Atomgesetzes,
2. bei der Aufbewahrung nach § 6 des Atomgesetzes,
3. in den nach § 7 des Atomgesetzes genehmigungsbedürftigen Anlagen oder
4. bei Tätigkeiten nach § 9 des Atomgesetzes oder
5. bei Tätigkeiten, die nur auf Grund von § 2 Abs. 3 des Atomgesetzes nicht dem § 9 des Atomgesetzes unterfallen,

entstanden sind.

(2) Absatz 1 findet auch Anwendung auf radioaktive Abfälle aus einem Umgang nach § 7 Abs. 1, wenn dieser im Zusammenhang mit einer der Tätigkeiten nach Absatz 1 erfolgt oder wenn sich gemäß § 7 Abs. 2 eine nach dem Atomgesetz erteilte Genehmigung auch auf einen Umgang nach § 7 Abs. 1 erstreckt.

(3) Andere radioaktive Abfälle dürfen an eine Anlage des Bundes zur Sicherstellung und zur Endlagerung radioaktiver Abfälle nur abgeliefert werden, wenn die für den Abfallerzeuger zuständige Landesbehörde dies zugelassen hat. Im Fall der Zulassung entfällt die Ablieferungspflicht nach Absatz 4.

(4) Radioaktive Abfälle sind an eine Landessammelstelle abzuliefern, wenn sie

1. aus einem Umgang nach § 7 Abs. 1 oder
2. aus einem genehmigungsbedürftigen Betrieb von Anlagen zur Erzeugung ionisierender Strahlen

stammen, es sei denn, diese Abfälle sind nach Absatz 1 Nr. 5 an eine Anlage des Bundes zur Sicherstellung und zur Endlagerung radioaktiver Abfälle abzuliefern.

(5) Die in Absatz 1 und 2 genannten radioaktiven Abfälle dürfen an eine Landessammelstelle nur abgeliefert werden, wenn die für den Abfallerzeuger zuständige Landesbehörde dies zugelassen hat. Im Fall der Zulassung entfällt die Ablieferungspflicht nach Absatz 1 oder 2.

(6) Die Landessammelstelle führt die bei ihr zwischengelagerten radioaktiven Abfälle grundsätzlich an eine Anlage des Bundes zur Sicherstellung und zur Endlagerung radioaktiver Abfälle ab.

§ 77
Ausnahmen von der Ablieferungspflicht

Die Ablieferungspflicht nach § 76 bezieht sich nicht auf radioaktive Abfälle, soweit deren anderweitige Beseitigung oder Abgabe im Einzelfall oder für einzelne Abfallarten im Einvernehmen mit der für den Empfänger der radioaktiven Abfälle zuständigen Behörde angeordnet oder genehmigt worden ist. Sie ruht, solange über einen Antrag auf Freigabe nach § 29 noch nicht entschieden oder eine anderweitige Zwischenlagerung der radioaktiven Abfälle angeordnet oder genehmigt ist.

§ 78
Zwischenlagerung

Bis zur Inbetriebnahme von Anlagen des Bundes zur Sicherstellung und zur Endlagerung radioaktiver Abfälle sind die nach § 76 Abs. 1 oder 2 abzuliefernden radioaktiven Abfälle vom Ablieferungspflichtigen zwischen zu lagern; die zwischengelagerten radioaktiven Abfälle werden nach Inbetriebnahme dieser Anlagen von deren Betreiber abgerufen. Die Zwischenlagerung kann auch von mehreren Ablieferungspflichtigen gemeinsam oder durch Dritte erfolgen.

§ 79
Umgehungsverbot

Niemand darf sich den Pflichten aus den §§ 72 bis 78 dadurch entziehen, dass er radioaktive Abfälle aus genehmigungsbedürftigen Tätigkeiten nach § 2 Abs. 1 Nr. 1 ohne Genehmigung unter Inanspruchnahme der Regelung des § 8 Abs. 1 durch Verdünnung oder Aufteilung in Freigrenzenmengen beseitigt, beseitigen lässt oder deren Beseitigung ermöglicht. § 29 Abs. 2 Satz 4 bleibt unberührt.

KAPITEL 4:
Besondere Anforderungen bei der medizinischen Anwendung radioaktiver Stoffe und ionisierender Strahlung

Abschnitt 1:
Heilkunde und Zahnheilkunde

§ 80
Rechtfertigende Indikation

(1) Radioaktive Stoffe oder ionisierende Strahlung dürfen unmittelbar am Menschen in Ausübung der Heilkunde oder Zahnheilkunde nur angewendet werden, wenn eine Person nach § 82 Abs. 1 Nr. 1 hierfür die rechtfertigende Indikation gestellt hat. Die rechtfertigende Indikation erfordert die Feststellung, dass der gesundheitliche Nutzen einer Anwendung am Menschen gegenüber dem Strahlenrisiko überwiegt. Andere Verfahren mit vergleichbarem gesundheitlichem Nutzen, die mit keiner oder einer geringeren Strahlenexposition verbunden sind, sind bei der Abwägung zu berücksichtigen. Eine rechtfertigende Indikation nach Satz 1 ist auch dann zu stellen, wenn eine Anforderung eines überweisenden Arztes vorliegt. § 23 bleibt unberührt.

(2) Der die rechtfertigende Indikation stellende Arzt hat vor der Anwendung, erforderlichenfalls in Zusammenarbeit mit einem überweisenden Arzt, die verfügbaren Informationen über bisherige medizinische Erkenntnisse heranzuziehen, um jede unnötige Strahlenexposition zu vermeiden. Patienten sind über frühere medizinische Anwendungen von radioaktiven Stoffen oder ionisierender Strahlung, die für die vorgesehene Anwendung von Bedeutung sind, zu befragen.

(3) Vor einer Anwendung radioaktiver Stoffe oder ionisierender Strahlung hat der anwendende Arzt gebärfähige Frauen, erforderlichenfalls in Zusammenarbeit mit einem überweisenden Arzt, zu befragen, ob eine Schwangerschaft besteht oder bestehen könnte oder ob sie stillen. Bei bestehender oder nicht auszuschließender Schwangerschaft ist die Dringlichkeit der Anwendung besonders zu prüfen. Bei Anwendung offener radioaktiver Stoffe gilt Satz 2 entsprechend für stillende Frauen.

§ 81
Beschränkung der Strahlenexposition

(1) Die durch ärztliche Untersuchungen bedingte Strahlenexposition ist soweit einzuschränken, wie dies mit den Erfordernissen der medizinischen Wissenschaft zu vereinbaren ist. Ist bei Frauen trotz

bestehender oder nicht auszuschließender Schwangerschaft die Anwendung radioaktiver Stoffe oder ionisierender Strahlung geboten, sind alle Möglichkeiten zur Herabsetzung der Strahlenexposition der Schwangeren und insbesondere des ungeborenen Kindes auszuschöpfen. Bei Anwendung offener radioaktiver Stoffe gilt Satz 2 entsprechend für stillende Frauen.

(2) Bei der Untersuchung von Menschen sind diagnostische Referenzwerte zu Grunde zu legen. Eine Überschreitung der diagnostischen Referenzwerte ist schriftlich zu begründen. Das Bundesamt für Strahlenschutz erstellt und veröffentlicht die diagnostischen Referenzwerte.

(3) Vor der Anwendung radioaktiver Stoffe oder ionisierender Strahlung zur Behandlung am Menschen muss von einem Arzt nach § 82 Abs. 1 Nr. 1 und einem Medizinphysik-Experten ein auf den Patienten bezogener Bestrahlungsplan schriftlich festgelegt werden. Die Dosis im Zielvolumen ist bei jeder zu behandelnden Person nach den Erfordernissen der medizinischen Wissenschaft individuell festzulegen; die Dosis außerhalb des Zielvolumens ist so niedrig zu halten, wie dies unter Berücksichtigung des Behandlungszwecks möglich ist.

(4) Die Vorschriften über Dosisgrenzwerte und über die physikalische Strahlenschutzkontrolle nach den §§ 40 bis 44 gelten nicht für Personen, an denen in Ausübung der Heilkunde oder Zahnheilkunde radioaktive Stoffe oder ionisierende Strahlung angewendet werden.

(5) Helfende Personen sind über die möglichen Gefahren der Strahlenexposition vor dem Betreten des Kontrollbereichs zu unterrichten. Es sind Maßnahmen zu ergreifen, um ihre Strahlenexposition zu beschränken. Absatz 4, § 40 Abs. 1 Satz 1 und § 42 Abs. 1 Satz 1 gelten entsprechend für helfende Personen.

(6) Dem Patienten oder der helfenden Person sind nach der Untersuchung oder Behandlung mit radioaktiven Stoffen geeignete schriftliche Hinweise auszuhändigen, wie die Strahlenexposition oder Kontamination der Angehörigen, Dritter und der Umwelt möglichst gering gehalten oder vermieden werden kann, soweit dies aus Gründen des Strahlenschutzes erforderlich ist. Satz 1 findet keine Anwendung, wenn eine solche Strahlenexposition oder Kontamination ausgeschlossen werden kann oder der Patient weiter stationär behandelt wird.

(7) Es ist dafür zu sorgen, dass für die ausschließliche Anwendung radioaktiver Stoffe oder ionisierender Strahlung am Menschen bestimmte Anlagen zur Erzeugung ionisierender Strahlen, Bestrahlungsvorrichtungen oder sonstige Geräte oder Ausrüstungen nur in dem Umfang vorhanden sind, wie sie für die ordnungsgemäße Durchführung medizinischer Anwendungen erforderlich sind.

§ 82
Anwendung radioaktiver Stoffe oder ionisierender Strahlung am Menschen

(1) In der Heilkunde oder Zahnheilkunde dürfen radioaktive Stoffe oder ionisierende Strahlung am Menschen nur angewendet werden von

1. Personen, die als Ärzte oder Zahnärzte approbiert sind oder denen die Ausübung des ärztlichen Berufs erlaubt ist und die die erforderliche Fachkunde im Strahlenschutz besitzen,

2. Personen, die als Ärzte oder Zahnärzte approbiert sind oder denen die Ausübung des ärztlichen oder zahnärztlichen Berufs erlaubt ist und die nicht die erforderliche Fachkunde im Strahlenschutz besitzen, wenn sie auf ihrem speziellen Arbeitsgebiet über die für den Umgang mit radioaktiven Stoffen und die Anwendung ionisierender Strahlung erforderlichen Kenntnisse im Strahlenschutz verfügen und unter Aufsicht und Verantwortung einer der unter Nummer 1 genannten Personen tätig sind.

(2) Die technische Mitwirkung bei der Anwendung radioaktiver Stoffe oder ionisierender Strahlung am Menschen in der Heilkunde oder Zahnheilkunde ist neben den Personen nach Absatz 1 ausschließlich

1. Personen mit einer Erlaubnis nach § 1 Nr. 2 des MTA-Gesetzes vom 2. August 1993 (BGBl. I S. 1402), das zuletzt durch Artikel 23 des Gesetzes vom 27. April 2002 (BGBl. I S. 1467) geändert worden ist,
2. Personen, mit einer staatlich geregelten, staatlich anerkannten oder staatlich überwachten abgeschlossenen Ausbildung, wenn die technische Mitwirkung Gegenstand ihrer Ausbildung und Prüfung war und sie die erforderliche Fachkunde im Strahlenschutz besitzen,
3. Personen, die sich in einer die erforderlichen Voraussetzungen zur technischen Mitwirkung vermittelnden beruflichen Ausbildung befinden, wenn sie unter ständiger Aufsicht und Verantwortung einer Person nach Absatz 1 Nr. 1 Arbeiten ausführen, die ihnen im Rahmen ihrer Ausbildung übertragen sind, und sie die erforderlichen Kenntnisse im Strahlenschutz besitzen,
4. Personen mit einer abgeschlossenen sonstigen medizinischen Ausbildung, wenn sie unter ständiger Aufsicht und Verantwortung einer Person nach Absatz 1 Nr. 1 tätig sind und die erforderlichen Kenntnisse im Strahlenschutz besitzen,

erlaubt.

(3) Für häufig vorgenommene Untersuchungen und Behandlungen sind schriftliche Arbeitsanweisungen zu erstellen. Diese sind zur jederzeitigen Einsicht durch die bei diesen Untersuchungen und Behandlungen tätigen Personen bereit zu halten und auf Anforderung der zuständigen Behörde zu übersenden.

(4) Für Behandlungen mit radioaktiven Stoffen oder ionisierender Strahlung ist ein Medizinphysik-Experte zu enger Mitarbeit hinzuzuziehen. Bei nuklearmedizinischen Untersuchungen oder bei Standardbehandlungen mit radioaktiven Stoffen muss ein Medizinphysik-Experte, insbesondere zur Optimierung und Qualitätssicherung bei der Anwendung radioaktiver Stoffe, verfügbar sein.

§ 83
Qualitätssicherung bei der medizinischen Strahlenanwendung

(1) Zur Qualitätssicherung der medizinischen Strahlenanwendung bestimmt die zuständige Behörde ärztliche Stellen. Den von den ärztlichen Stellen durchzuführenden Prüfungen zur Qualitätssicherung der medizinischen Strahlenanwendung unterliegen die Genehmigungsinhaber nach den §§ 7 und 11 für die Anwendungen radioaktiver Stoffe oder ionisierender Strahlung am Menschen. Die zuständige Behörde legt fest, in welcher Weise die ärztlichen Stellen die Prüfungen durchführen, mit denen sichergestellt wird, dass bei der Anwendung radioaktiver Stoffe oder ionisierender Strahlung am Menschen die Erfordernisse der medizinischen Wissenschaft beachtet werden und die angewendeten Verfahren und eingesetzten Anlagen zur Erzeugung ionisierender Strahlen, Bestrahlungsvorrichtungen, sonstige Geräte oder Ausrüstungen den nach dem Stand von Wissenschaft und Technik jeweils notwendigen Qualitätsstandards entsprechen, um die Strahlenexposition des Patienten so gering wie möglich zu halten. Die ärztlichen Stellen haben der zuständigen Behörde

   a) die Ergebnisse der Prüfungen nach Satz 3,
   b) die beständige, ungerechtfertigte Überschreitung der bei der Untersuchung zu Grunde zulegenden diagnostischen Referenzwerte nach § 81 Abs. 2 Satz 1 und
   c) eine Nichtbeachtung der Optimierungsvorschläge nach Absatz 2

mitzuteilen.

(2) Die ärztliche Stelle hat im Rahmen ihrer Befugnisse nach Absatz 1 die Aufgabe, dem Strahlenschutzverantwortlichen Möglichkeiten zur Optimierung der medizinischen Strahlenanwendung vorzuschlagen und nachzuprüfen, ob und wie weit die Vorschläge umgesetzt werden.

(3) Eine ärztliche Stelle unterliegt im Hinblick auf patientenbezogene Daten der ärztlichen Schweigepflicht.

(4) Die genehmigungsbedürftige Tätigkeit nach § 7 Abs. 1 in Verbindung mit § 9 Abs. 1 und 3 oder § 11 Abs. 2 in Verbindung mit § 14 Abs. 1 und 2 ist bei einer von der zuständigen Behörde bestimmten ärztlichen Stelle anzumelden. Ein Abdruck der Anmeldung ist der zuständigen Behörde zu übersenden. Der ärztlichen Stelle sind auf Verlangen die Unterlagen vorzulegen, die diese zur Erfüllung ihrer Aufgaben nach Absatz 1 und 2 benötigt, insbesondere Angaben zu der verabreichten Aktivität und Dosis, den Anlagen zur Erzeugung ionisierender Strahlen, den Bestrahlungsvorrichtungen oder sonstigen verwendeten Geräten oder Ausrüstungen und Angaben zur Anwendung des § 80. Der ärztlichen Stelle ist auf Verlangen die schriftliche Begründung der Überschreitung der diagnostischen Referenzwerte nach § 81 Abs. 2 Satz 2 vorzulegen.

(5) Die bei der Anwendung von radioaktiven Stoffen und ionisierender Strahlung zur Untersuchung oder Behandlung von Menschen verwendeten Bestrahlungsvorrichtungen, Anlagen zur Erzeugung ionisierender Strahlen oder sonstigen Geräte oder Ausrüstungen sind unbeschadet der Anforderungen des § 66 regelmäßig betriebsintern zur Qualitätssicherung zu überwachen. Umfang und Zeitpunkt der Überwachungsmaßnahmen sind aufzuzeichnen. Die Aufzeichnungen sind zehn Jahre ab dem Zeitpunkt der Überwachungsmaßnahme aufzubewahren und der zuständigen Behörde auf Verlangen vorzulegen.

§ 84
Bestrahlungsräume

Anlagen zur Erzeugung ionisierender Strahlen sowie Bestrahlungsvorrichtungen, deren Aktivität 5×10^{10} Becquerel überschreitet, dürfen in Ausübung der Heilkunde oder Zahnheilkunde nur in allseitig umschlossenen Räumen (Bestrahlungsräumen) betrieben werden. Diese müssen so bemessen sein, dass die erforderlichen Verrichtungen ohne Behinderung vorgenommen werden können. Die Bedienungsvorrichtungen, die die Strahlung freigeben, müssen sich in einem Nebenraum außerhalb des Kontrollbereiches befinden. In dem Bestrahlungsraum muss sich mindestens ein Notschalter befinden, mit dem die Anlage abgeschaltet, der Strahlerkopf der Bestrahlungsvorrichtung geschlossen oder der radioaktive Stoff in die Abschirmung eingefahren werden kann. Es muss eine geeignete Ausstattung zur Überwachung des Patienten im Bestrahlungsraum vorhanden sein.

§ 85
Aufzeichnungspflichten

(1) Es ist dafür zu sorgen, dass über die Befragung nach § 80 Abs. 2 Satz 2 und Abs. 3 Satz 1, die Untersuchung und die Behandlung von Patienten Aufzeichnungen nach Maßgabe des Satzes 2 und 3 angefertigt werden. Die Aufzeichnungen müssen enthalten:

1. das Ergebnis der Befragung,

2. den Zeitpunkt, die Art und den Zweck der Untersuchung oder Behandlung, die dem Patienten verabreichten radioaktiven Stoffe nach Art, chemischer Zusammensetzung, Applikationsform, Aktivität,

3. Angaben zur rechtfertigenden Indikation nach § 80 Abs. 1 Satz 1,

4. die Begründung nach § 81 Abs. 2 Satz 2,

5. bei der Behandlung zusätzlich die Körperdosis und den Bestrahlungsplan nach § 81 Abs. 3 Satz 1,

6. bei der Behandlung mit Bestrahlungsvorrichtungen oder Anlagen zur Erzeugung ionisierender Strahlen zusätzlich das Bestrahlungsprotokoll.

Die Aufzeichnungen sind gegen unbefugten Zugriff und unbefugte Änderungen zu sichern. Aufzeichnungen, die unter Einsatz von Datenverarbeitungsanlagen angefertigt werden, müssen innerhalb der Aufbewahrungsfrist nach Absatz 3 in angemessener Zeit lesbar gemacht werden können.

(2) Der untersuchten oder behandelten Person ist auf ihr Verlangen eine Abschrift der Aufzeichnung nach Absatz 1 Satz 1 auszuhändigen.

(3) Die Aufzeichnungen über die Untersuchung sind zehn Jahre lang, über die Behandlung 30 Jahre lang nach der letzten Untersuchung oder Behandlung aufzubewahren. Die zuständige Behörde kann verlangen, dass im Falle der Praxisaufgabe oder sonstiger Einstellung der Tätigkeit die Aufzeichnungen bei einer von ihr bestimmten Stelle zu hinterlegen sind; dabei ist die ärztliche Schweigepflicht zu wahren.

(4) Wer eine Person mit radioaktiven Stoffen oder ionisierender Strahlung untersucht oder behandelt hat, hat demjenigen, der später eine solche Untersuchung oder Behandlung vornimmt, auf dessen Verlangen Auskunft über die Aufzeichnungen nach Absatz 1 zu erteilen und die sich hierauf beziehenden Unterlagen vorübergehend zu überlassen. Werden die Unterlagen von einer anderen Person aufbewahrt, so hat diese dem Auskunftsberechtigten die Unterlagen vorübergehend zu überlassen.

(5) Das Bundesamt für Strahlenschutz ermittelt regelmäßig die medizinische Strahlenexposition der Bevölkerung und ausgewählter Bevölkerungsgruppen.

(6) Es ist ein aktuelles Verzeichnis der Bestrahlungsvorrichtungen, der Anlagen zur Erzeugung ionisierender Strahlen oder der sonstigen Geräte oder Ausrüstungen zu führen. Das Bestandsverzeichnis nach § 8 der Verordnung über das Errichten, Betreiben und Anwenden von Medizinprodukten kann hierfür herangezogen werden. Das Bestandsverzeichnis ist der zuständigen Behörde auf Verlangen vorzulegen.

§ 86
Anwendungen am Menschen außerhalb der Heilkunde oder Zahnheilkunde

Für Anwendungen radioaktiver Stoffe oder ionisierender Strahlung am Menschen, die durch andere gesetzliche Regelungen vorgesehen oder zugelassen sind, gelten die §§ 80 bis 85 entsprechend.

Abschnitt 2:
Medizinische Forschung

§ 87
Besondere Schutz- und Aufklärungspflichten

(1) Die Anwendung von radioaktiven Stoffen oder ionisierenden Strahlung am Menschen in der medizinischen Forschung ist nur mit dessen persönlicher Einwilligung zulässig. Der Inhaber der Genehmigung nach § 23 hat eine schriftliche Erklärung des Probanden darüber einzuholen, dass der Proband mit

1. der Anwendung radioaktiver Stoffe oder ionisierender Strahlung an seiner Person und

2. den Untersuchungen, die vor, während und nach der Anwendung zur Kontrolle und zur Erhaltung seiner Gesundheit erforderlich sind.

einverstanden ist. Die Erklärung ist nur wirksam, wenn der Proband geschäftsfähig und in der Lage ist, das Risiko der Anwendung der radioaktiven Stoffe oder ionisierenden Strahlung für sich einzusehen und seinen Willen hiernach zu bestimmen. Diese Erklärung und alle im Zusammenhang mit der Anwendung stehenden Einwilligungen können jederzeit vom Probanden formlos widerrufen werden.

(2) Die Anwendung ist ferner nur zulässig, wenn der Proband zuvor eine weitere schriftliche Erklärung darüber abgegeben hat, dass er mit

1. der Mitteilung seiner Teilnahme an dem Forschungsvorhaben und

2. der unwiderruflichen Mitteilung der durch die Anwendung erhaltenen Strahlenexpositionen an die zuständige Behörde

einverstanden ist.

(3) Vor Abgabe der Einwilligungen ist der Proband durch den das Forschungsvorhaben leitenden oder einen von diesem beauftragten Arzt über Art, Bedeutung, Tragweite und Risiken der Anwendung der radioaktiven Stoffe oder ionisierenden Strahlung und über die Möglichkeit des Widerrufs aufzuklären. Der Proband ist zu befragen, ob an ihm bereits radioaktive Stoffe oder ionisierende Strahlung zum Zweck der Untersuchung, Behandlung oder außerhalb der Heilkunde oder Zahnheilkunde angewandt worden sind. Über die Aufklärung und die Befragung des Probanden sind Aufzeichnungen anzufertigen.

(4) Der Proband ist vor Beginn der Anwendung radioaktiver Stoffe oder ionisierender Strahlung ärztlich zu untersuchen. Die Aktivität der radioaktiven Stoffe ist vor deren Anwendung zu bestimmen. Die Körperdosis ist durch geeignete Verfahren zu überwachen. Der Zeitpunkt der Anwendung, die Ergebnisse der Überwachungsmaßnahmen und die Befunde sind aufzuzeichnen.

(5) Die Erklärungen nach Absatz 1 Satz 2 und Absatz 2 und die Aufzeichnungen nach Absatz 3 Satz 3 und Absatz 4 Satz 4 sind 30 Jahre lang nach deren Abgabe oder dem Zeitpunkt der Anwendung aufzubewahren und auf Verlangen der zuständigen Behörde vorzulegen. Für die Aufzeichnungen gilt § 85 Abs. 1 Satz 2 bis 4, Abs. 2, Abs. 3 Satz 2 und Abs. 4 entsprechend.

(6) Die Anwendung von radioaktiven Stoffen oder ionisierender Strahlung am Menschen in der medizinischen Forschung darf nur von einer Person nach § 82 Abs. 1 vorgenommen werden.

(7) §§ 83, 84 und 85 Abs. 5 und 6 gelten entsprechend.

§ 88
Anwendungsverbote und Anwendungsbeschränkungen für einzelne Personengruppen

(1) An schwangeren Frauen dürfen radioaktive Stoffe oder ionisierende Strahlung in der medizinischen Forschung nicht angewendet werden. An stillenden Frauen dürfen radioaktive Stoffe in der medizinischen Forschung nicht angewendet werden. An Personen, die auf gerichtliche oder behördliche Anordnung verwahrt werden, dürfen radioaktive Stoffe oder ionisierende Strahlung in der medizinischen Forschung nicht angewendet werden.

(2) Von der Anwendung ausgeschlossen sind Probanden, bei denen in den vergangenen zehn Jahren radioaktive Stoffe oder ionisierende Strahlung zu Forschungs- oder Behandlungszwecken angewendet worden sind, wenn durch die erneute Anwendung in der medizinischen Forschung eine effektive Dosis von mehr als 10 Millisievert zu erwarten ist. Die Genehmigungsbehörde kann eine höhere effektive Dosis als 10 Millisievert zulassen, wenn mit der Anwendung gleichzeitig für den Probanden ein diagnostischer oder therapeutischer Nutzen verbunden ist. § 24 Abs. 2 Satz 1 bleibt unberührt.

(3) Die Anwendung radioaktiver Stoffe oder ionisierender Strahlung an Probanden, die das 50. Lebensjahr nicht vollendet haben, ist nur zulässig, wenn nachgewiesen ist, dass die Heranziehung solcher Personen ärztlich gerechtfertigt und zur Erreichung des Forschungszieles besonders notwendig ist.

(4) An geschäftsunfähigen und beschränkt geschäftsfähigen Probanden ist die Anwendung radioaktiver Stoffe oder ionisierender Strahlung nur zulässig, wenn

1. das Forschungsziel anders nicht erreicht werden kann,
2. die Anwendung gleichzeitig zur Untersuchung oder Behandlung des Probanden angezeigt ist und
3. der gesetzliche Vertreter oder der Betreuer seine Einwilligung abgegeben hat, nachdem er von dem das Forschungsvorhaben leitenden Arzt über Wesen, Bedeutung, Tragweite und Risiken aufgeklärt worden ist. Ist der geschäftsunfähige oder beschränkt geschäftsfähige Proband in der Lage, Wesen, Bedeutung und Tragweite der Anwendung einzusehen und seinen Willen hiernach zu bestimmen, ist zusätzlich dessen persönliche Einwilligung erforderlich.

Für die Erklärungen nach Satz 1 Nr. 3 gilt § 87 Abs. 1 bis 3 entsprechend.

§ 89
Mitteilungs- und Berichtspflichten

(1) Der zuständigen Aufsichtsbehörde und der Genehmigungsbehörde sind unverzüglich mitzuteilen:

1. jede Überschreitung der Dosiswerte nach § 24 Abs. 2 Satz 1 und § 88 Abs. 2 Satz 1, oder, sofern die Genehmigungsbehörde nach § 24 Abs. 2 Satz 2 oder § 88 Abs. 2 Satz 2 höhere Dosiswerte zugelassen hat, der zugelassenen Dosiswerte unter Angabe der näheren Umstände,
2. die Beendigung der Anwendung radioaktiver Stoffe oder ionisierender Strahlung für die Durchführung des Forschungsvorhabens.

(2) Der zuständigen Aufsichtsbehörde und der Genehmigungsbehörde ist nach Beendigung der Anwendung je ein Abschlußbericht vorzulegen, aus dem die im Einzelfall ermittelte Körperdosis und die zur Berechnung der Körperdosis relevanten Daten hervorgehen.

§ 90
Schutzanordnung

Ist zu besorgen, dass ein Proband auf Grund einer Überschreitung der genehmigten Dosiswerte für die Anwendung radioaktiver Stoffe oder ionisierender Strahlung in der medizinischen Forschung an der Gesundheit geschädigt wird, so ordnet die zuständige Behörde an, dass er durch einen Arzt nach § 64 Abs. 1 Satz 1 untersucht wird.

§ 91
Deckungsvorsorge im Falle klinischer Prüfungen

Die Regelungen des § 24 Abs. 1 Nr. 5 dieser Verordnung gelten nicht, soweit die Vorgaben der Atomrechtlichen Deckungsvorsorge-Verordnung durch die Vorsorge zur Erfüllung gesetzlicher Schadensersatzverpflichtungen nach den entsprechenden Vorschriften des Arzneimittelgesetzes oder des Medizinproduktegesetzes dem Grund und der Höhe nach erfüllt sind.

§ 92
Ethikkommission

Eine im Geltungsbereich dieser Verordnung tätige Ethikkommission muss unabhängig, interdisziplinär besetzt und bei der zuständigen Bundesoberbehörde registriert sein. Ihre Aufgabe ist es, den Studienplan mit den erforderlichen Unterlagen nach ethischen und rechtlichen Gesichtspunkten mit mindestens fünf Mitgliedern mündlich zu beraten und innerhalb von drei Monaten eine schriftliche Stellungnahme abzugeben. Bei multizentrischen Studien genügt die Stellungnahme einer Ethikkommission. Eine Registrierung erfolgt nur, wenn in einer veröffentlichten Verfahrensordnung die Mitglieder, die aus medizinischen und nichtmedizinischen Mitgliedern bestehen und die erforderliche Fachkompetenz aufweisen, das Verfahren und die Anschrift der Ethikkommission aufgeführt sind.

TEIL 3:
Schutz von Mensch und Umwelt vor natürlichen Strahlungsquellen bei Arbeiten

KAPITEL 1:
Grundpflichten

§ 93
Dosisbegrenzung

Wer in eigener Verantwortung eine Arbeit der in Kapitel 2 oder Kapitel 4 genannten Art ausübt oder ausüben lässt, hat dafür zu sorgen, dass die Dosisgrenzwerte in den Kapiteln 2 und 4 nicht überschritten werden.

§ 94
Dosisreduzierung

Wer in eigener Verantwortung eine Arbeit der in Kapitel 2 bis 4 genannten Art plant, ausübt oder ausüben lässt, hat geeignete Maßnahmen zu treffen, um unter Berücksichtigung aller Umstände des Einzelfalls die Strahlenexposition so gering wie möglich zu halten.

KAPITEL 2:
Anforderungen bei terrestrischer Strahlung an Arbeitsplätzen

§ 95
Natürlich vorkommende radioaktive Stoffe an Arbeitsplätzen

(1) Wer in seiner Betriebsstätte eine Arbeit ausübt oder ausüben lässt, die einem der in Anlage XI genannten Arbeitsfeldern zuzuordnen ist, hat je nach Zugehörigkeit des Arbeitsfeldes zu Teil A oder B der Anlage XI innerhalb von sechs Monaten nach Beginn der Arbeiten eine auf den Arbeitsplatz bezogene Abschätzung der Radon-222-Exposition oder der Körperdosis durchzuführen. Die Abschätzung ist unverzüglich zu wiederholen, wenn der Arbeitsplatz so verändert wird, dass eine höhere Strahlenexposition auftreten kann. Satz 1 gilt auch für denjenigen, der in einer fremden Betriebsstätte in eigener Verantwortung Arbeiten nach Satz 1 ausübt oder unter seiner Aufsicht stehende Personen Arbeiten ausüben lässt. In diesem Fall hat der nach Satz 1 Verpflichtete ihm vorliegende Abschätzungen für den Arbeitsplatz bereit zu stellen.

(2) Der nach Absatz 1 Verpflichtete hat der zuständigen Behörde innerhalb von drei Monaten nach Durchführung der Abschätzung nach Absatz 1 Anzeige gemäß Satz 2 zu erstatten, wenn die Abschätzung nach Absatz 1 ergibt, dass die effektive Dosis 6 Millisievert im Kalenderjahr überschreiten kann. Aus der Anzeige müssen die konkrete Art der Arbeit, das betreffende Arbeitsfeld oder die betreffenden Arbeitsfelder, die Anzahl der betroffenen Personen, die eine effektive Dosis von mehr als 6 Millisievert im Kalenderjahr erhalten können, die nach Absatz 10 Satz 1 vorgesehene Ermittlung und die nach § 94 vorgesehenen Maßnahmen hervorgehen. Bei Radonexpositionen kann davon ausgegangen werden, dass die effektive Dosis von 6 Millisievert im Kalenderjahr durch diese Expositionen nicht überschritten ist, wenn das Produkt aus Aktivitätskonzentration von Radon-222 am Arbeitsplatz und Aufenthaltszeit im Kalenderjahr den Wert von $2 \cdot 10^6$ Becquerel pro Kubikmeter mal Stunden nicht überschreitet. Bei deutlichen Abweichungen des Gleichgewichtsfaktors zwischen Radon und seinen kurzlebigen Zerfallsprodukten von dem zugrunde gelegten Wert von 0,4 kann die Behörde abweichende Werte für das Produkt aus Radon-222-Aktivitätskonzentration und Aufenthaltszeit im Kalenderjahr festlegen.

(3) Der nach Absatz 1 Satz 3 Verpflichtete hat dafür zu sorgen, dass er selbst und die unter seiner Aufsicht stehenden Personen in fremden Betriebsstätten anzeigebedürftige Arbeiten nur ausüben, wenn jede Person im Besitz eines vollständig geführten, bei der zuständigen Behörde registrierten Strahlenpasses ist.

(4) Für Personen, die anzeigebedürftige Arbeiten ausüben, beträgt der Grenzwert der effektiven Dosis 20 Millisievert im Kalenderjahr. Der Grenzwert der Organdosis beträgt für die Augenlinse 150 Millisievert, für die Haut, die Hände, die Unterarme, die Füße und Knöchel jeweils 500 Millisievert. Bei Radonexpositionen kann davon ausgegangen werden, dass die effektive Dosis von 20 Millisievert im Kalenderjahr durch diese Expositionen nicht überschritten ist, wenn das Produkt aus Aktivitätskonzentration von Radon-222 am Arbeitsplatz und Aufenthaltszeit im Kalenderjahr den Wert von 6×10^6 Becquerel pro Kubikmeter mal Stunden nicht überschreitet. Absatz 2 Satz 4 gilt entsprechend.

(5) Der Grenzwert für die Summe der in allen Kalenderjahren ermittelten effektiven Dosen beruflich strahlenexponierter Personen beträgt 400 Millisievert. Die zuständige Behörde kann im Benehmen mit einem Arzt nach § 64 Abs. 1 Satz 1 eine weitere berufliche Strahlenexposition zulassen, wenn diese nicht mehr als 10 Millisievert effektive Dosis im Kalenderjahr beträgt und die beruflich strahlenexponierte Person einwilligt. Die Einwilligung ist schriftlich zu erteilen.

(6) Wurde unter Verstoß gegen Absatz 4 Satz 1 oder 2 ein Grenzwert im Kalenderjahr überschritten, so ist eine Weiterbeschäftigung als beruflich strahlenexponierte Person nur zulässig, wenn die Expositionen in den folgenden vier Kalenderjahren unter Berücksichtigung der erfolgten Grenzwertüberschreitung so begrenzt werden, dass die Summe der Dosen das Fünffache des jeweiligen Grenzwertes nicht überschreitet. Ist die Überschreitung eines Grenzwertes so hoch, dass bei Anwendung von Satz 1 die bisherige Beschäftigung nicht fortgesetzt werden kann, kann die Behörde im Benehmen mit einem Arzt nach § 64 Abs. 1 Satz 1 Ausnahmen von Satz 1 zulassen.

(7) Für Personen unter 18 Jahren beträgt der Grenzwert der effektiven Dosis 6 Millisievert im Kalenderjahr. Der Grenzwert der Organdosis beträgt für die Augenlinse 50 Millisievert, für die Haut, die Hände, die Unterarme, die Füße und Knöchel jeweils 150 Millisievert im Kalenderjahr.

(8) Für ein ungeborenes Kind, das aufgrund der Beschäftigung seiner Mutter einer Strahlenexposition ausgesetzt ist, beträgt der Grenzwert für die Summe der Dosis aus äußerer und innerer Strahlenexposition vom Zeitpunkt der Mitteilung über die Schwangerschaft bis zu deren Ende 1 Millisievert.

(9) Sobald eine Frau, die eine anzeigebedürftige Arbeit nach Anlage XII Teil B ausübt, den nach Absatz 1 Verpflichteten darüber informiert hat, dass sie schwanger ist oder stillt, hat er ihre Arbeitsbedingungen so zu gestalten, dass eine innere berufliche Strahlenexposition ausgeschlossen ist.

(10) Für Personen, die anzeigebedürftige Arbeiten ausüben, hat der nach Absatz 1 Verpflichtete die Radon-222-Exposition und die Körperdosis auf geeignete Weise durch Messung der Ortsdosis, der Ortdosisleistung, der Konzentration radioaktiver Stoffe oder Gase in der Luft, der Kontamination des Arbeitsplatzes, der Personendosis, der Körperaktivität oder der Aktivität der Ausscheidung nach Maßgabe des Satzes 3 zu ermitteln. Die Radon-222-Exposition kann auch durch direkte Messung ermittelt werden. Die Ermittlungsergebnisse müssen spätestens neun Monate nach erfolgter Strahlenexposition der die anzeigebedürftige Arbeit ausführenden Person vorliegen. Für die Messungen kann die zuständige Behörde die anzuwendenden Messmethoden und Messverfahren festlegen und für Messungen Messstellen bestimmen. § 41 Abs. 8 gilt entsprechend.

(11) Der nach Absatz 1 Verpflichtete darf Personen, die anzeigebedürftige Arbeiten ausüben, eine Beschäftigung oder Weiterbeschäftigung nur erlauben, wenn sie innerhalb des jeweiligen Kalenderjahrs von einem Arzt nach § 64 Abs. 1 Satz 1 untersucht worden sind und dem nach Absatz 1 Verpflichteten eine von diesem Arzt ausgestellte Bescheinigung vorliegt, nach der der Beschäftigung keine gesundheitlichen Bedenken entgegenstehen. Satz 1 gilt entsprechend für Personen, die in eigener Verantwortung in eigener oder in einer anderen Betriebsstätte Arbeiten ausüben. § 60 Abs. 3 und die §§ 61 und 62 gelten entsprechend. Die in entsprechender Anwendung des § 61 Abs. 1

Satz 1 angeforderten Unterlagen sind dem Arzt nach § 64 Abs. 1 Satz 1 unverzüglich zu übergeben. Der Arzt hat die ärztliche Bescheinigung dem Verpflichteten nach Absatz 1 Satz 1, der beruflich strahlenexponierten Person und, soweit gesundheitliche Bedenken bestehen, auch der zuständigen Behörde unverzüglich zu übersenden.

(12) Bei einer Arbeit nach Absatz 1, die zu einer effektiven Dosis von weniger als 6 Millisievert im Kalenderjahr führt, kann die Pflicht nach § 94 auch dadurch erfüllt werden, dass Strahlenschutzmaßnahmen auf der Grundlage von Vorschriften des allgemeinen Arbeitsschutzes Anwendung finden. Die zuständige Behörde kann entsprechende Nachweise verlangen.

§ 96
Dokumentation und weitere Schutzmaßnahmen

(1) Wer in eigener Verantwortung eine anzeigebedürftige Arbeit nach § 95 Abs. 2 ausübt oder ausüben lässt, hat die Ergebnisse der Ermittlungen nach § 95 Abs. 10 Satz 1 unverzüglich aufzuzeichnen. Die Radon-222-Exposition ist gemäß den Vorgaben des § 95 Abs. 2 Satz 3 und 4 in einen Wert der effektiven Dosis umzurechnen.

(2) Der nach Absatz 1 Verpflichtete hat

1. die Aufzeichnungen nach Absatz 1

    a) so lange aufzubewahren, bis die überwachte Person das 75. Lebensjahr vollendet hat oder vollendet hätte, mindestens jedoch 30 Jahre nach Beendigung der jeweiligen Beschäftigung,

    b) spätestens 95 Jahre nach der Geburt der betroffenen Person zu löschen,

    c) auf Verlangen der überwachten Person oder der zuständigen Behörde vorzulegen oder bei einer von dieser Behörde zu bestimmenden Stelle zu hinterlegen,

    d) bei einem Wechsel des Beschäftigungsverhältnisses dem neuen Arbeitgeber auf Verlangen mitzuteilen, falls weiterhin eine Beschäftigung als beruflich strahlenexponierte Person ausgeübt wird,

2. Überschreitungen der Grenzwerte der Körperdosis nach § 95 Abs. 4 Satz 1 oder 2, Abs. 5 Satz 1, Abs. 7 und 8 der zuständigen Behörde unter Angabe der Gründe, der betroffenen Personen und der ermittelten Körperdosen unverzüglich mitzuteilen,

3. den betroffenen Personen im Fall der Nummer 2 die Körperdosis unverzüglich mitzuteilen.

(3) Der nach Absatz 1 Verpflichtete hat die nach Absatz 1 Satz 2 umgerechnete oder nach § 95 Abs. 10 Satz 1 ermittelte Körperdosis und die in § 112 Abs. 1 Nr. 2 und 3 genannten Angaben der zuständigen Behörde oder einer von ihr bestimmten Stelle zur Weiterleitung an das Strahlenschutzregister binnen Monatsfrist nach der Aufzeichnung zu übermitteln. Das Bundesamt für Strahlenschutz bestimmt das Format und das Verfahren der Übermittlung. Auskünfte aus dem Strahlenschutzregister werden dem nach Absatz 1 Verpflichteten erteilt, soweit es für die Wahrnehmung seiner Aufgaben erforderlich ist. § 112 Abs. 4 Satz 1 Nr. 1 und 3 und Satz 2 finden Anwendung.

(4) Soweit die Expositionsbedingungen es erfordern, ordnet die zuständige Behörde bei anzeigebedürftigen Arbeiten geeignete Maßnahmen entsprechend den §§ 30, 34 bis 39, 43 bis 45, 47 Abs. 3 Satz 1, 48 Abs. 2, 67 sowie 68 Abs. 1 Satz 1 Nr. 3 und 4 an. Sie kann auch anordnen, auf welche Weise die bei anzeigebedürftigen Arbeiten anfallenden Materialien zu entsorgen sind.

(5) Treten in anderen als den in Anlage XI Teil B genannten Arbeitsfeldern Expositionen auf, die denen der in Anlage XI Teil B genannten Arbeitsfeldern entsprechen, kann die zuständige Behörde in entsprechender Anwendung der Absätze 1 bis 4 und des § 95 die erforderlichen Anordnungen treffen.

KAPITEL 3:
Schutz der Bevölkerung bei natürlich vorkommenden radioaktiven Stoffen

§ 97
Überwachungsbedürftige Rückstände

(1) Wer in eigener Verantwortung Arbeiten ausübt oder ausüben lässt, bei denen überwachungsbedürftige Rückstände anfallen, durch deren Verwertung oder Beseitigung für Einzelpersonen der Bevölkerung der Richtwert der effektiven Dosis von 1 Millisievert im Kalenderjahr überschritten werden kann, hat Maßnahmen zum Schutz der Bevölkerung zu ergreifen.

(2) Überwachungsbedürftig sind die Rückstände gemäß Anlage XII Teil A, es sei denn, es ist sichergestellt, dass bei ihrer Beseitigung oder Verwertung die Überwachungsgrenzen in Anlage XII Teil B und die dort genannten Beseitigungs- oder Verwertungswege eingehalten werden. Anfallende Rückstände dürfen vor der beabsichtigten Beseitigung oder Verwertung nicht mit anderen Materialien vermischt oder verdünnt werden, um die Überwachungsgrenzen der Anlage XII Teil B einzuhalten.

(3) Die zuständige Behörde kann verlangen, dass für die in Anlage XII Teil A genannten Rückstände die Einhaltung der Überwachungsgrenzen der Anlage XII Teil B nachgewiesen wird. Sie kann hierfür technische Verfahren, geeignete Messverfahren und sonstige Anforderungen, insbesondere solche zur Ermittlung repräsentativer Messwerte der spezifischen Aktivität, festlegen.

(4) Der Verpflichtete nach Absatz 1 hat Rückstände nach Anlage XII Teil A vor ihrer Beseitigung oder Verwertung gegen Abhandenkommen und den Zugriff durch Unbefugte zu sichern. Sie dürfen an andere Personen nur zum Zwecke der Beseitigung oder Verwertung abgegeben werden.

§ 98
Entlassung von Rückständen aus der Überwachung

(1) Die zuständige Behörde entlässt auf Antrag überwachungsbedürftige Rückstände zum Zweck einer bestimmten Verwertung oder Beseitigung durch schriftlichen Bescheid aus der Überwachung, wenn aufgrund der Umstände des Einzelfalls und der getroffenen Schutzmaßnahmen der erforderliche Schutz der Bevölkerung vor Strahlenexpositionen sicher gestellt ist. Maßstab hierfür ist, dass als Richtwert hinsichtlich der durch die Beseitigung oder Verwertung bedingten Strahlenexposition von Einzelpersonen der Bevölkerung eine effektive Dosis von 1 Millisievert im Kalenderjahr auch ohne weitere Maßnahmen nicht überschritten wird. Eine abfallrechtliche Verwertung oder Beseitigung ohne Entlassung aus der Überwachung ist nicht zulässig.

(2) Der Nachweis nach Absatz 1 Satz 1 und Satz 2 ist unter Anwendung der in Anlage XII Teil D genannten Grundsätze zu erbringen. Die bei der Beseitigung oder Verwertung tätig werdenden Arbeitnehmer gelten dabei als Einzelpersonen der Bevölkerung. Sollen die Rückstände gemeinsam mit anderen Rückständen oder mit Abfällen deponiert werden, so kann die zuständige Behörde davon ausgehen, dass die Voraussetzungen des Absatz 1 vorliegen, wenn die in Anlage XII Teil C genannten Anforderungen erfüllt sind.

(3) Eine Entlassung kann nur erfolgen, wenn keine Bedenken gegen die abfallrechtliche Zulässigkeit des vorgesehenen Verwertungs- und Beseitigungsweges und seine Einhaltung bestehen. Der zuständigen Behörde ist vor Erteilung des Bescheides nach Absatz 1 eine Erklärung des Antragstellers über den Verbleib des künftigen Abfalls und eine Annahmeerklärung des Verwerters oder Beseitigers vorzulegen. Der Antragsteller hat der für die Verwertungs- und Beseitigungsanlage nach Kreislaufwirtschafts- und Abfallgesetz zuständigen Behörde gleichzeitig eine Kopie der Annahmeerklärung zuzuleiten und dies der zuständigen Behörde nachzuweisen. Diese Behörde kann von der zuständigen Behörde innerhalb einer Frist von 30 Kalendertagen nach Zugang der Kopie verlangen, dass Einvernehmen hinsichtlich der Anforderungen an den Verwertungs- oder Beseitigungsweg hergestellt

wird. Die Bestimmungen des Kreislaufwirtschafts- und Abfallgesetzes sowie der auf Grund dieses Gesetzes erlassenen Bestimmungen zur Führung von Nachweisen über die ordnungsgemäße Entsorgung von Abfällen bleiben unberührt.

§ 99
In der Überwachung verbleibende Rückstände

Der nach § 97 Abs. 1 Satz 1 Verpflichtete hat der zuständigen Behörde innerhalb eines Monats Art, Masse und spezifische Aktivität der überwachungsbedürftigen Rückstände sowie eine geplante Beseitigung oder Verwertung dieser Rückstände oder die Abgabe zu diesem Zweck anzuzeigen, wenn wegen der Art und spezifischen Aktivität der Rückstände eine Entlassung aus der Überwachung gemäß § 98 Abs. 1 Satz 1 nicht möglich ist. Die zuständige Behörde kann anordnen, dass Schutzmaßnahmen zu treffen sind und auf welche Weise die Rückstände zu beseitigen sind.

§ 100
Mitteilungspflicht, Rückstandskonzept, Rückstandsbilanz

(1) Wer in seiner Betriebsstätte Arbeiten ausübt oder ausüben lässt, bei denen jährlich mehr als insgesamt 2000 Tonnen an Rückständen im Sinne der Anlage XII Teil A anfallen oder verwendet werden, hat dies der zuständigen Behörde und der nach dem Kreislaufwirtschafts- und Abfallgesetz zuständigen Behörde zu Beginn jedes Kalenderjahrs mitzuteilen.

(2) Der nach Absatz 1 Verpflichtete, hat ein Konzept über die Verwertung und Beseitigung dieser Rückstände (Rückstandskonzept) nach Maßgabe von Satz 3 und Absatz 3 Satz 1 zu erstellen und der zuständigen Behörde auf Verlangen vorzulegen. Das Rückstandskonzept dient als internes Planungsinstrument. Es hat zu enthalten:

1. Angaben über Art, Masse, spezifische Aktivität und Verbleib der Rückstände, einschließlich Schätzungen der in den nächsten fünf Jahren anfallenden Rückstände,
2. Darstellung der getroffenen und für die nächsten fünf Jahre geplanten Beseitigungs- oder Verwertungsmaßnahmen.

(3) Das Rückstandskonzept ist erstmalig bis zum 1. April 2003 für die nächsten fünf Jahre zu erstellen. Es ist alle fünf Jahre fortzuschreiben. Die zuständige Behörde kann die Vorlage zu einem früheren Zeitpunkt verlangen. Sie kann verlangen, dass Form und Inhalt bestimmten Anforderungen genügen.

(4) Der nach Absatz 1 Verpflichtete hat jährlich, erstmalig zum 1. April 2004, jeweils für das vorhergehende Jahr eine Bilanz über Art, Masse, spezifische Aktivität und Verbleib der verwerteten und beseitigten Rückstände (Rückstandsbilanz) zu erstellen und der zuständigen Behörde auf Verlangen vorzulegen. Absatz 3 Satz 3 gilt entsprechend. Entsprechende Nachweise nach den §§ 19 und 20 des Kreislaufwirtschafts- und Abfallgesetzes können ergänzend vorgelegt werden.

§ 101
Entfernung von radioaktiven Verunreinigungen von Grundstücken

(1) Wer Arbeiten im Sinne des § 97 Abs. 1 Satz 1 beendet, hat Verunreinigungen durch überwachungsbedürftige Rückstände vor Nutzung des Grundstücks durch Dritte, spätestens jedoch fünf Jahre nach Beendigung der Nutzung, so zu entfernen, dass die Rückstände keine Einschränkung der Nutzung begründen. Maßstab für eine Grundstücksnutzung ohne Einschränkungen ist, dass im Hinblick auf die Strahlenexposition von Einzelpersonen der Bevölkerung durch die nicht entfernten Rückstände als Richtwert eine effektive Dosis von 1 Millisievert im Kalenderjahr eingehalten wird.

(2) Der nach Absatz 1 Verpflichtete hat der zuständigen Behörde den Abschluss der Entfernung der Verunreinigungen unter Beifügung geeigneter Nachweise innerhalb von drei Monaten anzuzeigen. Der Nachweis nach Satz 1 ist unter Anwendung der in Anlage XII Teil D Nummer 4 genannten Grundsätze zu erbringen. Die Behörde kann verlangen, dass der Verbleib der entfernten Verunreinigungen nachgewiesen wird.

(3) Die zuständige Behörde kann im Einzelfall ganz oder teilweise von der Pflicht nach Absatz 1 befreien, wenn Umstände vorliegen oder Schutzmaßnahmen getroffen werden, die eine Strahlenexposition von mehr als 1 Millisievert effektive Dosis im Kalenderjahr für Einzelpersonen der Bevölkerung auch ohne Entfernung der Verunreinigungen verhindern. Sie kann die Durchführung der Pflicht nach Absatz 1 auch zu einem späteren Zeitpunkt gestatten, wenn auf dem Grundstück weiterhin Arbeiten nach § 97 Abs. 1 ausgeübt werden sollen.

§ 102
Überwachung sonstiger Materialien

Kann durch Arbeiten mit Materialien, die nicht Rückstände im Sinne der Anlage XII Teil A sind, oder durch die Ausübung von Arbeiten, bei denen solche Materialien anfallen, die Strahlenexposition von Einzelpersonen der Bevölkerung so erheblich erhöht werden, dass Strahlenschutzmaßnahmen notwendig sind, trifft die zuständige Behörde die erforderlichen Anordnungen. Sie kann insbesondere anordnen,

1. dass bestimmte Schutzmaßnahmen zu ergreifen sind,
2. dass die Materialien bei einer von ihr zu bestimmenden Stelle aufzubewahren oder zu verwahren sind, oder
3. dass und in welcher Weise die Materialien zu beseitigen sind.

KAPITEL 4:
Kosmische Strahlung

§ 103
Schutz des fliegenden Personals vor Expositionen durch kosmische Strahlung

(1) Wer Flugzeuge, die in der deutschen Luftfahrzeugrolle nach § 3 Luftverkehrsgesetz vom 1. August 1922 (BGBl. I, S. 681) in der Neufassung vom 27. März 1999 (BGBl. I S. 550) in der jeweils geltenden Fassung eingetragen sind, gewerblich oder im Rahmen eines wirtschaftlichen Unternehmens betreibt, oder wer als Unternehmer mit Sitz im Geltungsbereich dieser Verordnung Flugzeuge betreibt, die in einem anderen Land registriert sind und Personal, das in einem Beschäftigungsverhältnis gemäß dem deutschen Arbeitsrecht steht, einsetzt, hat die effektive Dosis, die das fliegende Personal durch kosmische Strahlung während des Fluges einschließlich der Beförderungszeit nach § 4 Abs. 1 Satz 1 der Zweiten Durchführungsverordnung zur Betriebsordnung für Luftfahrtgerät vom 12. November 1974 (BGBl. I S. 3181), zuletzt geändert durch Verordnung vom 6. Januar 1999 (BAnz. S. 497), in der jeweils geltenden Fassung erhält, nach Maßgabe des Satzes 2 zu ermitteln, soweit die effektive Dosis durch kosmische Strahlung 1 Millisievert im Kalenderjahr überschreiten kann. Die Ermittlungsergebnisse müssen spätestens sechs Monate nach dem Einsatz vorliegen. Satz 1 und 2 gelten auch für Flugzeuge, die im Geschäftsbereich des Bundesministeriums der Verteidigung betrieben werden.

(2) Für das fliegende Personal beträgt der Grenzwert der effektiven Dosis durch kosmische Strahlung 20 Millisievert im Kalenderjahr. Der Pflicht zur Dosisreduzierung nach § 94 kann insbesondere bei der Aufstellung der Arbeitspläne und bei der Festlegung der Flugrouten und -profile Rechnung getragen werden.

(3) Der Grenzwert für die Summe der in allen Kalenderjahren ermittelten effektiven Dosen beruflich strahlenexponierter Personen beträgt 400 Millisievert. Die zuständige Behörde kann im Benehmen mit einem Arzt nach § 64 Abs. 1 Satz 1 eine weitere berufliche Strahlenexposition zulassen, wenn diese nicht mehr als 10 Millisievert effektive Dosis im Kalenderjahr beträgt und die beruflich strahlenexponierte Person einwilligt. Die Einwilligung ist schriftlich zu erteilen.

(4) Wurde unter Verstoß gegen Absatz 2 Satz 1 der Grenzwert der effektiven Dosis im Kalenderjahr überschritten, so ist eine Weiterbeschäftigung als beruflich strahlenexponierte Person nur zulässig,

wenn die Expositionen in den folgenden vier Kalenderjahren unter Berücksichtigung der erfolgten Grenzwertüberschreitung so begrenzt werden, dass die Summe der Dosen das Fünffache des Grenzwertes nicht überschreitet. Ist die Überschreitung eines Grenzwertes so hoch, dass bei Anwendung von Satz 1 die bisherige Beschäftigung nicht fortgesetzt werden kann, kann die zuständige Behörde im Benehmen mit einem Arzt nach § 64 Abs. 1 Satz 1 Ausnahmen von Satz 1 zulassen.

(5) Für ein ungeborenes Kind, das aufgrund der Beschäftigung seiner Mutter einer Strahlenexposition ausgesetzt ist, beträgt der Grenzwert der Dosis aus äußerer Strahlenexposition vom Zeitpunkt der Mitteilung über die Schwangerschaft bis zu deren Ende 1 Millisievert.

(6) Der nach Absatz 1 Verpflichtete hat das fliegende Personal mindestens einmal im Kalenderjahr über die gesundheitlichen Auswirkungen der kosmischen Strahlung und über die zum Zweck der Überwachung von Dosisgrenzwerten und der Beachtung der Strahlenschutzgrundsätze erfolgende Verarbeitung und Nutzung personenbezogener Daten zu unterrichten; hierbei sind Frauen darüber zu unterrichten, dass eine Schwangerschaft im Hinblick auf die Risiken einer Strahlenexposition für das ungeborene Kind so früh wie möglich mitzuteilen ist. Die Unterrichtung kann Bestandteil erforderlicher Unterweisungen nach anderen Vorschriften sein. Der nach Absatz 1 Verpflichtete hat über den Inhalt und Zeitpunkt der Unterrichtung Aufzeichnungen zu führen, die von der unterrichteten Person zu unterzeichnen sind. Er hat die Aufzeichnungen 5 Jahre lang nach der Unterrichtung aufzubewahren und der zuständigen Behörde auf Verlangen vorzulegen.

(7) Der nach Absatz 1 Verpflichtete hat

1. die Ergebnisse der Dosisermittlung nach Absatz 1 unverzüglich aufzuzeichnen,
2. die Aufzeichnungen nach Nummer 1
   a) so lange aufzubewahren, bis die überwachte Person das 75. Lebensjahr vollendet hat oder vollendet hätte, mindestens jedoch 30 Jahre nach Beendigung der jeweiligen Beschäftigung,
   b) spätestens 95 Jahre nach der Geburt der betroffenen Person zu löschen,
   c) auf Verlangen der überwachten Person oder der zuständigen Behörde vorzulegen oder bei einer von dieser Behörde zu bestimmenden Stelle zu hinterlegen,
   d) bei einem Wechsel des Beschäftigungsverhältnisses dem neuen Arbeitgeber auf Verlangen zur Kenntnis zu geben, falls weiterhin eine Beschäftigung als beruflich strahlenexponierte Person ausgeübt wird,
3. Überschreitungen des Grenzwertes der effektiven Dosis nach Absatz 2 Satz 1 der zuständigen Behörde unter Angabe der Gründe, der betroffenen Personen und der ermittelten Dosen unverzüglich mitzuteilen,
4. den betroffenen Personen im Fall der Nummer 3 die effektive Dosis unverzüglich mitzuteilen.

(8) Der nach Absatz 1 Verpflichtete hat die ermittelte effektive Dosis und die in § 112 Abs. 1 Nr. 2 und 3 genannten Angaben dem Luftfahrt-Bundesamt oder einer vom Luftfahrt-Bundesamt bestimmten Stelle zur Weiterleitung an das Strahlenschutzregister mindestens halbjährlich zu übermitteln. Auskünfte aus dem Strahlenschutzregister werden dem nach Absatz 1 Verpflichteten erteilt, soweit es für die Wahrnehmung seiner Aufgaben erforderlich ist. § 112 Abs. 4 Satz 1 Nr. 1 und 3 und Satz 2 finden Anwendung.

(9) Der nach Absatz 1 Verpflichtete darf Personen, bei denen die Ermittlung nach Absatz 1 ergeben hat, dass eine effektive Dosis von mehr als 6 Millisievert im Kalenderjahr überschritten werden kann, eine Beschäftigung oder Weiterbeschäftigung nur erlauben, wenn sie innerhalb des jeweiligen Kalenderjahrs von einem Arzt nach § 64 Abs. 1 Satz 1 untersucht worden sind und dem gemäß Absatz 1 Verpflichteten eine von diesem Arzt ausgestellte Bescheinigung vorliegt, nach der der Beschäftigung keine gesundheitlichen Bedenken entgegenstehen. Die in entsprechender Anwendung

des § 61 Abs. 1 Satz 1 angeforderten Unterlagen sind dem Arzt nach § 64 Abs. 1 Satz 1 unverzüglich zu übergeben. Der Arzt hat die ärztliche Bescheinigung dem Verpflichteten nach Absatz 1 Satz 1, der beruflich strahlenexponierten Person und, soweit gesundheitliche Bedenken bestehen, auch der zuständigen Behörde unverzüglich zu übersenden. Die Untersuchung kann im Rahmen der fliegerärztlichen Untersuchung erfolgen.

KAPITEL 5:
Betriebsorganisation

§ 104
Mitteilungspflichten zur Betriebsorganisation

Besteht bei juristischen Personen das vertretungsberechtigte Organ aus mehreren Mitgliedern oder sind bei teilrechtsfähigen Personengesellschaften oder nicht rechtsfähigen Personenvereinigungen mehrere vertretungsberechtigte Personen vorhanden, so ist der zuständigen Behörde mitzuteilen, wer von ihnen die Verpflichtungen nach diesem Teil der Verordnung wahrnimmt. Die Gesamtverantwortung aller Organmitglieder oder vertretungsberechtigter Mitglieder der Personenvereinigung bleibt davon unberührt.

TEIL 4:
Schutz des Verbrauchers beim Zusatz radioaktiver Stoffe zu Produkten

§ 105
Unzulässiger Zusatz von radioaktiven Stoffen und unzulässige Aktivierung

Der Zusatz von radioaktiven Stoffen bei der Herstellung von

1. Spielwaren,
2. Schmuck,
3. Lebensmitteln einschließlich Trinkwasser und Zusätzen im Sinne des Lebensmittel- und Futtermittelgesetzbuchs,
4. Einzelfuttermitteln, Mischfuttermitteln und Futtermittel-Zusatzstoffen im Sinne des Lebensmittel- und Futtermittelgesetzbuches oder von
5. Tabakerzeugnissen im Sinne des Gesetzes zur vorläufigen Aufrechterhaltung lebensmittelrechtlicher Vorschriften betreffend Tabakerzeugnisse[34]

und die grenzüberschreitende Verbringung derartiger Waren nach § 108 sowie das Inverkehrbringen derartiger Waren sind unzulässig. Satz 1 gilt entsprechend für die Aktivierung derartiger Waren, wenn dies zu einer spezifischen Aktivität im Produkt von mehr als 500 Mikrobecquerel je Gramm führt oder wenn bei Schmuck die Werte nach Anlage III Tabelle 1 Spalte 5 überschritten werden. Satz 1 gilt nicht für den Zusatz von Radionukliden, für die in Anlage III Tabelle 1 keine Freigrenzen festgelegt sind. Im Übrigen bleiben die Rechtsvorschriften für Lebensmittel, Trinkwasser, kosmetische Mittel, Futtermittel und sonstige Bedarfsgegenstände unberührt.

---

[34] § 105 Satz 1 in der Fassung des § 3 Abs. 31 Nr. 2 des Gesetzes über den Übergang auf das neue Lebensmittel- und Futtermittelrecht (Art. 2 des Gesetzes zur Neuordnung des Lebensmittel- und des Futtermittelrechts vom 1. September 2005 BGBl. S. 2618).

§ 106
Genehmigungsbedürftiger Zusatz von radioaktiven Stoffen und genehmigungsbedürftige Aktivierung

(1) Wer bei der Herstellung von Konsumgütern, von Arzneimitteln im Sinne des Arzneimittelgesetzes, von Pflanzenschutzmitteln im Sinne des Pflanzenschutzgesetzes, von Schädlingsbekämpfungsmitteln und von Stoffen nach § 1 Nr. 1 bis 5 des Düngemittelgesetzes, die im Geltungsbereich dieser Verordnung erworben oder an andere abgegeben werden sollen, radioaktive Stoffe zusetzt, bedarf der Genehmigung. Satz 1 gilt entsprechend für die Aktivierung der dort genannten Produkte. § 105 bleibt unberührt.

(2) Eine Genehmigung nach Absatz 1 ersetzt keine Genehmigung nach § 7 Abs. 1 oder § 11 Abs. 2.

(3) Eine Genehmigung nach Absatz 1 ist nicht erforderlich für den Zusatz von

1. aus der Luft gewonnenen Edelgasen, wenn das Isotopenverhältnis im Zusatz demjenigen in der Luft entspricht, oder
2. Radionukliden, für die in Anlage III Tabelle 1 keine Freigrenzen festgelegt sind.

§ 107
Genehmigungsvoraussetzungen für den Zusatz von radioaktiven Stoffen und die Aktivierung

(1) Die Genehmigung nach § 106 für den Zusatz radioaktiver Stoffe bei der Herstellung von Konsumgütern ist zu erteilen, wenn

1. die Aktivität der zugesetzten radioaktiven Stoffe nach dem Stand der Technik so gering wie möglich ist und
   a) wenn in dem Konsumgut die Werte der Anlage III Tabelle 1 Spalte 2 nicht überschritten wird und, falls die spezifische Aktivität der zugesetzten künstlichen radioaktiven Stoffe in dem Konsumgut die Werte der Anlage III Tabelle 1 Spalte 5 oder die spezifische Aktivität der zugesetzten natürlichen radioaktiven Stoffe in dem Konsumgut 0,5 Becquerel je Gramm überschreitet, gewährleistet ist, dass in einem Rücknahmekonzept dargelegt ist, dass das Konsumgut nach Gebrauch kostenlos dem Antragsteller oder einer von ihm benannten Stelle zurückgegeben werden kann oder
   b) nachgewiesen wird, dass für Einzelpersonen der Bevölkerung nur eine effektive Dosis im Bereich von 10 Mikrosievert im Kalenderjahr auftreten kann,
2. das Material, das die radioaktiven Stoffe enthält, berührungssicher abgedeckt ist oder der radioaktive Stoff fest in das Konsumgut eingebettet ist und die Ortsdosisleistung im Abstand von 0,1 Metern von der berührbaren Oberfläche des Konsumgutes 1 Mikrosievert durch Stunde unter normalen Nutzungsbedingungen nicht überschreitet,
3. gewährleistet ist, dass dem Konsumgut eine Information beigefügt wird, die
   a) den radioaktiven Zusatz erläutert,
   b) den bestimmungsgemäßen Gebrauch beschreibt und
   c) im Fall der Nummer 1 Buchstabe a Halbsatz 2 auf die Rückführungspflicht nach § 110 Satz 2 und die zur Rücknahme verpflichtete Stelle hinweist,

   falls die spezifische Aktivität der zugesetzten künstlichen radioaktiven Stoffe in dem Konsumgut die Werte der Anlage III Tabelle 1 Spalte 5 oder die spezifische Aktivität der zugesetzten natürlichen radioaktiven Stoffe in dem Konsumgut 0,5 Becquerel je Gramm überschreitet,
4. es sich bei dem Zusatz um sonstige radioaktive Stoffe nach § 2 Abs. 1 des Atomgesetzes handelt,

5. beim Zusetzen die Voraussetzungen des § 9 Abs. 1 Nr. 1 bis 9 erfüllt sind und

6. § 4 Abs. 3 dem Zusetzen nicht entgegensteht.

(2) Die zuständige Behörde kann bei Konsumgütern, die überwiegend im beruflichen, nicht häuslichen Bereich genutzt werden, Abweichungen von Absatz 1 Nr. 1 Buchstabe a und Nummer 2 gestatten, sofern das Zehnfache der Freigrenze in einem einzelnen Konsumgut nicht überschritten wird.

(3) Die Genehmigung nach § 106 ist bei der Herstellung von Arzneimitteln im Sinne des Arzneimittelgesetzes, von Pflanzenschutzmitteln im Sinne des Pflanzenschutzgesetzes, von Schädlingsbekämpfungsmitteln und von Stoffen nach § 1 Nr. 1 bis 5 des Düngemittelgesetzes zu erteilen, wenn

1. es sich bei dem Zusatz um sonstige radioaktive Stoffe nach § 2 Abs. 1 des Atomgesetzes handelt,

2. beim Zusetzen die Voraussetzungen des § 9 Abs. 1 Nr. 1 bis 9 erfüllt sind.

(4) Die Absätze 1 bis 3 gelten entsprechend für die Aktivierung mit der Maßgabe, dass an Stelle der Genehmigungsvoraussetzungen des § 9 die des § 14 Nr. 1 bis 9 treten.

(5) Dem Genehmigungsantrag sind die Unterlagen, die Anlage II Teil A entsprechen, beizufügen.

§ 108
Genehmigungsbedürftige grenzüberschreitende Verbringung von Konsumgütern

Wer Konsumgüter, denen radioaktive Stoffe zugesetzt oder die aktiviert worden sind,

1. in den Geltungsbereich dieser Verordnung oder

2. aus dem Geltungsbereich dieser Verordnung in einen Staat, der nicht Mitgliedstaat der Europäischen Gemeinschaften ist,

verbringt, bedarf der Genehmigung. Satz 1 gilt nicht für

1. die Verbringung von Waren im Reiseverkehr, die weder zum Handel noch zur gewerblichen Verwendung bestimmt sind,

2. die Durchfuhr,

3. Konsumgüter, deren Herstellung nach § 106 in Verbindung mit § 107 Abs. 1 Nr. 1 Buchstabe b genehmigt ist,

4. Produkte, in die Konsumgüter eingebaut sind, deren Herstellung nach § 106 oder deren Verbringung nach Satz 1 genehmigt ist.

§ 106 Abs. 3 gilt entsprechend.

§ 109
Genehmigungsvoraussetzungen für die grenzüberschreitende Verbringung von Konsumgütern

Die Genehmigung nach § 108 ist zu erteilen, wenn die Voraussetzung des § 22 Abs. 1 Nr. 1 erfüllt ist. Bei Verbringung in den Geltungsbereich dieser Verordnung müssen zusätzlich die Voraussetzungen der § 107 Abs. 1 Nr. 1 bis 4 und 6 erfüllt sein. § 107 Abs. 2 und § 110 Satz 1 gelten entsprechend, dabei tritt der Verbringer an die Stelle des Herstellers im Sinne des § 110 Satz 1.

§ 110
Rückführung von Konsumgütern

Wer als Hersteller eines Konsumgutes einer Genehmigung nach § 106 in Verbindung mit § 107 Abs. 1 Nr. 1 Buchstabe a Halbsatz 2 bedarf, hat sicherzustellen, dass das Konsumgut kostenlos zurückgenommen werden kann. Der Letztverbraucher hat nach Beendigung des Gebrauchs das Konsumgut unverzüglich an die in der Information nach § 107 Abs. 1 Nr. 3 angegebene Stelle zurückzugeben.

TEIL 5:
Gemeinsame Vorschriften

KAPITEL 1:
Berücksichtigung von Strahlenexpositionen

§ 111
Festlegungen zur Ermittlung der Strahlenexposition; Duldungspflicht

(1) Bei der Ermittlung der Körperdosis durch Tätigkeiten nach § 2 Abs. 1 Nr. 1 sind die medizinische Strahlenexposition, die Strahlenexposition als helfende Person, die natürliche Strahlenexposition und die Strahlenexposition nach § 86 nicht zu berücksichtigen. Berufliche Strahlenexpositionen aus dem Anwendungsbereich der Röntgenverordnung sowie berufliche Strahlenexpositionen, die außerhalb des räumlichen Geltungsbereiches dieser Verordnung erfolgen, sind zu berücksichtigen.

(2) Bei der Ermittlung der Körperdosis durch Arbeiten nach § 2 Abs. 1 Nr. 2 sind die medizinische Strahlenexposition, die Strahlenexposition als helfende Person und die Strahlenexposition nach § 86 nicht zu berücksichtigen. Die natürliche Strahlenexposition ist zu berücksichtigen, soweit sie nach § 95 Abs. 10 und § 103 Abs. 1 zu ermitteln ist. Berufliche Strahlenexpositionen, die außerhalb des räumlichen Geltungsbereiches dieser Verordnung erfolgen, sind ebenfalls zu berücksichtigen.

(3) Sind für eine Person sowohl die Körperdosis durch Tätigkeiten nach § 2 Abs. 1 Nr. 1 als auch die Körperdosis durch Arbeiten nach § 2 Abs. 1 Nr. 2 zu ermitteln, so sind die effektiven Dosen und die jeweiligen Organdosen zu addieren. Für den Nachweis, dass die für die Tätigkeit oder für die Arbeit jeweils geltenden Grenzwerte nicht überschritten wurden, ist der addierte Wert entscheidend.

(4) Personen,

1. an denen nach den § 40 Abs. 1 Satz 1, § 41 Abs. 1 Satz 1 oder 2, Abs. 2, Abs. 3 Satz 1, Abs. 6 Satz 1, § 58 Abs. 4 Satz 1 oder § 59 Abs. 3 Satz 1 die Körperdosis oder nach den §§ 95 Abs. 10 Satz 1oder 103 Abs. 1 die Dosis zu ermitteln ist oder
2. an denen nach § 44 Abs. 1 Satz 1 oder 2 Kontaminationen festzustellen sind oder
3. die nach § 60 Abs. 1 oder 2, § 95 Abs. 11 oder § 103 Abs. 9 der arbeitsmedizinischen Vorsorge unterliegen oder
4. die nach § 63 Abs. 1 der besonderen arbeitsmedizinischen Vorsorge unterliegen,

haben die erforderlichen Messungen, Feststellungen und ärztlichen Untersuchungen zu dulden. Satz 1 gilt auch für Personen, für die die zuständige Behörde nach den § 60 Abs. 4, § 96 Abs. 4 und 5 oder § 113 Abs. 4 Messungen oder ärztliche Untersuchungen angeordnet hat. Bei einer Überschreitung von Grenzwerten oder auf Verlangen ist diesen Personen Auskunft über das Ergebnis der Ermittlungen oder Feststellungen zu geben.

§ 112
Strahlenschutzregister

(1) In das Strahlenschutzregister nach § 12c des Atomgesetzes werden eingetragen:

1. die im Rahmen der beruflichen Strahlenexposition nach § 41 Abs. 7 Satz 1 oder 2, § 58 Abs. 4, § 59 Abs. 3, § 95 Abs. 10 und § 103 Abs. 1 ermittelten Dosiswerte sowie dazugehörige Feststellungen der zuständigen Behörde,
2. Angaben über registrierte Strahlenpässe nach § 40 Abs. 2 Satz 1 oder § 95 Abs. 3 und
3. die jeweiligen Personendaten (Familienname, Vornamen, Geburtsdatum und -ort, Geschlecht), Beschäftigungsmerkmale und Expositionsverhältnisse sowie die Anschrift des Strahlenschutzverantwortlichen nach § 31 Abs. 1 oder des Verpflichteten nach § 95 Abs. 1 oder § 103 Abs. 1.

(2) Dem Strahlenschutzregister übermitteln jeweils die Daten nach Absatz 1

1. die Messstellen nach § 41 Abs. 3 Satz 1 oder Abs. 6 Satz 1 binnen Monatsfrist,
2. die zuständige Behörde oder die von ihr bestimmte Stelle nach § 96 Abs. 3 Satz 1 binnen Monatsfrist,
3. das Luftfahrt-Bundesamt oder die von ihm bestimmte Stelle nach § 103 Abs. 8 Satz 1 mindestens halbjährlich und
4. die zuständige Behörde hinsichtlich ihrer Feststellungen sowie der Angaben über registrierte Strahlenpässe unverzüglich,

soweit neue oder geänderte Daten vorliegen. Die zuständige Behörde kann anordnen, dass eine Messstelle bei ihr aufgezeichnete Ergebnisse zu einer früher erhaltenen Körperdosis an das Strahlenschutzregister übermittelt; sie kann von ihr angeforderte Aufzeichnungen des Strahlenschutzverantwortlichen oder des Strahlenschutzbeauftragten oder des nach § 95 Abs. 1 oder § 103 Abs. 1 Verpflichteten über Ergebnisse von Messungen und Ermittlungen zur Körperdosis an das Strahlenschutzregister weiterleiten.

(3) Das Bundesamt für Strahlenschutz fasst die übermittelten Daten im Strahlenschutzregister personenbezogen zusammen, wertet sie aus und unterrichtet die zuständige Behörde, wenn es dies im Hinblick auf die Ergebnisse der Auswertung für erforderlich hält.

(4) Auskünfte aus dem Strahlenschutzregister werden erteilt, soweit dies für die Wahrnehmung der Aufgaben des Empfängers erforderlich ist:

1. einem Strahlenschutzverantwortlichen über bei ihm tätige Personen betreffende Daten auf Antrag,
2. einem Träger der gesetzlichen Unfallversicherung über bei ihm versicherte Personen betreffende Daten auf Antrag,
3. einer zuständigen Behörde, einer Messstelle oder einer von der zuständigen Behörde bestimmten Stelle auf Anfrage; die zuständige Behörde kann Auskünfte aus dem Strahlenschutzregister an den Strahlenschutzverantwortlichen über bei ihm tätige Personen betreffende Daten, an dessen Strahlenschutzbeauftragten sowie an den zuständigen Arzt nach § 64 Abs. 1 Satz 1 weitergeben, soweit dies zur Wahrnehmung ihrer Aufgaben erforderlich ist.

Dem Betroffenen werden Auskünfte aus dem Strahlenschutzregister über die zu seiner Person gespeicherten Daten auf Antrag erteilt.

(5) Hochschulen, anderen Einrichtungen, die wissenschaftliche Forschung betreiben, und öffentlichen Stellen dürfen auf Antrag Auskünfte erteilt werden, soweit dies für die Durchführung bestimmter wissenschaftlicher Forschungsarbeiten im Bereich des Strahlenschutzes erforderlich ist und § 12c Abs. 3 des Atomgesetzes nicht entgegensteht. Wird eine Auskunft über personenbezogene Daten beantragt, so ist eine schriftliche Einwilligung des Betroffenen beizufügen. Soll die Auskunft ohne Einwilligung des Betroffenen erfolgen, sind die für die Prüfung der Voraussetzungen nach § 12c Abs. 3 Satz 2 des Atomgesetzes erforderlichen Angaben zu machen; zu § 12c Abs. 3 Satz 3 des Atomgesetzes ist glaubhaft zu machen, dass der Zweck der wissenschaftlichen Forschung bei Verwendung anonymisierter Daten nicht mit vertretbarem Aufwand erreicht werden kann. Personenbezogene Daten dürfen nur für die Forschungsarbeit verwendet werden, für die sie übermittelt worden sind; die Verwendung für andere Forschungsarbeiten oder die Weitergabe richtet sich nach den Sätzen 2 und 3 und bedarf der Zustimmung des Bundesamtes für Strahlenschutz.

(6) Die im Strahlenschutzregister gespeicherten personenbezogenen Daten sind 95 Jahre nach der Geburt der betroffenen Person zu löschen.

(7) Die Messstellen, die zuständigen Behörden oder die von ihnen bestimmten Stellen beginnen mit der Übermittlung zu dem Zeitpunkt, den das Bundesamt für Strahlenschutz bestimmt. Das Bundesamt für Strahlenschutz bestimmt das Datenformat und das Verfahren der Übermittlung.

KAPITEL 2:
Befugnisse der Behörde

§ 113
Anordnung von Maßnahmen

(1) Die zuständige Behörde kann diejenigen Maßnahmen anordnen, die zur Durchführung der §§ 4, 5, 6, 30 bis 88 erforderlich sind. Sie kann auch erforderliche Maßnahmen zur Durchführung der §§ 93 bis 104 anordnen. Soweit die Maßnahmen nicht die Beseitigung einer Gefahr für Leben, Gesundheit oder bedeutende Umweltgüter bezwecken, ist für die Ausführung eine Frist zu setzen.

(2) Die Anordnung ist bei Maßnahmen zur Durchführung von Vorschriften des Teils 2 an den Strahlenschutzverantwortlichen nach § 31 zu richten. Sie kann in dringenden Fällen auch an den Strahlenschutzbeauftragten gerichtet werden. Dieser hat den Strahlenschutzverantwortlichen unverzüglich zu unterrichten. Bei Maßnahmen zur Durchführung von Vorschriften des Teils 3 ist die Anordnung an den Verpflichteten nach § 95 Abs. 1, § 97 Abs. 1, § 100 Abs. 1 oder § 103 Abs. 1 zu richten.

(3) Beim ortsveränderlichen Umgang mit radioaktiven Stoffen oder beim Betrieb von ortsveränderlichen Anlagen zur Erzeugung ionisierender Strahlen kann die Anordnung auch an denjenigen gerichtet werden, in dessen Verfügungsbereich der Umgang oder Betrieb stattfindet. Dieser hat die erforderlichen Maßnahmen zu treffen und den von ihm für Tätigkeiten nach Satz 1 beauftragten Strahlenschutzverantwortlichen auf die Einhaltung der Maßnahmen hinzuweisen.

(4) Ist zu besorgen, dass bei Personen, die sich in Bereichen aufhalten oder aufgehalten haben, in denen Tätigkeiten nach § 2 Abs. 1 Nr. 1 oder Arbeiten nach § 2 Abs. 1 Nr. 2 in Verbindung mit § 95 Abs. 2 ausgeübt werden, die Grenzwerte des § 55 Abs. 1 bis 4 oder des § 95 Abs. 4, 7 oder 8 überschritten sind, kann die zuständige Behörde anordnen, dass sich diese Personen von einem Arzt nach § 64 Abs. 1 Satz 1 untersuchen lassen.

§ 114
Behördliche Ausnahmen von Strahlenschutzvorschriften

Die zuständige Behörde kann im Einzelfall gestatten, dass von den Vorschriften §§ 34 bis 92, 95 bis 104 mit Ausnahme der Dosisgrenzwerteregelungen abgewichen wird, wenn

1. ein Gerät, eine Anlage, eine sonstige Vorrichtung, eine Tätigkeit oder eine Arbeit erprobt werden soll oder die Einhaltung der Anforderungen einen unverhältnismäßig großen Aufwand erfordern würde, sofern in beiden Fällen die Sicherheit des Gerätes, der Anlage, der sonstigen Vorrichtung oder der Tätigkeit oder der Arbeit sowie der Strahlenschutz auf andere Weise gewährleistet sind oder

2. die Sicherheit des Gerätes, der Anlage, der sonstigen Vorrichtung, einer Tätigkeit oder einer Arbeit durch die Abweichung nicht beeinträchtigt werden und der Strahlenschutz gewährleistet ist.

KAPITEL 3:
Formvorschriften

§ 115
Schriftform und elektronische Form

(1) Soweit nach dieser Verordnung Aufzeichnungs- oder Buchführungspflichten bestehen, können diese mit Zustimmung der zuständigen Behörde auch in elektronischer Form erbracht werden. Gleiches gilt für die Mitteilungen gegenüber der zuständigen Behörde. Die zuständige Behörde bestimmt das Verfahren und die hierzu notwendigen Anforderungen. In diesen Fällen ist das elektronische Do-

kument mit einer qualifizierten elektronischen Signatur nach dem Signaturgesetz vom 16. Mai 2001 (BGBl. I S. 876) zu versehen.

(2) § 70 Abs. 1 Satz 3, § 73 Abs. 2 und § 85 Abs. 1 Satz 4 bleiben unberührt.[35]

KAPITEL 4:
Ordnungswidrigkeiten

§ 116
Ordnungswidrigkeiten

(1) Ordnungswidrig im Sinne des § 46 Abs. 1 Nr. 4 des Atomgesetzes handelt, wer vorsätzlich oder fahrlässig

1. ohne Genehmigung nach
   a) § 7 Abs. 1 mit sonstigen radioaktiven Stoffen oder mit Kernbrennstoffen umgeht,
   b) § 11 Abs. 1 eine dort bezeichnete Anlage errichtet,
   c) § 11 Abs. 2 eine Anlage zur Erzeugung ionisierender Strahlen betreibt oder die Anlage oder ihren Betrieb verändert,
   d) § 15 Abs. 1 in einer fremden Anlage oder Einrichtung eine unter seiner Aufsicht stehende Person beschäftigt oder eine Aufgabe selbst wahrnimmt,
   e) § 16 Abs. 1 sonstige radioaktive Stoffe oder Kernbrennstoffe befördert,
   f) § 19 Abs. 1 Satz 1 sonstige radioaktive Stoffe oder Kernbrennstoffe verbringt,
   g) § 23 Abs. 1 radioaktive Stoffe oder ionisierende Strahlung zum Zwecke der medizinischen Forschung am Menschen anwendet,
   h) § 106 Abs. 1 Satz 1, auch in Verbindung mit Satz 2, radioaktive Stoffe zusetzt oder dort genannte Produkte aktiviert oder
   i) § 108 Satz 1 dort genannte Konsumgüter in den Geltungsbereich dieser Verordnung oder aus dem Geltungsbereich dieser Verordnung in einen Staat, der nicht Mitgliedstaat der Europäischen Gemeinschaften ist, verbringt,
2. entgegen § 17 Abs. 3 Kernmaterialien übernimmt,
3. einer vollziehbaren Auflage nach § 26 Abs. 1 Satz 2 Nr. 3 zuwiderhandelt,
4. entgegen § 27 Abs. 1 Nr. 1 oder 2 eine Qualitätskontrolle nicht oder nicht rechtzeitig durchführt oder nicht überwachen lässt,
5. entgegen § 27 Abs. 1 Nr. 3 oder 4, jeweils auch in Verbindung mit Absatz 2 Satz 2, einen Abdruck des Zulassungsscheines oder eine Betriebsanleitung nicht oder nicht rechtzeitig aushändigt,
6. entgegen § 27 Abs. 2 Satz 1 einen Abdruck des Zulassungsscheins oder einen Prüfbefund nicht bereit hält,
7. entgegen § 27 Abs. 3 eine Änderung vornimmt,
8. entgegen § 27 Abs. 4 eine Vorrichtung verwendet oder eine Schutzmaßnahme nicht oder nicht rechtzeitig trifft,
9. entgegen § 27 Abs. 5 eine Vorrichtung nicht oder nicht rechtzeitig stilllegt oder eine Schutzmaßnahme nicht oder nicht rechtzeitig trifft,

---

[35] § 115 Abs. 2 geändert durch Art. 2 Nr. 18 d. Ges. z. Kontrolle hochradioaktiver Strahlenquellen.

10. entgegen § 27 Abs. 6 Satz 1 eine Vorrichtung nicht oder nicht rechtzeitig prüfen lässt,
11. entgegen § 27 Abs. 7 eine Vorrichtung nicht oder nicht rechtzeitig zurückgibt oder nicht oder nicht rechtzeitig abgibt,
12. einer vollziehbaren Anordnung nach § 40 Abs. 5 oder § 113 Abs. 4 zuwiderhandelt,
13. entgegen § 69 Abs. 3 Satz 1 nicht dafür sorgt, dass radioaktive Stoffe durch dort genannte Personen befördert werden,
14. entgegen § 69 Abs. 4 nicht dafür sorgt, dass radioaktive Stoffe an den Empfänger oder eine berechtigte Person übergeben werden,
15. entgegen § 93 nicht dafür sorgt, dass ein in § 95 Abs. 4 Satz 1 oder 2, Abs. 5 Satz 1, Abs. 7 oder 8 genannter Dosisgrenzwert nicht überschritten wird,
16. entgegen § 93 nicht dafür sorgt, dass ein in § 103 Abs. 2 Satz 1, Abs. 3 Satz 1 oder Abs. 5 genannter Dosisgrenzwert nicht überschritten wird,
17. entgegen § 95 Abs. 1 Satz 1, auch in Verbindung mit Satz 3, § 95 Abs. 1 Satz 2 oder Abs. 10 Satz 1 eine Abschätzung nicht, nicht richtig oder nicht rechtzeitig durchführt oder nicht oder nicht rechtzeitig wiederholt oder die Radon-222-Exposition oder die Körperdosis nicht, nicht richtig oder nicht rechtzeitig ermittelt,
18. entgegen § 95 Abs. 2 Satz 1 eine Anzeige nicht, nicht richtig, nicht vollständig oder nicht rechtzeitig erstattet,
19. entgegen § 95 Abs. 3 nicht dafür sorgt, dass eine Person eine Arbeit nur ausübt, wenn sie im Besitz eines dort genannten Strahlenpasses ist,
20. entgegen § 95 Abs. 9 die Arbeitsbedingungen nicht, nicht richtig oder nicht rechtzeitig gestaltet,
21. entgegen § 95 Abs. 11 Satz 1 eine Beschäftigung oder Weiterbeschäftigung erlaubt,
22. entgegen § 95 Abs. 11 Satz 4 eine ärztliche Bescheinigung nicht oder nicht rechtzeitig übergibt,
23. entgegen § 96 Abs. 1 Satz 1 ein Ergebnis der Ermittlungen nicht, nicht richtig oder nicht rechtzeitig aufzeichnet,
24. entgegen § 96 Abs. 2 Nr. 1 Buchstabe a eine Aufzeichnung nicht, nicht vollständig oder nicht für die vorgeschriebene Dauer aufbewahrt,
25. entgegen § 96 Abs. 2 Nr. 1 Buchstabe b eine Aufzeichnung nicht oder nicht rechtzeitig löscht,
26. entgegen § 96 Abs. 2 Nr. 1 Buchstabe c eine Aufzeichnung nicht oder nicht rechtzeitig vorlegt, oder nicht oder nicht rechtzeitig hinterlegt,
27. entgegen § 96 Abs. 2 Nr. 2 oder § 100 Abs. 1 eine Mitteilung nicht, nicht richtig, nicht vollständig oder nicht rechtzeitig macht,
28. entgegen § 96 Abs. 3 Satz 1 eine ermittelte Dosis nicht, nicht richtig oder nicht rechtzeitig übermittelt,
29. einer vollziehbaren Anordnung nach § 96 Abs. 4 oder 5, § 97 Abs. 3 Satz 1, § 99 Satz 2, § 101 Abs. 2 Satz 3 oder § 102 zuwiderhandelt,
30. entgegen § 97 Abs. 2 Satz 2 Materialien vermischt oder verdünnt,
31. entgegen § 97 Abs. 4 Satz 1 oder 2 Rückstände nicht sichert oder abgibt,
32. entgegen § 98 Abs. 1 Satz 3 überwachungsbedürftige Rückstände verwertet oder beseitigt,

33. entgegen § 99 Satz 1 oder § 101 Abs. 2 Satz 1 eine Anzeige nicht, nicht richtig, nicht vollständig oder nicht rechtzeitig erstattet,
34. entgegen § 100 Abs. 2 Satz 1, Abs. 3 Satz 2 oder Abs. 4 Satz 1 ein Rückstandskonzept oder eine Rückstandsbilanz nicht, nicht richtig, nicht vollständig oder nicht rechtzeitig erstellt, nicht oder nicht rechtzeitig fortschreibt oder nicht oder nicht rechtzeitig vorlegt,
35. entgegen § 101 Abs. 1 Satz 1 eine Verunreinigung nicht, nicht in der vorgeschriebenen Weise oder nicht rechtzeitig entfernt,
36. entgegen § 103 Abs. 1 Satz 1 die dort genannte effektive Dosis nicht, nicht richtig oder nicht rechtzeitig ermittelt,
37. entgegen § 103 Abs. 6 Satz 1 das fliegende Personal nicht, nicht richtig oder nicht rechtzeitig unterrichtet,
38. entgegen § 103 Abs. 6 Satz 3 oder 4 eine Aufzeichnung nicht, nicht richtig oder nicht vollständig führt, nicht oder nicht mindestens fünf Jahre aufbewahrt oder nicht oder nicht rechtzeitig vorlegt,
39. entgegen § 103 Abs. 7 Nr. 1 die Ergebnisse der Dosisermittlung nicht, nicht richtig oder nicht rechtzeitig aufzeichnet,
40. entgegen § 103 Abs. 7 Nr. 2 Buchstabe a eine Aufzeichnung nicht, nicht vollständig oder nicht für die vorgeschriebene Dauer aufbewahrt,
41. entgegen § 103 Abs. 7 Nr. 2 Buchstabe b eine Aufzeichnung nicht oder nicht rechtzeitig löscht,
42. entgegen § 103 Abs. 7 Nr. 2 Buchstabe c eine Aufzeichnung nicht oder nicht rechtzeitig vorlegt, oder nicht oder nicht rechtzeitig hinterlegt,
43. entgegen § 103 Abs. 7 Nr. 3 eine Mitteilung nicht, nicht richtig, nicht vollständig oder nicht rechtzeitig macht,
44. entgegen § 103 Abs. 8 Satz 1 die ermittelte Dosis nicht, nicht richtig oder nicht rechtzeitig übermittelt,
45. entgegen § 103 Abs. 9 Satz 1 eine Beschäftigung oder Weiterbeschäftigung erlaubt,
46. entgegen § 103 Abs. 9 Satz 3 eine ärztliche Bescheinigung nicht oder nicht rechtzeitig übersendet,
47. entgegen § 105 Satz 1, auch in Verbindung mit Satz 2, radioaktive Stoffe zusetzt oder eine Ware verbringt, in den Verkehr bringt oder aktiviert oder
48. entgegen § 111 Abs. 4 Satz 1 eine Messung, eine Feststellung oder eine ärztliche Untersuchung nicht duldet.

(2) Ordnungswidrig im Sinne des § 46 Abs. 1 Nr. 4 des Atomgesetzes handelt, wer als Strahlenschutzverantwortlicher vorsätzlich oder fahrlässig

1. einer vollziehbaren Anordnung nach § 12 Abs. 2, § 17 Abs. 1a Satz 3 oder § 74 Abs. 1 Satz 1 zuwiderhandelt.[36]
1a. entgegen § 31 Abs. 2 Satz 1 die erforderliche Anzahl von Strahlenschutzbeauftragten nicht oder nicht in der vorgeschriebenen Weise bestellt,
2. entgegen § 31 Abs. 4 Satz 1 eine Mitteilung nicht, nicht richtig, nicht vollständig oder nicht rechtzeitig macht,

---

[36] § 116 Abs. Nr. 1 geändert durch Art. 2 Nr. 19 Buchst. a0 des Gesetzes zur Kontrolle hochradioaktiver Strahlenquellen.

3. entgegen § 33 Abs. 1 Nr. 1 Buchstabe a, b Doppelbuchstabe aa, dd, ff oder gg oder Buchstabe c nicht dafür sorgt, dass eine Vorschrift des § 29 Abs. 1 Satz 1, § 31 Abs. 2 Satz 2 oder Abs. 3, § 32 Abs. 3, § 34 Satz 1, § 49 Abs. 1 Satz 1 oder Abs. 2, § 50 Abs. 1 Satz 1, Abs. 2 oder 3, des § 61 Abs. 3 Satz 2, § 69a oder des § 83 Abs. 4 Satz 1 eingehalten wird[37], oder

4. entgegen § 33 Abs. 1 Nr. 1 Buchstabe b Doppelbuchstabe cc in Verbindung mit § 5 Satz 1 nicht dafür sorgt, dass ein in § 47 Abs. 1 Satz 1 genannter Dosisgrenzwert für die Planung oder die Errichtung einer Anlage oder Einrichtung nicht überschritten wird,

5. entgegen § 33 Abs. 1 Nr. 3 nicht dafür sorgt, dass die erforderlichen Maßnahmen gegen ein unbeabsichtigtes Kritischwerden von Kernbrennstoff getroffen werden.

(3) Ordnungswidrig im Sinne des § 46 Abs. 1 Nr. 4 des Atomgesetzes handelt, wer als Strahlenschutzverantwortlicher oder Strahlenschutzbeauftragter vorsätzlich oder fahrlässig

1. entgegen § 33 Abs. 1 Nr. 2 Buchstabe a, b Doppelbuchstabe aa, bb Dreifachbuchstabe aaa, Doppelbuchstabe cc Dreifachbuchstabe bbb, Doppelbuchstabe ee Dreifachbuchstabe bbb, Doppelbuchstabe ff, gg Dreifachbuchstabe aaa, Doppelbuchstabe hh oder Buchstabe c oder Abs. 2 Nr. 1 Buchstabe a nicht dafür sorgt, dass eine Vorschrift des § 29 Abs. 2 Satz 4, § 35, § 36 Abs. 1 Satz 1, Abs. 2 Satz 1 oder 2 oder Abs. 4 Satz 1, § 37 Abs. 1 Satz 1 oder Abs. 2, § 38 Abs. 1 Satz 1 bis 3, Abs. 2 bis 4, § 39, § 40 Abs. 1 Satz 1, Abs. 2 Satz 1, Abs. 3 oder 4, § 41 Abs. 1 Satz 1 oder 2, Abs. 2, Abs. 3 Satz 1 bis 4, Abs. 4 Satz 1, Abs. 5 oder 6, § 42 Abs. 1 Satz 1 bis 6, § 43, § 44 Abs. 1 Satz 1 bis 3, Abs. 2 Satz 1, Abs. 3 Satz 2, Abs. 4 oder 5, § 45 Abs. 1 oder 3, § 48 Abs. 1 Nr. 1 Satz 1, § 57 Satz 1, § 58 Abs. 4, § 59 Abs. 2 oder 3 Satz 1 oder 3, § 60 Abs. 1 oder 2, § 63 Abs. 1, § 65, § 66 Abs. 2 Satz 1, Abs. 5 oder Abs. 6 Satz 1 oder 2, § 67, § 68 Abs. 1, 1a Satz 1 oder 3 oder Abs. 3 bis 6, § 69 Abs. 1, 2 Satz 1 oder 4 oder Abs. 5, § 70 Abs. 1 Satz 1 Nr. 2, Abs. 2 bis 4 oder 6, § 72 Satz 1 oder 3, § 73 Abs. 1, 2 Satz 1, Abs. 3 oder 4, § 74 Abs. 2 oder 3, § 75 Abs. 1 bis 3, § 79 Satz 1, § 80 Abs. 1 Satz 1, Abs. 2 Satz 2 oder Abs. 3 Satz 1, § 81 Abs. 1 Satz 1 oder 2, Abs. 2 Satz 1 oder 2, Abs. 3, Abs. 5 Satz 1 oder 2 oder Abs. 6 Satz 1, § 82 Abs. 1 oder 3, § 83 Abs. 4 Satz 2 bis 4 oder Abs. 5, § 84, § 85 Abs. 1, 2 oder 3 Satz 1, Abs. 4 Satz 1 oder Abs. 6 Satz 1 oder 3, § 87 Abs. 1 Satz 2 oder Abs. 3 bis 7, § 88 Abs. 1, 2 Satz 1 oder Abs. 3 oder 4 oder § 89 Abs. 2 eingehalten wird,[38]

2. entgegen § 33 Abs. 1 Nr. 2 Buchstabe b Doppelbuchstabe bb Dreifachbuchstabe bbb, Doppelbuchstabe cc Dreifachbuchstabe ccc, Doppelbuchstabe gg Dreifachbuchstabe bbb oder Abs. 2 Nr. 1 Buchstabe a nicht dafür sorgt, dass eine Mitteilung nach § 42 Abs. 2 Satz 1, § 48 Abs. 1 Satz 1 Nr. 2, § 66 Abs. 6 Satz 3, § 70 Abs. 1 Satz 1 Nr. 1 oder 3 gemacht wird oder

3. entgegen § 33 Abs. 1 Nr. 2 Buchstabe b Doppelbuchstabe cc Dreifachbuchstabe aaa, Doppelbuchstabe ee Dreifachbuchstabe aaa oder Abs. 2 Nr. 1 Buchstabe a, jeweils in Verbindung mit § 5 Satz 1, nicht dafür sorgt, dass ein in § 46 Abs. 1 oder 2, § 55 Abs. 1 Satz 1, Abs. 2, 3 oder 4, § 56 Satz 1 oder § 58 Abs. 1 Satz 2 genannter Dosisgrenzwert oder ein in § 47 Abs. 1 Satz 1 genannter Dosisgrenzwert für den Betrieb einer Anlage oder Einrichtung nicht überschritten wird.

(4) Ordnungswidrig im Sinne des § 46 Abs. 1 Nr. 4 des Atomgesetzes handelt, wer als Strahlenschutzbeauftragter vorsätzlich oder fahrlässig entgegen § 113 Abs. 2 Satz 3 den Strahlenschutzverantwortlichen nicht oder nicht rechtzeitig unterrichtet.

(5) Ordnungswidrig im Sinne des § 46 Abs. 1 Nr. 4 des Atomgesetzes handelt, wer als Arzt nach § 64 Abs. 1 Satz 1 vorsätzlich oder fahrlässig

1. entgegen § 61 Abs. 1 Satz 2 eine angeforderte Unterlage nicht oder nicht rechtzeitig übergibt,

2. entgegen § 61 Abs. 3 Satz 1 eine ärztliche Bescheinigung nicht oder nicht rechtzeitig übersendet,

---

[37] § 116 Abs. 2 Nr. 3 geändert durch Art. 2 Nr. 19 Buchst. a des Ges. z. Kontrolle hochradioaktiver Strahlenquellen.
[38] § 116 Abs. 3 Nr. 1 geändert durch Art. 2 Nr. 19 Buchst. b des Ges. z. Kontrolle hochradioaktiver Strahlenquellen.

3. entgegen § 64 Abs. 3 Satz 1, 3 oder 4 eine Gesundheitsakte nicht, nicht richtig oder nicht vollständig führt, nicht oder nicht für die vorgeschriebene Dauer aufbewahrt oder nicht oder nicht rechtzeitig vernichtet,

4. entgegen § 64 Abs. 4 Satz 1 eine Gesundheitsakte nicht oder nicht rechtzeitig vorlegt oder nicht oder nicht rechtzeitig übergibt oder

5. entgegen § 64 Abs. 5 Einsicht in die Gesundheitsakte nicht oder nicht rechtzeitig gewährt.

(6) Die Zuständigkeit für die Verfolgung und Ahndung von Ordnungswidrigkeiten nach Absatz 1 Nr. 16 und Nr. 36 bis 46 wird auf das Luftfahrt-Bundesamt übertragen.

KAPITEL 5:
Schlussvorschriften

§ 117
Übergangsvorschriften

(1) Eine vor dem 1. August 2001 für die Beförderung oder die grenzüberschreitende Verbringung sonstiger radioaktiver Stoffe erteilte Genehmigung gilt als Genehmigung nach § 16 oder § 19 mit allen Nebenbestimmungen fort. Eine vor dem 1. August 2001 für den Umgang mit sonstigen radioaktiven Stoffen, für die Errichtung oder den Betrieb von Anlagen zur Erzeugung ionisierender Strahlen erteilte Genehmigung gilt als Genehmigung nach § 7, § 11 Abs. 1 oder Abs. 2 mit allen Nebenbestimmungen mit der Maßgabe fort, dass die Grenzwerte der §§ 46 und 55 nicht überschritten werden. Sind bei diesen Genehmigungen zur Begrenzung von Ableitungen radioaktiver Stoffe mit Luft und Wasser aus Strahlenschutzbereichen die Aktivitätskonzentrationen nach § 46 Abs. 3 oder 4 der Strahlenschutzverordnung vom 30. Juni 1989 maßgebend, treten bis zum 1. August 2003 an deren Stelle die Werte der Anlage VII Teil D. Hat die zuständige Behörde nach § 46 Abs. 5 der Strahlenschutzverordnung in der Fassung vom 30. Juni 1989 höhere Aktivitätskonzentrationen oder -abgaben zugelassen, und wurde innerhalb von drei Monaten ab dem Inkrafttreten dieser Verordnung ein Antrag auf Neufestsetzung der Werte gestellt, so gelten diese Aktivitätskonzentrationen oder -abgaben bis zur Bestandskraft der Entscheidung weiter. Wird kein Antrag nach Satz 4 gestellt, gelten nach Ablauf von drei Monaten ab dem Inkrafttreten dieser Verordnung statt der zugelassenen höheren Werte die Werte der Anlage VII Teil D. Hat die zuständige Behörde nach § 46 Abs. 5 der Strahlenschutzverordnung in der Fassung vom 30. Juni 1989 niedrigere Aktivitätskonzentrationen oder – abgaben vorgeschrieben, gelten diese niedrigeren Festsetzungen fort. Strahlenschutzbereiche sind gemäß den Anforderungen nach § 36 Abs. 1 Satz 2 Nummer 1 oder 2 bis zum 1. August 2003 einzurichten und der zuständigen Behörde dieses auf Verlangen nachzuweisen.

(2) Tätigkeiten, die nach den § 4 Abs. 1 in Verbindung mit Anlage II Nr. 1 oder § 17 Abs. 1 der Strahlenschutzverordnung vom 30. Juni 1989 angezeigt wurden und nach dem 1. August 2001 einer Genehmigung nach den § 7 Abs. 1 oder § 11 Abs. 2 bedürfen, dürfen fortgesetzt werden, wenn der Antrag auf Genehmigung bis zum 1. August 2003 gestellt wurde.

(3) Genehmigungen nach den §§ 3 oder 5 der Röntgenverordnung vom 8. Januar 1987 für Anlagen zur Erzeugung ionisierender Strahlen, die nach dem 1. August 2001 in den Anwendungsbereich dieser Verordnung fallen, gelten als Genehmigungen nach § 11 Abs. 2 fort. Tätigkeiten, die nach § 4 Abs. 1 der Röntgenverordnung vom 8. Januar 1987 angezeigt wurden und die nach dem 1. August 2001 in den Anwendungsbereich dieser Verordnung fallen, dürfen fortgesetzt werden, wenn der Antrag auf Genehmigung bis zum 1. August 2003 gestellt wurde. Absatz 1 gilt entsprechend. Die erforderliche Vorsorge für die Erfüllung gesetzlicher Schadensersatzverpflichtungen ist bis zum 1. August 2003 nachzuweisen.

(3a) Für eine hochradioaktive Strahlenquelle, die vor dem 19. August 2005 in Verkehr gebracht wurde, gilt § 8 Abs. 1 Satz 1 bis zum 30. Dezember 2007 fort.

(3b) Für eine hochradioaktive Strahlenquelle, die vor dem 19. August 2005 in Verkehr gebracht wurde, gilt § 10 Abs. 1 und 2 bis zum 30. Dezember 2007 fort.

(3c) Für eine hochradioaktive Strahlenquelle, die vor dem 19. August 2005 in Verkehr gebracht wurde, gilt § 17 Abs. 1 Nr. 4 bis zum 30. Dezember 2007 fort.[39]

(4) Für eine vor dem 1. August 2001 für die Beschäftigung in fremden Anlagen oder Einrichtungen erteilte Genehmigung nach § 20 der Strahlenschutzverordnung vom 30. Juni 1989 gilt Absatz 1 Satz 2 entsprechend; soweit eine solche Genehmigung unbefristet erteilt worden ist, erlischt sie am 1. August 2003. Satz 1 gilt auch für eine unbefristet erteilte Genehmigung gemäß § 20a Strahlenschutzverordnung vom 13. Oktober 1976.

(5) Genehmigungsverfahren nach § 41 der Strahlenschutzverordnung vom 30. Juni 1989, die vor dem 1. August 2001 begonnen worden sind, sind von der vor dem 1. August 2001 zuständigen Behörde abzuschließen. Auf diese Verfahren finden die Vorschriften des § 41 der Strahlenschutzverordnung vom 30. Juni 1989 weiterhin Anwendung.

(6) Die Herstellung von Konsumgütern, die nach § 4 Abs. 4 Nr. 2 Buchstaben b, c, d der Strahlenschutzverordnung vom 30. Juni 1989 genehmigungsfrei war und die einer Genehmigung nach § 106 bedarf, darf bis zur Entscheidung über den Antrag vorläufig fortgesetzt werden, wenn der Antrag auf Genehmigung bis zum 1. November 2001 gestellt wurde. Die Verwendung, Lagerung und Beseitigung von Konsumgütern im Sinne des Satz 1 und von Konsumgütern, die vor dem 1. August 2001 genehmigungsfrei hergestellt wurden, bedarf weiterhin keiner Genehmigung. Genehmigungen nach § 3 der Strahlenschutzverordnung vom 30. Juni 1989 zur Herstellung von Konsumgütern gelten vorläufig fort. Eine solche Genehmigung erlischt am 1. November 2001, es sei denn,

1. vor diesem Zeitpunkt wird eine Genehmigung nach § 106 beantragt; die vorläufig fortgeltende Genehmigung gilt dann auch nach diesem Zeitpunkt fort und erlischt, wenn über den Antrag entschieden worden ist; oder

2. die vorläufig fortgeltende Genehmigung ist befristet; die Genehmigung erlischt dann zu dem festgelegten früheren Zeitpunkt.

Genehmigungen nach § 3 der Strahlenschutzverordnung vom 30. Juni 1989 für den Zusatz von radioaktiven Stoffen bei der Herstellung von Arzneimitteln im Sinne des Arzneimittelgesetzes gelten mit allen Nebenbestimmungen fort. Satz 1 bis 4 gelten entsprechend im Fall der Aktivierung. Sonstige Produkte, die den Anforderungen der Anlage III Teil A Nr. 5, 6, oder 7 der Strahlenschutzverordnung vom 30. Juni 1989 entsprechen und vor dem 1. August 2001 erworben worden sind, können weiter genehmigungs- und anzeigefrei verwendet, gelagert oder beseitigt werden.

(7) Eine vor dem 1. August 2001 erteilte Zulassung der Bauart von Vorrichtungen, die radioaktive Stoffe enthalten, gilt bis zum Ablauf der im Zulassungsschein genannten Frist fort. Für die Verwendung und Lagerung von Vorrichtungen, die radioaktive Stoffe enthalten und für die vor dem 1. August 2001 eine Bauartzulassung erteilt worden ist, gelten die Regelungen des § 4 Abs. 1, 2 Satz 2 und 5 in Verbindung mit Anlage II Nr. 2 oder 3 und Anlage III Teil B Nr. 4, § 29 Abs. 1 Satz 1, §§ 34 und 78 Abs. 1 Nr. 1 der Strahlenschutzverordnung vom 30. Juni 1989 und nach dem Auslaufen dieser Bauartzulassung auch § 23 Abs. 2 Satz 3 der Strahlenschutzverordnung vom 30. Juni 1989 fort; § 31 Abs. 1 Satz 2 bis 4, Abs. 2 bis 5, §§ 32, 33 und 35 dieser Verordnung gelten entsprechend. Nach dem Auslaufen dieser Zulassung dürfen Vorrichtungen nach Satz 1 nach Maßgabe des § 23 Abs. 2 Satz 3 der Strahlenschutzverordnung vom 30. Juni 1989 weiter betrieben werden. Vorrichtungen, deren Bauartzulassung vor dem 1. August 2001 ausgelaufen war und die nach Maßgabe des § 23 Abs. 2 Satz 3 in Verbindung mit § 4 der Strahlenschutzverordnung vom 30. Juni 1989 weiter betrieben wurden, dürfen weiter genehmigungsfrei betrieben werden. Sätze 1 und 2 gelten entsprechend auch für Ionisationsrauchmelder, für die nach Anlage III Teil B Nr. 4 der Strahlenschutzverordnung vom 30. Juni 1989 die Anzeige durch den Hersteller oder die Vertriebsfirma erfolgte.

---

39 Absatz 3a bis 3c eingefügt durch Art. 2 Nr. 20 Buchst. a des Gesetzes zur Kontrolle hochradioaktiver Strahlenquellen.

(7a) Eine vor dem 19. August 2005 erteilte Zulassung der Bauart nach § 25 Abs. 1 von Geräten und anderen Vorrichtungen, die hochradioaktive Strahlenquellen enthalten, gilt bis zum Ablauf der im Zulassungsschein genannten Frist fort.[40]

(8) Die Verfahren der Bauartzulassung, die vor dem 1. August 2001 beantragt und bei denen die Bauartprüfung veranlasst worden ist, sind von der vor dem 1. August 2001 zuständigen Behörde abzuschließen. Auf diese Verfahren finden die Vorschriften des § 22 in Verbindung mit Anlage VI der Strahlenschutzverordnung vom 30. Juni 1989 mit der Maßgabe der in Anlage VI Teil A Nr. 1 und 2 aufgeführten Messgrößen dieser Verordnung Anwendung. Für die Erteilung des Zulassungsscheins gilt § 26 Abs. 1 dieser Verordnung entsprechend.

(9) Erforderliche Dichtheitsprüfungen nach § 27 Abs. 6 Satz 1, die vor dem 1. August 2006 fällig sind, sind bis zum 1. August 2006 durchführen zu lassen. § 27 Abs. 6 gilt nicht für Vorrichtungen, deren Bauart nach § 22 in Verbindung mit Anlage VI Nr. 6 der Strahlenschutzverordnung vom 30. Juni 1989 zugelassen ist, und nicht für Vorrichtungen, deren Bauart nach § 22 in Verbindung mit Anlage VI Nr. 1 bis 5 der Strahlenschutzverordnung vom 30. Juni 1989 zugelassen ist, wenn die eingefügte Aktivität das Zehnfache der Freigrenzen der Anlage III Tabelle 1 Spalte 2 nicht überschreitet.

(10) Regelungen für die Entlassung radioaktiver Stoffe sowie von beweglichen Gegenständen, Gebäuden, Bodenflächen, Anlagen oder Anlagenteilen, die aktiviert oder mit radioaktiven Stoffen kontaminiert sind und aus Tätigkeiten nach § 2 Nr. 1 Buchstaben a, c und d stammen, die in vor dem 1. August 2001 erteilten Genehmigungen oder anderen verwaltungsbehördlichen Entscheidungen enthalten sind, gelten als Freigaben vorläufig fort. Eine solche Freigabe erlischt am 1. August 2004, es sei denn

1. vor diesem Zeitpunkt wird eine Freigabe im Sinne des § 29 beantragt; die vorläufig fortgeltende Freigabe gilt dann auch nach diesem Zeitpunkt fort und erlischt, wenn die Entscheidung über den Antrag unanfechtbar geworden ist; oder

2. die der vorläufig fortgeltenden Freigabe zu Grunde liegende Genehmigung oder verwaltungsbehördliche Entscheidung ist befristet; die Freigabe erlischt dann zu dem in der Genehmigung oder verwaltungsbehördlichen Entscheidung festgelegten früheren Zeitpunkt.

Freigaberegelungen in Genehmigungen nach §§ 6, 7 Abs. 3 oder § 9 des Atomgesetzes sowie nach § 3 der Strahlenschutzverordnung vom 30. Juni 1989, die die Stilllegung von Anlagen und Einrichtungen zum Gegenstand haben, gelten unbegrenzt fort.

(11) Bei vor dem 1. August 2001 bestellten Strahlenschutzbeauftragten gilt die erforderliche Fachkunde im Strahlenschutz im Sinne des § 30 Abs. 1 als erworben und bescheinigt. Eine vor dem 1. August 2001 erfolgte Bestellung zum Strahlenschutzbeauftragten gilt fort, sofern die Aktualisierung der Fachkunde entsprechend § 30 Abs. 2 bei Bestellung vor 1976 bis zum 1. August 2003, bei Bestellung zwischen 1976 bis 1989 bis zum 1. August 2004, bei Bestellung nach 1989 bis zum 1. August 2006 nachgewiesen wird. Eine vor dem 1. August 2001 erteilte Fachkundebescheinigung gilt fort, sofern die Aktualisierung der Fachkunde bei Erwerb der Fachkunde vor 1976 bis zum 1. August 2003, bei Erwerb zwischen 1976 bis 1989 bis zum 1. August 2004, bei Erwerb nach 1989 bis zum 1. August 2006 nachgewiesen wird. Satz 1 bis 3 gelten entsprechend für die Ärzte nach § 64 Abs. 1 Satz 1, für Strahlenschutzverantwortliche, die die erforderliche Fachkunde im Strahlenschutz besitzen und die keine Strahlenschutzbeauftragten bestellt haben, und für Personen, die die Fachkunde vor 1. August 2001 erworben haben, aber nicht als Strahlenschutzbeauftragte bestellt sind.

(11a) Bei vor dem 1. Juli 2002 tätigen Personen im Sinne des § 82 Abs. 1 Nr. 2 und Abs. 2 Nr. 4 gelten die Kenntnisse als nach § 30 Abs. 4 Satz 2 erworben fort, nach dem 1. Juli 2004 jedoch nur, wenn die nach § 30 Abs. 1 zuständige Stelle ihnen den Besitz der erforderlichen Kenntnisse bescheinigt hat.

---

40 Abs. 7a eingefügt duch Art. 2 Nr. 20 Buchst. b des Gesetzes zur Kontrolle hochradioaktiver Strahlenquellen.

(12) Vor dem 1. August 2001 anerkannte Kurse zur Vermittlung der Fachkunde im Sinne des § 30 Abs. 1 gelten bis zum 1. August 2006 als anerkannt fort, soweit die Anerkennung keine kürzere Frist enthält.

(13) Die Zuständigkeit nach Landesrecht für Messstellen nach § 63 Abs. 3 Satz 1 der Strahlenschutzverordnung vom 30. Juni 1989 gilt als Bestimmung im Sinne des § 41 Abs. 1 Satz 4 fort. Die Bestimmung von Messstellen nach § 63 Abs. 6 Satz 1 der Strahlenschutzverordnung vom 30. Juni 1989 gilt als Bestimmung im Sinne des § 41 Abs. 1 Satz 4 fort.

(14) Strahlenschutzanweisungen nach § 34 sind bis zum 1. August 2003 zu erlassen.

(15) Bis zum 13. Mai 2005 kann die zuständige Behörde bei Anlagen oder Einrichtungen abweichend von § 46 Abs. 1 zulassen, dass die effektive Dosis für Einzelpersonen der Bevölkerung mehr als 1 Millisievert im Kalenderjahr betragen darf, wenn insgesamt zwischen dem 14. Mai 2000 und dem 13. Mai 2005 fünf Millisievert nicht überschritten werden.

(16) In vor dem 1. August 2001 begonnenen Genehmigungsverfahren für die Aufbewahrung bestrahlter Kernbrennstoffe nach § 6 des Atomgesetzes an den jeweiligen Standorten der nach § 7 des Atomgesetzes genehmigten Kernkraftwerken oder vor dem 1. August 2001 begonnenen Planfeststellungsverfahren für die Errichtung und den Betrieb von Anlagen zur Sicherstellung und zur Endlagerung radioaktiver Abfälle, bei denen ein Erörterungstermin stattgefunden hat, kann der Antragsteller den Nachweis der Einhaltung der Grenzwerte des § 47 Abs. 1 dadurch erbringen, dass er unter Zugrundelegung der allgemeinen Verwaltungsvorschrift zu § 45 Strahlenschutzverordnung: „Ermittlung der Strahlenexposition durch die Ableitung radioaktiver Stoffe aus kerntechnischen Anlagen oder Einrichtungen vom 21. Februar 1990" (BAnz. Nr. 64a vom 31. März 1990) die Einhaltung des Dosisgrenzwertes des § 47 Abs. 1 Nr. 1 dieser Verordnung und der Teilkörperdosisgrenzwerte des § 45 Abs. 1 der Strahlenschutzverordnung vom 30. Juni 1989 mit den Organen der Anlage X Tabelle X2 unter Beachtung der Anlage X Tabelle X1 Fußnote 1 und der Anlage X Tabelle X2 und mit den Annahmen zur Ermittlung der Strahlenexposition aus Anlage XI der Strahlenschutzverordnung vom 30. Juni 1989 und den Dosisfaktoren aus der im Bundesanzeiger Nr. 185a vom 30. September 1989 bekannt gegebenen Zusammenstellung nachweist. Für die Berechnung von Dosiswerten aus äußerer Strahlenexposition sind die Werte und Beziehungen in Anhang II der Richtlinie 96/29/ EURATOM des Rates vom 13. Mai 1996 zur Festlegung der grundlegenden Sicherheitsnormen für den Schutz der Gesundheit der Arbeitskräfte und der Bevölkerung gegen die Gefahren durch ionisierende Strahlung (ABl. EG Nr. L 159 S. 1) maßgebend. Für andere als in Satz 1 genannte Verfahren sind für die Ermittlung der Strahlenexposition aus Ableitungen bis zum Ablauf eines Jahres nach Inkrafttreten der allgemeinen Verwaltungsvorschriften zu § 47 Abs. 2 Satz 2 die in den Sätzen 1 und 2 genannten Dosisgrenzwerte und Berechnungsverfahren maßgebend.

(17) In vor dem 1. August 2001 begonnenen Genehmigungsverfahren für die Aufbewahrung bestrahlter Kernbrennstoffe nach § 6 des Atomgesetzes an den jeweiligen Standorten der nach § 7 des Atomgesetzes genehmigten Kernkraftwerke oder vor Inkrafttreten dieser Verordnung begonnenen Planfeststellungsverfahren für die Errichtung und den Betrieb von Anlagen zur Sicherstellung und zur Endlagerung radioaktiver Abfälle, bei denen ein Erörterungstermin stattgefunden hat, kann der Antragsteller den Nachweis einer ausreichenden Vorsorge gegen Störfälle nach § 49 Abs. 2 dadurch erbringen, dass er die Einhaltung des Dosiswertes des § 49 Abs. 1 Nr. 1 dieser Verordnung und der Teilkörperdosiswerte des § 28 Abs. 3 mit den Organen der Anlage X Tabelle X2 unter Beachtung der Anlage X Tabelle X1 Fußnote 1 und der Anlage X Tabelle X2 der Strahlenschutzverordnung vom 30. Juni 1989 und den Dosisfaktoren aus der im Bundesanzeiger Nr. 185a vom 30. September 1989 bekannt gegebenen Zusammenstellung nachweist. Für die Berechnung von Dosiswerten aus äußerer Strahlenexposition sind die Werte und Beziehungen in Anhang II der Richtlinie 96/29/ EURATOM des Rates vom 13. Mai 1996 zur Festlegung der grundlegenden Sicherheitsnormen für den Schutz der Gesundheit der Arbeitskräfte und der Bevölkerung gegen die Gefahren durch ionisierende Strahlung (ABl. EG Nr. L 159 S. 1) maßgebend. Den vorstehend genannten Nachweisen können für Anlagen zur Sicherstellung und zur Endlagerung radioaktiver Abfälle die Berechnungsgrundlagen der Neufas-

sung des Kapitels 4 „Berechnung der Strahlenexposition" der Störfallberechnungsgrundlagen für die Leitlinien zur Beurteilung der Auslegung von Kernkraftwerken mit DWR gemäß § 28 Abs. 3 Strahlenschutzverordnung in der Fassung der Bekanntmachung im Bundesanzeiger Nr. 222a vom 26. November 1994 zugrunde gelegt werden. Für die Aufbewahrung bestrahlter Kernbrennstoffe nach § 6 des Atomgesetzes an den jeweiligen Standorten der nach § 7 des Atomgesetzes genehmigten Kernkraftwerke können den Nachweisen bis zur Veröffentlichung gesonderter Anforderungen für diese Tätigkeiten durch das für die kerntechnische Sicherheit und den Strahlenschutz zuständige Bundesministerium im Bundesanzeiger die in Satz 3 genannten Berechnungsgrundlagen zugrunde gelegt werden.

(18) Bis zum Inkrafttreten allgemeiner Verwaltungsvorschriften zur Störfallvorsorge nach § 50 Abs. 4 ist bei der Planung der in § 50 Abs. 1 bis 3 genannten Anlagen und Einrichtungen die Störfallexposition so zu begrenzen, dass die durch Freisetzung radioaktiver Stoffe in die Umgebung verursachte effektive Dosis von 50 Millisievert nicht überschritten wird.

(19) Bis zum 13. Mai 2005 darf abweichend von § 55 Abs. 1 die effektive Dosis für beruflich strahlenexponierte Personen bis zu 50 Millisievert in einem Kalenderjahr betragen, wenn die effektive Dosis durch innere Strahlenexposition 20 Millisievert in einem Kalenderjahr nicht überschreitet und insgesamt zwischen dem 14. Mai 2000 und dem 13. Mai 2005 die Summe der effektiven Dosen den Grenzwert von 100 Millisievert nicht überschreitet.

(20) Bis zum 1. August 2006 darf für gebärfähige Frauen abweichend von § 55 Abs. 4 die über einen Monat kumulierte Dosis an der Gebärmutter bis zu 5 Millisievert betragen.

(21) Bis zum 1. August 2006 findet § 56 in Verbindung mit § 118 Abs. 2 auf die Stilllegung und Sanierung der Betriebsanlagen und Betriebsstätten des Uranerzbergbaus mit der Maßgabe Anwendung, dass eine weitere berufliche Strahlenexposition von nicht mehr als 10 Millisievert im Kalenderjahr im Benehmen mit einem Arzt nach § 64 zulässig ist, wenn die beruflich strahlenexponierte Person einwilligt. Die Einwilligung ist schriftlich zu erteilen. § 60 Abs. 2 findet entsprechende Anwendung.

(21a) Hochradioaktive Strahlenquellen, die vor dem 31. Dezember 2005 in Verkehr gebracht wurden, bedürfen keiner Kennzeichnung nach § 68 Abs. 1a Satz 1. Sie dürfen bis zum 30. Dezember 2007 ohne die in § 69 Abs. 2 Satz 4 vorgesehene Dokumentation des Herstellers abgegeben werden. Ab dem 31. Dezember 2007 dürfen sie abweichend von § 69 Abs. 2 Satz 4 nur abgegeben werden, wenn ihnen geeignete schriftliche Unterlagen zur Identifizierung der Strahlenquelle und ihrer Art beigefügt sind.

(21b) Für eine hochradioaktive Strahlenquelle, die vor dem 19. August 2005 in Verkehr gebracht wurde, sind die Vorschriften des § 70 Abs. 1 Satz 3 ab dem 31. Dezember 2007 einzuhalten.

(21c) Für eine hochradioaktive Strahlenquelle, die vor dem 19. August 2005 in den Verkehr gebracht wurde, gilt § 70 Abs. 5 bis zum 30. Dezember 2007 fort.

(21d) Für eine hochradioaktive Strahlenquelle, die vor dem 19. August 2005 in Verkehr gebracht wurde, sind die Vorschriften des § 70a Abs. 2 Satz 1 Nr.1 ab dem 31. Dezember 2007 einzuhalten.[41]

(22) Ermächtigungen von Ärzten im Sinne des § 71 Abs. 1 Satz 1 der Strahlenschutzverordnung vom 30. Juni 1989 gelten als Ermächtigungen nach § 64 Abs. 1 Satz 1 fort.

(23) Bestimmungen von Sachverständigen nach § 76 Abs. 1 Satz 1 der Strahlenschutzverordnung vom 30. Juni 1989 und Bestimmungen von Sachverständigen nach § 18 der Röntgenverordnung vom 8. Januar 1987 für Röntgeneinrichtungen und Störstrahler im Energiebereich größer ein Megaelektronvolt gelten als Bestimmungen nach § 66 Abs. 1 Satz 1 fort.

(24) Ärztliche Stellen nach § 83 sind bis zum 1. August 2003) von der zuständigen Behörde zu bestimmen.

---

41 Absatz 21a bis 21d eingefügt durch Art. 2 Nr. 20 Buchst. c des Gesetzes z. Kontrolle hochradioaktiver Strahlenquellen.

(25) Die Fortsetzung von Arbeiten nach § 95 Abs. 2, die vor dem 1. August 2001 begonnen wurden, ist bis zum 1. August 2003 der zuständigen Behörde anzuzeigen. Genehmigungen nach § 3 der Strahlenschutzverordnung vom 30. Juni 1989 zum Umgang mit radioaktiven Stoffen, der nach § 95 Abs. 2 Satz 1 eine anzeigebedürftige Arbeit ist, gelten als Anzeige nach § 95 Abs. 2 fort, sofern nicht eine Genehmigung nach § 106 erforderlich ist. Im Rahmen solcher Genehmigungen erteilte Nebenbestimmungen gelten als Anordnungen nach § 96 Abs. 4 fort.

(26) Maßnahmen nach § 95 Abs. 10, § 96 Abs. 1 bis 3 und § 103 Abs. 1, Abs. 6 Satz 1, 3 und 4 und Abs. 9 sind bis zum 1. August 2003 umzusetzen.

(27) Die in Anlage VI Teil A Nr. 1 und 2 aufgeführten Messgrößen sind spätestens bis zum 1. August 2011 bei Messungen der Personendosis, Ortsdosis und Ortsdosisleistung nach § 67 zu verwenden. Unberührt hiervon ist bei Messungen der Ortsdosis oder Ortsdosisleistung unter Verwendung anderer als der in Anlage VI Teil A Nr. 2 genannten Messgrößen eine Umrechnung auf die Messgrößen nach Anlage VI Teil A Nr. 2 durchzuführen, wenn diese Messungen dem Nachweis dienen, dass die Grenzwerte der Körperdosis nach den §§ 46, 47, 55 und 58 nicht überschritten werden.

(28) Bis zum 1. August 2001 ermittelte Werte der Körperdosis oder der Personendosis gelten als Werte der Körperdosis nach Anlage VI Teil B oder der Personendosis nach Anlage VI Teil A Nr. 1 fort.

(29) Vor dem 1. April 1977 beschaffte Geräte, keramische Gegenstände, Porzellanwaren, Glaswaren oder elektronische Bauteile, mit denen nach § 11 der Ersten Strahlenschutzverordnung vom 15. Oktober 1965 ohne Genehmigung umgegangen werden durfte, dürfen weiter genehmigungsfrei verwendet und beseitigt werden, wenn diese Gegenstände im Zeitpunkt der Beschaffung den Vorschriften des § 11 der Ersten Strahlenschutzverordnung vom 15. Oktober 1965 entsprochen haben.

(30) Keramische Gegenstände oder Porzellanwaren, die vor dem 1. Juni 1981 verwendet wurden und deren uranhaltige Glasur der Anlage III Teil A Nr. 6 Strahlenschutzverordnung vom 30. Juni 1989 entspricht, können weiter genehmigungsfrei verwendet und beseitigt werden.

§ 118
Abgrenzung zu anderen Vorschriften, Sanierung von Hinterlassenschaften

(1) Auf dem in Artikel 3 des Einigungsvertrages vom 6. September 1990 (BGBl. II S. 8851) genannten Gebiet gelten für die Sanierung von Hinterlassenschaften früherer Tätigkeiten und Arbeiten sowie die Stilllegung und Sanierung der Betriebsanlagen und Betriebsstätten des Uranerzbergbaus nach Artikel 9 Abs. 2 in Verbindung mit Anlage II, Kapitel XII, Abschnitt III Nr. 2 und 3 des Einigungsvertrags die folgenden Regelungen fort:

1. Verordnung über die Gewährleistung von Atomsicherheit und Strahlenschutz vom 11. Oktober 1984 (GBl. I Nr. 30 S. 341) nebst Durchführungsbestimmung zur Verordnung über die Gewährleistung von Atomsicherheit und Strahlenschutz vom 11. Oktober 1984 (GBl. I Nr. 30 S. 348; Ber. GBl. I 1987 Nr. 18 S. 196) und

2. Anordnung zur Gewährleistung des Strahlenschutzes bei Halden und industriellen Absetzanlagen und bei der Verwendung darin abgelagerter Materialien vom 17. November 1980 (GBl. I Nr. 34 S. 347).

Im Übrigen treten an die Stelle der in Nr. 1 und 2 genannten Regelungen die Bestimmungen dieser Verordnung. Erlaubnisse, die auf Grund der in Nr. 1 und Nr. 2 genannten Regelungen nach Inkrafttreten des Einigungsvertrages erteilt wurden bzw. vor diesem Zeitpunkt erteilt wurden, aber noch fortgelten, und die sich auf eines der in Anlage XI dieser Verordnung genannten Arbeitsfelder beziehen, gelten als Anzeige nach § 95 Abs. 2 Satz 1.

(2) Für den beruflichen Strahlenschutz der Beschäftigten bei der Stilllegung und Sanierung der Betriebsanlagen und Betriebsstätten des Uranerzbergbaus finden die Regelungen der §§ 5, 6, 15, 30, 34 bis 45, 54 bis 64, 67 und 68, der §§ 111 bis 115 sowie die darauf bezogenen Regelungen des

§ 116 Abs. 1 Nr. 1 Buchstabe d, Nr. 12 und 44, Abs. 2 Nr. 4 und 5 und Abs. 3 bis 5 und des § 117 Abs. 21 Anwendung; sofern die Beschäftigten nicht nur einer äußeren Strahlenexposition ausgesetzt sind, darf die Beschäftigung im Kontrollbereich im Sinne von § 40 Abs. 3 nur erlaubt werden, wenn auch die innere Exposition ermittelt wird. Bei Anwendung der in Satz 1 genannten Regelungen steht der Betriebsleiter nach § 3 Abs. 1 der Verordnung über die Gewährleistung von Atomsicherheit und Strahlenschutz vom 11. Oktober 1984 dem Strahlenschutzverantwortlichen nach den §§ 31 bis 33 gleich. Der verantwortliche Mitarbeiter nach § 3 Abs. 3 der Verordnung über die Gewährleistung von Atomsicherheit und Strahlenschutz vom 11. Oktober 1984 und der Kontrollbeauftragte nach § 7 Abs. 2 der Verordnung über die Gewährleistung von Atomsicherheit und Strahlenschutz vom 11. Oktober 1984 stehen dem Strahlenschutzbeauftragten nach den §§ 31 bis 33 gleich. Die Betriebsanlagen und Betriebsstätten des Uranerzbergbaus stehen Anlagen und Einrichtungen nach § 15 dieser Verordnung gleich. Die entsprechenden Bestimmungen der in Absatz 1 Nr. 1 und 2 genannten Regelungen des beruflichen Strahlenschutzes treten außer Kraft.

(3) Für die Emissions- und Immissionsüberwachung bei der Stilllegung und Sanierung der Betriebsanlagen und Betriebsstätten des Uranerzbergbaus findet § 48 Abs. 1, 2 und 4 entsprechende Anwendung.

(4) Für den beruflichen Strahlenschutz der Beschäftigten finden bei der Sanierung von Hinterlassenschaften früherer Tätigkeiten und Arbeiten auf dem in Artikel 3 des Einigungsvertrages genannten Gebiet die Regelungen des Teils 3 Kapitel 1 und 2 mit Ausnahme des § 95 Abs. 2 Satz 3 und 4, Abs. 4 Satz 3 und 4, § 96 Abs. 1 Satz 2, Abs. 3 Satz 1 erste Alternative entsprechende Anwendung. Die Radon-222-Exposition ist in einen Wert der effektiven Dosis umzurechnen. Einer Anzeige nach § 95 Abs. 2 Satz 1 bedarf es nicht, wenn die Sanierung aufgrund einer Erlaubnis nach den in Abs. 1 Nr. 1 und 2 genannten Regelungen erfolgt. Satz 1 gilt auch für die Sanierung von Hinterlassenschaften früherer Tätigkeiten und Arbeiten im sonstigen Geltungsbereich dieser Verordnung.

(5) Abweichend von Absatz 1 finden die Vorschriften des Teils 3 Kapitel 3 entsprechende Anwendung, wenn Rückstände im Sinne der Anlage XII Teil A oder sonstige Materialien im Sinne des § 102 aus Hinterlassenschaften früherer Tätigkeiten und Arbeiten oder aus der Stilllegung und Sanierung der Betriebsanlagen und Betriebsstätten des Uranerzbergbaus vom verunreinigten Grundstück, auch zum Zweck der Sanierung des Grundstücks, entfernt werden, es sei denn, die Rückstände oder Materialien werden bei der Sanierung anderer Hinterlassenschaften verwendet. Dies gilt auch für Rückstände aus der Sanierung früherer Tätigkeiten und Arbeiten, die im sonstigen Anwendungsbereich dieser Verordnung anfallen.

(6) *(aufgehoben)*

Anlage I

(zu §§ 8, 12, 17, 21)

Genehmigungsfreie Tätigkeiten

Teil A: Genehmigungsfrei nach § 8 Abs. 1 ist die Anwendung von Stoffen am Menschen, wenn die spezifische Aktivität der Stoffe 500 Mikrobecquerel je Gramm nicht überschreitet.

Teil B: Genehmigungsfrei nach § 8 Abs. 1, § 17 Abs. 1 oder § 21 ist

1. der Umgang mit Stoffen, deren Aktivität die Freigrenzen der Anlage III Tabelle 1 Spalte 2 nicht überschreitet,
2. der Umgang mit Stoffen, deren spezifische Aktivität die Freigrenzen der Anlage III Tabelle 1 Spalte 3 nicht überschreitet,
3. die Verwendung, Lagerung und Beseitigung von Arzneimitteln, die nach § 2 Abs. 1 Satz 2 und Abs. 3 Satz 2 der Verordnung über radioaktive Arzneimittel oder mit ionisierenden Strahlen behandelte Arzneimittel (AMRadV) in Verkehr gebracht worden sind,
4. die Verwendung von Vorrichtungen, deren Bauart nach § 25 in Verbindung mit Anlage V Teil A zugelassen ist, ausgenommen Ein-, Ausbau oder Wartung dieser Vorrichtungen,
5. die Lagerung von Vorrichtungen, deren Bauart nach § 25 in Verbindung mit Anlage V Teil A zugelassen ist, sofern die Gesamtaktivität der radioaktiven Stoffe das Tausendfache der Freigrenzen der Anlage III Tabelle 1 Spalte 2 nicht überschreitet,
6. die Gewinnung, Verwendung und Lagerung von aus der Luft gewonnenen Edelgasen, wenn das Isotopenverhältnis im Gas demjenigen in der Luft entspricht oder
7. die Verwendung und Lagerung von Konsumgütern, von Arzneimitteln im Sinne des Arzneimittelgesetzes, von Pflanzenschutzmitteln im Sinne des Pflanzenschutzgesetzes, von Schädlingsbekämpfungsmitteln und von Stoffen nach § 1 Nr. 1 bis 5 des Düngemittelgesetzes, deren Herstellung nach § 106 oder deren Verbringung nach § 108 genehmigt ist oder deren Herstellung keiner Genehmigung nach § 106 Abs. 3 oder deren Verbringung keiner Genehmigung nach § 108 Satz 2 oder 3 bedarf[1]. § 95 in Verbindung mit Anlage XI Teil B bleibt unberührt.

Teil C: Genehmigungs- und anzeigefrei nach § 12 Abs. 3 ist der Betrieb von Anlagen, deren

1. Bauart nach § 25 in Verbindung mit Anlage V Teil B zugelassen ist oder
2. Potenzialdifferenz nicht mehr als 30 Kilovolt beträgt und bei denen unter normalen Betriebsbedingungen die Ortsdosisleistung in 0,1 Meter Abstand von der berührbaren Oberfläche 1 Mikrosievert durch Stunde nicht überschreitet.

---

1 Offensichtliches Redaktionsversehen des Verordnungsgebers korrigiert. Originaltext: 7. die Verwendung und Lagerung von Konsumgütern……., deren Herstellung nach § 106 oder deren Verbringung nach § 108 oder deren Herstellung keiner Genehmigung nach § 106 Abs. 3 oder deren Verbringung keiner Genehmigung nach § 108 Satz 2 oder 3 bedarf genehmigt ist. ……

Anlage II

(zu §§ 9, 14, 107)

Erforderliche Unterlagen zur Prüfung von Genehmigungsanträgen

Teil A: Antragsunterlagen zu Genehmigungen nach §§ 7 und 106

1. Zur Prüfung der Genehmigungsvoraussetzungen erforderliche Pläne, Zeichnungen und Beschreibungen,
2. Angaben, die es ermöglichen zu prüfen, ob die Voraussetzungen des § 9 Abs. 1 Nr. 3, 5, 8 und 9 erfüllt sind,
3. Angaben, die es ermöglichen, die Zuverlässigkeit und die erforderliche Fachkunde im Strahlenschutz der Strahlenschutzverantwortlichen und der Strahlenschutzbeauftragten zu prüfen,
4. Nachweis über die Vorsorge für die Erfüllung gesetzlicher Schadensersatzverpflichtungen,
5. im Zusammenhang mit der Anwendung am Menschen Angaben, die es ermöglichen zu prüfen, ob die Voraussetzungen des § 9 Abs. 3 erfüllt sind,
6. im Zusammenhang mit der Anwendung am Tier Angaben, die es ermöglichen zu prüfen, ob die Voraussetzungen des § 9 Abs. 4 erfüllt sind und
7. im Zusammenhang mit der Verwendung von radioaktiven Stoffen in Bestrahlungsvorrichtungen in der Medizin im Sinne des Medizinproduktegesetzes Angaben zur Zweckbestimmung der Bestrahlungsvorrichtung, die es ermöglichen zuprüfen, ob das Medizinprodukt für die vorgesehene Anwendung geeignet ist.

Teil B: Antragsunterlagen zu Genehmigungen nach § 11 Abs. 2

1. Ein Sicherheitsbericht, der die Anlage und ihren Betrieb beschreibt und mit Hilfe von Lageplänen und Übersichtszeichnungen darstellt, sowie die mit der Anlage und dem Betrieb verbundenen Auswirkungen und Gefahren beschreibt und die nach § 14 Abs. 1Nr. 5 vorzusehenden Ausrüstungen und Maßnahmen darlegt,
2. ergänzende Pläne, Zeichnungen und Beschreibungen der Anlage und ihrer Teile,
3. Angaben, die es ermöglichen zu prüfen, ob die Voraussetzungen des § 14 Abs. 1 Nr. 3, 8 und 9 erfüllt sind,
4. Angaben, die es ermöglichen, die Zuverlässigkeit und die erforderliche Fachkunde im Strahlenschutz der Strahlenschutzverantwortlichen und der Strahlenschutzbeauftragten zuprüfen,
5. Nachweis über die Vorsorge für die Erfüllung gesetzlicher Schadensersatzverpflichtungen,
6. im Zusammenhang mit der Anwendung am Menschen Angaben, die die Prüfung ermöglichen, ob die Voraussetzungen des § 14 Abs. 2 erfüllt sind,
7. im Zusammenhang mit der Anwendung am Tier in der Tierheilkunde Angaben, die die Prüfung ermöglichen, ob die Voraussetzungen des § 14 Abs. 3 erfüllt sind und
8. im Zusammenhang mit dem Betrieb von Anlagen zur Erzeugung ionisierender Strahlen in der Medizin im Sinne des Medizinproduktegesetzes Angaben zur Zweckbestimmung der Anlage, die es ermöglichen zu prüfen, ob das Medizinprodukt für die vorgesehene Anwendung geeignet ist.

Anlage III

(zu §§ 3, 8, 10, 18, 20, 29, 43, 44, 45, 50, 53, 65, 66, 68, 70, 71, 105, 106, 107, 117)

Freigrenzen, Freigabewerte für verschiedene Freigabearten, Werte der Oberflächenkontamination, Liste der Radionuklide im radioaktiven Gleichgewicht

Tabelle 1:

Freigrenzen, Freigabewerte für verschiedene Freigabeverfahren, Werte der Oberflächenkontamination

Erläuterung zur Spalte 1: Radionuklide mit der Kennzeichnung:

a) „+", „++" oder „sec" sind Mutternuklide im Gleichgewicht mit den in Tabelle 2 angegebenen Tochternukliden; die Strahlenexpositionen durch diese Tochternuklide sind bei den Freigrenzen, Freigabewerten oder Werten der Oberflächenkontamination bereits berücksichtigt,

b) „ *)" sind als natürlich vorkommende Radionuklide nicht beschränkt,

c) „**)" Uran in der chemischen Form UO_3, UF_4, UCl_4 und sechswertige Uranverbindungen,

d) „***)" Uran in allen nicht unter **) genannten Verbindungen.

Erläuterung zu Spalte 2 und 3: Bei mehreren Radionukliden ist die Summe der Verhältniszahlen aus der vorhandenen Aktivität (A_i) oder spezifischen Aktivität (C_i) und den jeweiligen Freigrenzen FG_i der einzelnen Radionuklide gemäß Spalte 2 oder 3 zu berechnen (Summenformel), wobei i das jeweilige Radionuklid ist. Diese Summe darf den Wert 1 nicht überschreiten:

$$\sum_i \frac{A_i}{FG_i} \leq 1 \text{ oder } \sum_i \frac{C_i}{FG_i} \leq 1.$$

Radionuklide brauchen bei der Summenbildung nicht berücksichtigt zuwerden, wenn der Anteil der unberücksichtigten Nuklide an der Gesamtsumme der zugeordneten Verhältniszahlen A_i/FG_i oder C_i/FG_i den relativen Fehler der Gesamtsumme von 10% nicht überschreitet. Soweit in den Spalten 2 oder 3 für Radionuklide keine Freigrenzen angegeben sind, sind diese im Einzelfall zu berechnen. Anderenfalls können folgende Werte der Freigrenzen zu Grunde gelegt werden:

a) für Alphastrahler oder Radionuklide, die durch Spontanspaltung zerfallen : 10^3 Bq und 1 Bq/g,

b) für Beta- und Gammastrahler, soweit sie nicht unter Buchstabe c genannt: 10^5 Bq und 10^2 Bq/g,

c) für Elektroneneinfangstrahler und Betastrahler mit einer maximalen Betagrenzenergie von 0,2 Megaelektronvolt: 10^8 Bq und 10^5 Bq/g.

Strahlenschutzverordnung – Anlage II

Erläuterung zu Spalte 4: Bei Messungen nach § 44 darf die Mittelungsfläche bis zu 300 cm 2 betragen. Bei mehreren Radionukliden ist die Summe der Verhältniszahlen aus der vorhandenen Aktivität je Flächeneinheit ($A_{s,\,i}$) und den jeweiligen Werten der Oberflächenkontamination (O_i) der einzelnen Radionuklide gemäß Tabelle 1 Spalte 4 zu berechnen (Summenformel), wobei i das jeweilige Radionuklid ist. Diese Summe darf den Wert 1 nicht überschreiten:

$$\sum_i \frac{A_{s,i}}{O_i} \leq 1.$$

Radionuklide brauchen bei der Summenbildung nicht berücksichtigt zuwerden, wenn der Anteil der unberücksichtigten Nuklide an der Gesamtsumme der zugeordneten Verhältniszahlen $A_{s,i}/O_i$ den relativen Fehler der Gesamtsumme von 10 % nicht überschreitet.

Bei der Bestimmung der Oberflächenkontamination für Verkehrsflächen oder Arbeitsplätze nach § 44 Abs. 2 Nr. 1 und 2 ist die festhaftende Oberflächenaktivität und die über die Oberfläche eingedrungene Aktivität nicht einzubeziehen, sofern sichergestellt ist, dass durch diesen Aktivitätsanteil keine Gefährdung durch Weiterverbreitung oder Inkorporation möglich ist.

Soweit für Radionuklide keine maximal zulässigen Oberflächenkontaminationswerte angegeben sind, sind diese im Einzelfall zu berechnen. Anderenfalls können folgende Werte der Oberflächenkontamination zu Grunde gelegt werden:

a) für Alphastrahler oder Radionuklide, die durch Spontanspaltung zerfallen: 0,1 Bq/cm^2,

b) für Beta- und Gammastrahler, soweit sie nicht unter Buchstabe c genannt: 1 Bq/cm^2,

c) für Elektroneneinfangstrahler und Betastrahler mit einer maximalen Betagrenzenergie von 0,2 Megaelektronvolt: 100 Bq/cm^2.

Erläuterung zu Spalte 5: Bei Messungen nach § 44 gilt für die zugrunde zu legende Mittelungsmasse M: 3 kg ≤ M ≤ 300 kg. Bei einer Masse < 3 kg ist bei Messungen nach § 44 die spezifische Aktivität nicht gesondert zu bestimmen.

Erläuterung zu Spalte 8 und 10: Die Werte der Oberflächenkontamination berücksichtigen die in die oberste Schicht des Bodens oder des Gebäudes eingedrungene Aktivität; es handelt sich um auf die Oberfläche projizierte Aktivitätswerte.

Erläuterungen zu den Spalten 5 bis 10a finden sich in § 29 und Anlage IV.

Anlage III Tabelle 1:[1]

Tabelle 1: Freigrenzen, Oberflächenkontaminationswerte und Freigabewerte

Radionuklid	Freigrenze			Oberflächen-kontamination in Bq/cm^2	uneingeschränkte Freigabe von			Freigabe				Halbwertszeit
	Aktivität in Bq	spezifische Aktivität in Bq/g	Aktivität HRQ / 1/100 A_1 in Bq	in Bq/cm^2	festen Stoffen, Flüssigkeiten mit Ausn. von Sp.6 in Bq/g	Bauschutt, Bodenaushub von mehr als 1000 t/a in Bq/g	Boden-flächen in Bq/g	Gebäuden zur Wieder-, Weiterverwendung in Bq/cm^2	festen Stoffen, Flüssigkeiten zur Beseitigung mit Ausn. von Sp.6 in Bq/g	Gebäuden zum Abriss in Bq/cm^2	Metallschrott zur Rezyklierung in Bq/g	
1	2	3	3a	4	5	6	7	8	9	10	10a	11
H-3	1 E+9	1 E+6	4 E+11	1 E+2	1 E+3	6 E+1	3	1 E+3	1 E+3	4 E+3	1 E+3	12,3 a
Be-7	1 E+7	1 E+3	2 E+11	1 E+2	3 E+1	3 E+1	2	8 E+1	2 E+2	6 E+2	3 E+2	53,3 d
Be-10	1 E+6	1 E+4										1,6E+6 a
C-11	1 E+6	1 E+1										20,4 m
C-11 Monoxid, Dioxid	1 E+9	1 E+1										20,4 m
C-14	1 E+7	1 E+4	4 E+11	1 E+2	8 E+1	1 E+1	4 E-2	1 E+3	2 E+3	6 E+3	8 E+1	5,7E+3 a
C-14 Monoxid	1 E+11	1 E+8										5,7E+3 a
C-14 Dioxid	1 E+11	1 E+7										5,7E+3 a
N-13	1 E+9	1 E+2										< 10 m
O-15	1 E+9	1 E+2										< 10 m
F-18	1 E+6	1 E+1		1	1 E+1			1	1 E+1	2 E+4	1 E+1	109,7 m
Ne-19	1 E+9	1 E+2										< 10 m
Na-22	1 E+6	1 E+1	5 E+09	1	1 E-1	1 E-1	4 E-3	4 E-1	4	4	1 E-1	2,6 a
Na-24	1 E+5	1 E+1	2 E+09	1	1 E+1			1	1 E+1	7 E+2	1 E+1	15,0 h

---

1 Tabelle 1 neugefasst (u.a. Spalte 3a eingefügt) durch Art. 2 Nr. 21 Buchst. b des Ges. z. Kontrolle hochradioaktiver Strahlenquellen

Strahlenschutzverordnung – Anlage III Tabelle 1

Radionuklid	Freigrenze			Oberflächenkontamination in Bq/cm²	uneingeschränkte Freigabe von			Freigabe				Halbwertszeit	
	Aktivität in Bq	spezifische Aktivität in Bq/g	Aktivität HRQ / 1/100 A_I in Bq		festen Stoffen, Flüssigkeiten mit Ausn. von Sp.6 in Bq/g	Bauschutt, Bodenaushub von mehr als 1000 t/a in Bq/g	Bodenflächen in Bq/g	Gebäuden zur Wieder-/Weiterverwendung in Bq/cm²	festen Stoffen, Flüssigkeiten zur Beseitigung mit Ausn. von Sp.6 in Bq/g	Gebäuden zum Abriss in Bq/cm²	Metallschrott zur Rezyklierung in Bq/g		
1	2	3	3a	4	5	6	7	8	9	10	10a	11	
Mg-28+	1 E+5	1 E+1										20,9	h
Al-26	1 E+5	1 E+1										7,2E+5	a
Si-31	1 E+6	1 E+3	6 E+09	1 E+2	1 E+3			1 E+2	1 E+3	2 E+7	1 E+3	2,6	h
Si-32	1 E+6	1 E+3										101,0	a
P-32	1 E+5	1 E+3	5 E+09	1 E+2	2 E+1	2 E+1	2 E-2	1 E+2	1 E+3	4 E+5	2 E+1	14,3	d
P-33	1 E+8	1 E+5	4 E+11	1 E+2	2 E+2	2 E+2	8 E-2	1 E+3	4 E+4	6 E+5	2 E+2	25,3	d
S-35	1 E+8	1 E+5	4 E+11	1 E+2	6 E+1	1 E+3	1 E-2	1 E+3	2 E+2	2 E+5	6 E+2	87,5	d
S-35 organisch	1 E+8	1 E+5										87,5	d
S-35 Gas	1 E+9	1 E+6										87,5	d
Cl-36	1 E+6	1 E+4	1 E+11	1 E+2	8	1		3 E+1	8	3 E+1	1 E+1	3,0E+5	a
Cl-38	1 E+5	1 E+1	2 E+09	1	1 E+1	2 E-1		1	1 E+1	4 E+4	1 E+1	37,2	m
Cl-39	1 E+5	1 E+1										56,0	m
Ar-37	1 E+8	1 E+6	4 E+11									35,0	d
Ar-39	1 E+4	1 E+7										269,0	a
Ar-41	1 E+9	1 E+2	3 E+09									1,8	h
K-40*)	1 E+6	1 E+2	9 E+09	1 E+1		8 E-1		6		2 E+1		1,3E+9	a
K-42	1 E+6	1 E+2	2 E+09	1 E+1	1 E+2	8 E-1		1 E+1	1 E+2	1 E+4	1 E+2	12,4	h
K-43	1 E+6	1 E+1	7 E+09	1	1 E+1	2 E-1		1	1 E+1	2 E+3	1 E+1	22,2	h
K-44	1 E+5	1 E+1										22,2	m
K-45	1 E+5	1 E+1										17,8	m

Strahlenschutzverordnung – Anlage III Tabelle 1

Radionuklid	Freigrenze			Oberflächen-kontami-nation in Bq/cm²	uneingeschränkte Freigabe von			Freigabe				Halbwertszeit
	Aktivität in Bq	spezifische Aktivität in Bq/g	Aktivität HRQ / 1/100 A_1 in Bq		festen Stoffen, Flüssigkeiten mit Ausn. von Sp.6 in Bq/g	Bauschutt, Bodenaushub von mehr als 1000 t/a in Bq/g	Bodenflächen in Bq/g	Gebäuden zur Wieder-, Weiterverwendung in Bq/cm²	festen Stoffen, Flüssigkeiten zur Beseitigung mit Ausn. von Sp.6 in Bq/g	Gebäuden zum Abriss in Bq/cm²	Metallschrott zur Rezyklierung in Bq/g	
1	2	3	3a	4	5	6	7	8	9	10	10a	11
Ca-41	1 E+7	1 E+5										1,0E+5 a
Ca-45	1 E+7	1 E+4	4 E+11	1 E+2	7 E+1	4 E+2	4 E-2	1 E+3	7 E+3	6 E+4	6 E+2	163,0 d
Ca-47						2 E-1		1		4 E+2		4,5 d
Ca-47+	1 E+6	1 E+1	3 E+10	1	1 E+1				1 E+1		1 E+1	4,5 d
Sc-43	1 E+6	1 E+1										3,9 h
Sc-44	1 E+5	1 E+1										2,4 d
Sc-44m	1 E+7	1 E+2										3,9 h
Sc-46	1 E+6	1 E+1	5 E+09	1	3 E-1	1 E-1	4 E-2	1	4	1 E+1	3 E-1	83,8 d
Sc-47	1 E+6	1 E+2	1 E+11	1 E+1	1 E+2	3		1 E+1	1 E+2	6 E+3	1 E+2	3,4 d
Sc-48	1 E+5	1 E+1	3 E+09	1	1 E+1	7 E-2		1	1 E+1	3 E+2	1 E+1	43,7 h
Sc-49	1 E+5	1 E+3										57,2 m
Ti-44+	1 E+5	1 E+1										47,3 a
Ti-45	1 E+6	1 E+1										3,1 h
V-47	1 E+5	1 E+1										32,6 m
V-48	1 E+5	1 E+1	4 E+09	1	1	8 E-2	3 E-2	1	3	4 E+1	1	16,0 d
V-49	1 E+7	1 E+4										330,0 d
Cr-48	1 E+6	1 E+2										21,6 h
Cr-49	1 E+6	1 E+1										42,0 m
Cr-51	1 E+7	1 E+3	3 E+11	1 E+2	1 E+2	8	3	1 E+2	3 E+2	2 E+3	1 E+3	27,7 d
Mn-51	1 E+5	1 E+1		1	1 E+1	2 E-1		1	1 E+1	5 E+4	1 E+1	46,2 m
Mn-52	1 E+5	1 E+1	3 E+09	1	1 E+1	6 E-2		1	1 E+1	9 E+1	1 E+1	5,6 d
Mn-52m	1 E+5	1 E+1		1	1 E+1	9 E-2		1	1 E+1	5 E+4	1 E+1	21,0 m
Mn-53	1 E+9	1 E+4		1 E+2	1 E+3	1 E+3	3	1 E+3	1 E+3	2 E+4	1 E+4	3,7E+6 a

Strahlenschutzverordnung – Anlage III Tabelle 1

Radionuklid	Freigrenze		Aktivität HRQ / 1/100 A$_J$ in Bq	Oberflächenkontamination in Bq/cm²	Freigabe							Halbwertszeit
					uneingeschränkte Freigabe von			Freigabe von				
	Aktivität in Bq	spezifische Aktivität in Bq/g			festen Stoffen, Flüssigkeiten mit Ausn. von Sp.6 in Bq/g	Bauschutt, Bodenaushub von mehr als 1000 t/a in Bq/g	Bodenflächen in Bq/g	Gebäuden zur Wieder-, Weiterverwendung in Bq/cm²	festen Stoffen, Flüssigkeiten zur Beseitigung mit Ausn. von Sp.6 in Bq/g	Gebäuden zum Abriss in Bq/cm²	Metallschrott zur Rezyklierung in Bq/g	
1	2	3	3a	4	5	6	7	8	9	10	10a	11
Mn-54	1 E+6	1 E+1	1 E+10	1	4 E-1	3 E-1	9 E-2	1	1 E+1	1 E+1	2	312,2 d
Mn-56	1 E+5	1 E+1	3 E+09	1	1 E+1	1 E-1		1	1 E+1	9 E+3	1 E+1	2,6 h
Fe-52	1 E+6	1 E+1	3 E+09	1 E+2	1 E+1	7 E-2		1	1 E+1	2 E+3	1 E+1	8,3 h
Fe-55	1 E+6	1 E+4	4 E+11	1 E+2	2 E+2	2 E+2	6	1 E+3	1 E+4	2 E+4	1 E+4	2,7 a
Fe-59	1 E+6	1 E+1	9 E+09	1	1	2 E-1	6 E-2	1	7	3 E+1	1 E+1	45,1 d
Fe-60+	1 E+5	1 E+2										1,0E+5 a
Co-55	1 E+6	1 E+1	5 E+09	1	1 E+1	1 E-1		1	1 E+1	1 E+3	1 E+1	17,5 h
Co-56	1 E+5	1 E+1		1	0,2	6 E-2	2 E-2	1	2	6	0,4	78,8 d
Co-57	1 E+6	1 E+2	1 E+11	1 E+1	2 E+1	3	8 E-1	1 E+1	1 E+2	1 E+2	2 E+1	271,3 d
Co-58	1 E+6	1 E+1	1 E+11	1	0,9	2 E-1	8 E-2	1	9	3 E+1	1	70,8 d
Co-58m	1 E+7	1 E+4	4 E+11	1 E+2	1 E+4	1 E+4		1 E+3	1 E+4	1 E+9	1 E+4	8,9 h
Co-60	1 E+5	1 E+1	4 E+09	1	0,1	9 E-2	3 E-2	4 E-1	4	3	0,6	5,3 a
Co-60m	1 E+6	1 E+3		1 E+2	1 E+3	6 E+1		1 E+3	1 E+3	7 E+7	1 E+3	10,5 m
Co-61	1 E+6	1 E+2		1 E+1	1 E+2	4		1	1 E+2	5 E+5	1 E+2	1,7 h
Co-62m	1 E+5	1 E+1		1	1 E+1	8 E-2		1	1 E+1	7 E+4	1 E+1	14,0 m
Ni-56	1 E+6	1 E+1										6,1 d
Ni-57	1 E+6	1 E+1										3,6E+1 h
Ni-59	1 E+8	1 E+4	4 E+11	1 E+2	8 E+2	8 E+2	8	1 E+3	5 E+3	9 E+4	1 E+4	7,5E+4 a
Ni-63	1 E+8	1 E+5	4 E+09	1 E+2	3 E+2	3 E+2	3	1 E+3	3 E+3	4 E+4	1 E+4	100,0 a
Ni-65	1 E+6	1 E+1		1 E+1	1 E+1	4 E-1		1 E+1	1 E+1	3 E+4	1 E+1	2,5 h
Ni-66	1 E+7	1 E+4										54,6 h
Cu-60	1 E+5	1 E+1										23,0 m
Cu-61	1 E+6	1 E+1										3,4 h
Cu-64	1 E+6	1 E+2	6 E+10	1 E+1	1 E+2	1		1 E+1	1 E+2	2 E+4	1 E+2	12,7 h
Cu-67	1 E+6	1 E+2										61,9 h

Strahlenschutzverordnung – Anlage III Tabelle 1

Radionuklid	Freigrenze			Oberflächenkontamination in Bq/cm²	uneingeschränkte Freigabe von			Freigabe				Halbwertszeit
	Aktivität in Bq	spezifische Aktivität in Bq/g	Aktivität HRQ / 1/100 A_J in Bq		festen Stoffen, Flüssigkeiten mit Ausn. von Sp.6 in Bq/g	Bauschutt, Bodenaushub von mehr als 1000 t/a in Bq/g	Bodenflächen in Bq/g	Gebäuden zur Wieder-, Weiterverwendung in Bq/cm²	festen Stoffen, Flüssigkeiten zur Beseitigung mit Ausn. von Sp.6 in Bq/g	Gebäuden zum Abriss in Bq/cm²	Metallschrott zur Rezyklierung in Bq/g	
1	2	3	3a	4	5	6	7	8	9	10	10a	11
Zn-62	1 E+6	1 E+2										9,1 h
Zn-63	1 E+5	1 E+1										38,1 m
Zn-65	1 E+6	1 E+1	2 E+10	1	5 E-1	4 E-1	1 E-2	2	1 E+1	2 E+1	5 E-1	244,0 d
Zn-69	1 E+6	1 E+4	3 E+10	1 E+2	1 E+4	1 E+4		1 E+2	1 E+4	7 E+9	1 E+4	56,0 m
Zn-69m						6 E-1		1 E+1		7 E+3		13,8 h
Zn-69m+	1 E+6	1 E+2	3 E+10	1 E+1	1 E+2				1 E+2	7 E+3	1 E+2	13,8 h
Zn-71m	1 E+6	1 E+1										3,9 h
Zn-72	1 E+6	1 E+2										46,5 h
Ga-65	1 E+5	1 E+1										15,0 m
Ga-66	1 E+5	1 E+1										9,4 h
Ga-67	1 E+6	1 E+2										78,3 h
Ga-68	1 E+5	1 E+1										68,3 m
Ga-70	1 E+6	1 E+3										21,2 m
Ga-72	1 E+5	1 E+1	4 E+09	1	1 E+1	8 E-2		1	1 E+1	1 E+3	1 E+1	14,1 h
Ga-73	1 E+6	1 E+2										4,9 h
Ge-66	1 E+6	1 E+1										2,3 h
Ge-67	1 E+5	1 E+1										18,7 m
Ge-68+	1 E+5	1 E+1										270,8 d
Ge-69	1 E+6	1 E+1										39,0 h
Ge-71	1 E+8	1 E+4	4 E+11	1 E+2	4 E+3	4 E+3	5 E+1	1 E+3	1 E+4	9 E+7	4 E+3	11,2 d
Ge-75	1 E+6	1 E+3										83,0 m
Ge-77	1 E+5	1 E+1										11,3 h
Ge-78	1 E+6	1 E+2										88,0 m
As-69	1 E+5	1 E+1										15,1 m

Strahlenschutzverordnung – Anlage III Tabelle 1

Radionuklid	Freigrenze		Aktivität HRQ / 1/100 A_J in Bq	Oberflächenkontamination in Bq/cm²	uneingeschränkte Freigabe von			Freigabe				Halbwertszeit
	Aktivität in Bq	spezifische Aktivität in Bq/g			festen Stoffen, Flüssigkeiten mit Ausn. von Sp.6 in Bq/g	Bauschutt, Bodenaushub von mehr als 1000 t/a in Bq/g	Bodenflächen in Bq/g	Gebäuden zur Wieder-, Weiterverwendung in Bq/cm²	festen Stoffen, Flüssigkeiten zur Beseitigung mit Ausn. von Sp.6 in Bq/g	Gebäuden zum Abriss in Bq/cm²	Metallschrott zur Rezyklierung in Bq/g	
1	2	3	3a	4	5	6	7	8	9	10	10a	11
As-70	1 E+5	1 E+1										53,0 m
As-71	1 E+6	1 E+1										64,0 h
As-72	1 E+5	1 E+1										26,0 h
As-73	1 E+7	1 E+3	4 E+11	1 E+2	1 E+2	1 E+2	4 E+1	4 E+2	1 E+3	2 E+4	1 E+2	80,3 d
As-74	1 E+6	1 E+1	1 E+10	1	5	3 E-1	1 E-1	1	1 E+1	1 E+2	1 E+1	17,8 d
As-76	1 E+5	1 E+2	3 E+09	1 E+1	1 E+2	5 E-1		1 E+1	1 E+2	4 E+3	1 E+2	26,4 h
As-77	1 E+6	1 E+3	2 E+11	1 E+2	1 E+3	3 E+1		1 E+2	1 E+3	1 E+5	1 E+3	38,8 h
As-78	1 E+5	1 E+1										1,5 h
Se-70	1 E+6	1 E+1										41,1 m
Se-73	1 E+6	1 E+1										7,1 h
Se73m	1 E+6	1 E+2										39,0 m
Se-75	1 E+6	1 E+2	3 E+10	1 E+1	3	7 E-1	4 E-3	5	3 E+1	5 E+1	3	120,0 d
Se-79	1 E+7	1 E+4										6,5 E+4 a
Se-81	1 E+6	1 E+3										18,0 m
Se-81m	1 E+7	1 E+3										57,3 m
Se-83	1 E+5	1 E+1										22,4 m
Br-74	1 E+5	1 E+1										25,3 m
Br-74m	1 E+5	1 E+1										41,5 m
Br-75	1 E+6	1 E+1										1,6 h
Br-76	1 E+5	1 E+1										16,0 h
Br-77	1 E+6	1 E+2										57,0 h
Br-80	1 E+5	1 E+2										17,6 m
Br-80m	1 E+7	1 E+3										4,4 h
Br-82	1 E+6	1 E+1	4 E+09	1	1 E+1	1 E+1		1	1 E+1	4 E+2	1 E+1	35,3 h

Strahlenschutzverordnung – Anlage III Tabelle 1

Radionuklid	Freigrenze		Aktivität HRQ / 1/100 A/ in Bq	Oberflächenkontamination in Bq/cm²	Freigabe						Halbwertszeit
					uneingeschränkte Freigabe von			Freigabe von			
	Aktivität in Bq	spezifische Aktivität in Bq/g			festen Stoffen, Flüssigkeiten mit Ausn. von Sp.6 in Bq/g	Bauschutt, Bodenaushub von mehr als 1000 t/a in Bq/g	Bodenflächen in Bq/g	Gebäuden zur Wieder-, Weiterverwendung in Bq/cm²	festen Stoffen, Flüssigkeiten zur Beseitigung mit Ausn. von Sp.6 in Bq/g	Gebäuden zum Abriss in Bq/cm²	Metallschrott zur Rezyklierung in Bq/g	
1	2	3	3a	4	5	6	7	8	9	10	10a	11
Br-83	1 E+6	1 E+3										2,4 h
Br-84	1 E+5	1 E+1										31,8 m
Kr-74	1 E+9	1 E+2										11,5 m
Kr-76	1 E+9	1 E+2										14,6 h
Kr-77	1 E+9	1 E+2										1,2 h
Kr-79	1 E+5	1 E+3										34,9 h
Kr-81	1 E+7	1 E+4	4 E+11									2,1E+5 a
Kr-81m	1 E+10	1 E+3										1,3E+1 s
Kr-83m	1 E+12	1 E+5										1,8 h
Kr-85	1 E+4	1 E+5	1 E+11									10,8 a
Kr-85m	1 E+10	1 E+3	8 E+10									4,5 h
Kr-87	1 E+9	1 E+2	2 E+09									76,3 m
Kr-88	1 E+9	1 E+2										2,8 h
Rb-79	1 E+5	1 E+1										23,0 m
Rb-81	1 E+6	1 E+1										4,6 h
Rb-81m	1 E+7	1 E+3										30,3 m
Rb-82m	1 E+6	1 E+1										6,3 h
Rb-83+	1 E+6	1 E+2										86,2 d
Rb-84	1 E+6	1 E+1										32,8 d
Rb-86	1 E+5	1 E+2	5 E+09	1 E+1	2 E+1	2	5 E-2	1 E+1	9 E+1	1 E+3	2 E+1	18,7 d
Rb-87*)	1 E+7	1 E+4										4,8E+10 a
Rb-88	1 E+5	1 E+1										17,8 m
Rb-89	1 E+5	1 E+1										15,2 m
Sr-80	1 E+7	1 E+3										1,8 h

Strahlenschutzverordnung – Anlage III Tabelle 1

Radionuklid	Freigrenze			Freigabe							Halbwertszeit
				Oberflächenkontamination in Bq/cm²	uneingeschränkte Freigabe von			Freigabe von			
	Aktivität in Bq	spezifische Aktivität in Bq/g	Aktivität HRQ / 1/100 A$_r$ in Bq		festen Stoffen, Flüssigkeiten mit Ausn. von Sp.6 in Bq/g	Bauschutt, Bodenaushub von mehr als 1000 t/a in Bq/g	Bodenflächen in Bq/g	Gebäuden zur Wieder-, Weiterverwendung in Bq/cm²	festen Stoffen, Flüssigkeiten zur Beseitigung mit Ausn. von Sp.6 in Bq/g	Gebäuden zum Abriss in Bq/cm²	Metallschrott zur Rezyklierung in Bq/g	
1	2	3	3a	4	5	6	7	8	9	10	10a	11
Sr-81	1 E+5	1 E+1										22,2 m
Sr-82+	1 E+5	1 E+1										25,5 d
Sr-83	1 E+6	1 E+1										32,4 h
Sr-85	1 E+6	1 E+2	2 E+10	1	1	4 E-1	1 E-1	6	2 E+1	5 E+1	1	64,9 d
Sr-85m	1 E+7	1 E+2	5 E+10	1 E+1	1 E+2	1		1 E+1	1 E+2	2 E+5	1 E+2	67,7 m
Sr-87m	1 E+6	1 E+2	3 E+10	1 E+1	1 E+2	7 E-1		1 E+1	1 E+2	5 E+4	1 E+2	2,8 h
Sr-89	1 E+6	1 E+3		1 E+2	2 E+1	2 E+1		1 E+3	1 E+3	7 E+4	2 E+1	50,5 d
Sr-90+	1 E+4	1 E+2	3 E+09	1	2	2	3 E-2	3 E+1	2	3 E+1	9	28,5 a
Sr-91	1 E+5	1 E+1	3 E+09	1	1 E+1	3 E-1	2 E-3	1 E+1	1 E+1	6 E+3	1 E+1	9,5 h
Sr-92	1 E+6	1 E+1	1 E+10	1	1 E+1	2 E-1		1	1 E+1	1 E+4	1 E+1	2,7 h
Y-86	1 E+5	1 E+1										14,7 h
Y-86m	1 E+7	1 E+2										48,0 m
Y-87+	1 E+6	1 E+1										80,3 h
Y-88	1 E+6	1 E+1										106,6 d
Y-90	1 E+5	1 E+3	3 E+09	1 E+2	1 E+3	6 E+2		1 E+2	1 E+3	2 E+6	1 E+3	64,1 h
Y-91	1 E+6	1 E+3	6 E+09	1 E+2	2 E+1	2 E+1	5	1 E+2	1 E+3	5 E+4	3 E+1	58,5 d
Y-91m	1 E+6	1 E+2	2 E+10	1	1 E+2	4 E-1		1 E+1	1 E+2	9 E+4	1 E+2	49,7 m
Y-92	1 E+5	1 E+2		1 E+1	1 E+2	9 E-1		1 E+1	1 E+2	5 E+4	1 E+2	3,5 h
Y-93	1 E+5	1 E+2		1 E+1	1 E+2	3		1 E+1	1 E+2	4 E+4	1 E+2	10,1 h
Y-94	1 E+5	1 E+1										18,7 m
Y-95	1 E+5	1 E+1										10,3 m
Zr-86	1 E+7	1 E+2										16,5 h
Zr-88	1 E+6	1 E+2										83,4 d
Zr-89	1 E+6	1 E+1										78,4 h
Zr-93				1 E+2	1 E+1	1 E+1	2 E+1	1 E+2	1 E+3	3 E+3	1 E+1	1,5E+6 a

Strahlenschutzverordnung – Anlage III Tabelle 1

Radionuklid	Freigrenze			Oberflächenkontamination in Bq/cm²	Freigabe							Halbwertszeit	
					uneingeschränkte Freigabe von			Freigabe von					
	Aktivität in Bq	spezifische Aktivität in Bq/g	Aktivität HRQ / 1/100 A₁ in Bq		festen Stoffen, Flüssigkeiten mit Ausn. von Sp.6 in Bq/g	Bauschutt, Bodenaushub von mehr als 1000 t/a in Bq/g	Bodenflächen in Bq/g	Gebäuden zur Wieder-, Weiterverwendung in Bq/cm²	festen Stoffen, Flüssigkeiten zur Beseitigung mit Ausn. von Sp.6 in Bq/g	Gebäuden zum Abriss in Bq/cm²	Metallschrott zur Rezyklierung in Bq/g		
1	2	3	3a	4	5	6	7	8	9	10	10a	11	
Zr-93+	1 E+7	1 E+3		1 E+2	1 E+1				1 E+3		1 E+1	1,5E+6	a
Zr-95	1 E+6	1 E+1	2 E+10	1	5 E-1	9 E-2	1 E-1	1	5	2 E+1	6 E-1	64,0	d
Zr-97	1 E+5	1 E+1				1 E-1		1		1 E+3		16,8	h
Zr-97+	1 E+5	1 E+1	4 E+09	1	1 E+1				1 E+1		1 E+1	16,8	h
Nb-88	1 E+5	1 E+1										14,3	m
Nb-89	1 E+5	1 E+1										2,0	h
Nb-90	1 E+5	1 E+1										14,6	h
Nb-93m	1 E+7	1 E+4	4 E+11	1 E+2	4 E+2	4 E+2	4	5 E+2	1 E+4	4 E+4	4 E+2	16,1	a
Nb-94	1 E+6	1 E+1	7 E+09	1	2 E-1	1 E-1	5 E-2	5 E-1	6	4	4 E-1	2,0E+4	a
Nb-95	1 E+6	1 E+1	1 E+10	1	2	3 E-1	1 E-1	1	1 E+1	6 E+1	1 E+1	35,0	d
Nb-97	1 E+6	1 E+1	9 E+09	1	1 E+1	3 E-1		1 E+1	1 E+1	5 E+4	1 E+1	74,0	m
Nb-98	1 E+5	1 E+1		1	1 E+1	9 E-2		1	1 E+1	2 E+4	1 E+1	51,0	m
Mo-90	1 E+6	1 E+1		1	1 E+1	3 E-1		1	1 E+1	9 E+3	1 E+1	5,7	h
Mo-93	1 E+8	1 E+3	4 E+11	1 E+2	2 E+1	2 E+1	2 E-1	8 E+1	4 E+1	2 E+3	2 E+2	3,5E+3	a
Mo-99	1 E+6	1 E+2	1 E+10	1 E+1	1 E+2	2		1 E+1	1 E+2	4 E+3	1 E+2	66,0	h
Mo-101	1 E+6	1 E+1				2 E-2				2 E+4		14,6	m
Mo-101+	1 E+6	1 E+1		1	1 E+1				1 E+1		1 E+1	14,6	m
Tc-93	1 E+6	1 E+1										2,7	h
Tc-93m	1 E+6	1 E+1										43,5	m
Tc-94	1 E+5	1 E+1										4,9	h
Tc-94m	1 E+5	1 E+1										53,0	m
Tc-95	1 E+6	1 E+1										20,0	h
Tc-95m+	1 E+6	1 E+1										60,0	d
Tc-96	1 E+6	1 E+1	4 E+09	1	1 E+1	9 E-2		1	1 E+1	2 E+2	1 E+1	4,3	d
Tc-96m	1 E+7	1 E+3	4 E+09	1 E+2	1 E+3	5		1 E+2	1 E+3	1 E+6	1 E+3	52,0	m

Strahlenschutzverordnung – Anlage III Tabelle 1

Radionuklid	Freigrenze		Aktivität HRQ / 1/100 A_J in Bq	Oberflächenkontamination in Bq/cm²	Freigabe							Halbwertszeit
					uneingeschränkte Freigabe von			Freigabe von				
	Aktivität Bq	spezifische Aktivität in Bq/g			festen Stoffen, Flüssigkeiten mit Ausn. von Sp.6 in Bq/g	Bauschutt, Bodenaushub von mehr als 1000 t/a in Bq/g	Bodenflächen in Bq/g	Gebäuden zur Wieder-, Weiterverwendung in Bq/cm²	festen Stoffen, Flüssigkeiten zur Beseitigung mit Ausn. von Sp.6 in Bq/g	Gebäuden zum Abriss in Bq/cm²	Metallschrott zur Rezyklierung in Bq/g	
1	2	3	3a	4	5	6	7	8	9	10	10a	11
Tc-97	1 E+8	1 E+3	4 E+11	1 E+2	1 E+2	1 E+1	8 E-2	8 E+1	1 E+2	7 E+2	4 E+2	4,0E+6 a
Tc-97m	1 E+7	1 E+3	4 E+11	1 E+2	8 E+1	9	1 E-2	1 E+2	1 E+3	5 E+2	1 E+3	92,2 d
Tc-99	1 E+7	1 E+4		1 E+2	1 E+1	1		7 E+1	1 E+1	7 E+1	4 E+1	2,1E+5 a
Tc-99m	1 E+7	1 E+2	1 E+11	1 E+1	1 E+2	2		1 E+1	1 E+2	7 E+4	1 E+2	6,0 h
Tc-101	1 E+6	1 E+2										14,2 m
Tc-104	1 E+5	1 E+1										18,2 m
Ru-94	1 E+6	1 E+2										51,8 m
Ru-97	1 E+7	1 E+2	5 E+10	1 E+1	1 E+2	1		1 E+1	1 E+2	3 E+3	1 E+2	2,9 d
Ru-103+	1 E+6	1 E+2	2 E+10	1 E+1	4	4	2 E-1	1 E+1	2 E+1	9 E+1	4 E+1	39,3 d
Ru-105	1 E+6	1 E+1	1 E+10	1	1 E+1	3 E-1		1	1 E+1	1 E+4	1 E+1	4,4 h
Ru-106+	1 E+5	1 E+2	2 E+09	1 E+1	1	1	3 E-1	6	4 E+1	5 E+1	1	373,6 d
Rh-99	1 E+6	1 E+1										4,7 h
Rh-99m	1 E+6	1 E+1										16,0 d
Rh-100	1 E+6	1 E+1										20,8 h
Rh-101	1 E+7	1 E+2										3,3 a
Rh-101m	1 E+7	1 E+2										4,4 d
Rh-102	1 E+6	1 E+1										206,0 d
Rh-102m	1 E+6	1 E+2										2,9 a
Rh-103m	1 E+8	1 E+4	4 E+11	1 E+2	1 E+4	7 E+3		1 E+3	1 E+4	1 E+9	1 E+4	56,1 m
Rh-105	1 E+7	1 E+2	1 E+11	1 E+1	1 E+2	3		1 E+1	1 E+2	2 E+4	1 E+2	35,5 h
Rh-106m	1 E+5	1 E+1										2,2 h
Rh-107	1 E+6	1 E+2										21,7 m
Pd-100	1 E+7	1 E+2										3,7 d
Pd-101	1 E+6	1 E+2										8,5 h
Pd-103+	1 E+8	1 E+3	4 E+11	1 E+2	3 E+2	3 E+2	2 E+1	1 E+2	1 E+3	2 E+5	3 E+2	17,0 d

Strahlenschutzverordnung – Anlage III Tabelle 1

Radionuklid	Freigrenze		Aktivität HRQ / 1/100 A_J in Bq	Oberflächenkontamination in Bq/cm²	Freigabe						Halbwertszeit
					uneingeschränkte Freigabe von			Freigabe von			
	Aktivität in Bq	spezifische Aktivität in Bq/g			festen Stoffen, Flüssigkeiten mit Ausn. von Sp.6 in Bq/g	Bauschutt, Bodenaushub von mehr als 1000 t/a in Bq/g	Bodenflächen in Bq/g	Gebäuden zur Wieder-, Weiterverwendung in Bq/cm²	festen Stoffen, Flüssigkeiten zur Beseitigung mit Ausn. von Sp.6 in Bq/g	Gebäuden zum Abriss in Bq/cm²	Metallschrott zur Rezyklierung in Bq/g	
1	2	3	3a	4	5	6	7	8	9	10	10a	11
Pd-107	1 E+8	1 E+5										6,5E+6 a
Pd-109	1 E+6	1 E+3	2 E+10	1 E+2	1 E+3	3 E+2		1 E+2	1 E+3	5 E+6	1 E+3	13,4 h
Ag-102	1 E+5	1 E+1										13,0 m
Ag-103	1 E+6	1 E+1										1,1 h
Ag-104	1 E+6	1 E+1										69,2 m
Ag-104m	1 E+6	1 E+1										33,5 m
Ag-105	1 E+6	1 E+2	2 E+10	1	4	5 E-1	1 E-1	1 E+1	2 E+1	9 E+1	4 E+1	41,3 d
Ag-106	1 E+6	1 E+1										24,0 m
Ag-106m	1 E+6	1 E+1										8,3 d
Ag-108m+	1 E+6	1 E+1	7 E+09	1	2 E-1	1 E-1	7 E-3	5 E-1	6	4	8 E-1	127,0 a
Ag-110m	1 E+6	1 E+1	4 E+09	1	1 E-1	8 E-2	7 E-3	5 E-1	3	4	5 E-1	249,9 d
Ag-110m+				1		8 E-2		5 E-1		4		249,9 d
Ag-111	1 E+6	1 E+3		1 E+2	4 E+1	9	4 E-1	1 E+2	4 E+2	9 E+3	4 E+1	7,5 d
Ag-112	1 E+5	1 E+1										3,1 h
Ag-115	1 E+5	1 E+1										20,0 m
Cd-104	1 E+7	1 E+2										57,7 m
Cd-107	1 E+7	1 E+3										6,5 h
Cd-109+	1 E+6	1 E+4	3 E+11	1 E+2	2 E+1	2 E+1	3 E-2	4 E+1	4 E+3	4 E+3	2 E+1	453,0 d
Cd-113*)	1 E+6	1 E+3										9,0E+15 a
Cd-113m	1 E+6	1 E+3										14,6 a
Cd-115	1 E+6	1 E+2	3 E+10	1 E+1	1 E+2	6 E-1		1 E+1	1 E+2	2 E+3	1 E+2	53,4 h
Cd-115m	1 E+6	1 E+3	5 E+09			1 E+1	4 E-2	1 E+1		2 E+3		44,8 d
Cd-115m+				1 E+2	2 E+1				4 E+2		2 E+1	44,8 d
Cd-117	1 E+6	1 E+1										2,4 h
Cd-117m	1 E+6	1 E+1										3,3 h

Strahlenschutzverordnung – Anlage III Tabelle 1

Radionuklid	Freigrenze		Aktivität HRQ / 100 A_J in Bq	Oberflächenkontamination in Bq/cm²	Freigabe						Halbwertszeit
	Aktivität in Bq	spezifische Aktivität in Bq/g			uneingeschränkte Freigabe von			Freigabe von			
					festen Stoffen, Flüssigkeiten mit Ausn. von Sp.6 in Bq/g	Bauschutt, Bodenaushub von mehr als 1000 t/a in Bq/g	Bodenflächen in Bq/g	Gebäuden zur Wieder-, Weiterverwendung in Bq/cm²	festen Stoffen, Flüssigkeiten zur Beseitigung mit Ausn. von Sp.6 in Bq/g	Gebäuden zum Abriss in Bq/cm²	Metallschrott zur Rezyklierung in Bq/g	
1	2	3	3a	4	5	6	7	8	9	10	10a	11
In-109	1 E+6	1 E+1										4,2 h
In-110	1 E+5	1 E+1										69,1 m
In-111	1 E+6	1 E+2	3 E+10	1 E+1	1 E+2	7 E-1		1 E+1	1 E+2	2 E+3	1 E+2	2,8 d
In-112	1 E+6	1 E+2		1 E+1								14,4 m
In-113m	1 E+6	1 E+2	4 E+10	1 E+1	1 E+2	9 E-1		1 E+1	1 E+2	1 E+5	1 E+2	99,5 m
In-114	1 E+5	1 E+3										<10 m
In-114m+	1 E+6	1 E+2	1 E+11	1 E+1	1 E+1	2	3 E-2	1 E+1	8 E+1	3 E+2	1 E+1	49,5 d
In-115*)	1 E+6	1 E+2										4,0E+14 a
In-115m	1 E+6	1 E+2	7 E+10	1 E+1	1 E+2	2		1 E+1	1 E+2	6 E+4	1 E+2	4,5 h
In-116m	1 E+5	1 E+1										54,0 m
In-117	1 E+6	1 E+1										43,1 m
In-117m	1 E+6	1 E+2										1,9 h
In-119m	1 E+5	1 E+2										18,0 m
Sn-110	1 E+7	1 E+2										4,0 h
Sn-111	1 E+6	1 E+2										35,3 m
Sn-113	1 E+7	1 E+3	4 E+10	1 E+1	2	9 E-1	1 E-1	7	4 E+1	7 E+1	2	115,1 d
Sn-113+				1 E+1		9 E-1		7		7 E+1		115,1 d
Sn-117m	1 E+6	1 E+2										13,6 d
Sn-119m	1 E+7	1 E+3										293,0 d
Sn-121	1 E+7	1 E+5										27,0 h
Sn-121m+	1 E+7	1 E+3										50,0 a
Sn-123	1 E+6	1 E+3										129,2 d
Sn-123m	1 E+6	1 E+2										40,1 m
Sn-125	1 E+5	1 E+2	4 E+09	1 E+1	2 E+1	7 E-1	2 E-1	1 E+1	3 E+1	6 E+2	2 E+1	9,6 d
Sn-126+	1 E+5	1 E+1										1,0E+5 a

Strahlenschutzverordnung – Anlage III Tabelle 1

Radionuklid	Freigrenze		Aktivität HRQ / 1/100 A_1 in Bq	Oberflächenkontamination in Bq/cm²	Freigabe						Halbwertszeit
					uneingeschränkte Freigabe von			Freigabe von			
	Aktivität in Bq	spezifische Aktivität in Bq/g			festen Stoffen, Flüssigkeiten mit Ausn. von Sp.6 in Bq/g	Bauschutt, Bodenaushub von mehr als 1000 t/a in Bq/g	Bodenflächen in Bq/g	Gebäuden zur Wieder-, Weiterverwendung in Bq/cm²	festen Stoffen, Flüssigkeiten zur Beseitigung mit Ausn. von Sp.6 in Bq/g	Gebäuden zum Abriss in Bq/cm²	Metallschrott zur Rezyklierung in Bq/g	
1	2	3	3a	4	5	6	7	8	9	10	10a	11
Sn-127	1 E+6	1 E+1										2,1 h
Sn-128	1 E+6	1 E+1										59,1 m
Sb-115	1 E+6	1 E+1										32,1 m
Sb-116	1 E+6	1 E+1										16,0 m
Sb-116m	1 E+5	1 E+1										60,0 m
Sb-117	1 E+7	1 E+2										2,8 h
Sb-118m	1 E+6	1 E+1										5,0 h
Sb-119	1 E+7	1 E+3										38,5 h
Sb-120m	1 E+6	1 E+1										5,8 d
Sb-122	1 E+4	1 E+2	4 E+09	1 E+1	1 E+2	5 E-1		1 E+1	1 E+2	1 E+3	1 E+2	2,7 d
Sb-124	1 E+6	1 E+1	6 E+09	1	5 E-1	5 E-1	4 E-2	1	5	2 E+1	5 E-1	60,3 d
Sb-125+	1 E+6	1 E+2	2 E+10	1 E+1	8 E-1	5 E-1	8 E-2	2	2 E+1	2 E+1	3 E+0	2,8 a
Sb-126	1 E+5	1 E+1										12,4 d
Sb-126m	1 E+6	1 E+1										19,0 m
Sb-127	1 E+6	1 E+1										3,9 d
Sb-128m	1 E+5	1 E+1										9,0 h
Sb-129	1 E+6	1 E+1										4,3 h
Sb-130	1 E+5	1 E+1										40,0 m
Sb-131	1 E+6	1 E+1										23,0 m
Te-116	1 E+7	1 E+2										2,5 h
Te-121	1 E+6	1 E+1										16,8 d
Te-121m	1 E+6	1 E+2										154,0 d
Te-123[7])	1 E+6	1 E+3										1,2E+13 a
Te-123m	1 E+7	1 E+2	8 E+10	1 E+1	1 E+1	2	7 E-3	1 E+1	9 E+1	2 E+2	1 E+1	119,7 d
Te-125m	1 E+7	1 E+3	2 E+11	1 E+2	6 E+1	6 E+1	2 E-2	1 E+2	1 E+3	2 E+4	6 E+1	57,4 d

Strahlenschutzverordnung – Anlage III Tabelle 1

Radionuklid	Freigrenze			Oberflächenkontamination in Bq/cm²	uneingeschränkte Freigabe von			Freigabe				Halbwertszeit
	Aktivität in Bq	spezifische Aktivität in Bq/g	Aktivität HRQ / 1/100 A$_R$ in Bq		festen Stoffen, Flüssigkeiten mit Ausn. von Sp.6 in Bq/g	Bauschutt, Bodenaushub von mehr als 1000 t/a in Bq/g	Bodenflächen in Bq/g	Gebäuden zur Wieder-, Weiterverwendung in Bq/cm²	festen Stoffen, Flüssigkeiten zur Beseitigung mit Ausn. von Sp.6 in Bq/g	Gebäuden zum Abriss in Bq/cm²	Metallschrott zur Rezyklierung in Bq/g	
1	2	3	3a	4	5	6	7	8	9	10	10a	11
Te-127	1 E+6	1 E+3	2 E+11	1 E+2	1 E+3	5 E+1		1 E+2	1 E+3	9 E+5	1 E+3	9,4 h
Te-127m+	1 E+7	1 E+3	2 E+11	1 E+2	2 E+1	4 E+1		1 E+2	1 E+3	3 E+3	5 E+1	109,0 d
Te-129	1 E+6	1 E+2	7 E+09	1 E+1	1 E+2	4		1 E+2	1 E+2	7 E+5	1 E+2	69,6 m
Te-129m+	1 E+6	1 E+3	8 E+09	1 E+1	2 E+1	3	2	1 E+1	1 E+2	8 E+2	2 E+1	33,6 d
Te-131	1 E+5	1 E+2		1 E+1	1 E+2	6 E-1		1 E+1	1 E+2	3 E+5	1 E+2	25,0 m
Te-131m	1 E+6	1 E+1	7 E+09			2 E-1		1		1 E+3		30,0 h
Te-131m+												30,0 h
Te-132	1 E+7	1 E+2	5 E+09	1	1 E+2	9 E-2		1	1 E+2	2 E+2	1 E+2	76,3 h
Te-133	1 E+5	1 E+1		1	1 E+1	2 E-1		1	1 E+1	2 E+5	1 E+1	12,5 m
Te-133m	1 E+5	1 E+1		1		9 E-2		1		2 E+4		55,4 m
Te-133m+												55,4 m
Te-134	1 E+6	1 E+1		1	1 E+1	3 E-1		1	1 E+1	7 E+4	1 E+1	41,8 m
I-120	1 E+5	1 E+1										1,4 h
I-120m	1 E+5	1 E+1										53,0 m
I-121	1 E+6	1 E+2										2,1 h
I-123	1 E+7	1 E+2	6 E+10	1 E+1	1 E+2	2		1 E+1	1 E+2	3 E+4	1 E+2	13,2 h
I-124	1 E+6	1 E+1						1 E+1				4,2 d
I-125	1 E+6	1 E+3	2 E+11	1 E+1	3	3	9 E-2	1 E+1	1 E+2	1 E+4	3	59,4 d
I-126	1 E+6	1 E+2	2 E+10	1 E+1	2	5 E-1	2 E-1	1 E+1	2 E+1	3 E+2	2	13,0 d
I-128	1 E+5	1 E+2										25,0 m
I-129	1 E+5	1 E+2		1	4 E-1	1 E-1		8	4 E-1	8	4 E-1	1,6E+7 a
I-130	1 E+6	1 E+1		1	1 E+1	1 E-1		1	1 E+1	2 E+3	1 E+1	12,4 h
I-131	1 E+6	1 E+2	3 E+10	1 E+1	2	6 E-1	2 E-1	1 E+1	2 E+1	6 E+2	2	8,0 d
I-132	1 E+5	1 E+1	4 E+09	1	1 E+1	1 E-1		1	1 E+1	8 E+3	1 E+1	2,3 h
I-132m	1 E+6	1 E+2										83,6 m
I-133	1 E+6	1 E+1	7 E+09	1 E+1	1 E+1	4 E-1		1 E+1	1 E+1	3 E+3	1 E+1	20,8 h
I-133+												20,8 h

Strahlenschutzverordnung – Anlage III Tabelle 1

Radionuklid	Freigrenze			Oberflächenkontamination in Bq/cm²	Freigabe						Halbwertszeit
					uneingeschränkte Freigabe von			Freigabe von			
	Aktivität in Bq	spezifische Aktivität in Bq/g	Aktivität HRQ / 1/100 A_f in Bq		festen Stoffen, Flüssigkeiten mit Ausn. von Sp.6 in Bq/g	Bauschutt, Bodenaushub von mehr als 1000 t/a in Bq/g	Bodenflächen in Bq/g	Gebäuden zur Wieder-, Weiterverwendung in Bq/cm²	festen Stoffen, Flüssigkeiten zur Beseitigung mit Ausn. von Sp.6 in Bq/g	Gebäuden zum Abriss in Bq/cm²	Metallschrott zur Rezyklierung in Bq/g	
1	2	3	3a	4	5	6	7	8	9	10	10a	11
I-134	1 E+5	1 E+1	3 E+09	1	1 E+1	8 E-2		1	1 E+1	2 E+4	1 E+1	52,0 m
I-135						1 E-1		1		4 E+3		6,6 h
I-135+	1 E+6	1 E+1	6 E+09	1	1 E+1				1 E+1		1 E+1	6,6 h
Xe-120	1 E+9	1 E+2										40,0 m
Xe-121	1 E+9	1 E+2										38,8 m
Xe-122+	1 E+9	1 E+2										20,1 h
Xe-123	1 E+9	1 E+2										2,1 h
Xe-125	1 E+9	1 E+3										16,8 h
Xe-127	1 E+5	1 E+3										36,4 d
Xe-129m	1 E+4	1 E+3										8,9 d
Xe-131m	1 E+4	1 E+4	4 E+11									11,9 d
Xe-133	1 E+4	1 E+3	2 E+11									5,3 d
Xe-133m	1 E+4	1 E+3										2,2 d
Xe-135	1 E+10	1 E+3	3 E+10									9,1 h
Xe-135m	1 E+9	1 E+2										15,3 m
Xe-138	1 E+9	1 E+2										14,1 m
Cs-125	1 E+4	1 E+2										45,0 m
Cs-127	1 E+5	1 E+2										6,3 h
Cs-129	1 E+5	1 E+2	4 E+10	1 E+1	1 E+2	9 E-1	3 E+1	1 E+1	1 E+2	5 E+3	1 E+2	32,1 h
Cs-130	1 E+6	1 E+2										29,2 m
Cs-131	1 E+6	1 E+3	3 E+11	1 E+2	9 E+2	2 E+2		1 E+2	1 E+3	2 E+5	9 E+2	10,0 d
Cs-132	1 E+5	1 E+1	1 E+10	1	1 E+1	3 E-1		1 E+1	1 E+1	4 E+2	1 E+1	6,5 d
Cs-134	1 E+4	1 E+1		1	2 E-1	1 E-1	5 E-2	6 E-1	6	5	2 E-1	2,1 a
Cs-134m	1 E+5	1 E+3	4 E+11	1 E+2	1 E+3	2 E+1		1 E+2	1 E+3	1 E+6	1 E+3	2,9 h
Cs-135	1 E+7	1 E+4	4 E+11	1 E+2	2 E+1	2 E+1	4 E-1	1 E+2	7 E+2	9 E+3	2 E+1	2,0E+6 a
Cs-136	1 E+5	1 E+1		1	2	1 E-1	4 E-2	1	4	6 E+1	1 E+1	13,2 d

Strahlenschutzverordnung – Anlage III Tabelle 1

Radionuklid	Freigrenze		Aktivität HRQ / 1/100 A₂ in Bq	Freigabe									Halbwertszeit
				Oberflächenkontamination in Bq/cm²	uneingeschränkte Freigabe von			Freigabe von					
	Aktivität Bq	spezifische Aktivität in Bq/g			festen Stoffen, Flüssigkeiten mit Ausn. von Sp.6 in Bq/g	Bauschutt, Bodenaushub von mehr als 1000 t/a in Bq/g	Bodenflächen in Bq/g	Gebäuden zur Wieder-, Weiterverwendung in Bq/cm²	festen Stoffen, Flüssigkeiten zur Beseitigung mit Ausn. von Sp.6 in Bq/g	Gebäuden zum Abriss in Bq/cm²	Metallschrott zur Rezyklierung in Bq/g		
1	2	3	3a	4	5	6	7	8	9	10	10a	11	
Cs-137+	1 E+4	1 E+1	2 E+10	1	5 E-1	4 E-1	6 E-2	2	1 E+1	1 E+1	6 E-1	30,2 a
Cs-138	1 E+4	1 E+1		1	1 E+1	9 E-2		1	1 E+1	3 E+4	1 E+1	32,2 m
Ba-126	1 E+7	1 E+2										100,0 m
Ba-128	1 E+7	1 E+2										2,4 d
Ba-131+	1 E+6	1 E+2	2 E+10	1 E+1	2 E+1	5 E-1	2 E-1	1 E+1	2 E+1	3 E+2	9 E+1	11,5 d
Ba-131m	1 E+7	1 E+2										14,5 m
Ba-133	1 E+6	1 E+2		1	1				3 E+1		2	10,5 a
Ba-133m	1 E+6	1 E+2										38,9 h
Ba-135m	1 E+6	1 E+2										28,7 h
Ba-137m	1 E+6	1 E+1										2,6 m
Ba-139	1 E+5	1 E+2										83,1 m
Ba-140+	1 E+5	1 E+1	5 E+09	1	2	8 E-2	3 E-2	1	3	5 E+1	1 E+1	12,8 d
Ba-141	1 E+5	1 E+1										18,3 m
Ba-142	1 E+6	1 E+1										10,7 m
La-131	1 E+6	1 E+1										59,0 m
La-132	1 E+6	1 E+1										4,8 h
La-135	1 E+7	1 E+3										19,4 h
La-137	1 E+7	1 E+3										6,0E+4 a
La-138*)	1 E+7	1 E+1										1,0E+11 a
La-140	1 E+5	1 E+1	4 E+09	1	1 E+1	1 E-1		1	1 E+1	4 E+2	1 E+1	40,3 h
La-141	1 E+5	1 E+2										3,9 h
La-142	1 E+5	1 E+1										92,5 m
La-143	1 E+5	1 E+2										14,2 m
Ce-134	1 E+7	1 E+3										75,9 h
Ce-135	1 E+6	1 E+1										17,8 h

Strahlenschutzverordnung – Anlage III Tabelle 1

Radionuklid	Freigrenze				uneingeschränkte Freigabe von			Freigabe				Halbwertszeit
	Aktivität in Bq	spezifische Aktivität in Bq/g	Aktivität HRQ / 1/100 A/ in Bq	Oberflächenkontamination in Bq/cm²	festen Stoffen, Flüssigkeiten mit Ausn. von Sp.6 in Bq/g	Bauschutt, Bodenaushub von mehr als 1000 t/a in Bq/g	Bodenflächen in Bq/g	Gebäuden zur Wieder-, Weiterverwendung in Bq/cm²	festen Stoffen, Flüssigkeiten zur Beseitigung mit Ausn. von Sp.6 in Bq/g	Gebäuden zum Abriss in Bq/cm²	Metallschrott zur Rezyklierung in Bq/g	
1	2	3	3a	4	5	6	7	8	9	10	10a	11
Ce-137	1 E+7	1 E+3										9,0 h
Ce-137m	1 E+6	1 E+3										34,4 h
Ce-139	1 E+6	1 E+2	7 E+10	1 E+1	9	2	7 E-1	1 E+1	8 E+1	1 E+2	9	137,6 d
Ce-141	1 E+7	1 E+2	2 E+11	1 E+1	7 E+1	4	1	1 E+1	1 E+2	1 E+3	7 E+1	32,5 d
Ce-143	1 E+6	1 E+2	9 E+09	1 E+1	1 E+2	9 E-1		1 E+1	1 E+2	5 E+3	1 E+2	33,0 h
Ce-144+	1 E+5	1 E+2	2 E+09	1 E+2	9	5	4 E-1	3 E+1	1 E+2	2 E+2	1 E+1	284,8 d
Pr-136	1 E+5	1 E+1										13,1 m
Pr-137	1 E+6	1 E+2										76,6 m
Pr-138m	1 E+6	1 E+1										2,0 h
Pr-139	1 E+7	1 E+2										4,5 h
Pr-142	1 E+5	1 E+2	4 E+09	1 E+1	1 E+2	4		1 E+2	1 E+2	4 E+4	1 E+2	19,1 h
Pr-142m	1 E+9	1 E+7										14,6 m
Pr-143	1 E+6	1 E+4	3 E+10	1 E+2	4 E+1	4 E+1	2 E+1	1 E+2	1 E+4	6 E+5	4 E+1	13,6 d
Pr-144	1 E+5	1 E+2										17,3 m
Pr-145	1 E+5	1 E+3										6,0 h
Pr-147	1 E+5	1 E+1										13,6 m
Nd-136	1 E+6	1 E+2										50,7 m
Nd-138	1 E+7	1 E+3										5,1 h
Nd-139	1 E+6	1 E+2										29,7 m
Nd-139m	1 E+6	1 E+1										5,5 h
Nd-141	1 E+7	1 E+2										2,5 h
Nd-147	1 E+6	1 E+2	6 E+10	1 E+1	5 E+1	2	7 E-1	1 E+1	8 E+1	1 E+3	5 E+1	11 d
Nd-149	1 E+6	1 E+2	6 E+09	1 E+1	1 E+2	7 E-1		1 E+1	1 E+2	7 E+4	1 E+2	1,7 h
Nd-151	1 E+5	1 E+1										12,4 m
Pm-141	1 E+5	1 E+1										20,9 m

165

Strahlenschutzverordnung – Anlage III Tabelle 1

Radionuklid	Freigrenze		Aktivität HRQ / 1/100 A_J in Bq	Oberflächenkontamination in Bq/cm²	uneingeschränkte Freigabe von			Freigabe				Halbwertszeit
	Aktivität in Bq	spezifische Aktivität in Bq/g			festen Stoffen, Flüssigkeiten mit Ausn. von Sp.6 in Bq/g	Bauschutt, Bodenaushub von mehr als 1000 t/a in Bq/g	Bodenflächen in Bq/g	Gebäuden zur Wieder-, Weiterverwendung in Bq/cm²	festen Stoffen, Flüssigkeiten zur Beseitigung mit Ausn. von Sp.6 in Bq/g	Gebäuden zum Abriss in Bq/cm²	Metallschrott zur Rezyklierung in Bq/g	
1	2	3	3a	4	5	6	7	8	9	10	10a	11
Pm-143	1 E+6	1 E+2										265,0 d
Pm-144	1 E+6	1 E+1										1,0 a
Pm-145	1 E+7	1 E+3										17,7 a
Pm-146	1 E+6	1 E+1										5,5 a
Pm-147	1 E+7	1 E+4	4 E+11	1 E+2	2 E+2	2 E+2	2 E+1	1 E+3	1 E+4	2 E+4	6 E+3	2,6 a
Pm-148	1 E+5	1 E+1										5,4 d
Pm-148m+	1 E+6	1 E+1										41,3 d
Pm-149	1 E+6	1 E+3	2 E+10	1 E+2	1 E+3	2 E+1		1 E+2	1 E+3	7 E+4	1 E+3	53,1 h
Pm-150	1 E+5	1 E+1										2,7 h
Pm-151	1 E+6	1 E+2										28,0 h
Sm-141	1 E+5	1 E+1										10,2 m
Sm-141m	1 E+6	1 E+1										22,6 m
Sm-142	1 E+7	1 E+2										72,4 m
Sm-145	1 E+7	1 E+2										340,0 d
Sm-146	1 E+5	1 E+1										1,0E+8 a
Sm-147*)	1 E+4	1 E+1										1,1E+11 a
Sm-151	1 E+8	1 E+4	4 E+11	1 E+2	5 E+2	5 E+2	4 E+1	1 E+3	5 E+3	3 E+4	7 E+3	93,0 a
Sm-153	1 E+6	1 E+2	9 E+10	1 E+1	1 E+2	1 E+1		1 E+2	1 E+2	4 E+4	1 E+2	46,8 h
Sm-155	1 E+6	1 E+2										22,4 m
Sm-156	1 E+6	1 E+2										9,4 h
Eu-145	1 E+6	1 E+1										5,9 d
Eu-146	1 E+6	1 E+1										4,5 d
Eu-147	1 E+6	1 E+2										24,6 d
Eu-148	1 E+6	1 E+1										55,6 d
Eu-149	1 E+7	1 E+2										93,1 d
Eu-150	1 E+6	1 E+1										35,8 a

Strahlenschutzverordnung – Anlage III Tabelle 1

Radionuklid	Freigrenze			Oberflächenkontamination in Bq/cm²	Freigabe							Halbwertszeit
	Aktivität in Bq	spezifische Aktivität in Bq/g	Aktivität HRQ / 1/100 A_1 in Bq		uneingeschränkte Freigabe von			Freigabe von				
					festen Stoffen, Flüssigkeiten mit Ausn. von Sp.6 in Bq/g	Bauschutt, Bodenaushub von mehr als 1000 t/a in Bq/g	Bodenflächen in Bq/g	Gebäuden zur Wieder-, Weiterverwendung in Bq/cm²	festen Stoffen, Flüssigkeiten zur Beseitigung mit Ausn. von Sp.6 in Bq/g	Gebäuden zum Abriss Bq/cm²	Metallschrott zur Rezyklierung in Bq/g	
1	2	3	3a	4	5	6	7	8	9	10	10a	11
Eu-152	1 E+6	1 E+1	1 E+10	1	2 E-1	2 E-1	7 E-2	8 E-1	8	6	5 E-1	13,3 a
Eu-152m	1 E+6	1 E+2	8 E+09	1 E+1	1 E+2	7 E-1		1 E+1	1 E+2	1 E+4	1 E+2	9,3 h
Eu-154	1 E+6	1 E+1	9 E+09	1	2 E-1	2 E-1	6 E-2	7 E-1	7	6	5 E-1	8,8 a
Eu-155	1 E+7	1 E+2	2 E+11	1 E+1	3 E+1	8	2	2 E+1	1 E+2	3 E+2	3 E+1	4,8 d
Eu-156	1 E+6	1 E+1										15,2 d
Eu-157	1 E+6	1 E+2										15,2 h
Eu-158	1 E+5	1 E+1										46,0 m
Gd-145	1 E+5	1 E+1										23,9 m
Gd-146+	1 E+6	1 E+1										48,3 d
Gd-147	1 E+6	1 E+1										38,1 h
Gd-148	1 E+4	1 E+1										90,0 a
Gd-149	1 E+6	1 E+2										9,5 d
Gd-151	1 E+7	1 E+2										120,0 d
Gd-152*)	1 E+4	1 E+1										1,1E+14 a
Gd-153	1 E+7	1 E+2	1 E+11	1 E+1	2 E+1	6		1 E+1	1 E+2	3 E+2	2 E+1	239,5 d
Gd-159	1 E+6	1 E+3	3 E+10	1 E+2	1 E+3	7	1	1 E+2	1 E+3	7 E+4	1 E+3	18,5 h
Tb-147	1 E+6	1 E+1										1,7 h
Tb-149	1 E+6	1 E+1										4,1 h
Tb-150	1 E+6	1 E+1										3,7 h
Tb-151	1 E+6	1 E+1										17,6 h
Tb-153	1 E+7	1 E+2										2,3 d
Tb-154	1 E+6	1 E+1										21,0 h
Tb-155	1 E+7	1 E+2										5,3 d
Tb-156	1 E+6	1 E+1										5,4 d
Tb-156m	1 E+7	1 E+3										5,4 h
Tb-157	1 E+7	1 E+4										99,0 a

Strahlenschutzverordnung – Anlage III Tabelle 1

Radionuklid	Freigrenze		Aktivität HRQ / 1/100 A_j in Bq	Oberflächenkontamination in Bq/cm²	Freigabe							Halbwertszeit
					uneingeschränkte Freigabe von			Freigabe von				
	Aktivität Bq	spezifische Aktivität in Bq/g			festen Stoffen, Flüssigkeiten mit Ausn. von Sp.6 in Bq/g	Bauschutt, Bodenaushub von mehr als 1000 t/a in Bq/g	Bodenflächen in Bq/g	Gebäuden zur Wieder-, Weiterverwendung in Bq/cm²	festen Stoffen, Flüssigkeiten zur Beseitigung mit Ausn. von Sp.6 in Bq/g	Gebäuden zum Abriss in Bq/cm²	Metallschrott zur Rezyklierung in Bq/g	
1	2	3	3a	4	5	6	7	8	9	10	10a	11
Tb-158	1 E+6	1 E+1										150,0 a
Tb-160	1 E+6	1 E+1	1 E+10	1	6 E-1	2 E-1	7 E-2	1	9	2 E+1	6 E-1	72,1 d
Tb-161	1 E+6	1 E+3										6,9 d
Dy-155	1 E+6	1 E+1										10,0 h
Dy-157	1 E+6	1 E+2										8,1 h
Dy-159	1 E+7	1 E+3										144,4 d
Dy-165	1 E+6	1 E+3	9 E+09	1 E+2	1 E+3	1 E+1		1 E+2	1 E+3	9 E+5	1 E+3	2,4 h
Dy-166	1 E+6	1 E+3	9 E+09	1 E+1	1 E+3	5		1 E+1	1 E+3	1 E+4		81,5 h
Dy-166+												81,5 h
Ho-155	1 E+6	1 E+2										48,0 m
Ho-157	1 E+6	1 E+2										12,6 m
Ho-159	1 E+6	1 E+2										33,0 m
Ho-161	1 E+7	1 E+2										2,5 h
Ho-162	1 E+7	1 E+2										15,0 m
Ho-162m	1 E+6	1 E+1										68,0 m
Ho-164	1 E+6	1 E+3										29,0 m
Ho-164m	1 E+7	1 E+3										37,0 m
Ho-166	1 E+5	1 E+3	4 E+09	1 E+2	1 E+3	1 E+1		1 E+2	1 E+3	7 E+4	1 E+3	26,8 h
Ho-166m	1 E+6	1 E+1										1,2E+3 a
Ho-167	1 E+6	1 E+2										3,1 h
Er-161	1 E+6	1 E+1										3,2 h
Er-165	1 E+7	1 E+3										10,3 h
Er-169	1 E+7	1 E+4	4 E+11	1 E+2	1 E+2	1 E+2	5 E+1	1 E+3	1 E+4	2 E+6	1 E+2	9,4 d
Er-171	1 E+6	1 E+2	8 E+09	1 E+1	1 E+2	7 E-1		1 E+1	1 E+2	2 E+4	1 E+2	7,5 h

Strahlenschutzverordnung – Anlage III Tabelle 1

Radionuklid	Freigrenze		Aktivität HRQ / 1/100 A_I in Bq	Oberflächenkontamination in Bq/cm²	uneingeschränkte Freigabe von			Freigabe				Halbwertszeit
	Aktivität in Bq	spezifische Aktivität in Bq/g			festen Stoffen, Flüssigkeiten mit Ausn. von Sp.6 in Bq/g	Bauschutt, Bodenaushub von mehr als 1000 t/a in Bq/g	Bodenflächen in Bq/g	Gebäuden zur Wieder-, Weiterverwendung in Bq/cm²	festen Stoffen, Flüssigkeiten zur Beseitigung mit Ausn. von Sp.6 in Bq/g	Gebäuden zum Abriss in Bq/cm²	Metallschrott zur Rezyklierung in Bq/g	
1	2	3	3a	4	5	6	7	8	9	10	10a	11
Er-172	1 E+6	1 E+2										49,0 h
Tm-162	1 E+6	1 E+1										21,6 m
Tm-166	1 E+6	1 E+1										7,7 h
Tm-167	1 E+6	1 E+2										9,3 d
Tm-170	1 E+6	1 E+3	3 E+10	1 E+2	4 E+1	4 E+1	6	1 E+2	1 E+3	9 E+3	7 E+1	128,6 d
Tm-171	1 E+8	1 E+4	4 E+11	1 E+2	5 E+2	5 E+2	6 E+1	1 E+3	1 E+4	6 E+4	7 E+2	1,9 a
Tm-172	1 E+6	1 E+2										63,6 h
Tm-173	1 E+6	1 E+2										8,2 h
Tm-175	1 E+6	1 E+1										15,2 m
Yb-162	1 E+7	1 E+2										18,9 m
Yb-166	1 E+7	1 E+2										56,7 h
Yb-167	1 E+6	1 E+2										17,7 m
Yb-169	1 E+7	1 E+2										32,0 d
Yb-175	1 E+7	1 E+3	3 E+11	1 E+2	1 E+3	6		1 E+2	1 E+3	1 E+4	1 E+3	4,2 d
Yb-177	1 E+6	1 E+2										1,9 h
Yb-178	1 E+6	1 E+3										74,0 m
Lu-169	1 E+6	1 E+1										1,4 d
Lu-170	1 E+6	1 E+1										2,0 d
Lu-171	1 E+6	1 E+1										8,2 d
Lu-172	1 E+6	1 E+1										6,7 d
Lu-173	1 E+7	1 E+2										1,4 a
Lu-174	1 E+7	1 E+2										3,3 a
Lu-174m	1 E+7	1 E+2										142,0 d

Strahlenschutzverordnung – Anlage III Tabelle 1

Radionuklid	Freigrenze			Oberflächenkontamination in Bq/cm²	uneingeschränkte Freigabe von			Freigabe				Halbwertszeit
	Aktivität in Bq	spezifische Aktivität in Bq/g	Aktivität HRQ / 1/100 A_f in Bq		festen Stoffen, Flüssigkeiten mit Ausn. von Sp.6 in Bq/g	Bauschutt, Bodenaushub von mehr als 1000 t/a in Bq/g	Bodenflächen in Bq/g	Gebäuden zur Wieder-, Weiterverwendung in Bq/cm²	festen Stoffen, Flüssigkeiten zur Beseitigung mit Ausn. von Sp.6 in Bq/g	Gebäuden zum Abriss in Bq/cm²	Metallschrott zur Rezyklierung in Bq/g	
1	2	3	3a	4	5	6	7	8	9	10	10a	11
Lu-176*)	1 E+6	1 E+2	3 E+11	1 E+2	1 E+3			1 E+2	1 E+3	1 E+4	1 E+3	3,6 E+10 a
Lu-176m	1 E+6	1 E+3										3,7 h
Lu-177	1 E+7	1 E+3										6,7 d
Lu-177m	1 E+6	1 E+1										160,1 d
Lu-178	1 E+5	1 E+2										28,4 m
Lu-178m	1 E+5	1 E+1										22,7 m
Lu-179	1 E+6	1 E+3										4,6 h
Hf-170	1 E+6	1 E+2										16,0 h
Hf-172+	1 E+6	1 E+1										1,9 a
Hf-173	1 E+6	1 E+2										23,6 h
Hf-175	1 E+6	1 E+2										70,0 d
Hf-177m	1 E+5	1 E+1										51,0 m
Hf-178m	1 E+6	1 E+1										31,0 a
Hf-179m	1 E+6	1 E+1										25,0 d
Hf-180m	1 E+6	1 E+1										5,5 h
Hf-181	1 E+6	1 E+1	2 E+10	1	4	4 E-1	2 E-1	9	1 E+1	8 E+1	1 E+1	42,4 d
Hf-182	1 E+6	1 E+2										9,0E+6 a
Hf-182m	1 E+6	1 E+1										61,5 m
Hf-183	1 E+6	1 E+1										64,0 m
Hf-184	1 E+6	1 E+2										4,1 h
Ta-172	1 E+6	1 E+1										37,0 m
Ta-173	1 E+6	1 E+1										3,6 h
Ta-174	1 E+6	1 E+1										1,0 h

Strahlenschutzverordnung – Anlage III Tabelle 1

Radionuklid	Freigrenze		Aktivität HRQ / 1/100 A_J in Bq	Oberflächenkontamination in Bq/cm²	Freigabe						Halbwertszeit
					uneingeschränkte Freigabe von			Freigabe von			
	Aktivität in Bq	spezifische Aktivität in Bq/g			festen Stoffen, Flüssigkeiten mit Ausn. von Sp.6 in Bq/g	Bauschutt, Bodenaushub von mehr als 1000 t/a in Bq/g	Bodenflächen in Bq/g	Gebäuden zur Wieder-, Weiterverwendung in Bq/cm²	festen Stoffen, Flüssigkeiten zur Beseitigung mit Ausn. von Sp.6 in Bq/g	Gebäuden zum Abriss in Bq/cm²	Metallschrott zur Rezyklierung in Bq/g	
1	2	3	3a	4	5	6	7	8	9	10	10a	11
Ta-175	1 E+6	1 E+1										10,5 h
Ta-176	1 E+6	1 E+1										8,1 h
Ta-177	1 E+7	1 E+2										56,6 h
Ta-178	1 E+6	1 E+1										2,5 h
Ta-179	1 E+7	1 E+3										665,0 d
Ta-180*)	1 E+6	1 E+1										> E+13 a
Ta-180m	1 E+7	1 E+3										8,2 h
Ta-182	1 E+4	1 E+1	9 E+09	1	5 E-1	2 E-1	6 E-2	1	7	1 E+1	5 E-1	114,4 d
Ta-182m	1 E+6	1 E+2										16,0 m
Ta-183	1 E+6	1 E+2										5,0 d
Ta-184	1 E+6	1 E+1										8,7 h
Ta-185	1 E+5	1 E+2										49,0 m
Ta-186	1 E+5	1 E+1										10,5 m
W-176	1 E+6	1 E+2										2,5 h
W-177	1 E+6	1 E+1										2,3 h
W-178+	1 E+6	1 E+1										22,0 d
W-179	1 E+7	1 E+2										38,0 m
W-181	1 E+7	1 E+3	3 E+11	1 E+2	6 E+1	2 E+1	4	5 E+1	1 E+3	2 E+3	6 E+1	121,2 d
W-185	1 E+7	1 E+4	4 E+11	1 E+2	1 E+2	1 E+2	3	8 E+2	1 E+4	4 E+5	7 E+2	75,1 d
W-187	1 E+6	1 E+2	2 E+10	1 E+1	1 E+2	5 E-1		1 E+1	1 E+2	4 E+3	1 E+2	23,8 h
W-188+	1 E+5	1 E+2										69,0 d
Re-177	1 E+6	1 E+1										14,0 m
Re-178	1 E+6	1 E+1										13,2 m
Re-181	1 E+6	1 E+1										20,0 h

Strahlenschutzverordnung – Anlage III Tabelle 1

Radionuklid	Freigrenze		Aktivität HRQ / 1/100 A₂ in Bq	Oberflächen-kontamination in Bq/cm²	Freigabe							Halbwertszeit
					uneingeschränkte Freigabe von			Freigabe von				
	Aktivität in Bq	spezifische Aktivität in Bq/g			festen Stoffen, Flüssigkeiten mit Ausn. von Sp.6 in Bq/g	Bauschutt, Bodenaushub von mehr als 1000 t/a in Bq/g	Boden-flächen in Bq/g	Gebäuden zur Wieder-, Weiterverwendung in Bq/cm²	festen Stoffen, Flüssigkeiten zur Beseitigung mit Ausn. von Sp.6 in Bq/g	Gebäuden zum Abriss in Bq/cm²	Metallschrott zur Rezyklierung in Bq/g	
1	2	3	3a	4	5	6	7	8	9	10	10a	11
Re-182	1 E+6	1 E+1										64,0 h
Re-184	1 E+6	1 E+1										38,0 d
Re-184m	1 E+6	1 E+2										165,0 d
Re-186	1 E+6	1 E+3	2 E+10	1 E+2	1 E+3	2 E+1		1 E+2	1 E+3	4 E+4	1 E+3	90,6 h
Re-186m	1 E+7	1 E+3										2,0E+5 a
Re-187*)	1 E+9	1 E+6										5,0E+10 a
Re-188	1 E+5	1 E+2	4 E+09	1 E+1	1 E+2	4		1 E+2	1 E+2	5 E+4	1 E+2	17,0 h
Re-188m	1 E+7	1 E+2										18,6 m
Re-189+	1 E+6	1 E+2										24,3 h
Os-180	1 E+7	1 E+2										21,7 m
Os-181	1 E+6	1 E+1										1,8 h
Os-182	1 E+6	1 E+2										22,1 h
Os-185	1 E+6	1 E+1	1 E+10	1	5 E-1	3 E-1	1 E-1	3	1 E+1	3 E+1	5 E-1	94,0 d
Os-189m	1 E+7	1 E+4										6,0 h
Os-191	1 E+7	1 E+2	1 E+11	1 E+1	9 E+1	7	2	1 E+1	1 E+2	3 E+3	9 E+1	15,4 d
Os-191m	1 E+7	1 E+3	4 E+11	1 E+2	1 E+3	2 E+2		1 E+3	1 E+3	2 E+6	1 E+3	13,1 h
Os-193	1 E+6	1 E+2	2 E+10	1 E+1	1 E+2	4		1 E+2	1 E+2	3 E+4	1 E+2	30,0 h
Os-194+	1 E+5	1 E+2										6,0 a
Ir-182	1 E+5	1 E+1										15,0 m
Ir-184	1 E+6	1 E+1										3,0 h
Ir-185	1 E+6	1 E+1										14,0 h
Ir-186	1 E+6	1 E+1										15,8 h
Ir-187	1 E+6	1 E+2										10,5 h
Ir-188	1 E+6	1 E+1										41,5 h
Ir-189+	1 E+7	1 E+2										13,3 d
Ir-190+	1 E+6	1 E+1	7 E+09	1	2	8 E-2	6 E-2	1	3	5 E+1	1 E+1	11,8 d

172

Strahlenschutzverordnung – Anlage III Tabelle 1

Radionuklid	Freigrenze				uneingeschränkte Freigabe von			Freigabe				Halbwertszeit
	Aktivität in Bq	spezifische Aktivität in Bq/g	Aktivität HRQ / 1/100 A₁ in Bq	Oberflächenkontamination in Bq/cm²	festen Stoffen, Flüssigkeiten mit Ausn. von Sp.6 in Bq/g	Bauschutt, Bodenaushub von mehr als 1000 t/a in Bq/g	Bodenflächen in Bq/g	Gebäuden zur Wieder-, Weiterverwendung in Bq/cm²	festen Stoffen, Flüssigkeiten zur Beseitigung mit Ausn. von Sp.6 in Bq/g	Gebäuden zum Abriss in Bq/cm²	Metallschrott zur Rezyklierung in Bq/g	
1	2	3	3a	4	5	6	7	8	9	10	10a	11
Ir-192	1 E+4	1 E+1	1 E+10	1	1	3 E-1	1 E-1	1	1 E+1	3 E+1	2	74,0 d
Ir-192m	1 E+7	1 E+2										241,0 a
Ir-193m	1 E+7	1 E+4										10,6 d
Ir-194	1 E+5	1 E+2	3 E+09	1 E+1	1 E+2	3		1 E+1	1 E+2	2 E+4	1 E+2	171,0 d
Ir-194m	1 E+6	1 E+1										19,2 h
Ir-195	1 E+6	1 E+2										2,5 h
Ir-195m	1 E+6	1 E+2										3,8 h
Pt-186	1 E+6	1 E+1										2,0 h
Pt-188+	1 E+6	1 E+1										10,2 d
Pt-189	1 E+6	1 E+2										11,0 h
Pt-191	1 E+6	1 E+2	4 E+10	1 E+1	1 E+2	1		1 E+1	1 E+2	3 E+3	1 E+2	2,8 d
Pt-193	1 E+7	1 E+4	4 E+11									50,0 a
Pt-193m	1 E+7	1 E+3	4 E+11	1 E+2	1 E+3	7 E+1		1 E+2	1 E+3	1 E+5	1 E+3	4,3 d
Pt-195m	1 E+6	1 E+2										4,0 d
Pt-197	1 E+6	1 E+3	2 E+11	1 E+2	1 E+3	2 E+1		1 E+2	1 E+3	2 E+5	1 E+3	18,3 h
Pt-197m	1 E+6	1 E+2	1 E+11	1 E+1	1 E+2	4		1 E+1	1 E+2	5 E+5	1 E+2	94,4 m
Pt-199	1 E+6	1 E+2										30,8 m
Pt-200	1 E+6	1 E+2										12,5 h
Au-193	1 E+7	1 E+2										17,7 h
Au-194	1 E+6	1 E+1										39,5 h
Au-195	1 E+7	1 E+2										183,0 d
Au-198	1 E+6	1 E+2	1 E+10	1 E+1	1 E+2	6 E-1		1 E+1	1 E+2	2 E+3	1 E+2	2,7 d
Au-198m	1 E+6	1 E+1										2,3 d
Au-199	1 E+6	1 E+2	1 E+11	1 E+1	1 E+2	6 E-1		1 E+1	1 E+2	9 E+3	1 E+2	3,1 d
Au-200	1 E+5	1 E+2										48,4 m
Au-200m	1 E+6	1 E+1										18,7 h

Strahlenschutzverordnung – Anlage III Tabelle 1

Radionuklid	Freigrenze			Oberflächenkontamination in Bq/cm²	uneingeschränkte Freigabe von			Freigabe				Halbwertszeit
	Aktivität in Bq	spezifische Aktivität in Bq/g	Aktivität HRQ / 1/100 A$_I$ in Bq		festen Stoffen, Flüssigkeiten mit Ausn. von Sp.6 in Bq/g	Bauschutt, Bodenaushub von mehr als 1000 t/a in Bq/g	Bodenflächen in Bq/g	Gebäuden zur Wieder-, Weiterverwendung in Bq/cm²	Freigabe von festen Stoffen, Flüssigkeiten zur Beseitigung mit Ausn. von Sp.6 in Bq/g	Gebäuden zum Abriss in Bq/cm²	Metallschrott zur Rezyklierung in Bq/g	
1	2	3	3a	4	5	6	7	8	9	10	10a	11
Au-201	1 E+6	1 E+2										26,4 m
Hg-193	1 E+6	1 E+2										3,5 h
Hg-193m	1 E+6	1 E+1										11,1 h
Hg-194+	1 E+6	1 E+1										367,0 a
Hg-195	1 E+6	1 E+2										9,5 h
Hg-195m+	1 E+6	1 E+2										40,0 h
Hg-197	1 E+7	1 E+2	2 E+11	1 E+1	1 E+2	9		1 E+2	1 E+2	3 E+4	1 E+2	64,1 h
Hg-197m	1 E+6	1 E+2	1 E+11	1 E+1	1 E+2	4		1 E+1	1 E+2	3 E+4	1 E+2	23,8 h
Hg-203	1 E+5	1 E+2	5 E+10	1 E+1		1		1 E+1		2 E+2		46,6 d
Tl-194	1 E+6	1 E+1										33,0 m
Tl-194m	1 E+6	1 E+1										32,8 m
Tl-195	1 E+6	1 E+1										1,1 h
Tl-197	1 E+6	1 E+2										2,8 h
Tl-198	1 E+6	1 E+1										5,3 h
Tl-198m	1 E+6	1 E+1										1,9 h
Tl-199	1 E+6	1 E+2										7,4 h
Tl-200	1 E+6	1 E+1	9 E+09	1	1 E+1	2 E-1		1	1 E+1	1 E+3	1 E+1	26,1 h
Tl-201	1 E+6	1 E+2	1 E+11	1 E+1	1 E+2	6		1 E+1	1 E+2	1 E+4	1 E+2	73,1 h
Tl-202	1 E+6	1 E+2	2 E+10	1 E+1	2 E+1	5 E-1	2 E-1	1 E+1	2 E+1	3 E+2	1 E+2	12,2 d
Tl-204	1 E+4	1 E+4	1 E+11	1 E+2	4 E+1	4 E+1	4 E-2	1 E+2	1 E+4	3 E+3	3 E+2	3,8 a
Pb-195m	1 E+6	1 E+1										15,7 m
Pb-198	1 E+6	1 E+2										2,4 h
Pb-199	1 E+6	1 E+1										1,5 h

Strahlenschutzverordnung – Anlage III Tabelle 1

Radionuklid	Freigrenze Aktivität in Bq	Freigrenze spezifische Aktivität in Bq/g	Aktivität HRQ / 1/100 A_1 in Bq	Oberflächenkontamination in Bq/cm²	Freigabe uneingeschränkte Freigabe von				Freigabe von			Halbwertszeit
					feste Stoffe, Flüssigkeiten mit Ausn. von Sp.6 in Bq/g	Bauschutt, Bodenaushub von mehr als 1000 t/a in Bq/g	Bodenflächen in Bq/g	Gebäuden zur Wieder-, Weiterverwendung in Bq/cm²	feste Stoffe, Flüssigkeiten zur Beseitigung mit Ausn. von Sp.6 in Bq/g	Gebäuden zum Abriss in Bq/cm²	Metallschrott zur Rezyklierung in Bq/g	
1	2	3	3a	4	5	6	7	8	9	10	10a	11
Pb-200	1 E+6	1 E+2										21,5 h
Pb-201	1 E+6	1 E+1										9,4 h
Pb-202	1 E+6	1 E+3										3,0E+5 a
Pb-202m	1 E+6	1 E+1										3,6 h
Pb-203	1 E+6	1 E+2	4 E+10	1 E+1	1 E+2	9 E-1		1 E+1	1 E+2	3 E+3	1 E+2	51,9 h
Pb-205	1 E+7	1 E+4										1,5E+7 a
Pb-209	1 E+6	1 E+5										3,3 h
Pb-210+	1 E+4	1 E+1	1 E+10	1	3 E-2	3 E-2		1	1 E+1	1	6 E-2	22,3 a
Pb-210++	1 E+6	1 E+1		1	2 E-2				1 E+1		6 E-2	22,3 a
Pb-211	1 E+6	1 E+2										36,1 m
Pb-212	1 E+7	1 E+1	7 E+09	1	1 E+1	1 E-1		1	1 E+1	2 E+3	1 E+1	10,6 h
Pb-212+	1 E+5	1 E+1		1								10,6 h
Pb-214	1 E+6	1 E+2										26,8 m
Bi-200	1 E+6	1 E+1										36,4 m
Bi-201	1 E+6	1 E+1										1,8 h
Bi-202	1 E+6	1 E+1										1,7 h
Bi-203	1 E+6	1 E+1										11,8 h
Bi-205	1 E+6	1 E+1										15,3 d
Bi-206	1 E+5	1 E+1	3 E+09	1	1 E+1	7 E-2		1	1 E+1	9 E+1	1 E+1	6,2 d
Bi-207	1 E+6	1 E+1	7 E+09	1	2 E-1	2 E-1		5 E-1	6	5	6 E-1	31,6 a
Bi-210	1 E+6	1 E+3	1 E+10	1 E+2	1 E+3	9	5 E-2	3 E+1	1 E+3	1 E+4	1 E+3	5,0 d
Bi-210m	1 E+5	1 E+1	6 E+09									3,0E+6 a
Bi-212						2 E-1		1		3 E+4		60,6 m
Bi-212+	1 E+5	1 E+1	7 E+09	1	1 E+1				1 E+1		1 E+1	60,6 m
Bi-213	1 E+6	1 E+2										45,6 m
Bi-214	1 E+5	1 E+1										19,9 m

Strahlenschutzverordnung – Anlage III Tabelle 1

Radionuklid	Freigrenze Aktivität in Bq	Freigrenze spezifische Aktivität in Bq/g	Aktivität HRQ / 1/100 A_1 in Bq	Oberflächenkontamination in Bq/cm²	uneingeschränkte Freigabe von festen Stoffen, Flüssigkeiten mit Ausn. von Sp.6 in Bq/g	Bauschutt, Bodenaushub von mehr als 1000 t/a in Bq/g	Bodenflächen in Bq/g	Freigabe von Gebäuden zur Wieder-, Weiterverwendung in Bq/cm²	festen Stoffen, Flüssigkeiten zur Beseitigung mit Ausn. von Sp.6 in Bq/g	Gebäuden zum Abriss in Bq/cm²	Metallschrott zur Rezyklierung in Bq/g	Halbwertszeit
Po-203	1 E+6	1 E+1		1	1 E+1	1 E-1		1	1 E+1	4 E+4	1 E+1	36,0 m
Po-205	1 E+6	1 E+1		1	1 E+1	1 E-1		1	1 E+1	1 E+4	1 E+1	1,8 h
Po-206	1 E+6	1 E+1										8,8 d
Po-207	1 E+6	1 E+1		1	1 E+1	2 E-1		1	1 E+1	5 E+3	1 E+1	5,8 h
Po-208	1 E+4	1 E+1										2,9 a
Po-209	1 E+4	1 E+1			4 E-2	4 E-2						102,0 a
Po-210	1 E+4	1 E+1	4 E+11	1				1	10	7	1	138,4 d
At-207	1 E+6	1 E+1										1,8 h
At-211	1 E+7	1 E+3	2 E+11	1 E+1	1 E+3	1 E+1		8	1 E+3	3 E+5	1 E+3	7,2 h
Rn-220+	1 E+7	1 E+4	3 E+09									<10 m
Rn-222+	1 E+8	1 E+1										3,8 d
Fr-222	1 E+5	1 E+3										14,4 m
Fr-223	1 E+6	1 E+2										21,8 m
Ra-223+	1 E+5	1 E+2	4 E+09	1	5 E-1	4 E-1	1 E-2	1	2 E+1	3 E+2	5 E-1	11,4 d
Ra-224						1 E-1		1		3 E+2		3,7 d
Ra-224+	1 E+5	1 E+1	4 E+09	1 E-1	1 E+1	2 E-1			1 E+1	8 E+1	1 E+1	3,7 d
Ra-225	1 E+5	1 E+2	2 E+09	1	2 E-1			1 E-1	9	9 E-1	4 E-1	14,8 d
Ra-226+	1 E+4	1 E+1		1	3 E-2			5 E-1	1 E-1		4 E-1	1,6 E+3 a
Ra-226++	1 E+6	1 E+2	2 E+09		1 E-2				1 E-1		5 E-2	1,6 E+3 a
Ra-227	1 E+5	1 E+1		1 E+1	1 E+2	1		1 E+1	1 E+2	3 E+5	1 E+2	42,2 m
Ra-228+	1 E+5	1 E+1	6 E+09	1	7 E-2	1 E-1		4 E-1	8	4	7 E-1	5,8 a
Ac-224	1 E+6	1 E+2										2,9 h
Ac-225+	1 E+4	1 E+1										10,0 d
Ac-226	1 E+5	1 E+2										29,0 h

176

Strahlenschutzverordnung – Anlage III Tabelle 1

Radionuklid	Freigrenze		Aktivität HRQ / 1/100 A_1 in Bq	Oberflächenkontamination in Bq/cm²	Freigabe							Halbwertszeit
					uneingeschränkte Freigabe von			Freigabe von				
	Aktivität Bq	spezifische Aktivität in Bq/g			festen Stoffen, Flüssigkeiten mit Ausn. von Sp.6 in Bq/g	Bauschutt, Bodenaushub von mehr als 1000 t/a in Bq/g	Bodenflächen in Bq/g	Gebäuden zur Wieder-, Weiterverwendung in Bq/cm²	festen Stoffen, Flüssigkeiten zur Beseitigung mit Ausn. von Sp.6 in Bq/g	Gebäuden zum Abriss in Bq/cm²	Metallschrott zur Rezyklierung in Bq/g	
1	2	3	3a	4	5	6	7	8	9	10	10a	11
Ac-227+	1 E+3	1 E-1		1	7 E-3				3 E-1		3 E-2	21,8 a
Ac-227++										7 E+3		21,8 a
Ac-228	1 E+6	1 E+1	6 E+09	1	1 E+1	2 E-1		1	1 E+1		1 E+1	6,1 h
Th-226						3 E+1		1 E+2		1 E+7		31,0 m
Th-226+	1 E+7	1 E+3		1 E+1	1 E+3				1 E+3		1 E+3	31,0 m
Th-227	1 E+4	1 E+1	1 E+11	1 E-1	2 E-1	2 E-1		1 E-1	7	6 E+1	3 E-1	18,7 d
Th-228+	1 E+4	1	5 E+09	1 E-1	1 E-1	7 E-2		1 E-1	1	3	4 E-1	1,9 a
Th-229+	1 E+3	1	5 E+10	1 E-1	2 E-2	2 E-2		1 E-1	1	9 E-1	1 E-1	7,9E+3 a
Th-230	1 E+4	1	1 E+11	1 E-1	5 E-2	5 E-2		1 E-1	1	3	3 E-1	7,5E+4 a
Th-231	1 E+7	1 E+3	4 E+11	1 E+2	1 E+3	4 E+1		1 E+2	1 E+3	3 E+5	1 E+3	25,5 h
Th-232	1 E+4	1 E+1		1 E-1	3 E-2	3 E-2		1 E-1	1	1	3 E-1	1,4E+10 a
Th-232sec	1 E+3	1		1 E-1	2 E-2				1		1 E-1	1,4E+10 a
Th-234+	1 E+5	1 E+3	3 E+09	1 E+2	1 E+1	1 E+1		1 E+2	5 E+2	4 E+3	1 E+1	24,1 d
Pa-227	1 E+6	1 E+3										38,3 m
Pa-228	1 E+6	1 E+1										22,0 h
Pa-230	1 E+6	1 E+1	2 E+10	1	6	4 E-1	1 E-1	1 E+1	1 E+1	2 E+2	1 E+1	17,4 d
Pa-231	1 E+3	1	4 E+10	1 E-2	7 E-3	4 E-3		1 E-2	8 E-2	1 E-1	2 E-1	3,3E+4 a
Pa-232	1 E+6	1 E+1				1						1,3 d
Pa-233	1 E+7	1 E+2	5 E+10	1 E+1	2 E+1		4 E-1	1 E+1	5 E+1	4 E+2	6 E+1	27,0 d
Pa-234	1 E+6	1 E+1										6,7 h
U-230+ (M) **)	1 E+5	1 E+1	4 E+11	1 E-1	3 E-1	2 E-1		1 E-1	1 E+1	8 E+1	9 E-1	20,8 d
U-230+ (S) ***)	1 E+5	1 E+1	3 E+11	1 E-1	3 E-1	2 E-1		1 E-1	1 E+1	8 E+1	9 E-1	20,8 d
U-231	1 E+7	1 E+2		1 E+1	1 E+2	6		1 E+1	1 E+2	1 E+4	1 E+2	4,2 d
U-232 (M) **)	1 E+4	1 E+1	4 E+11	1 E-1	6 E-2	5 E-2		1 E-1	1	1	8 E-1	68,9 a
U-232 (S) ***)	1 E+4	1 E+1	1 E+11	1 E-1	6 E-2	5 E-2		1 E-1	1	1	8 E-1	68,9 a

Strahlenschutzverordnung – Anlage III Tabelle 1

Radionuklid	Freigrenze		Aktivität HRQ / 1/100 A_1 in Bq	Freigabe								Halbwertszeit
	Aktivität in Bq	spezifische Aktivität in Bq/g		Oberflächen-kontami-nation in Bq/cm²	uneingeschränkte Freigabe von			Freigabe von			Metallschrott zur Rezyklierung in Bq/g	
					festen Stoffen, Flüssigkeiten mit Ausn. von Sp. 6 in Bq/g	Bauschutt, Bodenaushub von mehr als 1000 t/a in Bq/g	Boden-flächen in Bq/g	Gebäuden zur Wieder-, Weiterverwendung in Bq/cm²	festen Stoffen, Flüssigkeiten zur Beseitigung mit Ausn. von Sp.6 in Bq/g	Gebäuden zum Abriss in Bq/cm²		
1	2	3	3a	4	5	6	7	8	9	10	10a	11
U-232+	1 E+3	1	4 E+11	1 E-1	4 E-2	3 E-1			1		3 E-1	68,9 a
U-233	1 E+4	1 E+1	4 E+11	1	4 E-1	4 E-1		1	2	1 E+1	3	1,6E+5 a
U-234	1 E+4	1 E+1		1	5 E-1	3 E-1		1	9	1 E+1	2	2,5E+5 a
U-235+	1 E+4	1 E+1	4 E+11	1	5 E-1	4 E-1		2	3	1 E+1	8 E-1	7,0E+8 a
U-236	1 E+4	1 E+1		1	5 E-1				1 E+1	1 E+1	3	2,3E+7 a
U-237	1 E+6	1 E+2		1 E+1	1 E+2	3		1 E+1	1 E+2	3 E+3	1 E+2	6,8 d
U-238+	1 E+4	1 E+1		1	6 E-1	4 E-1		2	1 E+1	1 E+1	2	4,4E+9 a
U-238sec	1 E+3	1		1	9 E-3				1 E-1		4 E-2	4,4E+9 a
U-239	1 E+6	1 E+2		1 E+2	1 E+2	9		1 E+2	1 E+2	4 E+6	1 E+2	23,5 m
U-240	1 E+7	1 E+3		1 E+1	1 E+3	7 E-1		1 E+1	1 E+3	9 E+3	1 E+3	14,1 h
U-240+	1 E+6	1 E+1				7 E-1						14,1 h
Np-232	1 E+6	1 E+1										14,7 m
Np-233	1 E+7	1 E+2										36,2 m
Np-234	1 E+6	1 E+1										4,4 d
Np-235	1 E+7	1 E+3										396,2 d
Np-236	1 E+7	1 E+3										22,5 h
Np-236m	1 E+5	1 E+2										1,2E+5 a
Np-237+	1 E+3	1	2 E+11	1 E-1	9 E-2	2 E-1		1 E-1	1	5	6 E-1	2,1E+6 a
Np-238	1 E+6	1 E+2										2,1 d
Np-239	1 E+7	1 E+2	7 E+10	1 E+1	1 E+2	2		1 E+1	1 E+2	6 E+3	1 E+2	2,4 d
Np-240	1 E+6	1 E+2		1	1 E+1	2 E-1		1	1 E+1	4 E+4	1 E+1	65,0 m
Pu-234	1 E+7	1 E+2		1 E+1	1 E+2	4		1 E+1	1 E+2	8 E+4	1 E+2	8,8 h
Pu-235	1 E+7	1 E+2		1 E+1	1 E+2	3		1 E+1	1 E+1	1 E+6	1 E+2	25,3 m
Pu-236	1 E+4	1 E+1		1 E-1	1 E-1	2 E-1		1 E-1	1 E+1	7	7 E-1	2,9 a
Pu-237	1 E+7	1 E+3	3 E+11	1 E+2	2 E+2	9	1 E-1	1 E+2	3 E+2	2 E+3	5 E+2	45,3 d
Pu-238	1 E+4	1	2 E+11	1 E-1	4 E-2	8 E-2	2	1 E-1	1	3	3 E-1	87,7 a
			1 E+11				6 E-2					

178

Strahlenschutzverordnung – Anlage III Tabelle 1

Radionuklid	Freigrenze		Aktivität HRQ / 1/100 A_1 in Bq	Oberflächenkontamination in Bq/cm²	uneingeschränkte Freigabe von			Freigabe				Halbwertszeit
	Aktivität Bq	spezifische Aktivität in Bq/g			festen Stoffen, Flüssigkeiten mit Ausn. von Sp.6 in Bq/g	Bauschutt, Bodenaushub von mehr als 1000 t/a in Bq/g	Bodenflächen in Bq/g	Gebäuden zur Wieder-, Weiterverwendung in Bq/cm²	festen Stoffen, Flüssigkeiten zur Beseitigung mit Ausn. von Sp.6 in Bq/g	Gebäuden zum Abriss in Bq/cm²	Metallschrott zur Rezyklierung in Bq/g	
1	2	3	3a	4	5	6	7	8	9	10	10a	11
Pu-239	1 E+4	1	1 E+11	1 E-1	4 E-2	8 E-2	4 E-2	1 E-1	1	2	2 E-1	2,4E+4 a
Pu-240	1 E+3	1	1 E+11	1 E-1	4 E-2	8 E-2	4 E-2	1 E-1	1	2	2 E-1	6,6E+3 a
Pu-241	1 E+5	1 E+2	4 E+11	1 E+1	2	2	4	1 E+1	1 E+2	9 E+1	1 E+1	14,4 a
Pu-242	1 E+4	1	1 E+11	1 E-1	4 E-2	4 E-2	4 E-2	1 E-1	1	2	3 E-1	3,8E+5 a
Pu-243	1 E+7	1 E+3		1 E+2	1 E+3	2 E+1		1 E+2	1 E+3	7 E+5	1 E+3	5,0 h
Pu-244+	1 E+4	1	4 E+09	1 E-1	4 E-2	4 E-2	4 E-2	1 E-1	1	3	3 E-1	8,3E+7 a
Pu-245	1 E+6	1 E+2										10,5 h
Pu-246	1 E+6	1 E+2										10,9 d
Am-237	1 E+6	1 E+2										73,0 m
Am-238	1 E+6	1 E+1										1,6 h
Am-239	1 E+6	1 E+2										11,9 h
Am-240	1 E+6	1 E+1										50,8 h
Am-241	1 E+4	1	1 E+11	1 E-1	5 E-2	5 E-2	6 E-2	1 E-1	1	3	3 E-1	432,6 a
Am-242	1 E+6	1 E+3		1 E+2	1 E+3	3 E+1		1 E+2	1 E+3	3 E+5	1 E+3	16,0 h
Am-242m+	1 E+4	1	1 E+11	1 E-1	5 E-2	9 E-2	7 E-2	1 E-1	1	3	3 E-1	141,0 a
Am-243+	1 E+3	1	5 E+10	1 E-1	5 E-2	9 E-2	5 E-2	1 E-1	1	3	3 E-1	7,4E+3 a
Am-244	1 E+6	1 E+4										10,1 h
Am-244m	1 E+7	1 E+4										26,0 m
Am-245	1 E+6	1 E+3										2,1 h
Am-246	1 E+5	1 E+1										39,0 m
Am-246m	1 E+6	1 E+1										25,0 m
Cm-238	1 E+7	1 E+2										2,4 h
Cm-240	1 E+5	1 E+2										27,0 d
Cm-241	1 E+6	1 E+2										32,8 d
Cm-242	1 E+5	1 E+2	4 E+11	1	8 E-1	7 E-1	4 E-1	1	5 E+1	4 E+1	5	162,8 d
Cm-243	1 E+4	1	9 E+10	1 E-1	7 E-2	1 E-1	7 E-2	1 E-1	1	4	4 E-1	29,1 a

Strahlenschutzverordnung – Anlage III Tabelle 1

Radionuklid	Freigrenze		Aktivität HRQ / 1/100 A_J in Bq	Ober-flächen-kontami-nation in Bq/cm²	Freigabe							Halbwertszeit
	Aktivität in Bq	spezifische Aktivität in Bq/g			uneingeschränkte Freigabe von			Freigabe von				
					festen Stoffen, Flüssigkeiten mit Ausn. von Sp.6 in Bq/g	Bauschutt, Bodenaushub von mehr als 1000 t/a in Bq/g	Boden-flächen in Bq/g	Gebäuden zur Wieder- Wei-terverwendung in Bq/cm²	festen Stoffen, Flüssigkeiten zur Beseitigung mit Ausn. von Sp.6 in Bq/g	Gebäuden zum Abriss in Bq/cm²	Metallschrott zur Rezyklie-rung in Bq/g	
1	2	3	3a	4	5	6	7	8	9	10	10a	11
Cm-244	1 E+4	1 E+1	2 E+11	1 E-1	8 E-2	8 E-2	8 E-2	1 E-1	1 E+1	5	5 E-1	18,1 a
Cm-245	1 E+3	1	9 E+10	1 E-1	4 E-2	4 E-2	5 E-2	1 E-1	1	2	3 E-1	8,5E+3 a
Cm-246	1 E+3	1	9 E+10	1 E-1	5 E-2	5 E-2	5 E-2	1 E-1	1	3	3 E-1	4,7E+3 a
Cm-247+	1 E+4	1	3 E+10	1 E-1	5 E-2	1 E-1	4 E-2	1 E-1	1	3	3 E-1	1,6E+7 a
Cm-248	1 E+3	1	2 E+08	1 E-2	1 E-2	3 E-2	1 E-2	1 E-1	1	1	8 E-2	3,4E+5 a
Cm-249	1 E+6	1 E+3										64,2 m
Cm-250	1 E+3	1 E-1										1,1 E+4 a
Bk-245	1 E+6	1 E+2										4,9 d
Bk-246	1 E+6	1 E+1										1,8 d
Bk-247	1 E+4	1										1,4E+3 a
Bk-249	1 E+6	1 E+3	4 E+11	1 E+1	3 E+1	2 E+1		8 E+1	1 E+3	1 E+3	2 E+2	320,0 d
Bk-250	1 E+6	1 E+1										3,2 h
Cf-244	1 E+7	1 E+4										19,7 m
Cf-246	1 E+6	1 E+3	4 E+11	1 E+1	1 E+3	4 E-1		1 E+1	1 E+3	4 E+4	1 E+3	35,7 h
Cf-248	1 E+4	1 E+1	3 E+10	1	5 E-1	6 E-2		1	1 E+1	2 E+1	3	333,5 d
Cf-249	1 E+3	1	2 E+11	1 E-1	7 E-2	1 E-1		1 E-1	1	2	4 E-1	350,6 a
Cf-250	1 E+4	1 E+1	7 E+10	1 E-1	1 E-1	1 E-1		1 E-1	8	4	9 E-1	13,1 a
Cf-251	1 E+3	1	5 E+08	1 E-1	7 E-2	5 E-2		1 E-1	1	2	4 E-1	898,0 a
Cf-252	1 E+4	1 E+1	4 E+11	1	2 E-2	2 E-1		1 E-1	1 E+1	7	1	2,6 a
Cf-253+	1 E+5	1 E+2	4 E+11	1	4	1 E-1		9	1 E+2	1 E+3	4 E+1	17,8 d
Cf-254	1 E+3	1	1 E+07	1 E-1	1 E-1	1 E-1		1 E-1	1	1 E+1	7 E-1	60,5 d
Es-250	1 E+6	1 E+2										8,6 h
Es-251	1 E+7	1 E+2										33,0 h
Es-253	1 E+5	1 E+2		1	2	1		1	9 E+1	4 E+2	8	20,4 d
Es-254+	1 E+4	1 E+1		1	4 E-1	3 E-1		1	8	1 E+1	3	275,7 d
Es-254m						4 E-1		2		2 E+3		39,3 h

Strahlenschutzverordnung – Anlage III Tabelle 1

Radionuklid	Freigrenze			Oberflächenkontamination in Bq/cm²	Freigabe							Halbwertszeit
					uneingeschränkte Freigabe von			Freigabe von				
	Aktivität in Bq	spezifische Aktivität in Bq/g	Aktivität HRQ / 1/100 A_f in Bq		festen Stoffen, Flüssigkeiten mit Ausn. von Sp.6 in Bq/g	Bauschutt, Bodenaushub von mehr als 1000 t/a in Bq/g	Bodenflächen in Bq/g	Gebäuden zur Wieder-, Weiterverwendung in Bq/cm²	festen Stoffen, Flüssigkeiten zur Beseitigung mit Ausn. von Sp.6 in Bq/g	Gebäuden zum Abriss in Bq/cm²	Metallschrott zur Rezyklierung in Bq/g	
1	2	3	3a	4	5	6	7	8	9	10	10a	11
Es-254m+	1 E+6	1 E+2		1	1 E+2				1 E+2		1 E+2	39,3 h
Fm-252	1 E+6	1 E+3										25,4 h
Fm-253	1 E+6	1 E+2										3,0 d
Fm-254	1 E+7	1 E+4		1 E+2	1 E+4	3 E+1		1 E+2	1 E+4	2 E+6	1 E+4	3,2 h
Fm-255	1 E+6	1 E+3		1 E+1	1 E+3	1 E+1		1 E+1	1 E+3	9 E+4	1 E+4	20,1 h
Fm-257	1 E+5	1 E+1										100,5 d
Md-257	1 E+7	1 E+2										5 h
Md-258	1 E+5	1 E+2										56 d

Tabelle 2:
Liste der Radionuklide der Tabelle 1 im radioaktiven Gleichgewicht mit den angegebenen Tochternukliden

Mutternuklid	Tochternuklide
Mg-28+	Al-28
Ca-47+	Sc-47
Ti-44+	Sc-44
Fe-60+	Co-60m
Zn-69m+	Zn-69
Ge-68+	Ga-68
Rb-83+	Kr-83m
Sr-82+	Rb-82
Sr-90+	Y-90
Y-87+	Sr-87m
Zr-93+	Nb-93m
Zr-97+	Nb-97, Nb-97m
Mo-101+	Tc-100
Tc-95m+	Tc-95
Ru-103+	Rh-102m
Ru-106+	Rh-106
Pd-103+	Rh-106
Ag-108m+	Ag-108
Ag-110m+	Ag-110
Cd-109+	Ag-109m
Cd-115+	In-115m
In-114m+	In-114
Sn-113+	In-113m
Sn-121m+	Sn-121
Sn-126+	Sb-126m
Sb-125+	Te-125m
Te-127m+	Te-127
Te-129m+	Te-129
Te-131m+	Te-131
Te-133m+	Te-133
I-133+	Xe-133, Xe-133m
I-135+	Xe-135, Xe-135m
Xe-122+	I-122
Cs-137+	Ba-137m
Ba-131+	Cs-131
Ba-140+	La-140
Ce-144+	Pr-144, Pr-144m
Pm-148m+	Pm-148
Gd-146+	Eu-146

Mutternuklid	Tochternuklide
Dy-166+	Ho-166
Hf-172+	Lu-172
W-178+	Ta-178
W-188+	Re-188
Re-189+	Os-189m
Os-194+	Ir-194
Ir-189	Os-189m
Ir-190+	Os-190m
Pt-188+	Ir-188
Hg-194+	Au-194
Hg-195m+	Hg-195
Pb-210+	Bi-210
Pb-210++	Bi-210, Po-210
Pb-212+	Bi-212, Tl-208, Po-212
Bi-212+	Tl-208, Po-212
Rn-220+	Po-216
Rn-222+	Po-218, Pb-214, Bi-214, Po-214
Ra-223+	Rn-219, Po-215, Pb-211, Bi-211, Tl-207, Po-211
Ra-224+	Rn-220, Po-216, Pb-212, Bi-212, Tl-208, Po-212
Ra-226+	Rn-222, Po-218, Pb-214, Bi-214, Po-214
Ra-226++	Rn-222, Po-218, Pb-214, Bi-214, Pb-210, Bi-210, Po-210, Po-214
Ra-228+	Ac-228
Ac-225+	Fr-221, At-217, Bi-213, Po-213, Tl-209, Pb-209
Ac-227+	Fr-223
Ac-227++	Fr-223, Th-227, Ra-223, Rn-219, Po-215, Pb-211, Bi-211, Tl-207, Po-211
Th-226+	Ra-222, Rn-218, Po-214
Th-228+	Ra-224, Rn-220, Po-216, Pb-212, Bi-212, Tl-208, Po-212
Th-229+	Ra-225, Ac-225, Fr-221, At-217, Bi-213, Tl-209, Po-213, Pb-209
Th-232sec	Ra-228, Ac-228, Th-228, Ra-224, Rn-220, Po-216, Pb-212, Bi-212, Tl-208, Po-212
Th-234+	Pa-234m, Pa-234
U-230+	Th-226, Ra-222, Rn-218, Po-214

Mutter-nuklid	Tochternuklide
U-232+	Th-228, Ra-224, Rn-220, Po-216, Pb-212, Bi-212, Tl-208, Po-212
U-235+	Th-231
U-238+	Th-234, Pa-234m, Pa-234
U-238sec	Th-234, Pa-234m, U-234, Th-230, Ra-226, Rn-222, Po-218, Pb-214, Bi-214, Pb-210, Bi-210, Po-210, Po-214
U-240+	Np-240, Np-240m

Mutter-nuklid	Tochternuklide
Np-237+	Pa-233
Pu-244+	U-240, Np-240m, Np-240
Am-242m+	Np-238, Am-242
Am-243+	Np-239
Cm-247+	Pu-243
Cf-253+	Cm-249
Es-254+	Bk-250
Es-254m+	Bk-250, Fm-254

Anlage IV

(zu § 29)

Festlegungen zur Freigabe

Teil A: Allgemeines

1. Soweit in den folgenden Teilen B bis G nichts anderes bestimmt ist, gilt Folgendes:

    a) Das Verfahren zum Nachweis der Einhaltung der Freigabewerte richtet sich nach der Art und Beschaffenheit der Stoffe.

    b) Der Nachweis der Einhaltung der jeweiligen Freigabewerte und, sofern eine feste Oberfläche vorhanden ist, an der eine Kontaminationsmessung möglich ist, die Einhaltung der Oberflächenkontaminationswerte, sind anhand von Messungen zu erbringen; im Einzelfall können von der zuständigen Behörde auch andere Nachweisverfahren zugelassen werden.

    c) Die zugrundezulegende Mittelungsmasse für die Ermittlung der spezifischen Aktivität darf 300 kg nicht wesentlich überschreiten.

    d) Die Mittelungsfläche für die Oberflächenkontamination darf bis zu 1.000 cm² betragen.

    e) Bei mehreren Radionukliden ist die Summe der Verhältniszahlen C_i/R_i aus der freizugebenden spezifischen Aktivität (C_i) und den jeweiligen Freigabewerten (R_i) der einzelnen Radionuklide gemäß Anlage III Tabelle 1 Spalte 5, 6, 7 oder 9 oder 10a oder $A_{s,i}/O_i$ aus der vorhandenen Aktivität je Flächeneinheit ($A_{s,i}$) und den jeweiligen Werten der Oberflächenkontamination (O_i) der einzelnen Radionuklide gemäß Anlage Tabelle 1 Spalte 4, 8 oder 10 zu berechnen (Summenformel), wobei i das jeweilige Radionuklid ist. Diese Summe darf den Wert 1 nicht überschreiten:

    $$\sum_i \frac{C_i}{R_i} \leq 1 \text{ und } \sum_i \frac{A_{s,i}}{O_i} \leq 1.$$

    Nuklide brauchen bei der Summenbildung nicht berücksichtigt werden, wenn der Anteil der unberücksichtigten Nuklide an der Gesamtsumme der zugeordneten Verhältniszahlen C_i/R_i oder $A_{s,i}/O_i$ den relativen Fehler der Gesamtsumme von 10% nicht überschreitet.

    f) Sind in den Stoffen Radionuklide im radioaktiven Gleichgewicht vorhanden, bleiben die in der Anlage III Tabelle 2 aufgeführten Tochternuklide in der Summenformel nach Buchstabe e unberücksichtigt.

    g) Soweit in Anlage III Tabelle 1 Spalte 5,6,8,9,10 oder 10a für Radionuklide keine Freigabewerte angegeben sind, sind diese im Einzelfall zu berechnen. Bei Radionukliden, deren Halbwertszeit kleiner als 7 Tage ist, oder bei kleinen Massen können die entsprechenden Freigrenzen der Anlage III Tabelle 1 Spalte 3 als Freigabewerte der Spalten 5 oder 9 zu Grunde gelegt werden.

2. Soweit der Nachweis, dass für Einzelpersonen der Bevölkerung nur eine effektive Dosis im Bereich von 10 Mikrosievert im Kalenderjahr auftreten kann, im Einzelfall geführt wird, sind die Annahmen der Anlage VII Teil B und C, insbesondere die Festlegungen der Anlage VII Teil B Tabelle 1 Spalte 1 bis 7, zugrunde zu legen, sofern die Expositionspfade nach Anlage VII Teil A für den Einzelfall nach § 29 Abs. 2 Satz 3 von Bedeutung sind.

Teil B: Uneingeschränkte Freigabe

Eine uneingeschränkte Freigabe bedarf keiner Festlegungen hinsichtlich der künftigen Nutzung, Verwendung, Verwertung, Wiederverwertung, Beseitigung oder dem endgültigen Verbleib der Stoffe, für die eine wirksame Feststellung nach § 29 Abs. 3 getroffen wurde. Die Werte der Anlage III Tabelle 1 Spalte 5 gelten auch für Bauschutt und Bodenaushub, wenn die freizugebende Masse nicht mehr als 1000 Tonnen im Kalenderjahr beträgt.

Teil C: Freigabe zur Beseitigung

1. Eine Freigabe zur Beseitigung setzt voraus, dass die Stoffe, für die eine wirksame Feststellung nach § 29 Abs. 3 getroffen wurde, auf einer Deponie ohne biologische oder chemische Vorbehandlung abgelagert oder eingebaut oder in einer Verbrennungsanlage beseitigt werden. Eine Verwertung oder Wiederverwendung außerhalb einer Deponie oder Verbrennungsanlage muss ausgeschlossen sein.

2. Die Werte der Anlage III Tabelle 1 Spalte 9 gelten nicht für Bauschutt und Bodenaushub, wenn die freizugebende Masse mehr als 1000 Tonnen im Kalenderjahr betragen kann.

Teil D: Freigabe von Gebäuden

1. Der Begriff Gebäude umfasst einzelne Gebäude, Räume, Raumteile sowie Bauteile.

2. Die Freimessung eines Gebäudes soll grundsätzlich an der stehenden Struktur erfolgen. Die Messungen können anhand eines geeigneten Stichprobenverfahrens durchgeführt werden.

3. Die zu Grunde zu legende Mittelungsfläche darf bis zu 1 m 2 betragen.

4. Ist eine spätere Wieder- oder Weiterverwendung des Gebäudes nicht auszuschließen, dürfen die Oberflächenkontaminationswerte die Werte der Anlage III Tabelle 1 Spalte 8 nicht überschreiten.

5. Soll das Gebäude nach der Freimessung abgerissen werden, dürfen die Oberflächen-kontaminationswerte die Werte der Anlage III Tabelle 1 Spalte 10 nicht überschreiten. In begründeten Fällen kann die zuständige Behörde größere Mittelungsflächen als 1 m 2 zulassen.

6. Nach der Freigabe eines Gebäudes insbesondere durch Abriss anfallender Bauschutt bedarf keiner gesonderten Freigabe.

7. Bei volumengetragener Aktivität durch Aktivierung finden die Teile B, C oder F Anwendung.

Teil E: Freigabe von Bodenflächen

1. Die Mittelungsfläche für die Oberflächenkontamination darf bis zu 100 m 2 betragen.

2. Es sind nur die Kontaminationen zu berücksichtigen, die durch die Anlagen oder Einrichtungen auf dem Betriebsgelände verursacht worden sind.

3. Soweit in Anlage III Tabelle 1 Spalte 7 keine Freigabewerte angegeben sind, ist der Nachweis, dass für Einzelpersonen der Bevölkerung eine nur geringfügige Dosis zu erwarten ist, im Einzelfall zu führen. Dabei sind die Nutzungen der freizugebenden Bodenflächen nach den jeweiligen Standortgegebenheiten und die dabei relevanten Expositionspfade zu berücksichtigen.

4. Der Nachweis nach Nummer 3 ist auf der Grundlage von Messungen durch Dosisberechnungen zu erbringen.

5. Die Freigabewerte der Anlage III Tabelle 1 Spalte 7 können in flächenbezogene Freigabewerte gemäß folgender Beziehung umgerechnet werden:

$$O_i = R_i \cdot \rho \cdot d.$$

Dabei ist:

- O_i der Freigabewert für Bodenflächen für das jeweilige Radionuklid i in Bq/cm²,
- R_i der Freigabewert für Bodenflächen für das jeweilige Radionuklid i in Bq/g gemäß Anlage III Tabelle 1 Spalte 7,
- ρ die mittlere Bodendichte in g/cm 3 in der Tiefe d und
- d die mittlere Eindringtiefe in cm.

Teil F: Freigabe von Bauschutt und Bodenaushub

1. Die Werte der Anlage III Tabelle 1 Spalte 6 gelten für Bauschutt und Bodenaushub, der bei laufenden Betriebsarbeiten anfällt oder nach Abriss von Gebäuden oder Anlagenteilen, sofern die Voraussetzungen einer Freimessung an der stehenden Struktur nach Teil D nicht erfüllt sind.
2. Bei einer Freimessung von Bauschutt und Bodenaushub darf die Mittelungsmasse bis zu 1 Tonne betragen. In begründeten Fällen kann die zuständige Behörde höhere Mittelungsmassen zulassen.

Teil G: Freigabe von Metallschrott zur Rezyklierung

1. Eine Freigabe von Metallschrott zur Rezyklierung setzt voraus, dass der Metallschrott, für den eine wirksame Feststellung nach § 29 Abs. 4 getroffen wurde, eingeschmolzen wird.
2. Die Werte der Anlage III Tabelle 1 Spalte 10a gelten nicht für Verbundstoffe aus metallischen und nichtmetallischen Komponenten.

Anlage V

(zu § 25)

Voraussetzungen für die Bauartzulassung von Vorrichtungen

Teil A: Geräte und andere Vorrichtungen, in die radioaktive Stoffe eingefügt sind

1. Es dürfen nur sonstige radioaktive Stoffe nach § 2 Abs. 1 des Atomgesetzes eingefügt werden, die
   a) umschlossen und
   b) berührungssicher abgedeckt sind.
2. Die Ortsdosisleistung im Abstand von 0,1 Meter von der berührbaren Oberfläche der Vorrichtung darf 1 Mikrosievert durch Stunde bei normalen Betriebsbedingungen nicht überschreiten.
3. Die Vorrichtung ist so auszulegen, dass außer der Abnahmeprüfung durch den Hersteller und einer gegebenenfalls durchzuführenden Dichtheitsprüfung nach § 27 Abs. 6 keine weiteren Dichtheitsprüfungen an den in die Vorrichtung eingefügten radioaktiven Stoffen erforderlich sind.
4. Die Aktivität der in die Vorrichtung eingefügten radioaktiven Stoffe darf das Zehnfache der Freigrenzen der Anlage III Tabelle 1 Spalte 2 nicht überschreiten.
5. Es muss ein angemessenes Qualitätssicherungsprogramm vorhanden sein, das auf internationalen oder nationalen Normen basiert.

Teil B: Anlagen zur Erzeugung ionisierender Strahlen

Die Ortsdosisleistung im Abstand von 0,1 Meter von der berührbaren Oberfläche der Vorrichtung darf 1 Mikrosievert durch Stunde bei normalen Betriebsbedingungen nicht überschreiten.

Teil C: Antragsunterlagen für die Bauartzulassung nach § 25

1. Für die Bauartprüfung erforderliche Zeichnungen,
2. Beschreibungen der Bauart, der Betriebsweise und des Verwendungszwecks und erforderlichenfalls Hinweise zur Art der wiederkehrenden Dichtheitsprüfung nach § 27 Abs. 6,
3. Angaben zur Qualitätssicherung und
4. Angaben zur Rückführung der Vorrichtung, die radioaktive Stoffe enthält, an den Zulassungsinhaber oder zur Entsorgung solcher Vorrichtung.

Anlage VI

(zu §§ 3, 47, 49, 55, 117)

Dosimetrische Größen, Gewebe- und Strahlungs-Wichtungsfaktoren

Teil A: Messgrößen für äußere Strahlung

Messgrößen für äußere Strahlung sind

1. für die Personendosimetrie die Tiefen-Personendosis $H_p(10)$ und die Oberflächen-Personendosis $H_p(0,07)$.

   Die Tiefen-Personendosis $H_p(10)$ ist die Äquivalentdosis in 10 Millimeter Tiefe im Körper an der Tragestelle des Personendosimeters. Die Oberflächen-Personendosis $H_p(0,07)$ ist die Äquivalentdosis in 0,07 mm Tiefe im Körper an der Tragestelle des Personendosimeters.

2. für die Ortsdosimetrie die Umgebungs-Äquivalentdosis $H^*(10)$ und die Richtungs-Äquivalentdosis $H'(0,07, \Omega)$.

   Die Umgebungs-Äquivalentdosis $H^*(10)$ am interessierenden Punkt im tatsächlichen Strahlungsfeld ist die Äquivalentdosis, die im zugehörigen ausgerichteten und aufgeweiteten Strahlungsfeld in 10 Millimeter Tiefe auf dem der Einfallsrichtung der Strahlung entgegengesetzt orientierten Radius der ICRU-Kugel erzeugt würde. Die Richtungs-Äquivalentdosis $H'(0,07, \Omega)$ am interessierenden Punkt im tatsächlichen Strahlungsfeld ist die Äquivalentdosis, die im zugehörigen aufgeweiteten Strahlungsfeld in 0,07 Millimeter Tiefe auf einem in festgelegter Richtung Ω orientierten Radius der ICRU-Kugel erzeugt würde.

Dabei ist

- ein aufgeweitetes Strahlungsfeld ein idealisiertes Strahlungsfeld, in dem die Teilchenflussdichte und die Energie- und Richtungsverteilung der Strahlung an allen Punkten eines ausreichend großen Volumens die gleichen Werte aufweisen wie das tatsächliche Strahlungsfeld am interessierenden Punkt,
- ein aufgeweitetes und ausgerichtetes Feld ein idealisiertes Strahlungsfeld, das aufgeweitet und in dem die Strahlung zusätzlich in eine Richtung ausgerichtet ist,
- die ICRU-Kugel ein kugelförmiges Phantom von 30 Zentimeter Durchmesser aus ICRU-Weichteilgewebe (gewebeäquivalentes Material der Dichte 1 g/cm^3, Zusammensetzung: 76,2% Sauerstoff, 11,1% Kohlenstoff, 10,1% Wasserstoff, 2,6% Stickstoff)

Die Einheit der Äquivalentdosis ist das Sievert (Einheitenzeichen Sv).

Teil B: Berechnung der Körperdosis

1. Berechnung der Organdosis H_T

   Die Organdosis $H_{T,R}$ ist das Produkt aus der über das Gewebe oder Organ T gemittelten Energiedosis, der Organ-Energiedosis $D_{T,R}$, die durch die Strahlung R erzeugt wird, und dem Strahlungs-Wichtungsfaktor w_R nach Teil C Nummer 1:

$$H_{T,R} = w_R \cdot D_{T,R}$$

Besteht die Strahlung aus Arten und Energien mit unterschiedlichen Werten von w_R, so werden die einzelnen Beiträge addiert. Für die gesamte Organdosis H_T gilt dann:

$$H_T = \sum_R w_R D_{T,R}$$

Die Einheit der Organdosis ist das Sievert (Einheitenzeichen Sv).

Soweit in den §§ 36, 46, 47, 49, 54, 55 und 58 Werte oder Grenzwerte für die Organdosis der Haut festgelegt sind, beziehen sie sich auf die lokale Hautdosis. Die lokale Hautdosis ist das Produkt der gemittelten Energiedosis der Haut in 0,07 mm Gewebetiefe mit dem Strahlungs-Wichtungsfaktor nach Teil C. Die Mittelungsfläche beträgt 1 cm 2 , unabhängig von der exponierten Hautfläche.

2. Berechnung der effektiven Dosis E

    Die effektive Dosis E ist die Summe der Organdosen H_T, jeweils multipliziert mit dem zugehörigen Gewebe-Wichtungsfaktor w_T nach Teil C Nummer 2. Dabei ist über alle in Teil C Nummer 2. aufgeführten Organe und Gewebe zu summieren.

$$E = \sum_T w_T H_T = \sum_T w_T \sum_R w_R D_{T,R}$$

Die Einheit der effektiven Dosis ist das Sievert (Einheitenzeichen Sv). Bei der Ermittlung der effektiven Dosis ist die Energiedosis der Haut in 0,07 mm Ge-webetiefe über die ganze Haut zu mitteln.

3. Berechnung der Strahlenexposition durch Inkorporation oder Submersion

    Bei der Berechnung der Strahlenexposition durch Inkorporation oder Submersion sind die Dosiskoeffizienten aus der Zusammenstellung im Bundesanzeiger Nr. 160a und b vom 28. August 2001 Teil II oder III heranzuziehen, soweit die zuständige Behörde nichts anders festlegt.

4. Berechnung der äußeren Strahlenexposition des ungeborenen Kindes

    Bei äußerer Strahlenexposition gilt die Organdosis der Gebärmutter der Mutter als Äquivalentdosis des ungeborenen Kindes.

5. Berechnung der inneren Strahlenexposition des ungeborenen Kindes

    Bei innerer Strahlenexposition gilt die effektive Folgedosis der schwangeren Frau, die durch die Aktivitätszufuhr bedingt ist, als Dosis des ungeborenen Kindes, soweit die zuständige Behörde nichts anders festlegt.

Teil C: Werte des Strahlungs-Wichtungsfaktors und des Gewebe-Wichtungsfaktors

1. Strahlungs-Wichtungsfaktor w_R

    Die Werte des Strahlungs-Wichtungsfaktors wR richten sich nach Art und Qualität des äußeren Strahlungsfeldes oder nach Art und Qualität der von einem inkorporierten Radionuklid emittierten Strahlung.

Art und Energiebereich	Strahlungs-Wichtungsfaktor w_R
Photonen, alle Energien	1
Elektronen und Myonen, alle Energien	1
Neutronen, Energie < 10 keV	5
10 keV bis 100 keV	10
> 100 keV bis 2 MeV	20
> 2 MeV bis 20 MeV	10
> 20 MeV	5
Protonen, außer Rückstandsprotonen, Energie > 2 MeV	5
Alphateilchen, Spaltfragmente, schwere Kerne	20

Für die Berechnung von Organdosen und der effektiven Dosis für Neutronenstrahlung wird die stetige Funktion

$$w_R = 5 + 17 e^{-(\ln(2 E_n))^2 / 6}$$

benutzt, wobei E_n der Zahlenwert der Neutronenenergie in MeV ist.

Für die nicht in der Tabelle enthaltenen Strahlungsarten und Energien kann w_R dem mittleren Qualitätsfaktor Q in einer Tiefe von 10 mm in einer ICRU-Kugel gleichgesetzt werden.

2. Gewebe-Wichtungsfaktor w_T

Gewebe oder Organ	Gewebe-Wichtungsfaktor w_T
Keimdrüsen	0,20
Knochenmark (rot)	0,12
Dickdarm	0,12
Lunge	0,12
Magen	0,12
Blase	0,05
Brust	0,05
Leber	0,05
Speiseröhre	0,05
Schilddrüse	0,05
Haut	0,01
Knochenoberfläche	0,01
Andere Organe oder Gewebe[1,2]	0,05

[1] Für Berechnungszwecke setzen sich andere Organe oder Gewebe wie folgt zusammen: Nebennieren, Gehirn, Dünndarm, Niere, Muskel, Bauchspeicheldrüse, Milz, Thymusdrüse und Gebärmutter.

[2] In den außergewöhnlichen Fällen, in denen ein einziges der anderen Organe oder Gewebe eine Äquivalentdosis erhält, die über der höchsten Dosis in einem der 12 anderen Organe oder Gewebe liegt, für die ein Wichtungsfaktor angegeben ist, sollte ein Wichtungsfaktor von 0,025 für dieses Organ oder Gewebe und ein Wichtungsfaktor von 0,025 für die mittlere Organdosis der restlichen anderen Organe oder Gewebe gesetzt werden.

Teil D: Berechnung der Organ-Folgedosis und der effektiven Folgedosis

1. Berechnung der Organ-Folgedosis $H_T(\tau)$

    Die Organ-Folgedosis $H_T(\tau)$ ist das Zeitintegral der Organ-Dosisleistung im Gewebe oder Organ T, die eine Person infolge einer Inkorporation radioaktiver Stoffe erhält:

    $$H_T(\tau) = \int_{t_0}^{t_0+\tau} \dot{H}_T(t)\,dt$$

    für eine Inkorporation zum Zeitpunkt t_0 mit

    $\dot{H}_T(t)$ mittlere Organ-Dosisleistung im Gewebe oder Organ T zum Zeitpunkt t

    τ Zeitraum, angegeben in Jahren, über den die Integration erfolgt. Wird kein Wert für τ angegeben, ist für Erwachsene ein Zeitraum von 50 Jahren und für Kinder der Zeitraum vom jeweiligen Alter bis zum Alter von 70 Jahren zu Grunde zu legen

    Die Einheit der Organ-Folgedosis ist das Sievert (Einheitenzeichen Sv).

2. Berechnung der effektiven Folgedosis $E(\tau)$

    Die effektive Folgedosis $E(\tau)$ ist die Summe der Organ-Folgedosen $H_T(\tau)$, jeweils multipliziert mit dem zugehörigen Gewebe-Wichtungsfaktor w_T nach Teil C Nummer 2. Dabei ist über alle in Teil C Nummer 2 aufgeführten Organe und Gewebe zu summieren.

    $$E(\tau) = \sum_T w_T H_T(\tau)$$

    Die Einheit der effektiven Folgedosis ist das Sievert (Einheitenzeichen Sv).

    $H_T(\tau)$ und τ siehe Nummer 1.

Anlage VII

(zu §§ 29 und 47)

Annahmen bei der Ermittlung der Strahlenexposition

Teil A: Expositionspfade

1. Bei Ableitung mit Luft:
   - 1.1 Exposition durch Betastrahlung innerhalb der Abluftfahne
   - 1.2 Exposition durch Gammastrahlung aus der Abluftfahne
   - 1.3 Exposition durch Gammastrahlung der am Boden abgelagerten radioaktiven Stoffe
   - 1.4 Exposition durch Aufnahme radioaktiver Stoffe mit der Nahrung (Ingestion) auf dem Weg
     - 1.4.1 Luft – Pflanze
     - 1.4.2 Luft – Futterpflanze – Kuh – Milch
     - 1.4.3 Luft – Futterpflanze – Tier – Fleisch
     - 1.4.4 Luft – Muttermilch
     - 1.4.5 Luft – Nahrung – Muttermilch
   - 1.5 Exposition durch Aufnahme radioaktiver Stoffe mit der Atemluft (Inhalation).
2. Bei Ableitung mit Wasser:
   - 2.1 Exposition durch Aufenthalt auf Sediment
   - 2.2 Exposition durch Aufnahme radioaktiver Stoffe mit der Nahrung (Ingestion) auf dem Weg
     - 2.2.1 Trinkwasser
     - 2.2.2 Wasser-Fisch
     - 2.2.3 Viehtränke – Kuh – Milch
     - 2.2.4 Viehtränke – Tier – Fleisch
     - 2.2.5 Beregnung – Futterpflanze – Kuh – Milch
     - 2.2.6 Beregnung – Futterpflanze – Tier – Fleisch
     - 2.2.7 Beregnung – Pflanze
     - 2.2.8 Muttermilch infolge der Aufnahme radioaktiver Stoffe durch die Mutter über die oben genannten Ingestionspfade.

Expositionspfade bleiben unberücksichtigt oder zusätzliche Expositionspfade sind zu berücksichtigen, wenn dies auf Grund der örtlichen Besonderheiten des Standortes oder auf Grund der Art der Anlage oder Einrichtung begründet ist.

Teil B: Lebensgewohnheiten
Tabelle 1

	mittlere Verzehrsraten der Referenzperson in kg/a						
1	2	3	4	5	6	7	8
Altersgruppe / Lebensmittel	≤ 1 Jahr	> 1 - ≤ 2 Jahre	> 2 - ≤ 7 Jahre	> 7 - ≤ 12 Jahre	> 12 - ≤ 17 Jahre	> 17 Jahre	
Trinkwasser	55[3]	100	100	150	200	350	2
Muttermilch, Milchfertigprodukte mit Trinkwasser	145[3,4]	-	-	-	-	-	3
Milch, Milchprodukte	45	160	160	170	170	130	3
Fisch[5]	0,5	3	3	4,5	5	7,5	5
Fleisch, Wurst, Eier	5	13	50	65	80	90	2
Getreide, Getreideprodukte	12	30	80	95	110	110	2
einheimisches Frischobst, Obstprodukte, Säfte	25	45	65	65	60	35	3
Kartoffeln, Wurzelgemüse, Säfte	30	40	45	55	55	55	3
Blattgemüse	3	6	7	9	11	13	3
Gemüse, Gemüseprodukte, Säfte	5	17	30	35	35	40	3

Tabelle 2

Altersgruppe	≤ 1 Jahr	> 1 – ≤ 2 Jahre	> 2 –≤ 7 Jahre	> 7 – ≤ 12 Jahre	> 12 – ≤ 17 Jahre	> 17 Jahre
Atemrate in m³ /Jahr	1100	1900	3200	5640	7300	8100

---

3   Mengenangabe in [l/a].
    Zur jährlichen Trinkwassermenge des Säuglings von 55 l/a kommen 115 l/a, wenn angenommen wird, dass der Säugling nicht gestillt wird, sondern nur Milchfertigprodukte erhält, die überregional erzeugt werden und als nicht kontaminiert anzusetzen sind. Dabei wird angenommen, dass 0,2 kg Konzentrat (entspricht 1 l Milch) in 0,8 l Wasser aufgelöst werden.
4   Je nach Nuklidzusammensetzung ist die ungünstigste Ernährungsvariante zu Grunde zu legen.
5   Der Anteil von Süßwasserfisch am Gesamtfischverzehr beträgt im Mittel ca. 17% und ist den regionalen Besonderheiten anzupassen.

Tabelle 3

Aufenthaltszeiten	Dauer
Expositionspfade	
a) Betastrahlung innerhalb der Abluftfahne	1 Jahr
b) Gammastrahlung innerhalb der Abluftfahne	1 Jahr
c) Gammastrahlung der am Boden abgelagerten radioaktiven Stoffe	1 Jahr
d) Inhalation radioaktiver Stoffe	1 Jahr
e) Aufenthalt auf Sediment	1000 Stunden

Teil C: Übrige Annahmen

1. Zur Ermittlung der Strahlenexposition sind die Dosiskoeffizienten aus der Zusammenstellung im Bundesanzeiger Nr. 160a und b vom 28. August 2001 Teil I, II, IV und V zu verwenden.
2. Zur Ermittlung der Strahlenexposition ist von Modellen auszugehen, die einen Gleichgewichtszustand beschreiben. Die erwarteten Schwankungen radioaktiver Ableitungen sind dabei durch geeignete Wahl der Berechnungsparameter zu berücksichtigen.
3. Bei Ableitungen mit Luft sind der Ausbreitungsrechnung das Gauß-Modell und eine langjährige Wetterstatistik zu Grunde zu legen. Im Einzelfall kann die zuständige Behörde zur Berücksichtigung von Besonderheiten des Standorts oder der Anlage oder Einrichtung die Anwendung anderer Verfahren anordnen oder zulassen. Bei Ableitungen mit Wasser sind der Berechnung langjährige Mittelwerte der Wasserführung des Vorfluters zu Grunde zu legen.
4. Die Festlegung von Parameterwerten ist in Verbindung mit den Berechnungsmodellen so zu treffen, dass bei dem Gesamtergebnis eine Unterschätzung der Strahlenexposition nicht zu erwarten ist. Sind zur Ermittlung der Strahlenexposition Parameter zu berücksichtigen, deren Zahlenwerte einer Schwankungsbreite unterliegen, dürfen nur in begründeten Ausnahmefällen Extremwerte der Einzelparameter gewählt werden.

Teil D: Maximal zulässige Aktivitätskonzentration aus Strahlenschutzbereichen

Bei mehreren Radionukliden ist die Summe der Verhältniszahlen aus der mittleren, jährlichen Konzentration der Radionuklide in Luft bzw. in Wasser in Bq/m³ ($\overline{C}_{i,a}$) und dem jeweiligen berechneten, mittleren, jährlichen Konzentrationswert des jeweiligen Radionuklids ($\overline{C}_i$) der Tabelle 4 oder 5 zu bestimmen (Summenformel), wobei i das jeweilige Radionuklid ist. Diese Summe darf den Wert 1 nicht überschreiten:

$$\sum_i \frac{\overline{C}_{i,a}}{\overline{C}_i} \leq 1.$$

Tochternuklide sind zu berücksichtigen.

Strahlenschutzverordnung – Anlage VII

1. Maximal zulässige Aktivitätskonzentration in der Luft aus Strahlenschutzbereichen

    1.1 Inhalation

    Die Aktivität des Radionuklids i im Jahresdurchschnitt im Kubikmeter Luft darf

    1.1.1 für Fortluftströme $Q \leq 10^4$ m^3 h^{-1} nicht höher sein als das Zehnfache der jeweiligen Werte der Tabelle 4 Spalte 2 oder Tabelle 6 Spalte 2 oder

    1.1.2 für Fortluftströme 10^4 m^3 h$^{-1} < Q \leq 10^5$ m^3 h^{-1} nicht höher sein als die jeweiligen Werte der Spalte 2 der Tabellen 4 oder 6.

    1.2 Submersion

    Die Aktivität des Radionuklids i im Jahresdurchschnitt im Kubikmeter Luft darf

    1.2.1 für Fortluftströme $Q \leq 10^4$ m^3 h^{-1} nicht höher sein als das Zehnfache der Werte der Tabelle 5 Spalte 2 oder

    1.2.2 für Fortluftströme 10^4 m^3 h$^{-1} < Q \leq 10^5$ m^3 h^{-1} nicht höher sein als die Werte der Tabelle 5 Spalte 2.

2. Maximal zulässige Aktivitätskonzentration im Wasser, das aus Strahlenschutzbereichen in Abwasserkanäle eingeleitet wird

    2.1 Ingestion

    Die Aktivität des Radionuklids i im Jahresdurchschnitt im Kubikmeter Wasser darf

    2.1.1 für Abwassermengen $\leq 10^5$ m^3 a^{-1} nicht höher sein als das Zehnfache der jeweiligen Werte der Tabelle 4 Spalte 3 oder Tabelle 6 Spalte 4 oder

    2.1.2 für Abwassermengen $> 10^5$ m^3 a^{-1} nicht höher sein als die jeweiligen Werte der Tabelle 4 Spalte 3 oder Tabelle 6 Spalte 4.

Tabelle 4:

Aktivitätskonzentration C_i aus Strahlenschutzbereichen (zu Anlage VII Teil D Nr. 1.1 und 2)

Radionuklid A=Aerosol (Luft) E=elementar (Luft) O=Organisch		C_i in der Luft in Bq/m³	C_i im Wasser in Bq/m³
1		2	3
H-3	A	1 E+2	1 E+7
H-3	O		7 E+6
Be-7	A	6 E+2	5 E+6
Be-10	A	1	6 E+4
C-11	A	6 E+2	3 E+6
C-14	A	6	6 E+5
F-18	A	5 E+2	2 E+6
Na-22	A	1	4 E+4
Na-24	A	9 E+1	3 E+5
Mg-28	A	2 E+1	7 E+4
Al-26	A	5 E-1	1 E+4
Si-31	A	3 E+2	5 E+5
Si-32	A	3 E-1	1 E+5
P-32	A	1	3 E+4
P-33	A	2 E+1	3 E+5
S-35	A	2 E+1	7 E+5
S-35	R		1 E+5
Cl-36	A	1 E-1	1 E+4
Cl-38	A	5 E+2	6 E+5
Cl-39	A	6 E+2	9 E+5
K-42	A	2 E+2	2 E+5
K-43	A	2 E+2	4 E+5
K-44	A	1 E+3	9 E+5
K-45	A	2 E+3	1 E+6
Ca-41	A	3	3 E+5
Ca-45	A	2	8 E+4
Ca-47	A	2 E+1	7 E+4
Sc-43	A	2 E+2	5 E+5
Sc-44	A	1 E+2	3 E+5
Sc-44m	A	2 E+1	4 E+4
Sc-46	A	5	8 E+4
Sc-47	A	4 E+1	1 E+5
Sc-48	A	3 E+1	7 E+4
Sc-49	A	7 E+2	9 E+5
Ti-44	A	3 E-1	2 E+4
Ti-45	A	3 E+2	6 E+5
V-47	A	8 E+2	1 E+6
V-48	A	1 E+1	6 E+4
V-49	A	8 E+2	2 E+6
Cr-48	A	1 E+2	6 E+5
Cr-49	A	8 E+2	1 E+6
Cr-51	A	8 E+2	3 E+6
Mn-51	A	6 E+2	8 E+5
Mn-52	A	2 E+1	7 E+4
Mn-52m	A	8 E+2	1 E+6
Mn-53	A	2 E+2	2 E+6
Mn-54	A	2 E+1	2 E+5
Mn-56	A	2 E+2	3 E+5
Fe-52	A	4 E+1	7 E+4
Fe-55	A	2 E+1	1 E+5
Fe-59	A	8	2 E+4
Fe-60	A	1 E-1	1 E+3
Co-55	A	5 E+1	2 E+5
Co-56	A	5	4 E+4
Co-57	A	3 E+1	3 E+5
Co-58	A	2 E+1	1 E+5
Co-58m	A	2 E+3	4 E+6
Co-60	A	1	2 E+4
Co-60m	A	2 E+4	4 E+7
Co-61	A	6 E+2	1 E+6
Co-62m	A	1 E+3	1 E+6
Ni-56	A	3 E+1	2 E+5
Ni-57	A	5 E+1	1 E+5
Ni-59	A	8 E+1	1 E+6
Ni-63	A	3 E+1	6 E+5
Ni-65	A	3 E+2	4 E+5
Ni-66	A	2 E+1	3 E+4
Cu-60	A	7 E+2	1 E+6
Cu-61	A	4 E+2	1 E+6
Cu-64	A	3 E+2	2 E+6
Cu-67	A	5 E+1	4 E+5
Zn-62	A	5 E+1	2 E+5
Zn-63	A	7 E+2	1 E+6
Zn-65	A	3	3 E+4
Zn-69	A	1 E+3	3 E+6
Zn-69m	A	9 E+1	7 E+5
Zn-71m	A	2 E+2	6 E+5
Zn-72	A	2 E+1	1 E+5

Radionuklid A=Aerosol (Luft) E=elementar (Luft) O=Organisch		C_3	
		in der Luft in Bq/m³	im Wasser in Bq/m³
1		2	3
Sc-49	A	7 E+2	9 E+5
Ti-44	A	3 E-1	2 E+4
Ti-45	A	3 E+2	6 E+5
V-47	A	8 E+2	1 E+6
V-48	A	1 E+1	6 E+4
V-49	A	8 E+2	2 E+6
Cr-48	A	1 E+2	6 E+5
Cr-49	A	8 E+2	1 E+6
Cr-51	A	8 E+2	3 E+6
Mn-51	A	6 E+2	8 E+5
Mn-52	A	2 E+1	7 E+4
Mn-52m	A	8 E+2	1 E+6
Mn-53	A	2 E+2	2 E+6
Mn-54	A	2 E+1	2 E+5
Mn-56	A	2 E+2	3 E+5
Fe-52	A	4 E+1	7 E+4
Fe-55	A	2 E+1	1 E+5
Fe-59	A	8	2 E+4
Fe-60	A	1 E-1	1 E+3
Co-55	A	5 E+1	2 E+5
Co-56	A	5	4 E+4
Co-57	A	3 E+1	3 E+5
Co-58	A	2 E+1	1 E+5
Co-58m	A	2 E+3	4 E+6
Co-60	A	1	2 E+4
Co-60m	A	2 E+4	4 E+7
Co-61	A	6 E+2	1 E+6
Co-62m	A	1 E+3	1 E+6
Ni-56	A	3 E+1	2 E+5
Ni-57	A	5 E+1	1 E+5
Ni-59	A	8 E+1	1 E+6
Ni-63	A	3 E+1	6 E+5
Ni-65	A	3 E+2	4 E+5
Ni-66	A	2 E+1	3 E+4
Cu-60	A	7 E+2	1 E+6
Cu-61	A	4 E+2	1 E+6
Cu-64	A	3 E+2	2 E+6
Cu-67	A	5 E+1	4 E+5
Zn-62	A	5 E+1	2 E+5
Zn-63	A	7 E+2	1 E+6
Zn-65	A	3	3 E+4
Zn-69	A	1 E+3	3 E+6
Zn-69m	A	9 E+1	7 E+5
Zn-71m	A	2 E+2	6 E+5
Zn-72	A	2 E+1	1 E+5
Ga-65	A	1 E+3	2 E+6
Ga-66	A	5 E+1	7 E+4
Ga-67	A	1 E+2	5 E+5
Ga-68	A	5 E+2	7 E+5
Ga-70	A	2 E+3	2 E+6
Ga-72	A	5 E+1	9 E+4
Ga-73	A	2 E+2	3 E+5
Ge-66	A	3 E+2	1 E+6
Ge-67	A	1 E+3	1 E+6
Ge-68	A	3	7 E+4
Ge-69	A	1 E+2	4 E+5
Ge-71	A	2 E+3	7 E+6
Ge-75	A	8 E+2	2 E+6
Ge-77	A	9 E+1	3 E+5
Ge-78	A	3 E+2	7 E+5
As-69	A	1 E+3	1 E+6
As-70	A	4 E+2	7 E+5
As-71	A	8 E+1	3 E+5
As-72	A	3 E+1	8 E+4
As-73	A	3 E+1	3 E+5
As-74	A	2 E+1	9 E+4
As-76	A	3 E+1	9 E+4
As-77	A	8 E+1	3 E+5
As-78	A	3 E+2	4 E+5
Se-70	A	3 E+2	9 E+5
Se-73	A	1 E+2	6 E+5
Se-73m	A	1 E+3	3 E+6
Se-75	A	2	4 E+4
Se-79	A	4 E-2	5 E+3
Se-81	A	2 E+3	3 E+6
Se-81m	A	6 E+2	2 E+6
Se-83	A	8 E+2	2 E+6
Br-74	A	6 E+2	1 E+6
Br-74m	A	4 E+2	6 E+5
Br-75	A	5 E+2	1 E+6
Br-76	A	7 E+1	2 E+5
Br-77	A	3 E+2	1 E+6
Br-80	A	2 E+3	2 E+6
Br-80m	A	4 E+2	6 E+5
Br-82	A	5 E+1	1 E+5
Br-83	A	7 E+2	2 E+6
Br-84	A	7 E+2	9 E+5
Rb-79	A	1 E+3	2 E+6
Rb-81	A	6 E+2	2 E+6
Rb-81m	A	3 E+3	8 E+6
Rb-82m	A	2 E+2	1 E+6

Strahlenschutzverordnung – Anlage VII

Radionuklid A=Aerosol (Luft) E=elementar (Luft) O=Organisch		c_j in der Luft in Bq/m³	c_j im Wasser in Bq/m³
1		2	3
Rb-83	A	2 E+1	8 E+4
Rb-84	A	2 E+1	4 E+4
Rb-86	A	1 E+1	3 E+4
Rb-87	A	8 E−1	6 E+4
Rb-88	A	1 E+3	8 E+5
Rb-89	A	2 E+3	2 E+6
Sr-80	A	2 E+2	2 E+5
Sr-81	A	7 E+2	1 E+6
Sr-82	A	3	1 E+4
Sr-83	A	8 E+1	3 E+5
Sr-85	A	4 E+1	1 E+5
Sr-85m	A	6 E+3	2 E+7
Sr-87m	A	1 E+3	4 E+6
Sr-89	A	4	3 E+4
Sr-90	A	1 E−1	4 E+3
Sr-91	A	6 E+1	2 E+5
Sr-92	A	1 E+2	3 E+5
Y-86	A	5 E+1	1 E+5
Y-86m	A	9 E+2	2 E+6
Y-87	A	7 E+1	2 E+5
Y-88	A	8	1 E+5
Y-90	A	2 E+1	3 E+4
Y-90m	A	3 E+2	5 E+5
Y-91	A	4	3 E+4
Y-91m	A	3 E+3	1 E+7
Y-92	A	1 E+2	2 E+5
Y-93	A	5 E+1	6 E+4
Y-94	A	8 E+2	9 E+5
Y-95	A	2 E+3	2 E+6
Zr-86	A	6 E+1	1 E+5
Zr-88	A	1 E+1	3 E+5
Zr-89	A	5 E+1	1 E+5
Zr-93	A	1	4 E+5
Zr-95	A	6	1 E+5
Zr-97	A	3 E+1	4 E+4
Nb-88	A	9 E+2	1 E+6
Nb-89	A	2 E+2	3 E+5
Nb-90	A	4 E+1	8 E+4
Nb-93m	A	2 E+1	6 E+5
Nb-94	A	8 E−1	6 E+4
Nb-95	A	2 E+1	2 E+5
Nb-95m	A	4 E+1	1 E+5
Nb-96	A	4 E+1	1 E+5
Nb-97	A	6 E+2	1 E+6
Nb-98m	A	4 E+2	7 E+5
Mo-90	A	8 E+1	5 E+5
Mo-93	A	2 E+1	1 E+5

Radionuklid A=Aerosol (Luft) E=elementar (Luft) O=Organisch		c_j in der Luft in Bq/m³	c_j im Wasser in Bq/m³
1		2	3
Mo-93m	A	2 E+2	1 E+6
Mo-99	A	3 E+1	2 E+5
Mo-101	A	1 E+3	2 E+6
Tc-93	A	7 E+2	3 E+6
Tc-93m	A	1 E+3	4 E+6
Tc-94	A	2 E+2	7 E+5
Tc-94m	A	5 E+2	7 E+5
Tc-95	A	2 E+2	9 E+5
Tc-95m	A	3 E+1	2 E+5
Tc-96	A	4 E+1	1 E+5
Tc-96m	A	4 E+3	9 E+6
Tc-97m	A	8	1 E+5
Tc-97	A	2 E+1	9 E+5
Tc-98 A		8 E−1	4 E+4
Tc-99	A	3	9 E+4
Tc-99m	A	2 E+3	4 E+6
Tc-101	A	2 E+3	4 E+6
Tc-104	A	8 E+2	9 E+5
Ru-94	A	5 E+2	1 E+6
Ru-97	A	3 E+2	7 E+5
Ru-103	A	1 E+1	1 E+5
Ru-105	A	2 E+2	3 E+5
Ru-106	A	6 E−1	1 E+4
Rh-99	A	4 E+1	2 E+5
Rh-99m	A	6 E+2	2 E+6
Rh-100	A	7 E+1	2 E+5
Rh-101	A	7	2 E+5
Rh-101m	A	1 E+2	5 E+5
Rh-102	A	2	5 E+4
Rh-102m	A	5	7 E+4
Rh-103m	A	1 E+4	2 E+7
Rh-105	A	9 E+1	2 E+5
Rh-106m	A	2 E+2	6 E+5
Rh-107	A	2 E+3	3 E+6
Pd-100	A	4 E+1	1 E+5
Pd-101	A	4 E+2	1 E+6
Pd-103	A	8 E+1	4 E+5
Pd-107	A	6 E+1	2 E+6
Pd-109	A	8 E+1	1 E+5
Ag-102	A	1 E+3	2 E+6
Ag-103	A	1 E+3	2 E+6
Ag-104	A	7 E+2	2 E+6
Ag-104m	A	9 E+2	2 E+6
Ag-105	A	1 E+1	2 E+5
Ag-106	A	2 E+3	2 E+6
Ag-106m	A	9	9 E+4
Ag-108m	A	4 E−1	4 E+4

Radionuklid A=Aerosol (Luft) E=elementar (Luft) O=Organisch	c_j in der Luft in Bq/m³	c_j im Wasser in Bq/m³
1	2	3
Ag-110m A	1	4 E+4
Ag-111 A	3	6 E+4
Ag-112 A	1 E+2	2 E+5
Ag-115 A	9 E+2	1 E+6
Cd-104 A	7 E+2	2 E+6
Cd-107 A	4 E+2	1 E+6
Cd-109 A	4	4 E+4
Cd-113 A	1 E-1	9 E+3
Cd-113m A	2 E-1	7 E+3
Cd-115 A	3 E+1	6 E+4
Cd-115m A	5	2 E+4
Cd-117 A	2 E+2	3 E+5
Cd-117m A	1 E+2	3 E+5
In-109 A	6 E+2	2 E+6
In-110 A	2 E+2	6 E+5
In-111 A	1 E+2	4 E+5
In-112 A	4 E+3	7 E+6
In-113m A	1 E+3	3 E+6
In-114m A	2	2 E+4
In-115m A	5 E+2	9 E+5
In-116m A	6 E+2	2 E+6
In-117 A	1 E+3	3 E+6
In-117m A	4 E+2	6 E+5
In-119m A	1 E+3	2 E+6
Sn-110 A	1 E+2	3 E+5
Sn-111 A	2 E+3	4 E+6
Sn-113 A	1 E+1	1 E+5
Sn-117m A	1 E+1	1 E+5
Sn-119m A	2 E+1	2 E+5
Sn-121 A	1 E+2	3 E+5
Sn-121m A	4	2 E+5
Sn-123 A	3	4 E+4
Sn-123m A	1 E+3	2 E+6
Sn-125 A	1 E+1	3 E+4
Sn-126 A	1	2 E+4
Sn-127 A	2 E+2	4 E+5
Sn-128 A	3 E+2	6 E+5
Sb-115 A	2 E+3	4 E+6
Sb-116 A	2 E+3	3 E+6
Sb-116m A	5 E+2	2 E+6
Sb-117 A	2 E+3	6 E+6
Sb-118m A	2 E+2	7 E+5
Sb-119 A	5 E+2	1 E+6
Sb-120 A	3 E+1	1 E+5
Sb-122 A	3 E+1	5 E+4
Sb-124 A	4	4 E+4
Sb-124m A	5 E+3	1 E+7

Radionuklid A=Aerosol (Luft) E=elementar (Luft) O=Organisch	c_j in der Luft in Bq/m³	c_j im Wasser in Bq/m³
1	2	3
Sb-125 A	3	8 E+4
Sb-126 A	4 E-1	4 E+4
Sb-126m A	1 E+3	2 E+6
Sb-127 A	2 E+1	5 E+4
Sb-128 A	6 E+1	1 E+5
Sb-129 A	1 E+2	2 E+5
Sb-130 A	5 E+2	1 E+6
Sb-131 A	6 E+2	8 E+5
Te-116 A	2 E+2	6 E+5
Te-121 A	7 E+1	3 E+5
Te-121m A	4	3 E+4
Te-123 A	7 E-2	3 E+4
Te-123m A	6	5 E+4
Te-125m A	8	7 E+4
Te-127 A	2 E+2	6 E+5
Te-127m A	2	2 E+4
Te-129 A	7 E+2	1 E+6
Te-129m A	4	2 E+4
Te-131 A	8 E+2	1 E+6
Te-131m A	2 E+1	4 E+4
Te-132 A	9	2 E+4
Te-133 A	8 E+2	1 E+6
Te-133m A	2 E+2	3 E+5
Te-134 A	4 E+2	8 E+5
I-120 E	5 E+1	2 E+5
I-120m E	1 E+2	4 E+5
I-121 E	2 E+2	1 E+6
I-123 E	7 E+1	4 E+5
I-124 E	1	7 E+3
I-125 E	5 E-1	2 E+4
I-126 E	3 E-1	4 E+3
I-128 E	4 E+2	2 E+6
I-129 E	3 E-2	4 E+3
I-130 E	8	4 E+4
I-131 E	5 E-1	5 E+3
I-132 E	5 E+1	3 E+5
I-132m E	5 E+1	4 E+5
I-133 E	3	2 E+4
I-134 E	2 E+2	8 E+5
I-135 E	1 E+1	9 E+4
Cs-125 A	1 E+3	2 E+6
Cs-127 A	7 E+2	5 E+6
Cs-129 A	3 E+2	2 E+6
Cs-130 A	2 E+3	3 E+6
Cs-131 A	6 E+2	2 E+6
Cs-132 A	1 E+2	3 E+5
Cs-134 A	2	2 E+4
Cs-134m A	6 E+2	4 E+6

Strahlenschutzverordnung – Anlage VII

Radionuklid A=Aerosol (Luft) E=elementar (Luft) O=Organisch	C_i in der Luft in Bq/m³	C_i im Wasser in Bq/m³
1	2	3
Cs-135 A	4	2 E+5
Cs-135m A	2 E+3	7 E+6
Cs-136 A	1 E+1	6 E+4
Cs-137 A	9 E-1	3 E+4
Cs-138 A	6 E+2	8 E+5
Ba-126 A	2 E+2	3 E+5
Ba-128 A	2 E+1	4 E+4
Ba-131 A	4 E+1	2 E+5
Ba-131m A	4 E+3	2 E+7
Ba-133 A	4	4 E+4
Ba-133m A	7 E+1	2 E+5
Ba-135m A	8 E+1	3 E+5
Ba-139 A	4 E+2	6 E+5
Ba-140 A	6	3 E+4
Ba-141 A	8 E+2	1 E+6
Ba-142 A	1 E+3	3 E+6
La-131 A	1 E+3	3 E+6
La-132 A	1 E+2	2 E+5
La-135 A	2 E+3	3 E+6
La-137 A	4	8 E+5
La-138 A	2 E-1	1 E+4
La-140 A	3 E+1	4 E+4
La-141 A	2 E+2	2 E+5
La-142 A	3 E+2	5 E+5
La-143 A	1 E+3	1 E+6
Ce-134 A	2 E+1	3 E+4
Ce-135 A	6 E+1	1 E+5
Ce-137 A	2 E+3	3 E+6
Ce-137m A	7 E+1	1 E+5
Ce-139 A	2 E+1	3 E+5
Ce-141 A	9	1 E+5
Ce-143 A	4 E+1	7 E+4
Ce-144 A	6 E-1	1 E+4
Pr-136 A	2 E+3	2 E+6
Pr-137 A	1 E+3	2 E+6
Pr-138m A	3 E+2	9 E+5
Pr-139 A	1 E+3	3 E+6
Pr-142 A	4 E+1	6 E+4
Pr-142m A	3 E+3	4 E+6
Pr-143 A	1 E+1	6 E+4
Pr-144 A	1 E+3	1 E+6
Pr-145 A	1 E+2	2 E+5
Pr-147 A	1 E+3	2 E+6
Nd-136 A	5 E+2	9 E+5
Nd-138 A	9 E+1	1 E+5
Nd-139 A	2 E+3	4 E+6
Nd-139m A	2 E+2	4 E+5
Nd-141 A	5 E+3	1 E+7
Nd-147 A	1 E+1	7 E+4
Nd-149 A	3 E+2	6 E+5
Nd-151 A	2 E+3	3 E+6
Pm-141 A	2 E+3	2 E+6
Pm-143 A	2 E+1	5 E+5
Pm-144 A	4	1 E+5
Pm-145 A	1 E+1	6 E+5
Pm-146 A	2	9 E+4
Pm-147 A	7	3 E+5
Pm-148 A	1 E+1	3 E+4
Pm-148m A	6	6 E+4
Pm-149 A	4 E+1	7 E+4
Pm-150 A	2 E+2	3 E+5
Pm-151 A	6 E+1	1 E+5
Sm-141 A	2 E+3	2 E+6
Sm-141m A	8 E+2	1 E+6
Sm-142 A	3 E+2	4 E+5
Sm-145 A	2 E+1	4 E+5
Sm-146 A	3 E-3	6 E+2
Sm-151 A	9	6 E+5
Sm-153 A	5 E+1	1 E+5
Sm-155 A	2 E+3	3 E+6
Sm-156 A	1 E+2	3 E+5
Eu-145 A	5 E+1	2 E+5
Eu-146 A	4 E+1	1 E+5
Eu-147 A	3 E+1	2 E+5
Eu-148 A	1 E+1	1 E+5
Eu-149 A	1 E+2	9 E+5
Eu-150 A	7 E-1	3 E+4
Eu-152 A	9 E-1	5 E+4
Eu-152m A	1 E+2	2 E+5
Eu-154 A	7 E-1	4 E+4
Eu-155 A	5	2 E+5
Eu-156 A	1 E+1	4 E+4
Eu-157 A	8 E+1	1 E+5
Eu-158 A	5 E+2	8 E+5
Gd-145 A	1 E+3	2 E+6
Gd-146 A	5	9 E+4
Gd-147 A	7 E+1	2 E+5
Gd-148 A	1 E-3	5 E+2
Gd-149 A	4 E+1	2 E+5
Gd-151 A	3 E+1	4 E+5
Gd-153 A	1 E+1	3 E+5
Gd-159 A	1 E+2	2 E+5
Tb-147 A	3 E+2	6 E+5
Tb-149 A	7	4 E+5

Radionuklid A=Aerosol (Luft) E=elementar (Luft) O=Organisch	c_i in der Luft in Bq/m³	c_i im Wasser in Bq/m³
1	2	3
Tb-150 A	2 E+2	4 E+5
Tb-151 A	1 E+2	3 E+5
Tb-153 A	1 E+2	4 E+5
Tb-154 A	8 E+1	2 E+5
Tb-155 A	2 E+2	5 E+5
Tb-156 A	3 E+1	1 E+5
Tb-156m A	2 E+2	6 E+5
Tb-157 A	3 E+1	2 E+6
Tb-158 A	8 E-1	4 E+4
Tb-160 A	5	6 E+4
Tb-161 A	3 E+1	1 E+5
Dy-155 A	4 E+2	9 E+5
Dy-157 A	8 E+2	2 E+6
Dy-159 A	9 E+1	9 E+5
Dy-165 A	5 E+2	7 E+5
Dy-166 A	2 E+1	5 E+4
Ho-155 A	1 E+3	2 E+6
Ho-157 A	6 E+3	2 E+7
Ho-159 A	5 E+3	1 E+7
Ho-161 A	4 E+3	6 E+6
Ho-162 A	1 E+4	3 E+7
Ho-162m A	1 E+3	4 E+6
Ho-164 A	4 E+3	7 E+6
Ho-164m A	3 E+3	4 E+6
Ho-166 A	4 E+1	6 E+4
Ho-166m A	3 E-1	2 E+4
Ho-167 A	4 E+2	1 E+6
Er-161 A	5 E+2	1 E+6
Er-165 A	3 E+3	5 E+6
Er-169 A	3 E+1	2 E+5
Er-171 A	1 E+2	2 E+5
Er-172 A	3 E+1	9 E+4
Tm-162 A	2 E+3	3 E+6
Tm-166 A	2 E+2	4 E+5
Tm-167 A	3 E+1	2 E+5
Tm-170 A	5	6 E+4
Tm-171 A	3 E+1	6 E+5
Tm-172 A	3 E+1	5 E+4
Tm-173 A	2 E+2	3 E+5
Tm-175 A	1 E+3	3 E+6
Yb-162 A	2 E+3	4 E+6
Yb-166 A	4 E+1	1 E+5
Yb-167 A	5 E+3	1 E+7
Yb-169 A	1 E+1	1 E+5
Yb-175 A	4 E+1	2 E+5
Yb-177 A	4 E+2	9 E+5
Yb-178 A	4 E+2	6 E+5

Radionuklid A=Aerosol (Luft) E=elementar (Luft) O=Organisch	c_i in der Luft in Bq/m³	c_i im Wasser in Bq/m³
1	2	3
Lu-169 A	8 E+1	3 E+5
Lu-170 A	4 E+1	1 E+5
Lu-171 A	4 E+1	2 E+5
Lu-172 A	2 E+1	9 E+4
Lu-173 A	1 E+1	3 E+5
Lu-174 A	8	3 E+5
Lu-174m A	8	1 E+5
Lu-176m A	3 E+2	4 E+5
Lu-177 A	3 E+1	1 E+5
Lu-177m A	2	5 E+4
Lu-178 A	1 E+3	2 E+6
Lu-178m A	8 E+2	2 E+6
Lu-179 A	2 E+2	4 E+5
Hf-170 A	9 E+1	2 E+5
Hf-172 A	1	5 E+4
Hf-173 A	2 E+2	5 E+5
Hf-175 A	3 E+1	2 E+5
Hf-177m A	3 E+2	1 E+6
Hf-178m A	1 E-1	1 E+4
Hf-179m A	9	7 E+4
Hf-180m A	2 E+2	6 E+5
Hf-181 A	7	7 E+4
Hf-182 A	1 E-1	2 E+4
Hf-182m A	7 E+2	2 E+6
Hf-183 A	5 E+2	1 E+6
Hf-184 A	9 E+1	2 E+5
Ta-172 A	8 E+2	2 E+6
Ta-173 A	2 E+2	4 E+5
Ta-174 A	7 E+2	1 E+6
Ta-175 A	2 E+2	6 E+5
Ta-176 A	1 E+2	4 E+5
Ta-177 A	3 E+2	9 E+5
Ta-178 A	4 E+2	1 E+6
Ta-179 A	6 E+1	1 E+6
Ta-180m A	7 E+2	2 E+6
Ta-182 A	3	6 E+4
Ta-182m A	1 E+3	6 E+6
Ta-183 A	2 E+1	6 E+4
Ta-184 A	7 E+1	2 E+6
Ta-185 A	6 E+2	1 E+6
Ta-186 A	1 E+3	2 E+6
W-176 A	6 E+2	1 E+6
W-177 A	1 E+3	2 E+6
W-178 A	3 E+2	5 E+5
W-179 A	2 E+4	3 E+7
W-181 A	4 E+2	1 E+6
W-185 A	6 E+1	2 E+5

Strahlenschutzverordnung – Anlage VII

Radionuklid A=Aerosol (Luft) E=elementar (Luft) O=Organisch	C_3 in der Luft in Bq/m^3	C_3 im Wasser in Bq/m^3
1	2	3
W-187 A	1 E+2	2 E+5
W-188 A	3 E+1	4 E+4
Re-177 A	2 E+3	4 E+6
Re-178 A	2 E+3	3 E+6
Re-181 A	1 E+2	2 E+5
Re-182 A	2 E+1	6 E+4
Re-184 A	2 E+1	1 E+5
Re-184m A	5	5 E+4
Re-186 A	3 E+1	5 E+4
Re-186m A	1	3 E+4
Re-187 A	7 E+2	1 E+7
Re-188 A	4 E+1	5 E+4
Re-188m A	2 E+3	2 E+6
Re-189 A	6 E+1	9 E+4
Os-180 A	2 E+3	6 E+6
Os-181 A	4 E+2	1 E+6
Os-182 A	8 E+1	2 E+5
Os-185 A	2 E+1	2 E+5
Os-189m A	4 E+3	4 E+6
Os-191 A	2 E+1	1 E+5
Os-191m A	2 E+2	8 E+5
Os-193 A	6 E+1	1 E+5
Os-194 A	4 E-1	3 E+4
Ir-182 A	1 E+3	2 E+6
Ir-184 A	2 E+2	6 E+5
Ir-185 A	2 E+2	4 E+5
Ir-186 A	9 E+1	2 E+5
Ir-187 A	4 E+2	8 E+5
Ir-188 A	7 E+1	2 E+5
Ir-189 A	6 E+1	4 E+5
Ir-190 A	1 E+1	9 E+4
Ir-190m A	3 E+2	9 E+5
Ir-192 A	5	7 E+4
Ir-192m A	9 E-1	7 E+4
Ir-193m A	3 E+1	3 E+5
Ir-194 A	4 E+1	6 E+4
Ir-194m A	3	5 E+4
Ir-195 A	4 E+2	7 E+5
Ir-195m A	2 E+2	4 E+5
Pt-186 A	7 E+2	1 E+6
Pt-188 A	6 E+1	1 E+5
Pt-189 A	5 E+2	8 E+5
Pt-191 A	2 E+2	3 E+5
Pt-193 A	2 E+1	2 E+6
Pt-193m A	1 E+2	2 E+5
Pt-195m A	9 E+1	1 E+5
Pt-197 A	2 E+2	2 E+5

Radionuklid A=Aerosol (Luft) E=elementar (Luft) O=Organisch	C_3 in der Luft in Bq/m^3	C_3 im Wasser in Bq/m^3
1	2	3
Pt-197m A	9 E+2	9 E+5
Pt-199 A	2 E+3	2 E+6
Pt-200 A	9 E+1	6 E+4
Au-193 A	3 E+2	7 E+5
Au-194 A	1 E+2	3 E+5
Au-195 A	2 E+1	4 E+5
Au-198 A	4 E+1	9 E+4
Au-198m A	2 E+1	7 E+4
Au-199 A	4 E+1	2 E+5
Au-200 A	8 E+2	1 E+6
Au-200m A	4 E+1	1 E+5
Au-201 A	2 E+3	3 E+6
Hg-193 A	4 E+2	3 E+6
Hg-193 O	9 E+2	1 E+6
Hg-193m A	1 E+2	3 E+5
Hg-193m O	2 E+2	8 E+5
Hg-194 A	1	1 E+5
Hg-194 O	4 E-1	7 E+3
Hg-195 A	4 E+2	9 E+5
Hg-195 O	9 E+2	3 E+6
Hg-195m A	6 E+1	2 E+5
Hg-195m O	2 E+2	4 E+5
Hg-197 A	1 E+2	4 E+5
Hg-197 O	4 E+2	9 E+5
Hg-197m A	6 E+1	2 E+5
Hg-197m O	2 E+2	6 E+5
Hg-199m A	9 E+2	2 E+6
Hg-199m O	2 E+3	3 E+6
Hg-203 A	1 E+1	2 E+5
Hg-203 O	1 E+1	6 E+4
Tl-194 A	5 E+3	1 E+7
Tl-194m A	1 E+3	2 E+6
Tl-195 A	2 E+3	4 E+6
Tl-197 A	2 E+3	4 E+6
Tl-198 A	4 E+2	2 E+6
Tl-198m A	6 E+2	2 E+6
Tl-199 A	1 E+3	4 E+6
Tl-200 A	2 E+2	7 E+5
Tl-201 A	5 E+2	1 E+6
Tl-202 A	1 E+2	3 E+5
Tl-204 A	1 E+1	7 E+4
Pb-195m A	1 E+3	3 E+6
Pb-198 A	4 E+2	2 E+6
Pb-199 A	7 E+2	3 E+6
Pb-200 A	9 E+1	4 E+5
Pb-201 A	2 E+2	9 E+5
Pb-202 A	2	3 E+4

Strahlenschutzverordnung – Anlage VII

Radionuklid A=Aerosol (Luft) E=elementar (Luft) O=Organisch	c_j in der Luft in Bq/m³	c_j im Wasser in Bq/m³
1	2	3
Pb-202m A	3 E+2	1 E+6
Pb-203 A	1 E+2	6 E+5
Pb-205 A	4 E+1	4 E+5
Pb-209 A	5 E+2	2 E+6
Pb-210 A	7 E-3	1 E+2
Pb-211 A	3	3 E+5
Pb-212 A	2 E-1	6 E+3
Pb-214 A	2	3 E+5
Bi-200 A	8 E+2	2 E+6
Bi-201 A	4 E+2	9 E+5
Bi-202 A	5 E+2	1 E+6
Bi-203 A	1 E+2	3 E+5
Bi-205 A	3 E+1	1 E+5
Bi-206 A	2 E+1	6 E+4
Bi-207 A	1	9 E+4
Bi-210 A	4 E-1	6 E+4
Bi-210m A	1 E-2	4 E+3
Bi-212 A	1	3 E+5
Bi-213 A	1	4 E+5
Bi-214 A	2	6 E+5
Po-203 A	7 E+2	3 E+6
Po-205 A	4 E+2	3 E+6
Po-207 A	3 E+2	2 E+6
Po-210 A	8 E-3	3 E+1
At-207 A	1 E+1	4 E+5
At-211 A	3 E-1	7 E+3
Fr-222 A	3	1 E+5
Fr-223 A	2 E+1	3 E+4
Ra-223 A	4 E-3	2 E+2
Ra-224 A	1 E-2	3 E+2
Ra-225 A	4 E-3	1 E+2
Ra-226 A	4 E-3	2 E+2
Ra-227 A	8 E+1	8 E+5
Ra-228 A	2 E-3	3 E+1
Ac-224 A	3 E-1	9 E+4
Ac-225 A	4 E-3	2 E+3
Ac-226 A	3 E-2	6 E+3
Ac-227 A	7 E-5	3 E+1
Ac-228 A	9 E-1	1 E+5
Th-226 A	5 E-1	2 E+5
Th-227 A	3 E-3	3 E+1
Th-228 A	9 E-4	2 E+2
Th-229 A	2 E-4	8 E+1
Th-230 A	4 E-4	2 E+2
Th-231 A	9 E+1	2 E+5
Th-232 A	3 E-4	2 E+2
Th-234 A	5	2 E+4
Pa-227 A	5 E-1	2 E+5
Pa-228 A	5 E-1	7 E+4
Pa-230 A	4 E-2	3 E+4
Pa-231 A	3 E-4	7 E+1
Pa-232 A	4	1 E+5
Pa-233 A	8	9 E+4
Pa-234 A	8 E+1	2 E+5
U-230 A	2 E-3	1 E+3
U-231 A	8 E+1	3 E+5
U-232 A	1 E-3	4 E+2
U-233 A	4 E-3	2 E+3
U-234 A	4 E-3	2 E+3
U-235 A	4 E-3	3 E+3
U-236 A	4 E-3	3 E+3
U-237 A	2 E+1	1 E+5
U-238 A	5 E-3	3 E+3
U-239 A	1 E+3	3 E+6
U-240 A	5 E+1	7 E+4
Np-232 A	3 E+2	1 E+7
Np-233 A	1 E+4	4 E+7
Np-234 A	5 E+1	1 E+5
Np-235 A	5 E+1	1 E+6
Np-236 A	5 E-3	5 E+3
Np-237 A	7 E-4	4 E+2
Np-238 A	1 E+1	9 E+4
Np-239 A	3 E+1	1 E+5
Np-240 A	3 E+2	1 E+6
Pu-234 A	1	4 E+5
Pu-235 A	2 E+4	4 E+7
Pu-236 A	9 E-4	4 E+2
Pu-237 A	9 E+1	8 E+5
Pu-238 A	3 E-4	2 E+2
Pu-239 A	3 E-4	2 E+2
Pu-240 A	3 E-4	2 E+2
Pu-241 A	2 E-2	2 E+4
Pu-242 A	3 E-4	2 E+2
Pu-243 A	4 E+2	9 E+5
Pu-244 A	3 E-4	2 E+2
Pu-245 A	6 E+1	1 E+5
Pu-246 A	4	3 E+4
Am-237 A	1 E+3	5 E+6
Am-238 A	2 E+2	4 E+6
Am-239 A	1 E+2	3 E+5
Am-240 A	7 E+1	2 E+5
Am-241 A	4 E-4	2 E+2
Am-242 A	2	2 E+5

Radionuklid A=Aerosol (Luft) E=elementar (Luft) O=Organisch	c_j in der Luft in Bq/m³	im Wasser in Bq/m³
1	2	3
Am-242m A	4 E-4	3 E+2
Am-243 A	4 E-4	3 E+2
Am-244 A	1 E+1	2 E+5
Am-244m A	2 E+2	2 E+6
Am-245 A	6 E+2	1 E+6
Am-246 A	4 E+2	1 E+6
Am-246m A	1 E+3	2 E+6
Cm-238 A	7	1 E+6
Cm-240 A	1 E-2	4 E+3
Cm-241 A	9 E-1	8 E+4
Cm-242 A	6 E-3	2 E+3
Cm-243 A	5 E-4	3 E+2
Cm-244 A	6 E-4	3 E+2
Cm-245 A	4 E-4	2 E+2
Cm-246 A	4 E-4	2 E+2
Cm-247 A	4 E-4	3 E+2
Cm-248 A	1 E-4	6 E+1
Cm-249 A	9 E+2	2 E+6
Cm-250 A	2 E-5	1 E+1
Bk-245 A	2 E+1	1 E+5
Bk-246 A	9 E+1	2 E+5
Bk-247 A	5 E-4	1 E+2
Bk-249 A	2 E-1	4 E+4
Bk-250 A	4 E+1	6 E+5
Cf-244 A	3	9 E+5
Cf-246 A	7 E-2	2 E+4
Cf-248 A	4 E-3	6 E+2
Cf-249 A	5 E-4	1 E+2
Cf-250 A	1 E-3	2 E+2
Cf-251 A	5 E-4	1 E+2
Cf-252 A	2 E-3	2 E+2
Cf-253 A	2 E-2	9 E+3
Cf-254 A	8 E-4	8 E+1
Es-250 A	6 E+1	4 E+6
Es-251 A	2 E+1	5 E+5
Es-253 A	1 E-2	5 E+3
Es-254 A	4 E-3	6 E+2
Es-254m A	7 E-2	2 E+4
Fm-252 A	1 E-1	2 E+4
Fm-253 A	8 E-2	4 E+4
Fm-254 A	5 E-1	2 E+5
Fm-255 A	1 E-1	3 E+4
Fm-257 A	5 E-3	9 E+2
Md-257 A	1	3 E+5
Md-258 A	6 E-3	1 E+3

Tabelle 5:

Aktivitätskonzentration C_i aus Strahlenschutzbereichen (zu Anlage VII Teil D Nr. 1.2)

Radionuklid	C_i in der Luft in Bq/m³
1	2
C-11	3 E+3
N-13	2 E+3
O-15	1 E+3
Ar-37	2 E+8
Ar-39	6 E+3
Ar-41	2 E+2
Kr-74	2 E+2
Kr-76	5 E+2
Kr-77	2 E+2
Kr-79	9 E+2
Kr-81m	5 E+6
Kr-81	4 E+4
Kr-83m	4 E+6
Kr-85	4 E+3
Kr-85m	1 E+3
Kr-87	2 E+2
Kr-88	1 E+2
Xe-120	6 E+2
Xe-121	1 E+2
Xe-122	3 E+3
Xe-123	3 E+2
Xe-125	9 E+2
Xe-127	9 E+2
Xe-129m	1 E+4
Xe-131m	2 E+4
Xe-133	7 E+3
Xe-133m	7 E+3
Xe-135m	5 E+2
Xe-135	9 E+2
Xe-138	2 E+2

Strahlenschutzverordnung – Anlage VII

Tabelle 6:

Aktivitätskonzentration C_i aus Strahlenschutzbereichen (zu Anlage VII Teil D Nr. 1.1 und 2)

Radionuklidgemisch	C_i in der Luft in Bq/m³	Radionuklidgemisch	C_i im Wasser in Bq/m³
1	2	3	4
Beliebiges Gemisch	1 E-5	Beliebiges Gemisch	1 E+1
Beliebiges Gemisch, wenn Ac-227 und Cm-250 unberücksichtigt bleiben können	1 E-4	Beliebiges Gemisch, wenn Po-210, Ac-227, Ra-228, Cm-250 unberücksichtigt bleiben können	5 E+1
Beliebiges Gemisch, wenn Ac-227, Am-241, Am-242m, Am-243, Cm-245, Cm-246, Cm-247, Cm-248, Cm-250, Pa-231, Pu-238, Pu-239, Pu-240, Pu-242, Pu-244, Th-229, Th-230, Th-232 unberücksichtigt bleiben können	5 E-4	Beliebiges Gemisch, wenn Po-210, Ac-227, Ra-228, Th-229, Pa-231, Bk-247, Cm-248, Cf-249, Cm-250, Cf-251, Cf-254 unberücksichtigt bleiben können	1 E+2
Beliebiges Gemisch, wenn Ac-227, Am-241, Am-242m, Am-243, Bk-247, Cf-249, Cf-251, Cf-254, Cm-243, Cm-244, Cm-245, Cm-246, Cm-247, Cm-248, Cm-250, Np-237, Pa-231, Pu-236, Pu-238, Pu-239, Pu-240, Pu-242, Pu-244, Th228, Th-229, Th230, Th232, U232 unberücksichtigt bleiben können	1 E-3	Beliebiges Gemisch, wenn Sm-146, Sm-147, Gd-148, Gd-152, Po-210, Pb-210, Ra-223, Ra-224, Ra-225, Ra-226, Ra-228, Th-228, Ac-227, Th-229, Th-230, Pa-231, Th-232, U-232, Pu-236, Pu-238, Pu-239, Pu-240, Pu-244, Cm-245, Cm-246, Bk-247, Cm-247, Np-247, Cf-248, Cm-248, Cf-249, Cf-250, Cm-250, Cf-251, Cf-252, Cf-254, Es-254, Fm-257 unberücksichtigt bleiben können	1 E+3

Anlage VIII
(zu §§ 61, 62, 63 StrlSchV)

Ärztliche Bescheinigung

nach §§ 60, 61 StrlSchV

Strahlenschutzverantwortlicher (Unternehmen, Dienststelle usw.)

Personalnummer

| | | | | | | | | | | | | |

gegebenenfalls Registrier-Nr. des Strahlenpasses

| | | | | | | | | | | | | |

Name _____
Vorname _____
geb. am _____
Straße _____
Wohnort _____
☐ männlich ☐ weiblich
wurde von mir
am untersucht. _____

Beurteilung

Es bestehen derzeit gegen eine Beschäftigung im Bereich ionisierender Strahlung

I   keine gesundheitlichen Bedenken ☐

II   gesundheitliche Bedenken gegen

     Tätigkeit, bei der die Gefahr der Inkorporation oder Kontamination besteht ☐
     (z.B. Umgang mit offenen radioaktiven Stoffen)

     Tätigkeit im Kontrollbereich, bei der die Gefahr der Bestrahlung von außen besteht (z.B. ☐
     Umgang mit umschlossenen radioaktiven Stoffen, Photonenstrahlung, Neutronenstrahlung, Elektronenstrahlung)

Hinweis: Die Beurteilung umfasst nicht sonstige arbeitsmedizinische Vorsorgeuntersuchungen nach anderen Rechtsvorschriften.
Hält der Strahlenschutzverantwortliche oder die beruflich strahlenexponierte Person die vom Arzt nach § 64 Abs. 1 Satz 1 in der Bescheinigung nach § 61 getroffene Beurteilung für unzutreffend, so kann die Entscheidung der zuständigen Behörde beantragt werden. (§ 62 Abs. 1)

Bemerkungen:

Erneute Beurteilung oder nächste Untersuchung:

Ort, Datum   Unterschrift   Stempel mit Anschrift des Arztes nach § 64 Abs. 1 Satz 1

Anlage IX
(zu § 68)

Strahlenzeichen

Kennzeichen: schwarz
Untergrund: gelb

Anlage X

(zu §§ 72 bis 79)

Radioaktive Abfälle:
Benennung, Buchführung, Transportmeldung

Teil A: Benennung radioaktiver Abfälle

Die Benennung radioaktiver Abfälle erfolgt gemäß den folgenden codierten Angaben zu Verarbeitungszustand, Bezeichnung und Behandlung:

Verarbeitungszustand	Bezeichnung	Behandlung
Code	Code	Code

1. Verarbeitungszustand

Code	Verarbeitungszustand
R	Rohabfall
Z	Zwischenprodukt
K	Konditionierter Abfall (Abfallgebinde)

Strahlenschutzverordnung – Anlage X

2. Bezeichnung des Abfalls

Code	Bezeichnung	Code	Bezeichnung	Code	Bezeichnung	Code	Bezeichnung
A	Feste Abfälle anorganisch	B	Feste Abfälle organisch	C	Flüssige Abfälle anorganisch	D	Flüsse Abfälle organisch
AA	Metalle	BA	Leicht brennbare Stoffe	CA	Chemieabwässer	DA	Öle
AAA	Ferritische Metalle	BAA	Papier	CAA	Betriebsabwässer	DAA	Schmieröle
AAB	Austenitische Metalle	BAB	Textilien	CAB	Prozessabwässer	DAB	Hydrauliköle
AAC	Buntmetalle	BAC	Holz	CAC	Dekontaminationsabwässer	DAC	Transformatoröle
AAD	Schwermetalle	BAD	Putzwolle	CAD	Laborabwässer	DB	Lösungsmittel
AAE	Leichtmetalle	BAE	Zellstoff	CAE	Verdampferkonzentrat	DBA	Alkane
AAF	Stahl verzinkt	BAF	Folie			DBB	TBP
AAG	kontaminierte Anlagenteile	BAG	Polyehtylen	CAF	Schweres Wasser (D$_2$O)	DBC	Szintillationslösung
AAH	Hülsen und Strukturteile	BB	Schwer brennbare Stoffe	CAG	Säure	DBD	Markierte Flüssigkeiten
		BBA	Kunststoffe (ohne PVC)	CAH	Lauge	DBE	Kerosin
AB	Nichtmetalle	BBB	PVC	CB	Schlämme/ Suspensionen	DBF	Alkohole
ABA	Bauschutt	BBC	Gummi	CBA	Abschlämmungen	DBG	Aromatische Kohlenwasserstoffe
ABB	Kies, Sand	BBD	Aktivkohle	CBB	Ionenaustauscher-/-harz-Suspension	DBH	Halogenierte Kohlenwasserstoffe
ABC	Erdreich	BBE	Ionenaustauscher-harze				
ABD	Glas						
ABE	Keramik	BBF	Lacke, Farben	CBC	Fällschlämme		
ABF	Isolationsmaterial	BBG	Chemikalien	CBD	Sumpfschlämme		
ABG	Kabel	BBH	Kehricht	CBE	Dekanterrückstand	DC	Emulsionen
ABH	Glaswolle						
ABI	Graphit	BC	Filter	CBF	Feedklärschlämme	E	Gasförmige Abfälle
ABJ	Asbest, Asbestzement	BCA	Laborfilter				
		BCB	Luftfilterelemente				
ABK	Chemikalien	BCC	Boxenfilter	CC	Biologische Abwässer	F	Mischabfälle (A – D)
AC	Filter	BD	Biologische Abfälle	CCA	Medizinische Abwässer	FA	Ionenaustauscher/ Filterhilfsmittel, Salze
ACA	Laborfilter						
ACC	Boxenfilter	BDA	Kadaver	CCB	Pharma-Abwässer		
ACD	Filterkerzen	BDB	Medizinische Abfälle	CCC	Fäkal-Abwässer	FB	Ionenaustauscher/ Filterhilfsmittel, Salze, feste Abfälle
AD	Filterhilfsmittel						
ADA	Ionenaustauscher	BZ	Unsortierter Abfall	CD	Spaltproduktkonzentrate		
ADB	Kieselgur						
ADC	Silikagel						
ADD	Molekularsieb					G	Strahlungsquellen
AE	Sonstige					GA	Neutronenquellen
AEA	Asche					GB	Gammaquellen
AEB	Schlacke					GC	Prüfstrahler
AEC	Filterstaub, Flugasche					GD	Diverse Quellen
AED	Salze						
AF	Kernbrennstoffe						
AFA	Kernbrennstoffe unbestrahlt						

AFB	Kernbrennstoffe bestrahlt
AFC	Wiederaufgearbeitetes Uran
AFD	Wiederaufgearbeitetes Plutonium
AZ	Unsortierter Abfall

3. Behandlung des Abfalls

Ein Abfall liegt entweder als unbehandelter Abfall (Rohabfall) vor oder als Zwischen- oder Endprodukt einer vorausgegangenen verfahrenstechnischen Behandlung.

Code	Behandlung
000	unbehandelt
001	Sortieren
002	Dekontaminieren
003	Zerkleinern
004	Vorpressen
005	Verbrennen
006	Pyrolisieren
007	Verdampfen/Destillieren/Rektifizieren
008	Dekantieren
009	Filtrieren
010	Schmelzen
011	formstabil Kompaktieren
012	Zementieren
013	Bituminieren
014	Verglasen
015	Trocknen
016	Kompaktieren und Zementieren
017	Kompaktieren und Trocknen
018	Verbrennen und Kompaktieren
019	Verbrennen und Kompaktieren und Zementieren
020	Entwässern
021	Verfahren ohne physikalische oder chemische Veränderung
022	Sonstiges

Strahlenschutzverordnung – Anlage X

Anzugeben ist das für den physikalisch/chemischen Zustand des zu benennenden Abfalls relevante Verfahren bzw. die Kombination von Verfahren, soweit nicht schon bei dem bereits erfassten Vorgänger angegeben.

Teil B: Buchführung über radioaktive Abfälle

1. Kennung

   Jeder angefallene radioaktive Abfall, der als deklarierbare Einheit gekennzeichnet werden kann und keiner betrieblichen Änderung mehr unterworfen wird, ist zu erfassen und in der Dokumentation mit einer eindeutigen Kennung je Behälter oder Einheit zu versehen. Die Kennung hat durch folgende Buchstaben- und Zahlenkombination zu erfolgen:

   AA/BBB/CCCC/D/EEEFFF

   Die beiden ersten Stellen (AA) sind Buchstaben und bezeichnen in codierter Form den Erfasser der Daten, die Stellen drei bis fünf (BBB) sind ebenfalls Buchstaben und stehen für die Kennbuchstabenkombination des Ablieferungspflichtigen / Abführungspflichtigen (nachfolgend kurz als Verursacher bezeichnet) des Abfalls, die Stellen sechs bis neun sind Ziffern (CCCC) und bezeichnen das Jahr, in dem der Abfall erfasst ist, die zehnte Stelle (D) bezeichnet den Verarbeitungszustand (siehe Teil A Nr. 1), die Stellen elf bis dreizehn (EEE) können für verursacherinterne Codierungen verwendet werden und die Stellen vierzehn bis sechzehn (FFF) stehen für eine laufende Nummer (bei Bedarf können EEEFFF zu einer laufenden Nummer zusammengezogen werden).

   Für die Erfassung durch den Verursacher ist der Buchstabe E zu verwenden. Buchstaben für andere Erfasser werden auf Anfrage vom Bundesamt für Strahlenschutz festgelegt. Vom Bundesamt für Strahlenschutz wird auch die Kennbuchstabenkombination BBB festgelegt.

   Beispiel 1: $E^{1)}$ / $KKW^{2)}$ / $1993^{3)}$ / $R^{4)}$ / $000001^{5)}$

   [1)] E steht für die Erfassung durch den Verursacher
   [2)] KKW steht für das Kernkraftwerk als Verursacher (alternativ XXX für die Kennbuchstabenkombination eines anderen Verursachers)
   [3)] 1993 steht für das Jahr der Erfassung
   [4)] R steht für den Verarbeitungszustand (siehe Teil A Nr. 1.)
   [5)] 000001 steht für die laufende Nummer innerhalb des Jahres

2. Kennzeichnung von Abfallgebinden

   Die Kennung einer Einheit in der Dokumentation ist in der Regel mit der Kennzeichnung des Abfallgebindes nicht identisch. Die Kennzeichnung der Abfallgebinde, die an eine Anlage des Bundes zur Sicherstellung und zur Endlagerung radioaktiver Abfälle abzuliefern sind, erfolgt nach folgendem einheitlichen System[6]:

   die Kennbuchstabenkombination des Verursachers gemäß Festlegung durch das Bundesamt für Strahlenschutz, laufende Nummer (siebenstellig).

   Beispiel 2: $KKW^{1)}$ / $0000001^{2)}$

   [1)] KKW steht für das Kernkraftwerk als Verursacher (alternativ XXX für die Kennbuchstabenkombination eines anderen Verursachers)
   [2)] 0000001 steht für die laufende Nummer

3. Kennzeichnung von Behältern

   Behälter, die zur Sammlung oder zum Transport von radioaktiven Abfällen vorgesehen sind, müssen mit einer unverwechselbaren und dauerhaften Identnummer versehen sein.

---

6 Abfallgebinde, die aus der Wiederaufarbeitung von ausgedienten Brennelementen aus Kernkraftwerken der Bundesrepublik Deutschland in Anlagen des Auslandes stammen, können von dieser Kennzeichnung abweichen.

Strahlenschutzverordnung – Anlage X

Angaben

Ist in der nachfolgenden Tabelle ein Kreuz eingetragen, so ist die Angabe für die jeweils vorliegende Abfallart, soweit zutreffend, zu erfassen. Für bestrahlte Kernbrennstoffe entsprechend Ziffer 1 treffen nur die Angaben von Nummer 2 bis Nummer 18 zu.

Nummer	Angabe je Behälter oder Einheit		Verarbeitungszustand des Abfalls nach Anlage X Teil A		
			R	Z	K
1	Kennung		x	x	x
2	Herkunft (Anlage/Betriebsteil/System/Sonstiges)		x		
3	Benennung nach Anlage X Teil A		x	x	x
4	Datum des Anfalls		x	x	x
5	Abfallmasse in kg		x	x	x
6	Gebindemasse in kg			x	x
7	Gebindevolumen in m³			x	x
8	Behältertyp		x	x	x
9	Behälterkennzeichnung		x	x	x
10	Ortsdosisleistung in	Oberfläche	x	x	x
11	mSv/h	1m Abstand	x	x	x
12	Datum der Messung der Ortsdosisleistung		x	x	x
13	Gesamtaktivität	β/γ-Strahler in Bq	x	x	x
14		α-Strahler in Bq	x	x	x
15	Kernbrennstoff in g		x	x	x
16.1	Aktivität zu	Nr. 1	x	x	x
16.2	berücksichtigender	Nr. 2	x	x	x
16.n	Radionuklide in Bq[7]	Nr. n	x	x	x
17	Bezugsdatum der Aktivitätsangabe		x	x	x
18	Art der Aktivitätsbestimmung[8]		x	x	x
19	Rückstellprobe Nr.		x	x	x
20	Datum der Ausbuchung		x	x	x
21	Referenz der Ausbuchung		x	x	x
22	Abfallprodukt[9]				x
23.1	Stoffliche Zusammen-	Nr. 1			x
23.2	setzung[10]	Nr. 2			x
23.n	in kg	Nr. n			x
24.1	Kennung des verar-	Nr. 1		x	x
24.2	beiteten Rohabfalls oder	Nr. 2		x	x
24.n	Zwischenprodukts[9, 11]	Nr. n		x	x
25	Klassifizierung des Behälters[9]				x
26	Dichtheit der Verpackung[9]				x
27	Ausgeführtes Behandlungsverfahren			x	x
28	Datum der Ausführung			x	x
29	Ort der Ausführung			x	x
30	Ausführender			x	x
31	Produktkontrolle für	Datum der Kontrolle			(x)
32	die Endlagerung	Referenz			(x)
33	Zwischenlagerort		x	x	x
34	Datum der Einlagerung		x	x	x

(x) Im Falle der Zwischenlagerung nur dann, wenn durch die Zwischenlagerung gefordert.

---

[7] Spezifikation der jeweils annehmenden Anlage (Konditionierungsstätte, Zwischenlager, Landessammelstelle, Endlager)
[8] Sofern die Art der Aktivitätsbestimmung nicht unter Nr. 16.1 – 16.n nuklidbezogen angegeben: M = Messung, B = Berechnung, A = Abschätzung
[9] Endlagergerechte Bezeichnung oder Klassifizierung gemäß Festlegung durch das Bundesamt für Strahlenschutz
[10] Vorbehaltlich der Festlegungen und Randbedingungen des Planfeststellungsbeschlusses für das vorgesehene Bundesendlager
[11] Anzugeben sind die Kennungen der zum Zwischenprodukt verarbeiteten Rohabfälle bzw. die Kennungen der zum Abfallprodukt verarbeiteten Zwischenprodukte

Strahlenschutzverordnung – Anlage X

Teil C: Transportmeldung an die atomrechtliche Aufsichtsbehörde vor der Beförderung radioaktiver Abfälle

Die Transportmeldung an die atomrechtliche Aufsichtsbehörde vor der Beförderung radioaktiver Abfälle zu § 75 Abs. 2 hat folgende Angaben zu enthalten:

1. Datum, Ausgangsort und Zielort des Transportes,
2. Eigentümer der zu transportierenden Abfälle,
3. Abgeber der zu transportierenden Abfälle gemäß § 69 Abs. 3
4. Absender der zu transportierenden Abfälle nach den Vorschriften für die Beförderung gefährlicher Güter,
5. Beförderer/Frachtführer sowie Nummer und Ausstellungsdatum der Beförderungsgenehmigung,
6. Empfänger sowie Nummer und Ausstellungsdatum der Genehmigungen nach §§ 6, 7 oder 9 des Atomgesetzes oder §§ 7 oder 11 Abs. 2 dieser Verordnung
7. Annahmezusage des Empfängers,
8. Art und Anzahl der zu transportierenden Behälter/Verpackungen,
9. Art, Masse oder Volumen und Gesamtaktivität der sonstigen radioaktiven Stoffe sowie Gesamtmasse der Kernbrennstoffe nach § 2 Abs. 1 Satz 2 des Atomgesetzes.

Anlage XI

(zu §§ 93, 95, 96)

Arbeitsfelder, bei denen erheblich erhöhte Expositionen durch natürliche terrestrische Strahlungsquellen auftreten können

Teil A: Arbeitsfelder mit erhöhten Radon-222-Expositionen

Arbeiten in

1. untertägigen Bergwerken, Schächten und Höhlen, einschließlich Besucherbergwerken,
2. Radon-Heilbäder und -Heilstollen,
3. Anlagen der Wassergewinnung, -aufbereitung und -verteilung.

Teil B: Arbeitsfelder mit erhöhten Expositionen durch Uran und Thorium und deren Zerfallsprodukte ohne Radon

1. Schleifen von und Wechselstromschweißen mit thorierten Schweißelektroden,
2. Handhabung und Lagerung thorierter Gasglühstrümpfe,
3. Verwendung von Thorium oder Uran in der natürlichen Isotopenzusammensetzung oder in abgereicherter Form einschließlich der daraus jeweils hervorgehenden Tochternuklide, sofern vorhanden, zu chemisch-analytischen oder chemisch-präparativen Zwecken,
4. Handhabung, insbesondere Montage, Demontage, Bearbeiten und Untersuchen von Produkten aus thorierten Legierungen,
5. Gewinnung, Verwendung und Verarbeitung von Pyrochlorerzen,
6. Verwendung und Verarbeitung von Schlacke aus der Verhüttung von Kupferschiefererzen.

Anlage XII

(zu §§ 97 bis 102)

Verwertung und Beseitigung überwachungsbedürftiger Rückstände

Teil A: Liste der zu berücksichtigenden Rückstände

1. Schlämme und Ablagerungen aus der Gewinnung von Erdöl und Erdgas;
2. Nicht aufbereitete Phosphogipse, Schlämme aus deren Aufbereitung sowie Stäube und Schlacken aus der Verarbeitung von Rohphosphat (Phosphorit);
3. a) Nebengestein, Schlämme, Sande, Schlacken und Stäube
    - aus der Gewinnung und Aufbereitung von Bauxit, Columbit, Pyrochlor, Mikrolyth, Euxenit, Kupferschiefer-, Zinn-, Seltene-Erden- und Uranerzen
    - aus der Weiterverarbeitung von Konzentraten und Rückständen, die bei der Gewinnung und Aufbereitung dieser Erze und Mineralien anfallen, sowie

   b) den o. g. Erzen entsprechende Mineralien, die bei der Gewinnung und Aufbereitung anderer Rohstoffe anfallen.
4. Stäube und Schlämme aus der Rauchgasreinigung bei der Primärverhüttung in der Roheisen- und Nichteisenmetallurgie;

Rückstände im Sinne des § 97 sind auch

   a) Materialien nach den Nummern 1 ff., wenn das Anfallen dieser Materialien zweckgerichtet herbeigeführt wird,

   b) Formstücke aus den in Nummern 1 ff. genannten Materialien sowie

   c) ausgehobener oder abgetragener Boden und Bauschutt aus dem Abbruch von Gebäuden oder sonstigen baulichen Anlagen, wenn diese Rückstände nach den Nummern 1 ff. enthalten und gemäß § 101 nach der Beendigung von Arbeiten oder gemäß § 118 Abs. 5 von Grundstücken entfernt werden.

Keine Rückstände im Sinne des § 97 sind Materialien nach den Nummern 1 bis 4,

   a) deren spezifische Aktivität für jedes Radionuklid der Nuklidketten U-238sec und Th-232sec unter 0,2 Becquerel durch Gramm (Bq/g) liegt, oder

   b) die in dort genannte technologische Prozesse als Rohstoffe eingebracht

Die bei den Nuklidketten U-238sec[12] und Th-232sec sowie beim Pb-210++ zu betrachtenden Tochternuklide sind in Anlage III Tabelle 2 aufgelistet.

Teil B: Überwachungsgrenzen für Rückstände nach Teil A

1. Bei der Verwertung oder Beseitigung von Rückständen gilt für repräsentativ ermittelte Werte $C_{U238max}$ und $C_{Th232max}$ der größten spezifischen Aktivitäten der Radionuklide der Nuklidketten U-238sec und Th-232sec in Becquerel durch Gramm (Bq/g) die nachfolgende Summenformel:

$$C_{U238max} + C_{Th232max} \leq C$$

mit der Überwachungsgrenze $C = 1$ Bq/g.

---

[12] Expositionen durch Radionuklide der U-235-Zerfallsreihe sind dabei berücksichtigt und müssen nicht gesondert betrachtet werden.

2. Abweichend von Nummer 1 gilt C = 0,5 Bq/g,

   wenn im Einzugsbereich eines nutzbaren Grundwasservorkommens im Kalenderjahr mehr als 5000 Tonnen Rückstände deponiert werden

   oder

   wenn Baustoffen bei der Verwertung im Hausbau mehr als 20 % oder bei der Verwertung im Straßen-, Wege-, Landschafts- oder Wasserbau, auch im Bereich von Sport- und Spielplätzen, mehr als 50 % Rückstände nach Teil A zugesetzt werden.

3. Abweichend von Nummer 1 gilt C = 5 Bq/g bei der untertägigen Verwertung oder Deponierung von Rückständen.

4. Ist die größte spezifische Aktivität der Radionuklide des Pb-210++ gegenüber der spezifischen Aktivität der übrigen Radionuklide der U-238sec-Nuklidkette um einen Faktor A größer 5 erhöht, gilt abweichend von Nummer 1 bis 3 die nachfolgende Summenformel

$$R \cdot C_{U238max} + C_{Th232max} \leq C \,.$$

Der Faktor R nimmt bei der übertägigen Verwertung oder Beseitigung den Wert 0,5 an. Für die untertägige Verwertung oder Beseitigung ist der Faktor R aus der folgenden Tabelle zu entnehmen.

Faktor A	Faktor R
5 < A ≤ 10	0,3
10 < A ≤ 20	0,2
20 < A	0,1

5. Abweichend von Nummer 1 und 2 gelten die Bedingungen

$$C_{U238max} \leq 0{,}2 \text{ Bq/g und } C_{Th232max} \leq 0{,}2 \text{ Bq/g}$$

   wenn bei der Deponierung oder Verwertung im Straßen-, Wege- oder Landschaftsbau, auch im Bereich von Sport- und Spielplätzen, im Einzugsbereich eines nutzbaren Grundwasserleiters eine Fläche von mehr als 1 Hektar mit Nebengestein belegt wird.

Liegt die spezifische Aktivität für jedes Radionuklid einer der Nuklidketten U-238sec oder Th-232sec unter 0,2 Becquerel durch Gramm (Bq/g), bleibt die jeweilige Nuklidkette unberücksichtigt.

Teil C: Voraussetzungen für die Entlassung aus der Überwachung bei gemeinsamer Deponierung von überwachungsbedürftigen Rückständen mit anderen Rückständen und Abfällen (§ 98 Abs. 2)

Bei Entscheidungen nach § 98 Abs. 2 über die Entlassung von Rückständen aus der Überwachung zum Zwecke einer gemeinsamen Deponierung mit anderen Rückständen und Abfällen kann die zuständige Behörde unter den folgenden Voraussetzungen davon ausgehen, dass Strahlenexpositionen, die infolge dieser gemeinsamen Deponierung auftreten können, auch ohne weitere Maßnahmen für Einzelpersonen der Bevölkerung eine effektive Dosis von 1 Millisievert im Kalenderjahr nicht überschreiten werden:

1. Für die Mittelwerte $C^M_{U238max}$ und $C^M_{Th232max}$ der spezifischen Aktivitäten der Radionuklide der Nuklidketten U-238sec und Th-232sec in Becquerel durch Gramm (Bq/g) gilt nachfolgende Summenformel:

$$C^M_{U238max} + C^M_{Th232max} \leq C^M.$$

Die Mittelwerte $C^M_{U238max}$ und $C^M_{Th232max}$ der spezifischen Aktivitäten dürfen als Gesamtaktivität der innerhalb von 12 Monaten auf der Deponie beseitigten überwachungsbedürftigen Rückstände nach Teil A und B dieser Anlage geteilt durch die Gesamtmasse aller innerhalb dieses Zeitraums auf der Deponie beseitigten Rückstände und Abfälle bestimmt werden. Bei der Ermittlung der Gesamtaktivität ist jeweils die größte Aktivität der Radionuklide der Nuklidketten U-238sec und Th-232sec zugrunde zu legen. C^M nimmt folgende Werte an:

C^M = 0,05 Bq/g für Deponien mit einer Fläche von mehr als 15 Hektar,

C^M = 0,1 Bq/g für Deponien mit einer Fläche bis zu 15 Hektar,

C^M = 1 Bq/g unabhängig von der Deponiefläche für Deponien, bei denen auf Grund der spezifischen Standortbedingungen Grundwasserbelastungen ausgeschlossen werden können, und

C^M = 5 Bq/g bei der untertägigen Beseitigung.

Dabei darf die spezifische Aktivität keines Radionuklids der Nuklidketten U-238sec und Th-232sec 10 Becquerel durch Gramm (Bq/g) bzw. bei der Deponierung auf Deponien für besonders überwachungsbedürftige Abfälle 50 Becquerel durch Gramm (Bq/g) überschreiten.

2. Ist in einer Rückstandscharge die größte spezifische Aktivität der Radionuklide des Pb-210++ gegenüber der spezifischen Aktivität der übrigen Radionuklide der U-238sec-Nuklidkette um einen Faktor A größer 5 erhöht, darf bei der Ermittlung der Gesamtaktivität entsprechend Nummer 1 die Aktivität der Radionuklide der Nuklidkette U-238sec für diese Charge mit einem Faktor R multipliziert werden. Bei der Beseitigung auf Deponien nimmt der Faktor R den Wert 0,3 an. Bei der untertägigen Beseitigung ist der Faktor R aus der Tabelle im Teil B Nummer 4 dieser Anlage zu entnehmen.

Liegt die spezifische Aktivität für jedes Radionuklid einer der Nuklidketten U-238sec oder Th-232sec in einzelnen Rückstandschargen unter 0,2 Becquerel durch Gramm (Bq/g), bleibt die jeweilige Nuklidkette für diese Charge bei der Berechnung der Gesamtaktivität gemäß Nummer 1 unberücksichtigt.

Teil D: Grundsätze für die Ermittlung von Strahlenexpositionen bei Rückständen nach Teil A

1. Bei der Ermittlung der Strahlenexposition von Einzelpersonen der Bevölkerung sind realistische Expositionspfade und Expositionsannahmen zu verwenden. Soweit dabei die Expositionspfade nach Anlage VII Teil A Berücksichtigung finden, sind die Annahmen der Anlage VII Teil B und C, insbesondere die Festlegungen der Anlage VII Teil B Tabelle 1 Spalte 1 bis 7, zugrunde zu legen.

2. Im Falle der Verwertung von Rückständen sind bei der Ermittlung der Strahlenexposition von Einzelpersonen der Bevölkerung alle Expositionen einzubeziehen, die auf dem vorgesehenen Verwertungsweg, insbesondere durch das Herstellen und Inverkehrbringen von Erzeugnissen und durch die Beseitigung dabei anfallender weiterer Rückstände, auftreten können.

3. Im Falle der Beseitigung von Rückständen sind bei der Ermittlung der Strahlenexposition von Einzelpersonen der Bevölkerung alle Expositionen einzubeziehen, die auf dem vorgesehenen Beseitigungsweg durch eine Behandlung, Lagerung und Ablagerung der Rückstände auftreten können.

4. Bei Grundstücken, die durch Rückstände verunreinigt sind, sind in die Ermittlung der Strahlenexposition nach § 101 Abs. 1 Satz 2 alle Expositionen einzubeziehen, die bei realistischen Nutzungsannahmen unter Berücksichtigung der natürlichen Standortverhältnisse auftreten können.

Hierbei sind die Dosiskoeffizienten aus der Zusammenstellung im Bundesanzeiger Nr. 160a und b vom 28. August 2001 Teil II zu verwenden. Im Fall des § 98 Abs. 2 Satz 2 sind die Dosiskoeffizienten aus der Zusammenstellung im Bundesanzeiger Nr. 160a und b vom 28. August 2001 Teil III zu verwenden.

Anlage XIII

(zu §§ 51 und 53)

Information der Bevölkerung

Teil A: Information bei einer radiologischen Notstandsituation

(zu § 51)

1. Die Information an die Bevölkerung erstreckt sich auf die folgenden Angaben, soweit diese im konkreten Ereignisfall relevant sind:
    a) Informationen über die eingetretene Notstandssituation und nach Möglichkeit über deren Merkmale (wie Ursprung, Ausbreitung, voraussichtliche Entwicklung);
    b) Schutzanweisungen, die je nach Fall insbesondere die Beschränkung des Verzehrs bestimmter, möglicherweise kontaminierter Nahrungsmittel, einfache Hygiene- und Dekontaminationsregeln, das Verbleiben im Haus, die Verteilung und Verwendung von Schutzwirkstoffen sowie Vorkehrungen für den Fall der Evakuierung zum Inhalt haben und gegebenenfalls mit Sonderanweisungen für bestimmte Bevölkerungsgruppen verbunden werden;
    c) Empfehlungen zur Zusammenarbeit im Rahmen der Anweisungen und Aufrufe der zuständigen Behörden,
    d) Benennung der für die öffentliche Sicherheit oder Ordnung sowie für den Katastrophenschutz zuständigen Behörden.
2. Geht der Notstandssituation eine Vorwarnstufe voraus, so erhält die Bevölkerung, die im Falle einer radiologischen Notstandssituation möglicherweise betroffen sein wird, bereits auf dieser Stufe Informationen und Anweisungen wie z.B.:
    – die Aufforderung, Rundfunk- oder Fernsehgeräte einzuschalten;
    – vorbereitende Anweisungen für Institutionen, die besondere Gemeinschaftsaufgaben zu erfüllen haben;
    – Empfehlungen für besonders betroffene Berufszweige.
3. Ergänzend zu diesen Informationen und Anweisungen werden je nach verfügbarer Zeit die Grundbegriffe der Radioaktivität und ihre Auswirkungen auf den Menschen und die Umwelt in Erinnerung gerufen.

Teil B: Information in Vorbereitung auf eine radiologische Notstandssituation

(zu § 53)

Die Information muss sich erstrecken auf:

1. Name des Genehmigungsinhabers und Angabe des Standortes,
2. Benennung der Stelle, die die Informationen gibt,
3. Allgemein verständliche Kurzbeschreibung über Art und Zweck der Anlage und Tätigkeit,
4. Grundbegriffe der Radioaktivität und Auswirkungen der Radioaktivität auf Mensch und Umwelt,
5. radiologische Notstandssituationen und ihre Folgen für Bevölkerung und Umwelt, einschließlich geplanter Rettungs- und Schutzmaßnahmen,
6. hinreichende Auskünfte darüber, wie die betroffenen Personen gewarnt und über den Verlauf einer radiologischen Notstandssituation fortlaufend unterrichtet werden sollen,

7. hinreichende Auskünfte darüber, wie die betroffenen Personen bei einer radiologischen Nottandssituation handeln und sich verhalten sollen,
8. Bestätigung, dass der Genehmigungsinhaber geeignete Maßnahmen am Standort, einschließlich der Verbindung zu den für die öffentliche Sicherheit oder Ordnung und den Katastrophenschutz zuständigen Behörden, getroffen hat, um bei Eintritt einer radiologischen Notstandssituation gerüstet zu sein und deren Wirkungen so gering wie möglich zu halten,
9. Hinweis auf außerbetriebliche Alarm- und Gefahrenabwehrpläne, die für Auswirkungen außerhalb des Standortes aufgestellt wurden,
10. Benennung der für die öffentliche Sicherheit oder Ordnung sowie für den Katastrophenschutz zuständigen Behörden.

Anlage XIV
(zu § 48 Abs. 4)

Leitstellen des Bundes für die Emissions- und Immissionsüberwachung

Leitstelle	Umweltbereich
Deutscher Wetterdienst	Luft, Niederschlag
Bundesanstalt für Gewässerkunde	Binnengewässer: Oberflächenwasser, Sediment
Bundesamt für Seeschifffahrt und Hydrographie	Küstengewässer: Oberflächenwasser, Sediment
Bundesanstalt für Milchforschung	Boden Pflanzen, Bewuchs, Futtermittel Nahrungsmittel pflanzlicher und tierischer Herkunft
Bundesforschungsanstalt für Fischerei	Fisch und Fischereierzeugnisse
Bundesamt für Strahlenschutz	Ortsdosis, Ortsdosisleistung Bodenoberfläche, Grundwasser, Trinkwasser, Abwasser, Klärschlamm, Fortluft

Anlage XV

(zu den §§ 70, 70a und 71)

Standarderfassungsblatt für hochradioaktive Strahlenquellen (HRQ)

(1) HRQ-Identifizierungsnummer:[a]	(2) Inhaber der Genehmigung (Besitzer)	(3) Standort der HRQ (Nutzung oder Lagerung) falls abweichend von (2)
	Name: Anschrift:[b] Land:[c] Hersteller:[d] ☐ Lieferant:[e] ☐ Nutzer:[f] ☐	Name: Anschrift: ortsfeste Nutzung: ☐ Lagerung (mobil):[g] ☐
(4)[g] Registrierung Erstmalig registriert am: Archivierung der Registrierungsunterlagen am:	(5) Genehmigung NUMMER: *ausgestellt am:* *abgelaufen am:*	(6) Operationelle Kontrolle der HRQ[h] Datum: Datum: Datum:
(7) HRQ-Merkmale Radionuklid: Radioaktivität zum Zeitpunkt der Herstellung: Zeitpunkt der Herstellung oder des ersten Inverkehrbringens:[k] Hersteller/Lieferant: Name: Anschrift: Land: Physikalische und chemische Merkmale: Quellentyp: Kapsel: ISO-Einstufung: ANSI-Einstufung: *Bescheinigung über besondere Form*[o]	(8) Eingang der HRQ Eingang am:[i] erhalten von: Name: Anschrift: Land: Hersteller: ☐ Lieferant: ☐ anderer Nutzer: ☐ (9) Weitergabe der HRQ weitergegeben am:[j] Weitergabe an: Name: Anschrift: Land: Hersteller:[d] ☐ Lieferant:[e] ☐ anderer Nutzer:[f] ☐ anerkannte Einrichtung:[p] ☐	Datum: Datum: Datum: Datum: Datum: (10) Sonstige Angaben *Verlust:* ☐ *Datum:*[f] *Diebstahl:* ☐ *Datum:*[f] *wieder aufgefunden:*[m] *Datum:* *Ort:* *Sonstige Bemerkungen:*[n]

[a] Identifizierungsnummer der hochradioaktiven Strahlenquelle nach § 68 Abs. 1a
[b] Postadresse inklusive Telefonnummer und E-Mail-Adresse
[c] Deutschland und Bundesland
[d] Inhaber einer Genehmigung zum Umgang mit hochradioaktiven Strahlenquellen nach § 9 AtG oder § 7 StrlSchV
[e] Inhaber einer Genehmigung nach § 3 AtG oder § 19 Abs. 1 Satz 1 StrlSchV
[f] Angabe, sofern es sich um einen ortsveränderlichen Umgang handelt und die HRQ nicht länger als vier Wochen an einem anderen Ort verbleibt
[g] wird von der registerführenden Stelle ausgefüllt
[h] Datum der Prüfung auf Unversehrtheit oder Dichtheit nach § 70 Abs. 1 Satz 3 StrlSchV
[i] Datum des Erlangens der Sachherrschaft
[k] Ist der Hersteller der Strahlenquellen außerhalb der Gemeinschaft niedergelassen, ist zusätzlich der Name und die Anschrift des Verbringers oder Lieferanten anzugeben
[l] Datum der Aufgabe der Sachherrschaft
[m] auch Fund einer HRQ
[n] Angaben über die Verwendung der hochradioaktiven Strahlenquellen, z. B. als Teil einer Bestrahlungsvorrichtung oder zur Werkstoffprüfung
[o] Angaben über Datum der Erteilung einer „special form"-Zulassung und ggf. deren Verlängerungen
[p] Landessammelstelle oder Anlage des Bundes zur Sicherstellung und zur Endlagerung radioaktiver Abfälle nach § 9a Abs. 3 Satz 1 AtG

Verordnung für die Umsetzung von EURATOM-Richtlinien[1] zum Strahlenschutz

Vom 20. Juli 2001 (BGBl. I S. 1714)

Es verordnen

- die Bundesregierung auf Grund des § 2 Abs. 2 Satz 2, des § 7 Abs. 4 Satz 3, des § 9a Abs. 2 Satz 2, des § 10, des § 11 Abs. 1 Nr. 1 bis 3, Nr. 5 bis 8, des § 12 Abs. 1, des § 12b Abs. 6, des § 12c Abs. 4, des § 13 Abs. 2 Nr. 2 und Abs. 3, des § 21 Abs. 3 des Atomgesetzes in der Fassung der Bekanntmachung vom 15. Juli 1985 (BGBl. I S. 1565), von denen § 2 Abs. 2, § 11 und 12 Abs. 1, § 12b Abs. 2, § 23 und § 54 Abs. 1 zuletzt geändert worden sind durch Artikel 1 des Gesetzes vom 3. Mai 2000 (BGBl. I S. 636 ber. S. 1350) in Verbindung mit dem 2. Abschnitt des Verwaltungskostengesetzes vom 23. Juni 1970 (BGBl. I S. 821), des § 23 Abs. 3 und des § 54 Abs. 1 Satz 1 und 2 und Abs. 2 Satz 1 des Atomgesetzes in der Fassung der Bekanntmachung vom 15. Juli 1985 (BGBl. I S. 1565), von denen § 2 Abs. 2, §§ 11 und 12 Abs. 1, § 12b Abs. 2, § 23 und § 54 Abs. 1 zuletzt geändert worden sind durch Artikel 1 des Gesetzes vom 3. Mai 2000 (BGBl. I S. 636 ber. S. 1350), und auf Grund des § 2 Abs. 2 und 3, jeweils in Verbindung mit Absatz 5, des Eichgesetzes in der Fassung der Bekanntmachung vom 23. März 1992 (BGBl. I S. 711) nach Anhörung der betroffenen Kreise,

- das Bundesministerium für Umwelt, Naturschutz und Reaktorsicherheit auf Grund der §§ 10 und 54 Abs. 1 Satz 3 und Abs. 2 Satz 1 des Atomgesetzes in der Fassung der Bekanntmachung vom 15. Juli 1985 (BGBl. I S. 1565), von denen § 10 durch Artikel 1 des Gesetzes vom 6. April 1998 (BGBl. I S. 694) geändert wurde,

- das Bundesministerium für Gesundheit auf Grund des § 7 Abs. 2 des Arzneimittelgesetzes in der Fassung der Bekanntmachung vom 11. Dezember 1998 (BGBl. I S. 3586) in Verbindung mit Artikel 56 Abs. 1 des Zuständigkeitsanpassungs-Gesetzes vom 18. März 1975 (BGBl. I S. 705) und dem Organisationserlass vom 27. Oktober 1998 (BGBl. I S. 3288) im Einvernehmen mit dem Bundesministerium für Umwelt, Naturschutz und Reaktorsicherheit, sowie

- das Bundesministerium für Verkehr, Bau- und Wohnungswesen auf Grund des § 36 Abs. 3 des Gesetzes über Ordnungswidrigkeiten vom 19. Februar 1987 (BGBl. I S. 602) und des § 2 Abs. 2 des Gesetzes über das Luftfahrt-Bundesamt vom 30. November 1954 (BGBl. I S. 354), zuletzt geändert durch Artikel 2 des Gesetzes vom 26. August 1998 (BGBl. I S. 2470):

Artikel 1
Verordnung über den Schutz vor Schäden durch ionisierende Strahlen
(Strahlenschutzverordnung – StrlSchV)

(oben S. 51 ff. abgedruckt)

---

1 Diese Verordnung dient der Umsetzung der Richtlinie 96/29/EURATOM des Rates vom 13. Mai 1996 zur Festlegung der grundlegenden Sicherheitsnormen für den Schutz der Gesundheit der Arbeitskräfte und der Bevölkerung gegen die Gefahren durch ionisierende Strahlungen (ABl. EG Nr. L 159 S. 1), der Richtlinie 97/43/EURATOM des Rates vom 30. Juni 1997 über den Gesundheitsschutz von Personen gegen die Gefahren ionisierender Strahlung bei medizinischer Exposition und zur Aufhebung der Richtlinie 84/466/EURATOM (ABl. EG Nr. L 180 S. 22) und der Richtlinie 89/618/EURATOM des Rates vom 27. November 1989 über die Unterrichtung der Bevölkerung über die bei einer radiologischen Notstandssituation geltenden Verhaltensmaßregeln und zu ergreifenden Gesundheitsschutzmaßnahmen (ABl. EG Nr. L 357 S. 31).

Artikel 2
Änderung der Atomrechtlichen Verfahrensverordnung

(vom Abdruck wurde abgesehen)

Artikel 3
Änderung der Atomrechtlichen Deckungsvorsorge-Verordnung

(vom Abdruck wurde abgesehen)

Artikel 4
Änderung der Atomrechtlichen Zuverlässigkeitsüberprüfungs-Verordnung

(vom Abdruck wurde abgesehen)

Artikel 5
Änderung der Endlagervorausleistungsverordnung

(vom Abdruck wurde abgesehen)

Artikel 6
Änderung der Atomrechtlichen Sicherheitsbeauftragten- und Meldeverordnung

(vom Abdruck wurde abgesehen)

Artikel 7
Änderung der Atomrechtlichen Abfallverbringungsverordnung

(vom Abdruck wurde abgesehen)

Artikel 8
Änderung der Kostenverordnung zum Atomgesetz

(vom Abdruck wurde abgesehen)

Artikel 9
Änderung der Eichordnung

(siehe Auszug aus der Eichordnung S. 207)

Artikel 10
Änderung der Verordnung über radioaktive oder mit ionisierenden Strahlen behandelte Arzneimittel

(vom Abdruck wurde abgesehen)

Artikel 11
Änderung der Röntgenverordnung

(vom Abdruck wurde abgesehen)

Artikel 12
Inkrafttreten

(1) Diese Verordnung tritt, soweit in Absatz 2 nichts Abweichendes bestimmt ist, am ersten Tage des auf die Verkündung[2] folgenden Kalendermonats in Kraft. Gleichzeitig tritt die Strahlenschutzverordnung in der Fassung der Bekanntmachung vom 30. Juni 1989 (BGBl. I S. 1321, 1926), zuletzt geändert durch die Verordnung vom 18. August 1997 (BGBl. I S. 2113), außer Kraft.

---

2   Die Verordnung ist am 26. Juli 2001 in Nr. 38 von Teil I des Bundesgesetzblatts 2001 verkündet worden.

(2) Abweichend von Absatz 1 treten außerhalb des in Artikel 3 des Einigungsvertrages vom 6. September 1990 (BGBl. 1990 II S. 885) genannten Gebietes Artikel 1 § 95 Abs. 3 bis 12, §§ 97 bis 102 sowie § 118 Abs. 4 und 5 am 1. Januar 2004 in Kraft.

Der Bundesrat hat zugestimmt.

Berlin, den 20. Juli 2001-12-08

Der Stellvertreter des Bundeskanzlers

J. Fischer

Der Bundesminister

für Umwelt, Naturschutz und Reaktorsicherheit

Jürgen Trittin

Der Bundesminister

für Wirtschaft und Technologie

Müller

Für die Bundesministerin für Gesundheit

Der Bundesminister

für Arbeit und Sozialordnung

Walter Riester

Der Bundesminister

für Verkehr, Bau- und Wohnungswesen

Kurt Bodewig

Eichordnung (EO 1988)

vom 12. August 1988 (BGBl. I S. 1657)[1]

(Auszug)

Inhaltsübersicht

Teil 1
Pflichten beim Inverkehrbringen, Verwenden und Bereithalten von Messgeräten

§ 1 Medizinische Messgeräte

§ 2 Strahlenschutzmessgeräte

...

...

Teil 11
Ordnungswidrigkeiten, Übergangs- und Schlussvorschriften

§ 74 Ordnungswidrigkeiten

§ 75 Bezugsquelle und Niederlegung technischer Regeln

§ 76 Ausnahmen

§ 77 Übergangsvorschriften

...

...

Anhänge

...

...

Anlagen

...

...

Anlage 23: Strahlenschutzmessgeräte

-

---

[1] Zuletzt geändert durch Artikel 287 der Achten Zuständigkeitsanpassungsverordnung v. 25.11.2003 (BGBl. I S. 2304); Anlage 23 Inhaltsübersicht und Abschnitte 1 bis 3 in der Fassung des Artikel 9 Nr. 2 der Verordnung für die Umsetzung von EURATOM-Richtlinien zum Strahlenschutz v. 20.7.2001 (BGBl. I S. 1714) (siehe oben S. 223), Anlage 23 Abschnitt 4 i.d.F. d. Artikel 1 Nr. 33 der Verordnung v. 18.8.2000 (BGBl. I S.1307). Die Anlagen 1 bis 23 sind im übrigen ursprünglich als Anlageband zum Bundesgesetzblatt Teil I Nr. 43 vom 26.8.1988 veröffentlicht.

Der Bundesminister für Wirtschaft verordnet

- auf Grund des § 6 Abs. 6, des § 8 Abs. 1 bis 3, des § 9 Abs. 2 Satz 4, Abs. 5 und 6, des § 13 Abs. 1 Nr. 4 und 5, des § 19 Nr. 1 bis 3 und des § 26 des Eichgesetzes in der Fassung der Bekanntmachung vom 22. Februar 1985 (BGBl. I S. 410),
- auf Grund des § 4 Abs. 2, 3 und 7 des Eichgesetzes, der gemäß Artikel 12 Nr. 1 der Dritten Zuständigkeitsanpassungs-Verordnung vom 26. November 1986 (BGBl. I S. 2089) geändert worden ist, nach Anhörung von Sachverständigen aus Kreisen der Ärzteschaft, der Wissenschaft und der Wirtschaft im Einvernehmen mit den Bundesministern für Arbeit und Sozialordnung und für Jugend, Familie, Frauen und Gesundheit,
- auf Grund des § 8 Abs. 4 Nr. 1 und 2 und Abs. 5 Nr. 1 des Eichgesetzes, der gemäß Artikel 12 Nr. 2 der genannten Verordnung geändert worden ist, im Einvernehmen mit den Bundesministern für Umwelt, Naturschutz und Reaktorsicherheit und für Arbeit und Sozialordnung,
- auf Grund des § 8 Abs. 4 Nr. 4 und Abs. 5 Nr. 3 des Eichgesetzes, der gemäß Artikel 12 Nr. 1 der genannten Verordnung geändert worden ist, im Einvernehmen mit den Bundesministern für Jugend, Familie, Frauen und Gesundheit und für Ernährung, Landwirtschaft und Forsten,
- auf Grund des § 13 Abs. 1 Nr. 1 und 2 und Abs. 2 des Eichgesetzes, der gemäß Artikel 12 Nr. 2 der genannten Verordnung geändert worden ist, im Einvernehmen mit dem Bundesminister für Umwelt, Naturschutz und Reaktorsicherheit und
- auf Grund des § 13 Abs. 1 Nr. 6 und Abs. 2 des Eichgesetzes im Einvernehmen mit dem Bundesminister für Ernährung, Landwirtschaft und Forsten

mit Zustimmung des Bundesrates:

Teil 1
Pflichten beim Inverkehrbringen, Verwenden und Bereithalten von Messgeräten

§ 1
Medizinische Messgeräte

...

...

§ 2
Strahlenschutzmessgeräte

(1) Strahlenschutzdosimeter für Röntgen- und Gammastrahlen, deren Energienenngebrauchsbereich ganz oder teilweise in den Photonenenergiebereich von 0,005 bis 7 Megaelektronvolt fällt, müssen in diesem Bereich geeicht sein, wenn sie verwendet werden, um

1.[2] für die physikalische Strahlenschutzkontrolle die Messung

    a) der Personendosis nach § 41 Abs. 1 Satz 1, Abs. 3 Satz 5 oder Abs. 5 der Strahlenschutzverordnung oder § 35 Abs. 2 Satz 1, Abs. 3 Satz 3, Abs. 4 oder Abs. 6 Nr. 3 der Röntgenverordnung,

    b) der Ortsdosis oder Ortsdosisleistung nach § 41 Abs. 1 Satz 2 Nr. 1 der Strahlenschutzverordnung oder § 34 Abs. 1 Satz 1 oder § 35 Abs. 6 Nr. 1 der Röntgenverordnung,

    c) der Ortsdosisleistung nach den Vorschriften über die Beförderung gefährlicher Güter,

---

[2] § 2 Abs. 1 Nr. 1 geändert durch Art. 1 Nr. 2 Buchst. a Doppelbuchst. aa der Vierten Verordnung zur Änderung der Eichordnung vom 8. Februar 2007 (BGBl. I S. 70).

Eichordnung (EO 1988) (Auszug)

2. Messungen zur Abgrenzung von Strahlenschutzbereichen oder zur Festlegung von Aufenthaltszeiten von Personen in Strahlenschutzbereichen,

3.[3] Messungen nach den §§ 3, 4 und § 16 Abs. 2 der Röntgenverordnung oder

4. amtliche Überwachungsaufgaben hinsichtlich der Nummern 1 bis 3

durchzuführen.

(2) Strahlenschutzdosimeter im Sinne des Absatzes 1 sind die nachstehenden Dosimeter, deren Messbereich ganz oder teilweise innerhalb der nachfolgenden Grenzen liegt:

1. Personendosimeter zur Bestimmung der Personendosis zwischen 10^{-5} Sievert und 10 Sievert,

2. ortsveränderliche Ortsdosimeter zur Bestimmung der Ortsdosisleistung zwischen 10^{-7} Sievert durch Stunde und 10 Sievert durch Stunde oder zur Bestimmung der Ortsdosis zwischen 10^{-7} Sievert und 10 Sievert,

3. ortsfeste Ortsdosimeter zur Bestimmung der Ortsdosisleistung zwischen 10^{-7} Sievert durch Stunde und 10^2 Sievert durch Stunde oder zur Bestimmung der Ortsdosis zwischen 10^{-7} Sievert und 10 Sievert, wenn sie aufgrund einer Festlegung der zuständigen atomrechtlichen Behörde einem Zweck nach Absatz 1 Nr. 1 oder 2 dienen,

4. Diagnostikdosimeter zur Bestimmung der Luftkerma zwischen 10^{-6} Gray und 0,3 Gray, oder zur Bestimmung des Luftkerma-Längenproduktes oberhalb von 5×10^{-6} Gray mal Meter zur Bestimmung der Luftkermaleistung zwischen 10^{-7} Gray durch Sekunde und 10^{-2} Gray durch Sekunde.

(3) Absatz 1 gilt nicht für Thermolumineszenz-Dosimeter, Photolumineszenz-Dosimeter, Exoelektronen-Dosimeter und Filmdosimeter. Die Sonden dieser Dosimeter dürfen zu den in Absatz 1 genannten Zwecken nur verwendet werden, wenn sie von einer Dosimetriestelle ausgegeben werden; sie sind der Dosimetriestelle nach der Verwendung zur Auswertung zurückzugeben. Die Dosimetriestelle darf Dosimetersonden nur ausgeben und auswerten, wenn die Bauarten der Dosimeter zugelassen sind und sie regelmäßig an Vergleichsmessungen teilnimmt und die dabei gestellten Anforderungen einhält. Die Zulassung kann aufgrund einer Bauartprüfung oder einmal durchgeführter erweiterter Vergleichsmessungen erfolgen. Die Vergleichsmessungen nach Satz 3 werden von der Bundesanstalt oder von einer Institution veranstaltet, die von der zuständigen Behörde im Benehmen mit der Bundesanstalt anerkannt ist. Die Dosimetriestelle hat der zuständigen Behörde die Teilnahme an Vergleichsmessungen nach Satz 3 und deren Ergebnis mitzuteilen. Der Leiter der Dosimetriestelle hat dafür zu sorgen, dass die Vorschriften der Sätze 3 und 6 eingehalten werden.

(4)[4] Elektronische Personendosimeter, die für amtliche Überwachungsaufgaben zur physikalischen Strahlenschutzkontrolle in den in Absatz 1 Nr. 1 Buchstabe a genannten Fällen verwendet werden, müssen

1. die Feststellung der gemessenen Personendosis mittels elektronischer Datenkommunikation zulassen,

2. mit Dosimetersonden und, soweit vorhanden, mit Anzeigegeräten versehen sein, die eine Bauartzulassung besitzen, und

3. auf Veranlassung der Leitung der Dosimetriestelle geeicht sind.

Die Feststellung der Personendosis muss durch die Dosimetriestelle mittels elektronischer Datenkommunikation erfolgen.

...

...

---

3 § 2 Abs. 1 Nr. 3 geändert durch Art. 1 Nr. 2 Buchst. a Doppelbuchst. bb der Vierten Verordnung zur Änderung der Eichordnung vom 8. Februar 2007 (BGBl. I S. 70).
4 Absatz 4 eingefügt durch Art. 1 Nr. 2 Buchst. b der Vierten Verordnung zur Änderung der Eichordnung vom 8. Februar 2007 (BGBl. I S. 70).

Teil 11
Ordnungswidrigkeiten, Übergangs- und Schlussvorschriften

§ 74
Ordnungswidrigkeiten

Ordnungswidrig im Sinne des § 19 Abs. 1 Nr. 4 des Eichgesetzes handelt, wer vorsätzlich oder fahrlässig

1. ...
2. nicht geeichte Messgeräte entgegen § 2 Abs. 1 oder § 3 Abs. 1 verwendet oder entgegen § 3 Abs. 1 Nr. 2 bereithält,
3. entgegen § 2 Abs. 3 Satz 2 Dosimetersonden verwendet oder nicht zurückgibt,
4. entgegen § 2 Abs. 3 Satz 7 nicht dafür sorgt, dass die dort genannten Vorschriften eingehalten werden.

§ 75
Bezugsquelle und Niederlegung technischer Regeln

Die technischen Regeln des DIN Deutsches Institut für Normung e.V., auf die in dieser Verordnung verwiesen wird, sind beim Deutschen Patentamt in München archivmäßig gesichert niedergelegt und beim Beuth Verlag GmbH, Berlin und Köln, erschienen.

§ 76
Ausnahmen

(1) Das Bundesministerium der Verteidigung kann für Messgeräte der Bundeswehr, die den §§ 1 und 2 unterliegen, Ausnahmen von den Vorschriften dieser Verordnung zulassen, wenn zwingende Gründe der Verteidigung, einschließlich der Besonderheiten eingelagerten Geräts, oder die Erfüllung zwischenstaatlicher Verpflichtungen der Bundesrepublik Deutschland dies erfordern und die Messsicherheit auf andere Weise gewährleistet ist.

(2) Die für die zivile Verteidigung und den Katastrophenschutz zuständigen obersten Bundes- und Landesbehörden können für Messgeräte, die für Zwecke der zivilen Verteidigung und des Katastrophenschutzes verwendet werden oder eingelagert sind und den §§ 1 und 2 unterliegen, Ausnahmen von den Vorschriften dieser Verordnung zulassen, wenn die Messsicherheit auf andere Weise gewährleistet ist.

§ 77[5]
Übergangsvorschriften

...

...

(6) Vor dem 1. September 2000 erstgeeichte Orts- und Personendosimeter nach § 2 Abs. 1, deren Nenngebrauchsbereich für die Energie 3 Megaelektronvolt nicht übersteigt, können unbefristet für Messungen in Strahlungsfeldern mit Energien zwischen 3 und 7 Megaelektronvolt weiterverwendet werden.

...

...

---

[5] § 77 neugefasst durch Artikel 1 Nr. 21 der Vierten Verordnung zur Änderung der Eichordnung vom 8. Februar 2007 (BGBl. I S. 70).

Eichordnung (EO 1988) (Auszug)

Anlage 23
Strahlenschutzmessgeräte

Abschnitt 1   Ortsfeste Strahlenschutz-Messgeräte zur Messung der Umgebungs-Äquivalentdosis und der Umgebungs-Äquivalentdosisleistung

Abschnitt 2   Personendosimeter zur Messung der Tiefen- und Oberflächen-Personendosis

Abschnitt 3   Ortsdosimeter zur Messung der Umgebungs- und Richtungs-Äquivalentdosis und der Umgebungs- und Richtungs-Äquivalentdosisleistung

Abschnitt 4   Diagnostikdosimeter

Abschnitt 1
Ortsfeste Strahlenschutz-Messgeräte zur Messung der Umgebungs-Äquivalentdosis und der Umgebungs-Äquivalentdosisleistung

1. Zulassung

1.1 Die Bauarten der ortsfesten Strahlenschutz-Messsysteme nach § 2 bedürfen der Zulassung zur innerstaatlichen Eichung.

1.2 Die Bauarten der radioaktiven Kontrollvorrichtungen bedürfen der Zulassung zur innerstaatlichen Eichung.

2. Begriffsbestimmungen

2.1 Ortsfeste Strahlenschutz-Messsysteme

Ortsfeste Strahlenschutz-Messsysteme sind ortsfeste Ortsdosimeter nach § 2 Abs. 2 Nr. 3 mit mindestens einem Messkanal.

2.2 Messkanal

Ein Messkanal ist eine Kombination aus mindestens folgenden Komponenten: einer Sonde mit mindestens einem Detektor für ionisierende Strahlung und einem Messumformer, einer von der Sonde räumlich getrennten Messwerterfassung und -anzeige, einer Einrichtung zur Signalübermittlung zwischen Sonde und Messwerterfassung sowie einer Alarmeinrichtung, die zur Funktionsfehlererkennung mindestens das Unterschreiten eines unteren Grenzwertes für das Messsignal optisch oder akustisch erkennen lässt.

2.3 Zusatzeinrichtungen

Zusatzeinrichtungen sind Einrichtungen, die den Austausch von Daten mit dem Ortsdosimeter ermöglichen. Diese Daten können gegebenenfalls gespeichert oder weitergegeben werden. Die Zusatzeinrichtungen unterliegen – soweit anwendbar – den Anforderungen an ortsfeste Strahlenschutz-Messsysteme.

2.4 Dosis- und Dosisleistungswarnschwellen

Dosis- und Dosisleistungswarnschwellen sind fest eingestellte oder frei wählbare Schwellenwerte, bei deren Überschreitung ein akustischer oder optischer Alarm ausgelöst wird, der im Falle der Dosisleistungswarnschwelle bei Unterschreiten wieder erlischt. Sie sind bezüglich der Messrichtigkeit einer Anzeige gleichgestellt.

2.5 Radioaktive Kontrollvorrichtung

Eine radioaktive Kontrollvorrichtung ist ein Gerät zur Überprüfung der Einhaltung der Kontrollanzeigegrenzen für die Verlängerung der Eichgültigkeitsdauer. Sie kann aus mehreren Komponenten bestehen (z.B. Prüfstrahlern und Halterung).

3. Messgrößen und Einheiten

3.1 Messgröße für die Ortsdosis durch Photonenstrahlung ist die Umgebungs-Äquivalentdosis, H*(10).

3.2 Messgröße für die Ortsdosisleistung ist die Umgebungs-Äquivalentdosisleistung, H*(10).

3.3 Die Einheit der Umgebungs-Äquivalentdosis ist das Sievert (Sv). Die Einheit der Umgebungs-Äquivalentdosisleistung ist das Sievert dividiert durch eine gesetzliche Einheit der Zeit.

4. Aufschriften, Beschreibung und Gebrauchsanweisung

4.1 Ortsfeste Strahlenschutz-Messsysteme

Zusätzlich zu § 42 Abs. 1 müssen die in den Nummern 4.2 bis 4.5 gestellten Anforderungen erfüllt sein.

4.2 Messkanal

Die Komponenten jedes Messkanals müssen durch folgende Angaben gekennzeichnet sein:
- Hersteller,
- Typbezeichnung,
- Geräte- bzw. Fertigungsnummer (nur bei Geräten),
- zusätzlich auf der Sonde: Messbereich und Nenngebrauchsbereich für die Photonenenergie.

Zusätzlich müssen an jeder Messwertanzeige erkennbar sein: Messgröße und Einheit, Messort und Messzeitpunkt für jeden Messwert, Messbereich und Nenngebrauchsbereich für die Photonenenergie für die betreffende Sonde.

4.3 Bedienungselemente

Aus der Beschriftung oder der Kennzeichnung der Bedienungselemente muss deren Funktion eindeutig und unverwechselbar zu erkennen sein.

4.4 Bezugspunkt

Die Lage des Bezugspunktes der Sonde muss auf dem Gehäuse gekennzeichnet sein. Ist dies nicht möglich, muss der Bezugspunkt in der Gebrauchsanweisung (Nr. 4.5) angegeben sein.

4.5 Gebrauchsanweisung

Jedem ortsfesten Strahlenschutz-Messsystem muss eine bei der Zulassung festgelegte Gebrauchsanweisung beigegeben sein.

4.6 Radioaktive Kontrollvorrichtung

Auf der radioaktiven Kontrollvorrichtung sind das Radionuklid, die Nennaktivität mit Bezugsdatum, der Hersteller, die Typbezeichnung, das Zulassungszeichen und eine Geräte- oder Fertigungsnummer anzugeben.

5. Fehlergrenzen

5.1 Eichfehlergrenzen

Die Eichfehlergrenzen betragen 30% bezogen auf den richtigen Wert unter Bezugsbedingungen bei der Eichung.

5.2 Verkehrsfehlergrenzen

Die Verkehrsfehlergrenzen gelten als eingehalten, wenn die unter den Bezugsbedingungen bei der Eichung nach Nummer 5.1 ermittelten Abweichungen vom richtigen Wert nicht mehr als 36% betragen.

Eichordnung (EO 1988) (Auszug)

6.. Übergangsvorschriften

Ortsfeste Strahlenschutz-Messsysteme zur Messung der Photonen-Äquivalentdosis und der Photonen-Äquivalentdosisleistung in der Ausführung der bis zum 1. August 2001 geltenden Vorschriften können bis zum 1. August 2006 erstgeeicht werden.

Abschnitt 2
Personendosimeter zur Messung der Tiefen- und Oberflächen-Personendosis

1. Zulassung

1.1 Die Bauarten der Personendosimeter nach § 2 bedürfen der Zulassung zur innerstaatlichen Eichung.

1.2 Die Bauarten der radioaktiven Kontrollvorrichtungen bedürfen der Zulassung zur innerstaatlichen Eichung.

2. Begriffsbestimmungen

2.1 Personendosimeter

Personendosimeter sind Messgeräte zur Messung der Personendosis. Ein Personendosimeter besteht aus einer oder mehreren Dosimetersonden und einem Anzeigegerät. Bei Dosimetern nach § 2 Abs. 3

- müssen die Dosimetersonden vom gleichen Typ sein,
- sind die Dosimetersonden nicht mit dem Anzeigegerät verbunden und
- sind Zusatzgeräte Bestandteil des Dosimeters.

2.2 Dosimetersonde

Die Dosimetersonde besteht aus dem Detektor sowie im Allgemeinen aus zusätzlichen Bauteilen.

2.3 Anzeigegerät

Ein Anzeigegerät ist ein Gerät zur Umwandlung des physikalischen Messeffektes oder des von dem Detektor abgegebenen und aus dem physikalischen Messeffekt abgeleiteten Signals in eine Anzeige. Anzeigegerät und Dosimetersonde können eine Einheit bilden (elektronisches Personendosimeter, Stabdosimeter).

2.4 Zusatzgerät

Ein Zusatzgerät ist ein Gerät, das für die Auswertung, Kalibrierung und Wiederverwendung von Dosismetersonden benötigt wird, wie z.B. ein Ofen zur Wärmebehandlung oder ein Entwicklungsgerät zur Filmentwicklung.

2.5 Zusatzeinrichtungen

Zusatzeinrichtungen sind Einrichtungen, die den Austausch von Daten mit dem Personendosimeter ermöglichen. Diese Daten können gegebenenfalls gespeichert oder weitergegeben werden. Die Zusatzeinrichtungen unterliegen – soweit anwendbar – den Anforderungen an Personendosimeter.

2.6 Dosiswarnschwellen

Dosiswarnschwellen sind fest eingestellte oder frei wählbare Schwellenwerte, bei deren Überschreitung mindestens ein akustischer Alarm ausgelöst wird. Sie sind bezüglich der Messrichtigkeit einer Anzeige gleichgestellt.

2.7 Radioaktive Kontrollvorrichtung

Eine radioaktive Kontrollvorrichtung ist ein Gerät zur Überprüfung der Einhaltung der Kontrollanzeigegrenzen für die Verlängerung der Eichgültigkeitsdauer. Sie kann aus mehreren Komponenten bestehen (z.B. Prüfstrahlern und Halterung). Bei Dosimetern nach § 2 Abs. 3 kann die radioaktive Kontrollvorrichtung auch zur Bestimmung des Kalibrierfaktors dienen.

3. Messgröße und Einheit

3.1
Messgrößen für die Personendosis sind die Tiefen-Personendosis, $H_p(10)$, und die Oberflächen-Personendosis, $H_p(0,07)$.

3.2
Die Einheit für die Personendosismessgrößen ist das Sievert (Sv).

4. Aufschriften, Gebrauchsanweisung

4.1 Personendosimeter

Zusätzlich zu den Angaben nach § 42 Abs. 1 müssen auf dem Personendosimeter und auf externen Dosimetersonden die Messgröße und der Nenngebrauchsbereich der Photonenenergie angegeben sein. Bei Dosimetern nach § 2 Abs. 3 ist gegebenenfalls eine entsprechende Kennzeichnung der Dosimetersonde ausreichend. Bei Dosimetern mit Bereichsumschaltung muss der Messwert eindeutig ablesbar sein. Die Angabe des Baujahres kann entfallen. Ist eine vollständige Kennzeichnung nicht möglich, so sind Abkürzungen zulässig.

4.2 Komponenten

Besteht das Personendosimeter oder die radioaktive Kontrollvorrichtung aus mehreren nicht fest miteinander verbundenen Komponenten oder ist das Austauschen von Komponenten eines Dosimeters vorgesehen, so müssen alle Komponenten mindestens mit Typbezeichnungen und Fabriknummer gekennzeichnet sein.

4.3 Bedienungselemente

Aus der Kennzeichnung der Bedienungselemente muss deren Funktion eindeutig, unverwechselbar und dauerhaft zu erkennen sein.

4.4 Bezugspunkt

Die Lage des Bezugspunktes des Dosimeters bzw. der Dosimetersonde muss auf dem Gehäuse gekennzeichnet sein. Ist dies nicht möglich, so muss der Bezugspunkt in der Gebrauchsanweisung (Nr. 4.5) angegeben sein.

4.5 Gebrauchsanweisung

Jedem Personendosimeter muss eine bei der Zulassung festgelegte Gebrauchsanweisung beigefügt sein.

4.6 Radioaktive Kontrollvorrichtung

Auf der radioaktiven Kontrollvorrichtung sind das Radionuklid, die Nennaktivität mit Bezugsdatum, der Hersteller, die Typbezeichnung, das Zulassungszeichen und eine Geräte- oder Fertigungsnummer anzugeben.

5. Fehlergrenzen

5.1 Eichfehlergrenzen

Die Eichfehlergrenzen betragen 20% bezogen auf den richtigen Wert unter Bezugsbedingungen bei der Eichung.

5.2 Verkehrsfehlergrenzen

Die Verkehrsfehlergrenzen gelten als eingehalten, wenn die unter den Bezugsbedingungen bei der Eichung nach Nummer 5.1 ermittelten Abweichungen vom richtigen Wert nicht mehr als +- 24% betragen.

6. Übergangsvorschriften

6.1 Personendosimeter mit Detektoren aus Thermolumineszenz-, Photolumineszenz-, Filmmaterial oder mit Detektoren, die Exoelektronen emittieren, zur Messung der Photonen-Äquivalentdosis in der Ausführung der bis zum 1. August 2001 geltenden Vorschriften können bis zum 1. August 2006 erstgeeicht werden.

6.2 Personendosimeter zur Messung der Photonen-Äquivalentdosis und der Photonen-Äquivalentdosisleistung in der Ausführung der bis zum 1. August 2001 geltenden Vorschriften können bis zum 1. August 2006 erstgeeicht werden.

Abschnitt 3
Ortsdosimeter zur Messung der Umgebungs- und Richtungs-Äquivalentdosis und der Umgebungs- und Richtungs-Äquivalentdosisleistung

1. Zulassung

1.1 Die Bauarten der Ortsdosimeter nach § 2 bedürfen der Zulassung zur innerstaatlichen Eichung.

1.2 Die Bauarten der radioaktiven Kontrollvorrichtungen bedürfen der Zulassung zur innerstaatlichen Eichung.

2. Begriffsbestimmungen

2.1 Ortsdosimeter

Ortsdosimeter sind Messgeräte zur Messung der Ortsdosis und/oder der Ortsdosisleistung mit Ausnahme der Ortsdosimeter nach § 2 Abs. 2 Nr. 3. Ein Ortsdosimeter besteht aus einer oder mehreren Dosimetersonden und einem Anzeigegerät. Bei Dosimetern nach § 2 Abs. 3

– müssen die Dosimetersonden vom gleichen Typ sein,
– sind die Dosimetersonden nicht mit dem Anzeigegerät verbunden und
– sind Zusatzgeräte Bestandteil des Dosimeters.

2.2 Dosimetersonde

Die Dosimetersonde besteht aus dem Detektor sowie im Allgemeinen aus zusätzlichen Bauteilen.

2.3 Anzeigegerät

Ein Anzeigegerät ist ein Gerät zur Umwandlung des physikalischen Messeffektes oder des von dem Detektor abgegebenen und aus dem physikalischen Messeffekt abgeleiteten Signals in eine Anzeige. Anzeigegerät und Dosimetersonde können eine Einheit bilden (elektronisches Ortsdosisleistungsmessgerät).

2.4 Zusatzgerät

Ein Zusatzgerät ist ein Gerät, das für die Auswertung, Kalibrierung oder Wiederverwendung von Dosimetersonden benötigt wird, wie z.B. ein Ofen zur Wärmebehandlung.

2.5 Zusatzeinrichtungen

Zusatzeinrichtungen sind Einrichtungen, die den Austausch von Daten mit dem Ortsdosimeter ermöglichen. Diese Daten können gegebenenfalls gespeichert oder weitergegeben werden. Die Zusatzeinrichtungen unterliegen – soweit anwendbar – den Anforderungen an Ortsdosimeter.

2.6 Dosis- und Dosisleistungswarnschwellen

Dosis- und Dosisleistungswarnschwellen sind fest eingestellte oder frei wählbare Schwellenwerte, bei deren Überschreitung ein akustischer oder optischer Alarm ausgelöst wird, der im Falle der Dosisleistungswarnschwelle bei Unterschreiten wieder erlischt. Sie sind bezüglich der Messrichtigkeit einer Anzeige gleichgestellt.

2.7 Radioaktive Kontrollvorrichtung

Eine radioaktive Kontrollvorrichtung ist ein Gerät zur Überprüfung der Einhaltung der Kontrollanzeigegrenzen für die Verlängerung der Eichgültigkeitsdauer. Sie kann aus mehreren Komponenten bestehen (z.B. Prüfstrahlern und Halterung). Bei Dosimetern nach § 2 Abs. 3 kann die radioaktive Kontrollvorrichtung auch zur Bestimmung des Kalibrierfaktors dienen.

3. Messgröße und Einheit

3.1
Messgrößen für die Ortsdosis sind die Umgebungs-Äquivalentdosis H*(10) und die Richtungs-Äquivalentdosis H'(0,07,Omega).

3.2
Messgrößen für die Ortsdosisleistung sind die Umgebungs-Äquivalentdosisleistung H*(10) und die Richtungs-Äquivalentdosisleistung H'(0,07,Omega).

3.3
Die Einheit für die Ortsdosismessgrößen ist das Sievert (Sv). Die Einheit für die Ortsdosisleistungsmessgrößen ist das Sievert dividiert durch eine gesetzliche Einheit der Zeit.

4. Aufschriften, Gebrauchsanweisung

4.1 Ortsdosimeter

Zusätzlich zu den Angaben nach § 42 Abs. 1 müssen auf dem Ortsdosimeter und auf externen Dosimetersonden die Messgröße und der Nenngebrauchsbereich der Photonenenergie angegeben sein. Bei Dosimetern nach § 2 Abs. 3 ist gegebenenfalls eine entsprechende Kennzeichnung der Dosimetersonde ausreichend. Die Angabe des Baujahres kann entfallen. Ist eine vollständige Kennzeichnung nicht möglich, so sind Abkürzungen zulässig.

4.2 Komponenten

Besteht das Ortsdosimeter oder die radioaktive Kontrollvorrichtung aus mehreren nicht fest miteinander verbundenen Komponenten oder ist das Austauschen von Komponenten eines Dosimeters vorgesehen, so müssen alle Komponenten mindestens mit Typbezeichnung und Fabriknummer gekennzeichnet sein.

4.3 Bedienungselemente

Aus der Kennzeichnung der Bedienungselemente muss deren Funktion eindeutig, unverwechselbar und dauerhaft zu erkennen sein.

4.4 Bezugsort

Die Lage des Bezugsortes des Dosimeters bzw. der Dosimetersonde muss auf dem Gehäuse gekennzeichnet sein. Ist dies nicht möglich, so muss der Bezugsort in der Gebrauchsanweisung (Nr. 4.5) angegeben sein.

4.5 Gebrauchsanweisung

Jedem Ortsdosimeter muss eine bei der Zulassung festgelegte Gebrauchsanweisung beigefügt sein.

4.6 Radioaktive Kontrollvorrichtung

Auf der radioaktiven Kontrollvorrichtung sind das Radionuklid, die Nennaktivität mit Bezugsdatum, der Hersteller, die Typbezeichnung, das Zulassungszeichen und eine Geräte- oder Fertigungsnummer anzugeben.

5. Fehlergrenzen

5.1 Eichfehlergrenzen

Die Eichfehlergrenzen betragen 20% bezogen auf den richtigen Wert unter Bezugsbedingungen bei der Eichung.

5.2 Verkehrsfehlergrenzen

Die Verkehrsfehlergrenzen gelten als eingehalten, wenn die unter den Bezugsbedingungen bei der Eichung nach Nummer 5.1 ermittelten Abweichungen vom richtigen Wert nicht mehr als 24% betragen.

6. Übergangsvorschriften

6.1 Ortsdosimeter mit Detektoren aus Thermolumineszenz-, Photolumineszenz-, Filmmaterial oder mit Detektoren, die Exoelektronen emittieren, zur Messung der Photonen-Äquivalentdosis in der Ausführung der bis zum 1. August 2001 geltenden Vorschriften können bis zum 1. August 2006 erstgeeicht werden.

6.2 Ortsdosimeter mit Ausnahme von ortsfesten Strahlenschutz-Messsystemen zur Messung der Photonen-Äquivalentdosis und der Photonen-Äquivalentdosisleistung in der Ausführung der bis zum 1. August 2001 geltenden Vorschriften können bis zum 1. August 2006 erstgeeicht werden.

Abschnitt 4
Diagnostikdosimeter

1. Zulassung

1.1 Diagnostikdosimeter

Die Bauarten der Diagnostikdosimeter zur Bestimmung der Dosis oder der Dosisleistung auf der Strahleneintritts- oder auf der Strahlenaustrittsseite eines patientenäquivalenten Phantoms sowie der Diagnostikdosimeter zur Bestimmung des Luftkerma-Längenproduktes an Computertomographieanlagen zur Untersuchung des Menschen bedürfen der Zulassung zur innerstaatlichen Eichung.

1.2 Kontrollvorrichtungen

Die Bauarten der radioaktiven und elektrischen Kontrollvorrichtungen zur Verlängerung der Eichgültigkeitsdauer sowie der Zusatzeinrichtungen bedürfen der Zulassung zur innerstaatlichen Eichung.

2. Begriffsbestimmungen

2.1 Diagnostikdosimeter

Diagnostikdosimeter im Sinne dieser Verordnung sind Messgeräte, die zur Durchführung von Mess- und Prüfaufgaben gemäß §§ 3, 4 oder 16 der Röntgenverordnung (RöV) im Nutzstrahlenbündel von diagnostischen Röntgenanlagen eingesetzt werden. Ein Diagnostikdosimeter besteht mindestens aus einem Detektor, einem Messwertwandler und einer Anzeige.

2.2 Radioaktive Kontrollvorrichtung

Eine radioaktive Kontrollvorrichtung ist ein Gerät zur Überprüfung des Dosimeters unter Einbeziehung seines Detektors oder seiner Detektoren.

2.3 Elektrische Kontrollvorrichtung

Eine elektrische Kontrollvorrichtung ist ein Gerät zur Überprüfung des Messwertwandlers.

2.4 Zusatzeinrichtungen

Zusatzeinrichtungen sind Geräte, die den Austausch von Daten mit dem Dosimeter ermöglichen. Diese Daten können gegebenenfalls gespeichert oder weiterverarbeitet werden.

3. Messgrößen und Einheiten

Messgröße für die Dosis ist die Luftkerma. Die Einheit der Luftkerma ist das Gray (Gy). Messgröße für die Dosisleistung ist die Luftkermaleistung. Die Einheit für die Luftkermaleistung ist das Gray geteilt durch eine gesetzliche Einheit der Zeit (s, min, h). Die Einheit des Luftkerma-Längenproduktes ist das Gray mal Meter.

4. Aufschriften

4.1 Dosimeter

Das Dosimeter ist durch folgende Angaben zu kennzeichnen:

- Hersteller und Zulassungsinhaber,
- Typbezeichnung,
- Fabriknummer.

Darüber hinaus soll der Detektor gekennzeichnet sein mit:

- einer Kurzbezeichnung für die vorgesehenen Strahlenqualitäten,
- dem Dosis- und/oder Dosisleistungsmessbereich und/oder Luftkerma-Längenproduktmessbereich.

4.2 Komponenten

Besteht ein Dosimeter aus mehreren, nicht fest miteinander verbundenen Teilen oder ist das Austauschen von Teilen eines Dosimeters vorgesehen, so müssen die Teile mindestens mit Typbezeichnung und Fabriknummer gekennzeichnet sein.

4.3 Kennzeichnung des Detektors

Die Lage des Bezugsortes eines Detektors soll soweit wie möglich auf dem Dosimeter- bzw. Detektorgehäuse gekennzeichnet sein. Ist eine Kennzeichnung aus technischen Gründen nicht möglich, muss die Lage des Bezugsortes in der Gebrauchsanweisung angegeben werden. Die dem Fokus zugewandte Seite des Detektors ist zu kennzeichnen.

4.4 Radioaktive Kontrollvorrichtung

Auf einer radioaktiven Kontrollvorrichtung sind anzugeben:

- Hersteller- und Zulassungsinhaber,
- Nuklid,
- Nennaktivität mit Bezugsdatum,
- Typbezeichnung,
- Fabriknummer.

4.5 Elektrische Kontrollvorrichtung

Auf einer elektrischen Kontrollvorrichtung sind anzugeben:

- Hersteller- und Zulassungsinhaber,
- Typbezeichnung,
- Fabriknummer.

Eichordnung (EO 1988) (Auszug)

5. Fehlergrenzen

5.1 Eichfehlergrenzen für Messungen hinter bzw. in dem Phantom

Messgröße	Bereich	Eichfehlergrenze G
Luftkerma[a]	$K = 1{,}0$ myGy	$G = 5\%$
Luftkermaleistung[a]	$K < 1{,}0$ myGy/s $K = 1{,}0$ myGy/s	$G = (10 - 5\,K)\%$[b] $G = 5\%$
Luftkerma-Längenprodukt[c]	$K_l = 5 \times 10^{-6}$ Gy × m	$G = 5\%$

a. Messungen hinter dem Phantom
b. K in myGy/s
c. Messungen im Phantom

5.2 Eichfehlergrenzen für Messungen ohne Phantom und an Mammographieanlagen

Messgröße	Bereich	Eichfehlergrenze G
Luftkerma	$K < 100$ myGy $I > 100$ myGy	$G = (10 - 0{,}05\,K)\%$[a] $G = 5\%$
Luftkermaleistung	$K < 100$ myGy/s $K = 100$ myGy/s	$G = (10 - 0{,}05\,K)\%$[b] $G = 5\%$
Luftkerma-Längenprodukt	$K_l = 5 \times 10^{-6}$ Gy × m	$G = 5\%$

a. K in myGy
b. K in myGy/s

5.3 Verkehrsfehlergrenzen

Die Verkehrsfehlergrenzen gelten als eingehalten, wenn sie unter Referenzbedingungen bei der Eichung nicht mehr als das 1,2fache der in Nummer 5.1 oder Nummer 5.2 angegebenen Eichfehlergrenzen betragen.

6. Gebrauchsanweisung

Jedem Dosimeter muss eine Gebrauchsanweisung beigefügt sein.

7. Übergangsvorschriften

Diagnostikdosimeter zur Bestimmung des Luftkerma-Längenproduktes, die bis zum 31. Dezember 2000 in Verkehr gebracht wurden, sind allgemein zur Eichung zugelassen, wenn sie die Fehlergrenzen nach Nummer 5 einhalten. Sie können bis zum 31. Dezember 2001 erstgeeicht und bis zum 31. Dezember 2010 nachgeeicht werden.

Gesetz über die friedliche Verwendung der Kernenergie und den Schutz gegen ihre Gefahren (Atomgesetz)[1,2]

Vom 23. Dezember 1959 (BGBl. I 1959, 814)[3]

(Auszug)

Erster Abschnitt
Allgemeine Vorschriften

§ 1
Zweckbestimmung des Gesetzes

Zweck dieses Gesetzes ist,

1. die Nutzung der Kernenergie zur gewerblichen Erzeugung von Elektrizität geordnet zu beenden und bis zum Zeitpunkt der Beendigung den geordneten Betrieb sicherzustellen,
2. Leben, Gesundheit und Sachgüter vor den Gefahren der Kernenergie und der schädlichen Wirkung ionisierender Strahlen zu schützen und durch Kernenergie oder ionisierende Strahlen verursachte Schäden auszugleichen,
3. zu verhindern, dass durch Anwendung oder Freiwerden der Kernenergie oder ionisierender Strahlen[4] die innere oder äußere Sicherheit der Bundesrepublik Deutschland gefährdet wird,
4. die Erfüllung internationaler Verpflichtungen der Bundesrepublik Deutschland auf dem Gebiet der Kernenergie und des Strahlenschutzes zu gewährleisten.

§ 2
Begriffsbestimmungen

(1) Radioaktive Stoffe (Kernbrennstoffe und sonstige radioaktive Stoffe) im Sinne dieses Gesetzes sind alle Stoffe, die ein Radionuklid oder mehrere Radionuklide enthalten und deren Aktivität oder spezifische Aktivität im Zusammenhang mit der Kernenergie oder dem Strahlenschutz nach den Regelungen dieses Gesetzes oder einer auf Grund dieses Gesetzes erlassenen Rechtsverordnung nicht außer Acht gelassen werden kann. Kernbrennstoffe sind besondere spaltbare Stoffe im Form von

---

1. Dieses Gesetz bildet die Grundlage für die Umsetzung der Richtlinie 96/29/EURATOM des Rates vom 13. Mai 1996 zur Festlegung der grundlegenden Sicherheitsnormen für den Schutz der Gesundheit der Arbeitskräfte und der Bevölkerung gegen die Gefahren durch ionisierende Strahlungen (ABl. EG Nr. L 159 S. 1) und für die Umsetzung der Richtlinie 97/43/EURATOM des Rates vom 30. Juni 1997 über den Gesundheitsschutz von Personen gegen die Gefahren ionisierender Strahlung bei medizinischer Exposition und zur Aufhebung der Richtlinie 84/466/EURATOM (ABl. EG Nr. L 180 S. 22).
2. Das Gesetz dient der Umsetzung der Richtlinie 97/11/EG des Rates vom 3. März 1997 zur Änderung der Richtlinie 85/337/EWG über die Umweltverträglichkeitsprüfung bei bestimmten öffentlichen und privaten Projekten, ABl. EG Nr. L 73 S. 5, Richtlinie 96/61/EG des Rates vom 24. September 1996 über die integrierte Vermeidung und Verminderung der Umweltverschmutzung, ABl. EG Nr. L 257 S. 26, Richtlinie 1999/31/EG des Rates vom 26. April 1999 über Abfalldeponien, ABl. EG Nr. L 182 S. 1, Richtlinie 75/442/EWG des Rates vom 15. Juli 1975 über Abfälle, ABl. EG Nr. L 194 S. 194, maßgeblich geändert durch die Richtlinie 91/156/EWG des Rates vom 18. März 1991, ABl. EG Nr. L 78 S. 32, zuletzt geändert durch die Entscheidung 96/350/EWG der Kommission vom 24. Mai 1996, ABl. EG Nr. L 135 S. 32, Richtlinie 91/689/EWG des Rates vom 12. Dezember 1991 über gefährliche Abfälle, ABl. EG Nr. L 377 S. 20, geändert durch die Richtlinie 94/31/EG des Rates vom 27. Juni 1994, ABl. EG Nr. L 168 S. 28, Richtlinie 90/313/EWG des Rates vom 7. Juni 1990 über den freien Zugang zu Informationen über die Umwelt, ABl. EG Nr. L 158 S. 56, Richtlinie 85/337/EWG des Rates vom 27. Juni 1985 über die Umweltverträglichkeitsprüfung bei bestimmten öffentlichen und privaten Projekten, ABl. EG Nr. L 175 S. 40
3. In der Fassung der Bekanntmachung vom 15. Juli 1985 (BGBl. I S. 1565), zuletzt geändert durch Art. 1 des Gesetzes zur Kontrolle hochradioaktiver Strahlenquellen vom 12. August 2005 (BGBl. I S. 2365) und Art. 161 der Neunten Zuständigkeitsanpassungsverordnung vom 31. Oktober 2006 (BGBl. I S. 2407).
4. § 1 Nr. 3 geändert durch Art. 1 Nr. 1 des Gesetzes zur Kontrolle hochradioaktiver Strahlenquellen

Atomgesetz (Auszug)

1. Plutonium 239 und Plutonium 241,
2. mit den Isotopen 235 oder 233 angereichertem Uran,
3. jedem Stoff, der einen oder mehrere der in den Nummern 1 und 2 genannten Stoffe enthält,
4. Stoffen, mit deren Hilfe in einer geeigneten Anlage eine sich selbst tragende Kettenreaktion aufrechterhalten werden kann und die in einer Rechtsverordnung bestimmt werden;

der Ausdruck „mit den Isotopen 235 oder 233 angereichertes Uran" bedeutet Uran, das die Isotope 235 oder 233 oder diese beiden Isotope in einer solchen Menge enthält, dass die Summe der Mengen dieser beiden Isotope größer ist als die Menge des Isotops 238 multipliziert mit dem in der Natur auftretenden Verhältnis des Isotops 235 zum Isotop 238.

(2) Die Aktivität oder spezifische Aktivität eines Stoffes kann im Sinne des Absatzes 1 Satz 1 außer Acht gelassen werden, wenn dieser nach einer auf Grund dieses Gesetzes erlassenen Rechtsverordnung

1. festgelegte Freigrenzen unterschreitet,
2. soweit es sich um einen im Rahmen einer genehmigungspflichtigen Tätigkeit nach diesem Gesetz oder nach einer auf Grund dieses Gesetzes erlassenen Rechtsverordnung anfallenden Stoff handelt, festgelegte Freigabewerte unterschreitet und der Stoff freigegeben worden ist,
3. soweit es sich um einen Stoff natürlichen Ursprungs handelt, der nicht auf Grund seiner Radioaktivität, als Kernbrennstoff oder zur Erzeugung von Kernbrennstoff genutzt wird, nicht der Überwachung nach diesem Gesetz oder einer auf Grund dieses Gesetzes erlassenen Rechtsverordnung unterliegt.

Abweichend von Satz 1 kann eine auf Grund dieses Gesetzes erlassene Rechtsverordnung für die Verwendung von Stoffen am Menschen oder für den zweckgerichteten Zusatz von Stoffen bei der Herstellung von Arzneimitteln, Medizinprodukten, Pflanzenschutzmitteln, Schädlingsbekämpfungsmitteln, Stoffen nach § 1 Nr. 1 bis 5 des Düngemittelgesetzes oder Konsumgütern oder deren Aktivierung festlegen, in welchen Fällen die Aktivität oder spezifische Aktivität eines Stoffes nicht außer Acht gelassen werden kann.

(3) Für die Anwendung von Genehmigungsvorschriften nach diesem Gesetz oder der auf Grund dieses Gesetzes erlassenen Rechtsverordnungen gelten Stoffe, in denen der Anteil der Isotope Uran 233, Uran 235, Plutonium 239 und Plutonium 241 insgesamt 15 Gramm oder die Konzentration der genannten Isotope 15 Gramm pro 100 Kilogramm nicht überschreitet, als sonstige radioaktive Stoffe. Satz 1 gilt nicht für verfestigte hochradioaktive Spaltproduktlösungen aus der Aufarbeitung von Kernbrennstoffen.

(4) Für die Anwendung der Vorschriften über die Haftung und Deckung entsprechen die Begriffe nukleares Ereignis, Kernanlage, Inhaber einer Kernanlage, Kernmaterialien und Sonderziehungsrechte den Begriffsbestimmungen in Anlage 1 zu diesem Gesetz.

(5) Pariser Übereinkommen bedeutet das Übereinkommen vom 29. Juli 1960 über die Haftung gegenüber Dritten auf dem Gebiet der Kernenergie in der Fassung der Bekanntmachung vom 5. Februar 1976 (BGBl. II S. 310, 311) und des Protokolls vom 16. November 1982 (BGBl. 1985 II S. 690).

(6) Brüsseler Zusatzübereinkommen bedeutet das Zusatzübereinkommen vom 31. Januar 1963 zum Pariser Übereinkommen in der Fassung der Bekanntmachung vom 5. Februar 1976 (BGBl. II S. 310, 318) und des Protokolls vom 16. November 1982 (BGBl. 1985 II S.690).

(7) Gemeinsames Protokoll bedeutet das Gemeinsame Protokoll vom 21. September 1988 über die Anwendung des Wiener Übereinkommens und des Pariser Übereinkommens (BGBl. 2001 II S. 202, 203).

(8) Wiener Übereinkommen bedeutet das Wiener Übereinkommen vom 21. Mai 1963 über die zivilrechtliche Haftung für nukleare Schäden (BGBl. 2001 II S. 202, 207) in der für die Vertragsparteien dieses Übereinkommens jeweils geltenden Fassung.

§ 2a
Umweltverträglichkeitsprüfung

...

...

§ 2b
Elektronische Kommunikation

(1) Die Vorschriften des Verwaltungsverfahrensgesetzes über die elektronische Kommunikation finden Anwendung, soweit nicht durch Rechtsvorschriften dieses Gesetzes oder einer auf Grund dieses Gesetzes erlassenen Rechtsverordnung etwas anderes bestimmt ist.

(2) Elektronische Verwaltungsakte nach diesem Gesetz oder nach einer auf Grund dieses Gesetzes erlassenen Rechtsverordnung sind mit einer dauerhaft überprüfbaren qualifizierten elektronischen Signatur nach § 37 Abs. 4 des Verwaltungsverfahrensgesetzes zu versehen.

(3) Erfolgt die Antragstellung in elektronischer Form, kann die zuständige Behörde Mehrfertigungen sowie die Übermittlung der dem Antrag beizufügenden Unterlagen auch in schriftlicher Form verlangen.

Zweiter Abschnitt
Überwachungsvorschriften

§ 3
Einfuhr und Ausfuhr

(1) Wer Kernbrennstoffe einführt oder ausführt, bedarf der Genehmigung.

...

...

§ 4
Beförderung von Kernbrennstoffen

(1) Die Beförderung von Kernbrennstoffen außerhalb eines abgeschlossenen Geländes, auf dem Kernbrennstoffe staatlich verwahrt werden oder eine nach den §§ 6, 7 und 9 genehmigte Tätigkeit ausgeübt wird, bedarf der Genehmigung. Diese wird dem Absender oder demjenigen erteilt, der es übernimmt, die Versendung oder Beförderung der Kernbrennstoffe zu besorgen.

...

...

§ 4a
Deckungsvorsorge bei grenzüberschreitender Beförderung

...

...

Atomgesetz (Auszug)

§ 4b
Beförderung von Kernmaterialien in besonderen Fällen

...

...

§ 5
Berechtigung zum Besitz von Kernbrennstoffen; staatliche Verwahrung

(1) Zum Besitz von Kernbrennstoffen ist berechtigt, wer auf Grund einer nach diesem Gesetz oder einer auf Grund dieses Gesetzes erlassenen Rechtsverordnung erteilten Genehmigung mit Kernbrennstoffen umgeht oder Kernbrennstoffe befördert, insbesondere Kernbrennstoffe

1. nach § 4 berechtigt befördert,
2. auf Grund einer Genehmigung nach § 6 aufbewahrt,
3. in einer nach § 7 genehmigten Anlage oder auf Grund einer Genehmigung nach § 9 bearbeitet, verarbeitet oder sonst verwendet,
4. auf Grund der §§ 9a bis 9c in einer Landessammelstelle zwischenlagert oder in einer Anlage zur Sicherstellung oder zur Endlagerung radioaktiver Abfälle aufbewahrt oder beseitigt.

Zum Besitz von Kernbrennstoffen berechtigt auch eine Anordnung nach § 19 Abs. 3 Satz 2 Nr. 2 zur Aufbewahrung von Kernbrennstoffen.

...

...

§ 6
Genehmigung zur Aufbewahrung von Kernbrennstoffen

(1) Wer Kernbrennstoffe außerhalb der staatlichen Verwahrung aufbewahrt, bedarf der Genehmigung. Einer Genehmigung bedarf ferner, wer eine genehmigte Aufbewahrung wesentlich verändert.

...

...

§ 7
Genehmigung von Anlagen

(1) Wer eine ortsfeste Anlage zur Erzeugung oder zur Bearbeitung oder Verarbeitung oder zur Spaltung von Kernbrennstoffen oder zur Aufarbeitung bestrahlter Kernbrennstoffe errichtet, betreibt oder sonst innehat oder die Anlage oder ihren Betrieb wesentlich verändert, bedarf der Genehmigung.

...

...

(2) Die Genehmigung darf nur erteilt werden, wenn

1. keine Tatsachen vorliegen, aus denen sich Bedenken gegen die Zuverlässigkeit des Antragstellers und der für die Errichtung, Leitung und Beaufsichtigung des Betriebs der Anlage verantwortlichen Personen ergeben, und die für die Errichtung, Leitung und Beaufsichtigung des Betriebs der Anlage verantwortlichen Personen die hierfür erforderliche Fachkunde besitzen,

2. gewährleistet ist, dass die bei dem Betrieb der Anlage sonst tätigen Personen die notwendigen Kenntnisse über einen sicheren Betrieb der Anlage, die möglichen Gefahren und die anzuwendenden Schutzmaßnahmen besitzen,
3. die nach dem Stand von Wissenschaft und Technik erforderliche Vorsorge gegen Schäden durch die Errichtung und den Betrieb der Anlage getroffen ist,
4. die erforderliche Vorsorge für die Erfüllung gesetzlicher Schadensersatzverpflichtungen getroffen ist,
5. der erforderliche Schutz gegen Störmaßnahmen oder sonstige Einwirkungen Dritter gewährleistet ist,
6. überwiegende öffentliche Interessen, insbesondere im Hinblick auf die Umweltauswirkungen, der Wahl des Standorts der Anlage nicht entgegenstehen.

(2a) (weggefallen)

(3) Die Stillegung einer Anlage nach Absatz 1 Satz 1 sowie der sichere Einschluß der endgültig stillgelegten Anlage oder der Abbau der Anlage oder von Anlagenteilen bedürfen der Genehmigung. Absatz 2 gilt sinngemäß.

(4) Im Genehmigungsverfahren sind alle Behörden des Bundes, der Länder, der Gemeinden und der sonstigen Gebietskörperschaften zu beteiligen, deren Zuständigkeitsbereich berührt wird. Bestehen zwischen der Genehmigungsbehörde und einer beteiligten Bundesbehörde Meinungsverschiedenheiten, so hat die Genehmigungsbehörde die Weisung des für die kerntechnische Sicherheit und den Strahlenschutz zuständigen Bundesministeriums einzuholen. Im übrigen wird das Genehmigungsverfahren nach den Grundsätzen der §§ 8, 10 Abs. 1 bis 4, 6 bis 8, 10 Satz 2 und des § 18 des Bundes-Immissionsschutzgesetzes durch Rechtsverordnung geregelt; dabei kann vorgesehen werden, dass bei der Prüfung der Umweltverträglichkeit der insgesamt zur Stilllegung, zum sicheren Einschluss oder zum Abbau von Anlagen zur Spaltung von Kernbrennstoffen oder von Anlagenteilen geplanten Maßnahmen von einem Erörterungstermin abgesehen werden kann.

(5) Für ortsveränderliche Anlagen gelten die Absätze 1, 2 und 4 entsprechend. Jedoch kann die in Absatz 4 Satz 3 genannte Rechtsverordnung vorsehen, dass von einer Bekanntmachung des Vorhabens und einer Auslegung der Unterlagen abgesehen werden kann und dass insoweit eine Erörterung von Einwendungen unterbleibt.

(6) § 14 des Bundes-Immissionsschutzgesetzes gilt sinngemäß für Einwirkungen, die von einer genehmigten Anlage auf ein anderes Grundstück ausgehen.

§ 7a
Vorbescheid

...

...

§ 7c
(weggefallen)

§ 8
Verhältnis zum Bundes-Immissionsschutzgesetz und zum Geräte- und Produktsicherheitsgesetz

(1) Die Vorschriften des Bundes-Immissionsschutzgesetzes über genehmigungsbedürftige Anlagen sowie über die Untersagung der ferneren Benutzung solcher Anlagen finden auf genehmigungspflichtige Anlagen im Sinne des § 7 keine Anwendung, soweit es sich um den Schutz vor den Gefahren der Kernenergie oder der schädlichen Wirkung ionisierender Strahlen handelt.

(2) Bedarf eine nach § 4 des Bundes-Immissionsschutzgesetzes genehmigungsbedürftige Anlage einer Genehmigung nach § 7, so schließt diese Genehmigung die Genehmigung nach § 4 des Bundes-Immissionsschutzgesetzes ein. Die atomrechtliche Genehmigungsbehörde hat die Entscheidung im Einvernehmen mit der für den Immissionsschutz zuständigen Landesbehörde nach Maßgabe der Vorschriften des Bundes-Immissionsschutzgesetzes und der dazu erlassenen Rechtsverordnungen zu treffen.

(3) Für überwachungsbedürftige Anlagen nach § 2 Abs. 7 des Geräte- und Produktsicherheitsgesetzes, die in genehmigungspflichtigen Anlagen im Sinne des § 7 Verwendung finden, kann die Genehmigungsbehörde im Einzelfall Ausnahmen von den geltenden Rechtsvorschriften über die Errichtung und den Betrieb überwachungsbedürftiger Anlagen zulassen, soweit dies durch die besondere technische Eigenart der Anlagen nach § 7 bedingt ist.

§ 9
Bearbeitung, Verarbeitung und sonstige Verwendung von Kernbrennstoffen außerhalb genehmigungspflichtiger Anlagen

(1) Wer Kernbrennstoffe außerhalb von Anlagen der in § 7 bezeichneten Art bearbeitet, verarbeitet oder sonst verwendet, bedarf der Genehmigung. Einer Genehmigung bedarf ferner, wer von dem in der Genehmigungsurkunde festgelegten Verfahren für die Bearbeitung, Verarbeitung oder sonstige Verwendung wesentlich abweicht oder die in der Genehmigungsurkunde bezeichnete Betriebsstätte oder deren Lage wesentlich verändert.

...

...

§ 9a
Verwertung radioaktiver Reststoffe und Beseitigung radioaktiver Abfälle

(1) Wer Anlagen, in denen mit Kernbrennstoffen umgegangen wird, errichtet, betreibt, sonst innehat, wesentlich verändert, stilllegt oder beseitigt, außerhalb solcher Anlagen mit radioaktiven Stoffen umgeht oder Anlagen zur Erzeugung ionisierender Strahlen betreibt, hat dafür zu sorgen, dass anfallende radioaktive Reststoffe sowie ausgebaute oder abgebaute radioaktive Anlagenteile den in § 1 Nr. 2 bis 4 bezeichneten Zwecken entsprechend schadlos verwertet werden oder als radioaktive Abfälle geordnet beseitigt werden (direkte Endlagerung). ...

...

(2) Wer radioaktive Abfälle besitzt, hat diese an eine Anlage nach Absatz 3 abzuliefern. Dies gilt nicht, soweit Abweichendes nach Satz 3 oder durch eine auf Grund dieses Gesetzes erlassene Rechtsverordnung bestimmt oder auf Grund dieses Gesetzes oder einer solchen Rechtsverordnung angeordnet oder genehmigt worden ist ...

(3) Die Länder haben Landessammelstellen für die Zwischenlagerung der in ihrem Gebiet angefallenen radioaktiven Abfälle, der Bund hat Anlagen zur Sicherstellung und zur Endlagerung radioaktiver Abfälle einzurichten. Sie können sich zur Erfüllung ihrer Pflichten Dritter bedienen. ...

(4) (weggefallen)

§ 9b
Planfeststellungsverfahren

(1) Die Errichtung und der Betrieb der in § 9a Abs. 3 genannten Anlagen des Bundes sowie die wesentliche Veränderung solcher Anlagen oder ihres Betriebes bedürfen der Planfeststellung. ...

...

...

(5) Für das Lagern oder Bearbeiten radioaktiver Abfälle in Landessammelstellen nach § 9a Abs. 3 Satz 1 erster Halbsatz sind die für den Umgang mit diesen radioaktiven Stoffen geltenden Genehmigungsvorschriften dieses Gesetzes und der auf Grund dieses Gesetzes erlassenen Rechtsverordnungen anwendbar.

§§ 9d bis 9f

(weggefallen)

§ 9g
Veränderungssperre

(1) Zur Sicherung von Planungen für Vorhaben nach § 9b oder zur Sicherung oder Fortsetzung einer Standorterkundung für Anlagen zur Endlagerung radioaktiver Abfälle können durch Rechtsverordnung für die Dauer von höchstens zehn Jahren Planungsgebiete festgelegt werden, auf deren Flächen oder in deren Untergrund wesentlich wertsteigernde oder das Vorhaben nach § 9b oder die Standorterkundung erheblich erschwerende Veränderungen nicht vorgenommen werden dürfen ...

...

...

§ 10

Durch Rechtsverordnung können Ausnahmen von den Vorschriften der §§ 3 bis 7 und 9 zugelassen werden, soweit wegen der Menge oder Beschaffenheit der Kernbrennstoffe oder wegen bestimmter Schutzmaßnahmen oder Schutzeinrichtungen nicht mit Schäden infolge einer sich selbst tragenden Kettenreaktion oder infolge der Wirkung ionisierender Strahlen zu rechnen ist und soweit die in § 1 Nr. 3 und 4 bezeichneten Zwecke nicht entgegenstehen. Für radioaktive Abfälle können durch Rechtsverordnung nach § 11 Abs. 1 Nr. 6 Ausnahmen von den Vorschriften des § 3 getroffen werden.

§ 11
Ermächtigungsvorschriften

(Genehmigung, Anzeige, allgemeine Zulassung)

(1) Soweit nicht durch dieses Gesetz für Kernbrennstoffe und für Anlagen im Sinne des § 7 eine besondere Regelung getroffen ist, kann durch Rechtsverordnung zur Erreichung der in § 1 bezeichneten Zwecke bestimmt werden,

1. dass die Aufsuchung von radioaktiven Stoffen, der Umgang mit radioaktiven Stoffen (Gewinnung, Erzeugung, Lagerung, Bearbeitung, Verarbeitung, sonstige Verwendung und Beseitigung), der Verkehr mit radioaktiven Stoffen (Erwerb und Abgabe an andere), die Beförderung und die Ein- und Ausfuhr dieser Stoffe einer Genehmigung oder Anzeige bedürfen sowie unter welchen Voraussetzungen und mit welchen Nebenbestimmungen sowie in welchem Verfahren eine Freigabe radioaktiver Stoffe zum Zweck der Entlassung aus der Überwachung nach diesem Gesetz oder einer auf Grund dieses Gesetzes erlassenen Rechtsverordnung oder eine Entlassung radioaktiver Stoffe natürlichen Ursprungs aus der Überwachung nach diesen Vorschriften erfolgt,

2. dass die Errichtung und der Betrieb von Anlagen zur Erzeugung ionisierender Strahlen einer Genehmigung oder Anzeige bedürfen,

3. dass nach einer Bauartprüfung durch eine in der Rechtsverordnung zu bezeichnende Stelle Anlagen, Geräte und Vorrichtungen, die radioaktive Stoffe enthalten oder ionisierende Strahlen er-

zeugen, allgemein zugelassen werden können und welche Anzeigen die Inhaber solcher Anlagen, Geräte und Vorrichtungen zu erstatten haben,

4. dass sicherheitstechnisch bedeutsame Anlagenteile, mit deren Fertigung bereits vor Antragstellung oder vor Erteilung einer Genehmigung begonnen werden soll, in Anlagen nach § 7 Abs. 1 Satz 1 nur dann eingebaut werden dürfen, wenn für die Vorfertigung ein berechtigtes Interesse besteht und in einem Prüfverfahren nachgewiesen wird, dass Werkstoffe, Auslegung, Konstruktion und Fertigung die Voraussetzungen nach § 7 Abs. 2 Nr. 3 erfüllen, welche Behörde für das Verfahren zuständig ist, welche Unterlagen beizubringen sind und welche Rechtswirkungen der Zulassung der Vorfertigung zukommen sollen,

5. dass radioaktive Stoffe in bestimmter Art und Weise oder für bestimmte Zwecke nicht verwendet oder nur in bestimmter Art und Weise beseitigt oder nicht in Verkehr gebracht oder grenzüberschreitend verbracht werden dürfen, soweit das Verbot zum Schutz von Leben und Gesundheit der Bevölkerung vor den Gefahren radioaktiver Stoffe oder zur Durchsetzung von Beschlüssen internationaler Organisationen, deren Mitglied die Bundesrepublik Deutschland ist, erforderlich ist,

6. dass zur Umsetzung von Rechtsakten der Europäischen Gemeinschaften die Ein-, Aus- und Durchfuhr (grenzüberschreitende Verbringung) radioaktiver Stoffe einer Genehmigung oder Zustimmung bedarf, Anzeigen und Meldungen zu erstatten und Unterlagen mitzuführen sind. Es kann weiterhin bestimmt werden, dass Zustimmungen mit Nebenbestimmungen versehen werden können,

7. dass zum Schutz vor ionisierenden Strahlen natürlichen Ursprungs näher zu bezeichnende Arbeiten einer Genehmigung oder Anzeige bedürfen,

8. dass der zweckgerichtete Zusatz radioaktiver Stoffe bei der Herstellung von Arzneimitteln, Medizinprodukten, Pflanzenschutzmitteln, Schädlingsbekämpfungsmitteln, Stoffen nach § 1 Nr. 1 bis 5 des Düngemittelgesetzes oder Konsumgütern oder deren Aktivierung und die grenzüberschreitende Verbringung solcher Erzeugnisse einer Genehmigung oder Anzeige bedürfen.

(2) Die Rechtsverordnung kann Genehmigungen, Zustimmungen nach Absatz 1 Nr. 6 und allgemeine Zulassungen im Rahmen der Zweckbestimmung dieses Gesetzes von persönlichen und sachlichen Voraussetzungen abhängig machen sowie das Verfahren bei Genehmigungen, Zustimmungen nach Absatz 1 Nr. 6 und allgemeinen Zulassungen regeln.

(3) Sofern eine Freigabe radioaktiver Stoffe oder eine Entlassung radioaktiver Stoffe natürlichen Ursprungs nach einer auf Grund von Absatz 1 Nr. 1 erlassenen Rechtsverordnung die Beseitigung nach den Vorschriften des Kreislaufwirtschafts- und Abfallgesetzes oder den auf dessen Grundlage erlassenen Rechtsverordnungen vorsieht, dürfen diese Stoffe nach den genannten Vorschriften nicht wieder verwendet oder verwertet werden.

§ 12
Ermächtigungsvorschriften (Schutzmaßnahmen)

(1) Durch Rechtsverordnung kann zur Erreichung der in § 1 bezeichneten Zwecke bestimmt werden,

1. welche Vorsorge- und Überwachungsmaßnahmen einschließlich der Rechtfertigung im Sinne von Artikel 6 Abs. 1 und 2 der Richtlinie 96/29/EURATOM des Rates vom 13. Mai 1996 zur Festlegung der grundlegenden Sicherheitsnormen für den Schutz der Gesundheit der Arbeitskräfte und der Bevölkerung gegen die Gefahren durch ionisierende Strahlungen (ABl. EG Nr. L 159 S. 1) und Artikel 3 der Richtlinie 97/43/EURATOM des Rates vom 30. Juni 1997 über den Gesundheitsschutz von Personen gegen die Gefahren ionisierender Strahlung bei medizinischer Exposition und zur Aufhebung der Richtlinie 84/466/EURATOM (ABl. EG Nr. L 180 S. 22) zum Schutz einzelner und der Allgemeinheit beim Umgang und Verkehr mit radioaktiven Stoffen, bei der Errichtung, beim Betrieb und beim Besitz von Anlagen der in den §§ 7 und 11 Abs. 1 Nr. 2 be-

zeichneten Art beim Umgang und Verkehr mit Anlagen, Geräten und Vorrichtungen der in § 11 Abs. 1 Nr. 3 bezeichneten Art, beim zweckgerichteten Zusatz radioaktiver Stoffe oder bei der Aktivierung von Stoffen, zum Schutz vor ionisierenden Strahlen natürlichen Ursprungs bei Arbeiten zu treffen sind,

2. welche Vorsorge dafür zu treffen ist, dass bestimmte Strahlendosen und bestimmte Konzentrationen radioaktiver Stoffe in Luft und Wasser nicht überschritten werden,

3. dass die Beschäftigung von Personen in strahlengefährdeten Bereichen nur nach Vorlage einer Bescheinigung besonders ermächtigter Ärzte erfolgen darf und dass bei Bedenken gesundheitlicher Art gegen eine solche Beschäftigung die Aufsichtsbehörde nach Anhörung ärztlicher Sachverständiger entscheidet,

3a. dass und auf welche Weise zur Bewertung von Vorhaben zur Anwendung radioaktiver Stoffe oder ionisierender Strahlen am Menschen in der medizinischen Forschung eine Ethikkommission zu beteiligen ist, welche Anforderungen an die Unabhängigkeit und Sachkunde einer solchen Ethikkommission zu stellen sind, und unter welchen Voraussetzungen ihre Registrierung vorzunehmen oder zu widerrufen ist und wie dies öffentlich bekannt gemacht wird,

3b. dass und auf welche Weise diagnostische Referenzwerte im Zusammenhang mit der Ausübung der Heil- oder Zahnheilkunde zur Anwendung radioaktiver Stoffe oder ionisierender Strahlen am Menschen ermittelt, erstellt und veröffentlicht, die medizinischen Strahlenexpositionen von Personen ermittelt und dazu jeweils Erhebungen durchgeführt werden,

3c. dass die zuständigen Behörden ärztliche und zahnärztliche Stellen bestimmen und festlegen, dass und auf welche Weise die ärztlichen und zahnärztlichen Stellen Prüfungen durchführen, mit denen sichergestellt wird, dass bei der Anwendung radioaktiver Stoffe oder ionisierender Strahlen in der Medizin die Erfordernisse der medizinischen Wissenschaft beachtet werden und die angewendeten Verfahren und eingesetzten Geräte den jeweiligen notwendigen Qualitätsstandards zur Gewährleistung einer möglichst geringen Strahlenexposition von Patienten entsprechen, und dass und auf welche Weise die Ergebnisse der Prüfungen den zuständigen Behörden mitgeteilt werden,

4. dass und in welchem Umfang Personen, die sich in strahlengefährdeten Bereichen aufhalten oder aufgehalten haben oder Arbeiten nach § 11 Abs. 1 Nr. 7 ausführen oder ausgeführt haben, verpflichtet sind, sich Messungen zur Bestimmung der Strahlendosen an ihrem Körper, ärztlicher Untersuchung und, soweit zum Schutz anderer Personen oder der Allgemeinheit erforderlich, ärztlicher Behandlung zu unterziehen, und dass die Untersuchung oder die Behandlung durch besonders ermächtigte Ärzte vorzunehmen ist sowie dass und auf welche Weise beim Betrieb von Flugzeugen Strahlenexpositionen von Personen durch kosmische Strahlung ermittelt, registriert und an eine näher zu bezeichnende oder auf Grund einer nach diesem Gesetz erlassenen Rechtsverordnung zu bestimmende Stelle übermittelt werden und dass diese Stellen die Mitteilungen an das Strahlenschutzregister weiterleiten,

4a. dass für die Ermittlung von Strahlenexpositionen die zuständigen Behörden Messstellen bestimmen,

5. dass und auf welche Weise über die Erzeugung, die Gewinnung, den Erwerb, den Besitz, die Abgabe und den sonstigen Verbleib von radioaktiven Stoffen und über Messungen von Dosis und Dosisleistungen ionisierender Strahlen Buch zu führen ist und Meldungen zu erstatten sind,

6. dass und in welcher Weise und in welchem Umfang der Inhaber einer Anlage, in der mit radioaktiven Stoffen umgegangen wird oder umgegangen werden soll, verpflichtet ist, der Aufsichtsbehörde mitzuteilen, ob und welche Abweichungen von den Angaben zum Genehmigungsantrag einschließlich der beigefügten Unterlagen oder von der Genehmigung eingetreten sind,

Atomgesetz (Auszug)

7. dass sicherheitstechnisch bedeutsame Abweichungen vom bestimmungsgemäßen Betrieb, insbesondere Unfälle und sonstige Schadensfälle beim Umgang mit radioaktiven Stoffen, bei Errichtung und beim Betrieb von Anlagen, in denen mit radioaktiven Stoffen umgegangen wird, sowie beim Umgang mit Anlagen, Geräten und Vorrichtungen der in § 11 Abs. 1 Nr. 3 bezeichneten Art der Aufsichtsbehörde zu melden sind und unter welchen Voraussetzungen und in welcher Weise die gewonnenen Erkenntnisse, ausgenommen Einzelangaben über persönliche und sachliche Verhältnisse, zum Zwecke der Verbesserung der Sicherheitsvorkehrungen durch in der Rechtsverordnung zu bezeichnende Stellen veröffentlicht werden dürfen,

7a. dass und auf welche Weise die Bevölkerung im Hinblick auf sicherheitstechnisch bedeutsame Abweichungen vom bestimmungsgemäßen Betrieb, insbesondere Unfälle, über die bei einer radiologischen Notstandssituation geltenden Verhaltensmaßregeln und zu ergreifenden Gesundheitsschutzmaßnahmen zu unterrichten ist sowie dass und auf welche Weise Personen, die bei Rettungsmaßnahmen im Falle einer radiologischen Notstandssituation eingesetzt werden oder eingesetzt werden können, über mögliche Gesundheitsgefährdungen und Vorsichtsmaßnahmen unterrichtet werden,

8. welche radioaktiven Abfälle an die Landessammelstellen und an die Anlagen des Bundes nach § 9a Abs. 3 abzuliefern sind und dass im Hinblick auf das Ausmaß der damit verbundenen Gefahr unter bestimmten Voraussetzungen eine anderweitige Zwischenlagerung oder sonstige Ausnahmen von der Ablieferungspflicht zulässig sind oder angeordnet oder genehmigt werden können,

9. welchen Anforderungen die schadlose Verwertung und die geordnete Beseitigung radioaktiver Reststoffe sowie ausgebauter oder abgebauter radioaktiver Anlagenteile zu genügen hat, dass und mit welchem Inhalt Angaben zur Erfüllung der Pflichten nach § 9a Abs. 1 bis 1e vorzulegen und fortzuschreiben sind, dass und in welcher Weise radioaktive Abfälle vor der Ablieferung an die Landessammelstellen und an die Anlagen des Bundes zu behandeln, zwischenzulagern und hierbei sowie bei der Beförderung nach Menge und Beschaffenheit nachzuweisen sind, wie die Ablieferung durchzuführen ist, wie sie in den Landessammelstellen und in den Anlagen des Bundes sicherzustellen und zu lagern sind, unter welchen Voraussetzungen und wie sie von den Landessammelstellen an Anlagen des Bundes abzuführen sind und wie Anlagen nach § 9a Abs. 3 zu überwachen sind,

9a. dass und auf welche Weise Rückstände und sonstige Materialien aus Arbeiten nach § 11 Abs. 1 Nr. 7 zu verwerten oder zu beseitigen sind, insbesondere dass und auf welche Weise radioaktive Verunreinigungen durch solche Rückstände oder sonstige Materialien zu entfernen sind,

10. auf welche Weise der Schutz von radioaktiven Stoffen, von Anlagen im Sinne der §§ 7 und 11 Abs. 1 Nr. 2 sowie von Anlagen nach Anlagen des Bundes nach § 9a Abs. 3 gegen Störmaßnahmen und sonstige Einwirkungen Dritter zu gewährleisten ist,

10a. dass die zuständigen Behörden Personen und Organisationen zu Sachverständigen behördlich bestimmen können,

11. welche Anforderungen an die Ausbildung, die beruflichen Kenntnisse und Fähigkeiten, insbesondere hinsichtlich Berufserfahrung, Eignung, Einweisung in die Sachverständigentätigkeit, Umfang an Prüftätigkeit und sonstiger Voraussetzungen und Pflichten sowie an die Zuverlässigkeit und Unparteilichkeit der in § 20 genannten Sachverständigen und der Personen, die als behördlich bestimmte Sachverständige nach einer auf Grund dieses Gesetzes erlassenen Rechtsverordnung tätig werden, zu stellen sind und welche Voraussetzungen im Hinblick auf die technische Ausstattung und die Zusammenarbeit von Angehörigen verschiedener Fachrichtungen Organisationen erfüllen müssen, die als Sachverständige im Sinne des § 20 hinzugezogen werden sollen,

12. welche Anforderungen an die erforderliche Fachkunde oder an die notwendigen Kenntnisse der Personen zu stellen sind, die beim Umgang mit oder bei der Beförderung von radioaktiven Stoffen sowie bei der Errichtung und dem Betrieb von Anlagen nach den §§ 7, 9a Abs. 3 Satz 1 zweiter Halbsatz und § 11 Abs. 1 Nr. 2 oder bei der Stilllegung oder dem Abbau von Anlagen oder von Anlagenteilen nach § 7 Abs. 3 tätig sind oder den sicheren Einschluss oder damit zusammenhängende Tätigkeiten ausüben, welche Nachweise hierüber zu erbringen sind und auf welche Weise die nach den §§ 23 und 24 zuständigen Genehmigungs- und Aufsichtsbehörden das Vorliegen der erforderlichen Fachkunde oder der notwendigen Kenntnisse prüfen, welche Anforderungen an die Anerkennung von Lehrgängen bei der Erbringung des Fachkundenachweises zu stellen sind und inwieweit die Personen in bestimmten Abständen an einem anerkannten Lehrgang teilzunehmen haben,

13. dass die Aufsichtsbehörde Verfügungen zur Durchführung der auf Grund der Nummern 1 bis 10 ergangenen Rechtsvorschriften erlassen kann. Satz 1 Nr. 1 und 7 gilt entsprechend für die Beförderung radioaktiver Stoffe, soweit es sich um die Erreichung der in § 1 Nr. 1, 3 und 4 genannten Zwecke und um Regelungen über die Deckungsvorsorge handelt.

(2) Das Grundrecht auf körperliche Unversehrtheit (Artikel 2 Abs. 2 Satz 1 des Grundgesetzes) wird nach Maßgabe des Absatzes 1 Satz 1 Nr. 4 eingeschränkt.

§ 12a
Ermächtigungsvorschrift (Entscheidung des Direktionsausschusses)

...

...

§ 12b
Überprüfung der Zuverlässigkeit von Personen zum Schutz gegen Entwendung oder erhebliche Freisetzung radioaktiver Stoffe

(1) Zum Schutz gegen unbefugte Handlungen, die zu einer Entwendung oder einer erheblichen Freisetzung radioaktiver Stoffe führen können, führen die nach den §§ 23 und 24 zuständigen Genehmigungs- und Aufsichtsbehörden eine Überprüfung der hierzu erforderlichen Zuverlässigkeit der Personen, die beim Umgang mit oder bei der Beförderung von radioaktiven Stoffen sowie bei der Errichtung und dem Betrieb von Anlagen im Sinne der §§ 7 und 11 Abs. 1 Nr. 2 sowie von Anlagen des Bundes nach § 9a Abs. 3 tätig sind, mit deren schriftlichem Einverständnis durch. Die Erteilung des Einverständnisses in elektronischer Form ist ausgeschlossen. Es wird entweder eine umfassende Zuverlässigkeitsüberprüfung (Kategorie 1), eine erweiterte Zuverlässigkeitsüberprüfung (Kategorie 2) oder eine einfache Zuverlässigkeitsüberprüfung (Kategorie 3) durchgeführt.

(2) Bei der Zuverlässigkeitsüberprüfung treffen die zuständigen Behörden folgende Maßnahmen, die hinsichtlich der Überprüfungskategorien und unter Berücksichtigung der Verantwortung des Betroffenen, der Zugangsberechtigung zu den Sicherungsbereichen, der Art der kerntechnischen Einrichtung, insbesondere von Art und Menge der radioaktiven Stoffe sowie bei der Beförderung radioaktiver Stoffe zusätzlich unter Berücksichtigung von Verpackung und Transportmittel verhältnismäßig abzustufen sind:

1. Prüfung der Identität des Betroffenen,
2. Anfragen beim Bundes- und Landeskriminalamt, den sonstigen Polizeibehörden des Bundes und der Länder sowie den Nachrichtendiensten des Bundes und der Länder nach vorhandenen, für die Beurteilung der Zuverlässigkeit bedeutsamen Erkenntnissen,
3. Anfrage bei dem Bundesbeauftragten für die Unterlagen des Staatssicherheitsdienstes der ehemaligen Deutschen Demokratischen Republik zur Feststellung der hauptamtlichen oder inoffiziellen Tätigkeit des Betroffenen für den Staatssicherheitsdienst der ehemaligen Deutschen

Demokratischen Republik, wenn der Betroffene vor dem 1. Januar 1970 geboren wurde und Anhaltspunkte für eine solche Tätigkeit vorliegen,

4. a) Einholung einer unbeschränkten Auskunft aus dem Bundeszentralregister oder
   b) Einholung eines Führungszeugnisses für Behörden nach § 30 Abs. 5 des Bundeszentralregistergesetzes.

(3) Bei tatsächlichen Anhaltspunkten für Zweifel an der Zuverlässigkeit des Betroffenen kann die zuständige Behörde eine oder mehrere Anfragen der nächsthöheren Überprüfungskategorie durchführen sowie zusätzlich

1. bei Strafverfolgungsbehörden anfragen,
2. staatsanwaltliche Ermittlungs- oder Strafakten beiziehen,
3. bei der Überprüfung im Rahmen von Genehmigungen zur Beförderung radioaktiver Stoffe Auszüge aus dem Verkehrszentralregister einholen.

(4) Die zuständige Behörde gibt dem Betroffenen Gelegenheit, sich zu äußern, wenn auf Grund der eingeholten Auskünfte Zweifel an der Zuverlässigkeit bestehen.

(5) Die im Rahmen dieser Überprüfung erhobenen Daten dürfen von den nach den §§ 23 und 24 zuständigen Behörden nur im erforderlichen Umfang gespeichert, nur für die Zwecke der Überprüfung der Zuverlässigkeit nach dieser Vorschrift genutzt und nicht an andere Stellen übermittelt werden. Die zuständige Behörde unterrichtet den Antragsteller über das Ergebnis der Zuverlässigkeitsüberprüfung; die dem Ergebnis zugrunde liegenden Erkenntnisse dürfen ihm nicht mitgeteilt werden. Im Falle der Nichtfeststellung der Zuverlässigkeit teilt die zuständige Behörde dies dem Betroffenen schriftlich unter Angabe von Gründen mit.

(6) Die Einzelheiten der Überprüfung, die nähere Zuordnung zu den Überprüfungskategorien nach Maßgabe des Absatzes 2, die Bestimmung der Frist, in der Überprüfungen zu wiederholen sind, die Einzelheiten der Erhebung sowie die Löschungsfristen werden in einer Rechtsverordnung geregelt.

§ 12c
Strahlenschutzregister

(1) Die auf Grund einer Verordnung nach § 12 Abs. 1 Satz 1 Nr. 4 erhobenen Daten über die Strahlenexposition beruflich strahlenexponierter Personen werden zum Zweck der Überwachung von Dosisgrenzwerten und der Beachtung der Strahlenschutzgrundsätze in einem beim Bundesamt für Strahlenschutz eingerichteten Register erfasst. Der Betroffene ist über die Datenspeicherung zu unterrichten.

(2) Zu den vorgenannten Zwecken dürfen aus dem Register im jeweils erforderlichen Umfang Auskünfte an die nach § 24 zuständigen Aufsichtsbehörden sowie an die Stellen und Personen erteilt werden, die für Vorsorge- und Überwachungsmaßnahmen zum Schutz beruflich strahlenexponierter Personen verantwortlich sind.

(3) Für Zwecke der wissenschaftlichen Forschung im Bereich des Strahlenschutzes dürfen personenbezogene Daten mit Einwilligung des Betroffenen an Dritte übermittelt werden. Ohne Einwilligung des Betroffenen dürfen sie übermittelt werden, wenn schutzwürdige Belange des Betroffenen der Übermittlung oder der beabsichtigten Verwendung der Daten nicht entgegenstehen oder wenn das öffentliche Interesse an der Forschungsarbeit das Geheimhaltungsinteresse des Betroffenen erheblich überwiegt. Eine Übermittlung personenbezogener Daten für Zwecke der wissenschaftlichen Forschung ist ausgeschlossen, wenn der Zweck der Forschung mit einem vertretbaren Aufwand durch die Verwendung anonymisierter Daten erreicht werden kann. Weitergehende datenschutzrechtliche Vorschriften über die Verarbeitung und Nutzung personenbezogener Daten für die wissenschaftliche Forschung bleiben unberührt.

(4) Der Empfänger personenbezogener Daten darf diese nur zu dem Zweck verwenden, zu dem sie befugt übermittelt worden sind. Durch Rechtsverordnung wird das Nähere über die Voraussetzungen und das Verfahren der Erteilung von Auskünften und der Übermittlung personenbezogener Daten bestimmt.

§ 12d
Register über hochradioaktive Strahlenquellen[5]

(1) Die auf Grund einer Verordnung nach § 12 Abs. 1 Satz 1 Nr. 5 erhobenen Daten über hochradioaktive Strahlenquellen werden zu den in § 1 Nr. 2 bis 4 genannten Zwecken in einem beim Bundesamt für Strahlenschutz eingerichteten Register erfasst.

(2) In das Register nach Absatz 1 werden insbesondere folgende Angaben über die hochradioaktive Strahlenquelle, deren Kontrolle und über erteilte Genehmigungen nach diesem Gesetz oder einer Verordnung nach § 11 Abs. 1 Nr. 1 oder 6 eingetragen:

1. Inhaber, Ausstellungsdatum, Befristung der Genehmigung
2. Identifizierungsnummer der hochradioaktiven Strahlenquelle
3. Eigenschaften, Kontrollen und Verwendung der hochradioaktiven Strahlenquelle
4. Ort des Umgangs oder der Lagerung der hochradioaktiven Strahlenquelle
5. Erlangung oder Aufgabe der Sachherrschaft über die hochradioaktive Strahlenquelle
6. Verlust, Diebstahl oder Fund der hochradioaktiven Strahlenquelle

(3) Lesenden Zugriff auf das Register haben die nach § 22 Abs. 1 und 3, §§ 23 und 24 zuständigen Behörden, das für die kerntechnische Sicherheit und den Strahlenschutz zuständige Bundesministerium, das Bundesamt für Bevölkerungsschutz und Katastrophenhilfe, das Bundeskriminalamt, die Landeskriminalämter, die Grenzschutzdirektion, das Zollkriminalamt sowie die Verfassungsschutzbehörden des Bundes und der Länder.

(4) Auskünfte aus dem Register dürfen den sonstigen Polizeibehörden der Länder, den Zollbehörden, dem Militärischen Abschirmdienst sowie dem Bundesnachrichtendienst erteilt werden, soweit es für die Wahrnehmung der jeweiligen Aufgaben erforderlich ist. Satz 1 findet gegenüber Behörden anderer Staaten mit vergleichbaren Aufgaben und gegenüber internationalen Organisationen Anwendung, soweit bindende Beschlüsse der Europäischen Union dies vorsehen oder dies auf Grund internationaler Vereinbarungen geboten ist.

(5) Die im Register gespeicherten Daten sind nach der letzten Aktualisierung der Angaben über eine hochradioaktive Strahlenquelle 30 Jahre lang aufzubewahren.

(6) Durch Rechtsverordnung kann das Nähere über

1. Inhalt und Form der Datenerhebung und der Eintragung, über Zugriffsrechte und das Verfahren der Erteilung von Auskünften sowie
2. die Datenübermittlung, die Berichtigung, die Sperrung und die Löschung von Daten bestimmt werden.

§ 13
Vorsorge für die Erfüllung gesetzlicher Schadensersatzverpflichtungen

(1) Die Verwaltungsbehörde hat im Genehmigungsverfahren Art, Umfang und Höhe der Vorsorge für die Erfüllung gesetzlicher Schadensersatzverpflichtungen (Deckungsvorsorge) festzusetzen, die der Antragsteller zu treffen hat. Die Festsetzung ist im Abstand von jeweils zwei Jahren sowie bei erheblicher Änderung der Verhältnisse erneut vorzunehmen; hierbei hat die Verwaltungsbehörde

---

[5] § 12d eingefügt durch Art. 1 Nr. 2 des Gesetzes zur Kontrolle hochradioaktiver Strahlenquellen

dem zur Deckungsvorsorge Verpflichteten eine angemessene Frist zu bestimmen, binnen deren die Deckungsvorsorge nachgewiesen sein muss.

(2) Die Vorsorge nach Absatz 1 muss

1. bei Anlagen und Tätigkeiten, bei denen eine Haftung nach dem Pariser Übereinkommen in Verbindung mit § 25 Abs. 1 bis 4, nach § 25a oder nach einem der in § 25a Abs. 2 genannten internationalen Verträge in Betracht kommt, in einem angemessenen Verhältnis zur Gefährlichkeit der Anlage oder der Tätigkeit stehen,

2. in den übrigen Fällen einer Tätigkeit, die auf Grund dieses Gesetzes oder auf Grund einer nach diesem Gesetz erlassenen Rechtsverordnung der Genehmigung bedarf, die Erfüllung gesetzlicher Schadensersatzverpflichtungen in dem nach den Umständen gebotenen Ausmaß sicherstellen.

...

...

§ 17
Inhaltliche Beschränkungen, Auflagen, Widerruf, Bezeichnung als Inhaber einer Kernanlage

(1) Genehmigungen und allgemeine Zulassungen nach diesem Gesetz oder nach einer auf Grund dieses Gesetzes erlassenen Rechtsverordnung sind schriftlich, aber nicht in elektronischer Form zu erteilen; abweichend hiervon kann in den auf Grund dieses Gesetzes erlassenen Rechtsverordnungen vorgesehen werden, dass die Genehmigung oder allgemeine Zulassung auch in elektronischer Form mit einer dauerhaft überprüfbaren Signatur nach § 37 Abs. 4 des Verwaltungsverfahrensgesetzes erteilt werden kann. Sie können zur Erreichung der in § 1 bezeichneten Zwecke inhaltlich beschränkt und mit Auflagen verbunden werden. Soweit es zur Erreichung der in § 1 Nr. 2 und 3 bezeichneten Zwecke erforderlich ist, sind nachträgliche Auflagen zulässig. Genehmigungen, mit Ausnahme derjenigen nach § 7, sowie allgemeine Zulassungen können befristet werden.

(2) Genehmigungen und allgemeine Zulassungen können zurückgenommen werden, wenn eine ihrer Voraussetzungen bei der Erteilung nicht vorgelegen hat.

(3) Genehmigungen und allgemeine Zulassungen können widerrufen werden, wenn

1. von ihnen innerhalb von zwei Jahren kein Gebrauch gemacht worden ist, soweit nicht die Genehmigung oder allgemeine Zulassung etwas anderes bestimmt,

2. eine ihrer Voraussetzungen später weggefallen ist und nicht in angemessener Zeit Abhilfe geschaffen wird oder

3. gegen die Vorschriften dieses Gesetzes oder der auf Grund dieses Gesetzes erlassenen Rechtsverordnungen, gegen die hierauf beruhenden Anordnungen und Verfügungen der Aufsichtsbehörden oder gegen die Bestimmungen des Bescheids über die Genehmigung oder allgemeine Zulassung erheblich oder wiederholt verstoßen oder wenn eine nachträgliche Auflage nicht eingehalten worden ist und nicht in angemessener Zeit Abhilfe geschaffen wird,

4. auch nach Setzung einer angemessenen Nachfrist ein ordnungsgemäßer Nachweis nach § 9a Abs. 1a bis 1e nicht vorgelegt wird oder auch nach Setzung einer angemessenen Nachfrist keine Ergebnisse der nach § 19a Abs. 1 durchzuführenden Sicherheitsüberprüfung vorgelegt werden.

(4) Genehmigungen sind zu widerrufen, wenn die Deckungsvorsorge nicht der Festsetzung nach § 13 Abs. 1 entspricht und der zur Deckungsvorsorge Verpflichtete eine der Festsetzung entsprechende Deckungsvorsorge nicht binnen einer von der Verwaltungsbehörde festzusetzenden angemessenen Frist nachweist.

(5) Genehmigungen oder allgemeine Zulassungen sind außerdem zu widerrufen, wenn dies wegen einer erheblichen Gefährdung der Beschäftigten, Dritter oder der Allgemeinheit erforderlich ist und nicht durch nachträgliche Auflagen in angemessener Zeit Abhilfe geschaffen werden kann.

(6) Bei der Genehmigung von Tätigkeiten, die zum Betrieb einer Kernanlage berechtigen, ist der Genehmigungsinhaber in dem Genehmigungsbescheid ausdrücklich als Inhaber einer Kernanlage zu bezeichnen.

§ 18
Entschädigung

(1) Im Falle der Rücknahme oder des Widerrufs einer nach diesem Gesetz oder nach einer auf Grund dieses Gesetzes erlassenen Rechtsverordnung erteilten Genehmigung oder allgemeinen Zulassung muss dem Berechtigten eine angemessene Entschädigung in Geld geleistet werden. Wird die Rücknahme oder der Widerruf von einer Behörde des Bundes ausgesprochen, so ist der Bund, wird die Rücknahme oder der Widerruf von einer Landesbehörde ausgesprochen, so ist das Land, dessen Behörde die Rücknahme oder den Widerruf ausgesprochen hat, zur Leistung der Entschädigung verpflichtet. Die Entschädigung ist unter gerechter Abwägung der Interessen der Allgemeinheit und des Betroffenen sowie der Gründe, die zur Rücknahme oder zum Widerruf führten, zu bestimmen. Die Entschädigung ist begrenzt durch die Höhe der vom Betroffenen gemachten Aufwendungen, bei Anlagen durch die Höhe ihres Zeitwerts. Wegen der Höhe der Entschädigung steht der Rechtsweg vor den ordentlichen Gerichten offen.

(2) Eine Entschädigungspflicht ist nicht gegeben, wenn

1. der Inhaber die Genehmigung oder allgemeine Zulassung auf Grund von Angaben erhalten hat, die in wesentlichen Punkten unrichtig oder unvollständig waren,
2. der Inhaber der Genehmigung oder allgemeinen Zulassung oder die für ihn im Zusammenhang mit der Ausübung der Genehmigung oder allgemeinen Zulassung tätigen Personen durch ihr Verhalten Anlass zum Widerruf der Genehmigung oder allgemeinen Zulassung gegeben haben, insbesondere durch erhebliche oder wiederholte Verstöße gegen die Vorschriften dieses Gesetzes oder der auf Grund dieses Gesetzes ergangenen Rechtsverordnungen oder gegen die hierauf beruhenden Anordnungen und Verfügungen der Aufsichtsbehörden oder gegen die Bestimmungen des Bescheids über die Genehmigung oder allgemeine Zulassung oder durch Nichteinhaltung nachträglicher Auflagen,
3. der Widerruf wegen einer nachträglich eingetretenen, in der genehmigten Anlage oder Tätigkeit begründeten erheblichen Gefährdung der Beschäftigten, Dritter oder der Allgemeinheit ausgesprochen werden musste.

(3) Die Absätze 1 und 2 gelten entsprechend für nachträgliche Auflagen nach § 17 Abs. 1 Satz 3.

(4) Wenn das Land eine Entschädigung zu leisten hat, sind der Bund oder ein anderes Land entsprechend ihrem sich aus der Gesamtlage ergebenden Interesse an der Rücknahme oder am Widerruf verpflichtet, diesem Land Ausgleich zu leisten. Entsprechendes gilt, wenn der Bund eine Entschädigung zu leisten hat.

§ 19
Staatliche Aufsicht

(1) Der Umgang und Verkehr mit radioaktiven Stoffen, die Errichtung, der Betrieb und der Besitz von Anlagen der in den §§ 7 und 11 Abs. 1 Nr. 2 bezeichneten Art, der Umgang und Verkehr mit Anlagen, Geräten und Vorrichtungen der in § 11 Abs. 1 Nr. 3 bezeichneten Art, die Beförderung dieser Stoffe, Anlagen, Geräte und Vorrichtungen, der zweckgerichtete Zusatz radioaktiver Stoffe und die Aktivierung von Stoffen, soweit hierfür Anforderungen nach diesem Gesetz oder auf Grund einer Rechtsverordnung nach diesem Gesetz bestehen, sowie Arbeiten nach § 11 Abs. 1 Nr. 7 unterliegen

der staatlichen Aufsicht. Die Aufsichtsbehörden haben insbesondere darüber zu wachen, dass nicht gegen die Vorschriften dieses Gesetzes und der auf Grund dieses Gesetzes erlassenen Rechtsverordnungen, die hierauf beruhenden Anordnungen und Verfügungen der Aufsichtsbehörden und die Bestimmungen des Bescheids über die Genehmigung oder allgemeine Zulassung verstoßen wird und dass nachträgliche Auflagen eingehalten werden. Auf die Befugnisse und Obliegenheiten der Aufsichtsbehörden finden die Vorschriften des § 139b der Gewerbeordnung entsprechende Anwendung. Das für die kerntechnische Sicherheit und den Strahlenschutz zuständige Bundesministerium kann die ihm von den nach den §§ 22 bis 24 zuständigen Behörden übermittelten Informationen, die auf Verstöße gegen Ein- und Ausfuhrvorschriften dieses Gesetzes oder der auf Grund dieses Gesetzes erlassenen Rechtsverordnungen, gegen die hierauf beruhenden Anordnungen und Verfügungen der Aufsichtsbehörden oder gegen die Bestimmungen des Bescheids über die Genehmigung hinweisen, an das Bundesministerium des Innern übermitteln, soweit dies für die Wahrnehmung der Aufgaben des Bundeskriminalamtes bei der Verfolgung von Straftaten im Außenwirtschaftsverkehr erforderlich ist; die übermittelten Informationen dürfen, soweit gesetzlich nichts anderes bestimmt ist, nur für den Zweck verwendet werden, zu dem sie übermittelt worden sind.

(2) Die Beauftragten der Aufsichtsbehörde und die von ihr nach § 20 zugezogenen Sachverständigen oder die Beauftragten anderer zugezogener Behörden sind befugt, Orte, an denen sich radioaktive Stoffe, Anlagen der in den §§ 7 und 11 Abs. 1 Nr. 2 bezeichneten Art oder Anlagen, Geräte und Vorrichtungen der in § 11 Abs. 1 Nr. 3 bezeichneten Art befinden oder an denen hiervon herrührende Strahlen wirken, oder Orte, für die diese Voraussetzungen den Umständen nach anzunehmen sind, jederzeit zu betreten und dort alle Prüfungen anzustellen, die zur Erfüllung ihrer Aufgaben notwendig sind. Sie können hierbei von den verantwortlichen oder dort beschäftigten Personen die erforderlichen Auskünfte verlangen. Im Übrigen gilt § 16 des Geräte- und Produktsicherheitsgesetzes entsprechend. Das Grundrecht des Artikels 13 des Grundgesetzes über die Unverletzlichkeit der Wohnung wird eingeschränkt, soweit es diesen Befugnissen entgegensteht.

(3) Die Aufsichtsbehörde kann anordnen, dass ein Zustand beseitigt wird, der den Vorschriften dieses Gesetzes oder der auf Grund dieses Gesetzes erlassenen Rechtsverordnungen, den Bestimmungen des Bescheids über die Genehmigung oder allgemeine Zulassung oder einer nachträglich angeordneten Auflage widerspricht oder aus dem sich durch die Wirkung ionisierender Strahlen Gefahren für Leben, Gesundheit oder Sachgüter ergeben können. Sie kann insbesondere anordnen,

1. dass und welche Schutzmaßnahmen zu treffen sind,
2. dass radioaktive Stoffe bei einer von ihr bestimmten Stelle aufbewahrt oder verwahrt werden,
3. dass der Umgang mit radioaktiven Stoffen, die Errichtung und der Betrieb von Anlagen der in den §§ 7 und 11 Abs. 1 Nr. 2 bezeichneten Art sowie der Umgang mit Anlagen, Geräten und Vorrichtungen der in § 11 Abs. 1 Nr. 3 bezeichneten Art einstweilen oder, wenn eine erforderliche Genehmigung nicht erteilt oder rechtskräftig widerrufen ist, endgültig eingestellt wird.

(4) Die Aufsichtsbefugnisse nach anderen Rechtsvorschriften und die sich aus den landesrechtlichen Vorschriften ergebenden allgemeinen Befugnisse bleiben unberührt.

(5) Die Absätze 1 bis 4 gelten entsprechend für Anlagen, die durch Dritte nach § 9a Abs. 3 Satz 3 eingerichtet werden.

§ 19a
Sicherheitsüberprüfung

(1) Wer eine Anlage zur Spaltung von Kernbrennstoffen zur gewerblichen Erzeugung von Elektrizität betreibt, hat eine Sicherheitsüberprüfung der Anlage durchzuführen …

…

§ 20
Sachverständige

Im Genehmigungs- und Aufsichtsverfahren nach diesem Gesetz und den auf Grund dieses Gesetzes ergangenen Rechtsverordnungen können von den zuständigen Behörden Sachverständige zugezogen werden. § 16 des Geräte- und Produktsicherheitsgesetzes findet entsprechende Anwendung.

§ 21
Kosten

(1) Kosten (Gebühren und Auslagen) werden erhoben

1. für Entscheidungen über Anträge nach den §§ 4, 6, 7, 7a, 9, 9a und 9b;
2. für Festsetzungen nach § 4b Abs. 1 Satz 2 und § 13 Abs. 1 Satz 2, für Entscheidungen nach § 9b Abs. 3 Satz 2, für Entscheidungen nach § 17 Abs. 1 Satz 3, Abs. 2, 3, 4 und 5, soweit nach § 18 Abs. 2 eine Entschädigungspflicht nicht gegeben ist, und für Entscheidungen nach § 19 Abs. 3;
3. für die staatliche Verwahrung von Kernbrennstoffen nach § 5 Abs. 1;
4. für sonstige Amtshandlungen einschließlich Prüfungen und Untersuchungen des Bundesamtes für Strahlenschutz, soweit es nach § 23 zuständig ist, und des Luftfahrt-Bundesamtes, soweit es nach § 23b zuständig ist,
4a. für Entscheidungen nach § 9g,
5. für die in der Rechtsverordnung nach Absatz 3 näher zu bestimmenden sonstigen Aufsichtsmaßnahmen nach § 19;
6. für die Überprüfung der Ergebnisse der Sicherheitsüberprüfung nach § 19a.

(1a) In den Fällen

1. des Widerrufs oder der Rücknahme einer in Absatz 1 bezeichneten Amtshandlung, sofern der Betroffene dies zu vertreten hat und nicht bereits nach Absatz 1 Kosten erhoben werden,
2. der Ablehnung eines Antrages auf Vornahme einer in Absatz 1 bezeichneten Amtshandlung aus anderen Gründen als wegen Unzuständigkeit der Behörde,
3. der Zurücknahme eines Antrages auf Vornahme einer in Absatz 1 bezeichneten Amtshandlung nach Beginn der sachlichen Bearbeitung, jedoch vor deren Beendigung,
4. der vollständigen oder teilweisen Zurückweisung oder der Zurücknahme eines Widerspruchs gegen
   a) eine in Absatz 1 bezeichnete Amtshandlung oder
   b) eine nach Absatz 1 in Verbindung mit der nach Absatz 3 erlassenen Rechtsverordnung festgesetzte Kostenentscheidung

werden Kosten erhoben. Die Gebühr darf in den Fällen des Satzes 1 Nr. 1, 2 und 4 Buchstabe a bis zur Höhe der für eine Amtshandlung festzusetzenden Gebühr, in den Fällen des Satzes 1 Nr. 3 bis zur Höhe von drei Vierteln der für die Amtshandlung festzusetzenden Gebühr und in den Fällen des Satzes 1 Nr. 4 Buchstabe b bis zur Höhe von 10 vom Hundert des streitigen Beitrages festgesetzt werden.

(2) Vergütungen für Sachverständige sind als Auslagen zu erstatten, soweit sie sich auf Beträge beschränken, die unter Berücksichtigung der erforderlichen fachlichen Kenntnisse und besonderer Schwierigkeiten der Begutachtung, Prüfung und Untersuchung als Gegenleistung für die Tätigkeit des Sachverständigen angemessen sind.

(3) Das Nähere wird durch Rechtsverordnung nach den Grundsätzen des Verwaltungskostengesetzes geregelt. Dabei sind die gebührenpflichtigen Tatbestände näher zu bestimmen und die Gebühren durch feste Sätze, Rahmensätze oder nach dem Wert des Gegenstandes zu bestimmen. Die Gebührensätze sind so zu bemessen, dass der mit den Amtshandlungen, Prüfungen oder Untersuchungen verbundene Personal- und Sachaufwand gedeckt wird; bei begünstigenden Amtshandlungen kann daneben die Bedeutung, der wirtschaftliche Wert oder der sonstige Nutzen für den Gebührenschuldner angemessen berücksichtigt werden. In der Verordnung können die Kostenbefreiung des Bundesamtes für Strahlenschutz und die Verpflichtung zur Zahlung von Gebühren für die Amtshandlungen bestimmter Behörden abweichend von § 8 des Verwaltungskostengesetzes geregelt werden. Die Verjährungsfrist der Kostenschuld kann abweichend von § 20 des Verwaltungskostengesetzes verlängert werden. Es kann bestimmt werden, dass die Verordnung auch auf die bei ihrem Inkrafttreten anhängigen Verwaltungsverfahren anzuwenden ist, soweit in diesem Zeitpunkt die Kosten nicht bereits festgesetzt sind.

(4) Die Aufwendungen für Schutzmaßnahmen und für ärztliche Untersuchungen, die auf Grund dieses Gesetzes oder einer nach diesem Gesetz erlassenen Rechtsverordnung durchgeführt werden, trägt, wer nach diesem Gesetz oder einer nach diesem Gesetz zu erlassenden Rechtsverordnung einer Genehmigung bedarf oder verpflichtet ist, die Tätigkeit anzuzeigen, zu der die Schutzmaßnahme oder die ärztliche Untersuchung erforderlich wird.

(5) Im Übrigen gelten bei der Ausführung dieses Gesetzes und von Rechtsverordnungen, die auf Grund des § 7 Abs. 4 Satz 3 und Abs. 5, des § 7a Abs. 2 und der §§ 10 bis 12 erlassen sind, durch Landesbehörden vorbehaltlich des Absatzes 2 die landesrechtlichen Kostenvorschriften.

§ 21a
Kosten (Gebühren und Auslagen) oder Entgelte für die Benutzung von Anlagen nach § 9a Abs. 3

(1) Für die Benutzung von Anlagen nach § 9a Abs. 3 werden von den Ablieferungspflichtigen Kosten (Gebühren und Auslagen) erhoben. Als Auslagen können auch Vergütungen nach § 21 Abs. 2 und Aufwendungen nach § 21 Abs. 4 erhoben werden. Die allgemeinen gebührenrechtlichen Grundsätze über Entstehung der Gebühr, Gebührengläubiger, Gebührenschuldner, Gebührenentscheidung, Vorschusszahlung, Sicherheitsleistung, Fälligkeit, Säumniszuschlag, Stundung, Niederschlagung, Erlass, Verjährung, Erstattung und Rechtsbehelfe finden nach Maßgabe der §§ 11, 12, 13 Abs. 2, §§ 14 und 16 bis 22 des Verwaltungskostengesetzes Anwendung, soweit nicht in der Rechtsverordnung nach Absatz 2 Abweichendes bestimmt wird.

(2) Durch Rechtsverordnung können die kostenpflichtigen Tatbestände nach Absatz 1 näher bestimmt und dabei feste Sätze oder Rahmensätze vorgesehen werden. Die Gebührensätze sind so zu bemessen, dass sie die nach betriebswirtschaftlichen Grundsätzen ansatzfähigen Kosten der laufenden Verwaltung und Unterhaltung der Anlagen nach § 9a Abs. 3 decken. Dazu gehören auch die Verzinsung und die Abschreibung des aufgewandten Kapitals. Die Abschreibung ist nach der mutmaßlichen Nutzungsdauer und der Art der Nutzung gleichmäßig zu bemessen. Der aus Beiträgen nach § 21b sowie aus Leistungen und Zuschüssen Dritter aufgebrachte Kapitalanteil bleibt bei der Verzinsung unberücksichtigt. Bei der Gebührenbemessung sind ferner Umfang und Art der jeweiligen Benutzung zu berücksichtigen. Zur Deckung des Investitionsaufwandes für Landessammelstellen kann bei der Benutzung eine Grundgebühr erhoben werden. Bei der Bemessung der Kosten oder Entgelte, die bei der Ablieferung an eine Landessammelstelle erhoben werden, können die Aufwendungen, die bei der anschließenden Abführung an Anlagen des Bundes anfallen, sowie Vorausleistungen nach § 21b Abs. 2 einbezogen werden. Sie sind an den Bund abzuführen.

(3) Die Landessammelstellen können für die Benutzung an Stelle von Kosten ein Entgelt nach Maßgabe einer Benutzungsordnung erheben. Bei der Berechnung des Entgeltes sind die in Absatz 2 enthaltenen Bemessungsgrundsätze zu berücksichtigen.

§ 21b
Beiträge

(1) Zur Deckung des notwendigen Aufwandes für die Planung, den Erwerb von Grundstücken und Rechten, die anlagenbezogene Forschung und Entwicklung, die Erkundung, die Unterhaltung von Grundstücken und Einrichtungen sowie, die Errichtung, die Erweiterung und die Erneuerung von Anlagen des Bundes nach § 9a Abs. 3 werden von demjenigen, dem sich ein Vorteil durch die Möglichkeit der Inanspruchnahme dieser Anlagen zur geordneten Beseitigung radioaktiver Abfälle nach § 9a Abs. 1 Satz 1 bietet, Beiträge erhoben. Der notwendige Aufwand umfasst auch den Wert der aus dem Vermögen des Trägers der Anlage bereitgestellten Sachen und Rechte im Zeitpunkt der Bereitstellung.

(2) Von demjenigen, der einen Antrag auf Erteilung einer Genehmigung nach den §§ 6, 7 oder 9 oder nach den Bestimmungen einer auf Grund dieses Gesetzes ergangenen Rechtsverordnung zum Umgang mit radioaktiven Stoffen und zur Erzeugung ionisierender Strahlen gestellt hat oder dem eine entsprechende Genehmigung erteilt worden ist, können Vorausleistungen auf den Beitrag verlangt werden, wenn mit der Durchführung einer Maßnahme nach Absatz 1 Satz 1 begonnen worden ist.

(3) Das Nähere über Erhebung, Befreiung, Stundung, Erlass und Erstattung von Beiträgen und von Vorausleistungen kann durch Rechtsverordnung geregelt werden. Dabei können die Beitragsberechtigten, die Beitragspflichtigen und der Zeitpunkt der Entstehung der Beitragspflicht bestimmt werden. Die Beiträge sind so zu bemessen, dass sie den nach betriebswirtschaftlichen Grundsätzen ansatzfähigen Aufwand nach Absatz 1 decken. Die Beiträge müssen in einem angemessenen Verhältnis zu den Vorteilen stehen, die der Beitragspflichtige durch die Anlage erlangt. Vorausleistungen auf Beiträge sind mit angemessener Verzinsung zu erstatten, soweit sie die nach dem tatsächlichen Aufwand ermittelten Beiträge übersteigen.

(4) Bereits erhobene Beiträge oder Vorausleistungen, soweit sie zur Deckung entstandener Aufwendungen erhoben worden sind, werden nicht erstattet, wenn eine Anlage des Bundes nach § 9a Abs. 3 endgültig nicht errichtet oder betrieben wird oder wenn der Beitrags- oder Vorausleistungspflichtige den Vorteil nach Absatz 1 Satz 1 nicht wahrnimmt.

Dritter Abschnitt
Verwaltungsbehörden

§ 22
Zuständigkeit für grenzüberschreitende Verbringungen und deren Überwachung

(1) Über Anträge auf Erteilung einer Genehmigung nach § 3 sowie über die Rücknahme oder den Widerruf einer erteilten Genehmigung entscheidet das Bundesamt für Wirtschaft und Ausfuhrkontrolle (BAFA). Das Gleiche gilt, soweit die auf Grund des § 11 ergehenden Rechtsverordnungen das Erfordernis von Genehmigungen und Zustimmungen für grenzüberschreitende Verbringungen vorsehen.

(2) Die Überwachung von grenzüberschreitenden Verbringungen obliegt dem Bundesministerium der Finanzen oder den von ihm bestimmten Zolldienststellen.

(3)[6] Soweit das Bundesamt für Wirtschaft und Ausfuhrkontrolle (BAFA) auf Grund des Absatzes 1 entscheidet, ist es unbeschadet seiner Unterstellung unter das Bundesministerium für Wirtschaft und Arbeit und dessen auf anderen Rechtsvorschriften beruhender Weisungsbefugnisse an die fachlichen Weisungen des für die kerntechnische Sicherheit und den Strahlenschutz zuständigen Bundesministeriums gebunden.

---

[6] Abs. 3 geändert durch Art. 161 der Neunten Zuständigkeitsanpassungsverordnung vom 31. Oktober 2006 (BGBl. I S. 2407).

§ 23
Zuständigkeit des Bundesamtes für Strahlenschutz

(1) Das Bundesamt für Strahlenschutz ist zuständig für

1. die staatliche Verwahrung von Kernbrennstoffen einschließlich des Erlasses von Entscheidungen nach § 5 Abs. 7 Satz 1,
2. die Errichtung und den Betrieb von Anlagen des Bundes zur Sicherstellung und zur Endlagerung radioaktiver Abfälle, die Übertragung der Aufgabenwahrnehmung durch den Bund auf Dritte und die Aufsicht über diese Dritten nach § 9a Abs. 3 Satz 3 sowie die Aufsicht nach § 19 Abs. 5,
3. 2a (weggefallen)
4. die Genehmigung der Beförderung von Kernbrennstoffen und Großquellen,
5. die Genehmigung der Aufbewahrung von Kernbrennstoffen außerhalb der staatlichen Verwahrung, soweit diese nicht Vorbereitung oder Teil einer nach § 7 oder § 9 genehmigungsbedürftigen Tätigkeit ist und
6. 4a (weggefallen)
7. die Rücknahme oder den Widerruf der Genehmigungen nach den Nummern 3, 4,
8. die Einrichtung und Führung eines Registers über die Strahlenexpositionen beruflich strahlenexponierter Personen,
9. die Einrichtung und Führung eines Registers für Ethikkommission im Sinne von § 12 Abs. 1 Satz 1 Nr. 3a, deren Registrierung und den Widerruf der Registrierung,
10. die Ermittlung, Erstellung und Veröffentlichung von diagnostischen Referenzwerten, die Ermittlung der medizinischen Strahlenexposition von Personen und die dazu jeweils erforderlichen Erhebungen auf Grund einer Verordnung nach § 12 Abs. 1 Satz 1 Nr. 3b,
11. die Entgegennahme und Bekanntmachung von Informationen nach § 7 Abs. 1c,
12. Entscheidungen nach § 9a Abs. 2 Satz 4.

(2) Großquellen im Sinne des Absatzes 1 Nr. 3 sind radioaktive Stoffe, deren Aktivität je Beförderungs- oder Versandstück von Aktivitätswert von 1.000 Terabequerel übersteigt.

§ 23a
Zuständigkeit des Bundesverwaltungsamtes

Das Bundesverwaltungsamt ist für Entscheidungen nach § 9g zuständig.

§ 23b
Zuständigkeit des Luftfahrt-Bundesamtes

Das Luftfahrt-Bundesamt ist zuständig für die Überwachung der Einhaltung der in einer auf Grund dieses Gesetzes erlassenen Rechtsverordnung festgelegten Anforderungen zum Schutz vor Strahlenexpositionen von Personen durch kosmische Strahlung beim Betrieb von Flugzeugen. Abweichend von Satz 1 sind für diese Überwachung bei Flugzeugen, die im Geschäftsbereich des Bundesministeriums der Verteidigung betrieben werden, dieses Ministerium oder die von ihm bezeichneten Dienststellen zuständig.

§ 24
Zuständigkeit der Landesbehörden

(1) Die übrigen Verwaltungsaufgaben nach dem Zweiten Abschnitt und den hierzu ergehenden Rechtsverordnungen werden im Auftrage des Bundes durch die Länder ausgeführt. Die Beaufsichtigung der Beförderung radioaktiver Stoffe im Schienen- und Schiffsverkehr der Eisenbahnen sowie

im Magnetschwebebahnverkehr obliegt dem Eisenbahn-Bundesamt; dies gilt nicht für die Beförderung radioaktiver Stoffe durch nichtbundeseigene Eisenbahnen, wenn die Verkehre ausschließlich über Schienenwege dieser Eisenbahnen führen. Satz 2 gilt auch für die Genehmigung solcher Beförderungen, soweit eine Zuständigkeit nach § 23 nicht gegeben ist.

(2) Für Genehmigungen nach den §§ 7, 7a und 9 sowie deren Rücknahme und Widerruf sowie die Planfeststellung nach § 9b und die Aufhebung des Planfeststellungsbeschlusses sind die durch die Landesregierungen bestimmten obersten Landesbehörden zuständig. Diese Behörden üben die Aufsicht über Anlagen nach § 7 und die Verwendung von Kernbrennstoffen außerhalb dieser Anlagen aus. Sie können im Einzelfall nachgeordnete Behörden damit beauftragen. Über Beschwerden gegen deren Verfügungen entscheidet die oberste Landesbehörde. Soweit Vorschriften außerhalb dieses Gesetzes anderen Behörden Aufsichtsbefugnisse verleihen, bleiben diese Zuständigkeiten unberührt.

(3) Für den Geschäftsbereich des Bundesministeriums der Verteidigung werden die in den Absätzen 1 und 2 bezeichneten Zuständigkeiten durch dieses Bundesministerium oder die von ihm bezeichneten Dienststellen im Benehmen mit dem für die kerntechnische Sicherheit und den Strahlenschutz zuständigen Bundesministerium wahrgenommen. Dies gilt auch für zivile Arbeitskräfte bei sich auf Grund völkerrechtlicher Verträge in der Bundesrepublik Deutschland aufhaltenden Truppen und zivilen Gefolgen.

§ 24a
Informationsübermittlung

Das für die kerntechnische Sicherheit und den Strahlenschutz zuständige Bundesministerium kann Informationen, die in atomrechtlichen Genehmigungen der nach den §§ 22 bis 24 zuständigen Behörden enthalten sind (Inhaber, Rechtsrundlagen, wesentlicher Inhalt), an die für den Außenwirtschaftsverkehr zuständigen obersten Bundesbehörden zur Erfüllung ihrer Aufgaben bei Genehmigungen oder der Überwachung des Außenwirtschaftsverkehrs übermitteln. Reichen diese Informationen im Einzelfall nicht aus, können weitere Informationen aus der atomrechtlichen Genehmigung übermittelt werden. Die Empfänger dürfen die übermittelten Informationen, soweit gesetzlich nichts anderes bestimmt ist, nur zu dem Zweck verwenden, zu dem sie übermittelt worden sind.

Vierter Abschnitt
Haftungsvorschriften

(vom Abdruck wurde abgesehen)

Fünfter Abschnitt
Bußgeldvorschriften

§§ 41 bis 45

(weggefallen)

§ 46
Ordnungswidrigkeiten

(1) Ordnungswidrig handelt, wer vorsätzlich oder fahrlässig

1. – 3.

1. 4. einer Rechtsverordnung nach § 11 Abs. 1 oder § 12 Abs. 1 Satz 1 Nr. 1 bis 7a und 9 bis 12 oder einer auf Grund einer Rechtsverordnung nach § 12 Abs. 1 Satz 1 Nr. 13 ergangenen vollziehbaren Verfügung zuwiderhandelt, soweit die Rechtsverordnung für einen bestimmten Tatbestand auf diese Bußgeldvorschrift verweist,

2. 5. ...

(2) Die Ordnungswidrigkeit kann in den Fällen des Absatzes 1 Nr. ... 4 mit einer Geldbuße bis zu fünfzigtausend Euro ... geahndet werden.

(3) Verwaltungsbehörde im Sinne des § 36 Abs. 1 Nr. 1 des Gesetzes über Ordnungswidrigkeiten ist

1. das Bundesausfuhramt in den Fällen des Absatzes 1 Nr. 4, soweit es sich um Zuwiderhandlungen gegen eine nach § 11 Abs. 1 Nr. 1 oder 6 bestimmte Genehmigungs-, Anzeige- oder sonstige Handlungspflicht bei der grenzüberschreitenden Verbringung radioaktiver Stoffe oder gegen eine damit verbundene Auflage handelt,

2. ...

§§ 47 und 48

(weggefallen)

§ 49
Einziehung

Ist eine vorsätzliche Ordnungswidrigkeit nach § 46 Abs. 1 Nr. 1, 2, 3 oder 4 begangen worden, so können Gegenstände,

1. auf die sich die Ordnungswidrigkeit bezieht oder

2. die zur Begehung oder Vorbereitung gebraucht wurden oder bestimmt gewesen sind,

eingezogen werden.

§§ 50 bis 52

(weggefallen)

Sechster Abschnitt
Schlussvorschriften

§ 53
Erfassung von Schäden aus ungeklärter Ursache

Schäden, die nach dem Stand der wissenschaftlichen Erkenntnis aus der Einwirkung von Strahlen radioaktiver Stoffe herrühren und deren Verursacher nicht festgestellt werden kann, sind bei dem für die kerntechnische Sicherheit und den Strahlenschutz zuständigen Bundesministerium zu registrieren und zu untersuchen.

§ 54
Erlass von Rechtsverordnungen

(1) Rechtsverordnungen auf Grund der §§ 2, 9g, 11, 12, 12b, 12c, 13, 21 Abs. 3, § 21a Abs. 2, § 21b Abs. 3 und § 23 Abs. 3 erlässt die Bundesregierung. Das gleiche gilt für Rechtsverordnungen auf Grund des § 10, soweit Ausnahmen von dem Erfordernis einer Genehmigung nach § 7 zugelassen werden. Die übrigen in diesem Gesetz vorgesehenen Rechtsverordnungen erlässt der für die kerntechnische Sicherheit und den Strahlenschutz zuständige Bundesminister.

(2) Die Rechtsverordnungen bedürfen der Zustimmung des Bundesrates. Dies gilt nicht für Rechtsverordnungen, die sich darauf beschränken, die in Rechtsverordnungen nach den §§ 11 und 12 festgelegten physikalischen, technischen und strahlenbiologischen Werte durch andere Werte zu ersetzen.

(3) Die Bundesregierung kann durch Rechtsverordnung die in den §§ 11 und 12 bezeichneten Ermächtigungen ganz oder teilweise auf den für die kerntechnische Sicherheit und den Strahlenschutz zuständigen Bundesminister übertragen.

§ 55–59

(vom Abdruck wurde abgesehen)

Anlage 1
Begriffsbestimmungen nach § 2 Abs. 4

(1) Es bedeuten die Begriffe:

1. „nukleares Ereignis": jedes einen Schaden verursachende Geschehnis oder jede Reihe solcher aufeinander folgender Geschehnisse desselben Ursprungs, sofern das Geschehnis oder die Reihe von Geschehnissen oder der Schaden von den radioaktiven Eigenschaften oder einer Verbindung der radioaktiven Eigenschaften mit giftigen, explosiven oder sonstigen gefährlichen Eigenschaften von Kernbrennstoffen oder radioaktiven Erzeugnissen oder Abfällen oder von den von einer anderen Strahlenquelle innerhalb der Kernanlage ausgehenden ionisierenden Strahlungen herrührt oder sich daraus ergibt;

2. „Kernanlage": Reaktoren, ausgenommen solche, die Teil eines Beförderungsmittels sind; Fabriken für die Erzeugung oder Bearbeitung von Kernmaterialien, Fabriken zur Trennung der Isotope von Kernbrennstoffen, Fabriken für die Aufarbeitung bestrahlter Kernbrennstoffe; Anlagen zur endgültigen Beseitigung von Kernmaterialien; Einrichtungen für die Lagerung von Kernmaterialien, ausgenommen die Lagerung solcher Materialien während der Beförderung; eine Kernanlage kann auch bestehen aus zwei oder mehr Kernanlagen eines einzigen Inhabers, die sich auf demselben Gelände befinden, zusammen mit anderen Anlagen auf diesem Gelände, in denen sich radioaktive Materialien befinden;

3. „Kernbrennstoffe": spaltbare Materialien in Form von Uran als Metall, Legierung oder chemischer Verbindung (einschließlich natürlichen Urans), Plutonium als Metall, Legierung oder chemischer Verbindung;

4. „radioaktive Erzeugnisse oder Abfälle"; radioaktive Materialien, die dadurch hergestellt oder radioaktiv gemacht werden, dass sie einer mit dem Vorgang der Herstellung oder Verwendung von Kernbrennstoffen verbundenen Bestrahlung ausgesetzt werden, ausgenommen

    a) Kernbrennstoffe,

    b) Radioisotope außerhalb einer Kernanlage, die das Endstadium der Herstellung erreicht haben, so dass sie für industrielle, kommerzielle, landwirtschaftliche, medizinische, wissenschaftliche Zwecke oder zum Zweck der Ausbildung verwendet werden können;

5. „Kernmaterialien": Kernbrennstoffe (ausgenommen natürliches und abgereichertes Uran) sowie radioaktive Erzeugnisse und Abfälle;

6. „Inhaber einer Kernanlage": derjenige, der von der zuständigen Behörde als Inhaber einer solchen bezeichnet oder angesehen wird.

(2) ...

Betriebliche Sicherheit und Umwelt

Schnelle, praxisgerechte Hilfe beim Umgang mit der Biostoffverordnung

Buschhausen-Denker · Zemke

Biostoffverordnung

- Erläuterungen (BioStoffV, TRBA 250)
- Fragen und Anworten für die Praxis
- Materialien

ISBN 978-3-935064-38-5
2007, 2. Auflage, 217 Seiten,
Format 14,8 × 21 cm, kartoniert,
inkl. CD-ROM, 39,80 €

inkl. MwSt., zzgl. Versandkosten:
innerhalb von Deutschland 3,– €
innerhalb von Europa 4,– €
Lieferung weltweit 8,– €

Erscheinungstermin: April 2007

AUTORENINFO

Dr. rer. nat. Dipl. Biochem. **Gregor Buschhausen-Denker,** Wissenschaftlicher Direktor der Behörde für Soziales, Familie, Gesundheit und Verbraucherschutz, Hamburg; Dr. rer. nat. Dipl. Biol. **Vera Zemke,** Regierungsgewerbedirektorin im Dezernat „Arbeitsschutz" der Bezirksregierung Münster, beide Mitglieder im Ausschuss für Biologische Arbeitsstoffe (ABAS) beim Bundesministerium für Arbeit und Soziales. Frau Dr. Zemke ist des weiteren die Vorsitzende des Unterausschusses 1 „Anwendungs- und Grundsatzfragen" des ABAS.

Um Arbeitnehmer vor der Infektion durch biologische Arbeitsstoffe zu bewahren und sie vor Erkrankungen zu schützen, wurde 1999 die Biostoffverordnung erlassen. Der Anwendungsbereich umfasst u. a. Tätigkeiten in der Pharmaindustrie, Nahrungsmittelproduktion, Land- und Forstwirtschaft, Abfall- und Abwasserwirtschaft, in Forschungslaboratorien und im Gesundheitswesen.

Insgesamt kommen über 5 Mio. Arbeitnehmer jeden Tag in Deutschland mit biologischen Arbeitsstoffen in Berührung. Der Umgang mit diesen Stoffen ist nicht selten mit gesundheitlichen Risiken verbunden. Dass zurzeit jede Infektion durch biologische Arbeitsstoffe durchschnittlich zu 8 Ausfalltagen führt, unterstreicht die Bedeutung eines verstärkten Arbeitsschutzes in diesem Bereich. Die Biostoffverordnung sieht ein abgestuftes Vorgehen von der Gefährdungsbeurteilung über technische Schutzmaßnahmen, hygienische und organisatorische Maßnahmen bis hin zu arbeitsmedizinischen Vorsorgeuntersuchungen vor.

IHRE VORTEILE

- Anschauliche Darstellung mit Fragen- und Antwortenkatalog zur praktischen Umsetzung der Biostoffverordnung
- Gut verständliche Erläuterungen – von erfahrenen Praktikern verfasst
- Rechtsstand: März 2007
- Praxishilfen und Hinweise
- Weitere Rechtstexte und Übersichten auf der CD-ROM

AUS DEM INHALT

- Einführung: EG-Recht als Rechtsgrundlage für nationale VO; Überblick über die BiostoffVO von 1999 (einschließlich der seitdem erfolgten Änderungen bis März 2007)
- Erläuterungen der einzelnen Bestimmungen der VO
- Fragen und Antworten zur Biostoffverordnung
- Ausführliche Erläuterungen zu den Schutzmaßnahmen im Gesundheitswesen und in der Wohlfahrtspflege.
- Zusammenstellung der Technischen Regeln für Biologische Arbeitsstoffe (TRBA) und der Beschlüsse des Ausschusses für Biologische Arbeitsstoffe (ABAS)

Recht vielseitig!

Bestellen per > www.bundesanzeiger-verlag.de > Postfach 10 05 34 · 50445 Köln > Tel. (02 21) 9 76 68-200 > Fax: -115 > in jeder Buchhandlung